EXPERIÊNCIAS DA EMANCIPAÇÃO

Dados Internacionais de Catalogação na Publicação (CIP)
(Câmara Brasileira do Livro, SP, Brasil)

Experiências da emancipação : biografias, instituições e movimentos sociais no pós-abolição (1890-1980) / Flávio Gomes, Petrônio Domingues (orgs.). — São Paulo : Selo Negro, 2011.

Vários autores.
ISBN 978-85-87478-50-4

1. Abolicionismo 2. Biografias 3. Brasil – História – Pós-abolição, 1890-1980 4. Escravos – Brasil – Emancipação 5. Instituições sociais 6. Movimentos sociais 7. Negros – Brasil – História 8. Política I. Gomes, Flávio. II. Domingues, Petrônio.

11-10405   CDD-305.896081

Índice para catálogo sistemático:

1. Biografias, instituições e movimentos sociais no pós-abolição, 1890-1980 : Brasil : Negros : Sociologia   305.396081

Compre em lugar de fotocopiar.
Cada real que você dá por um livro recompensa seus autores
e os convida a produzir mais sobre o tema;
incentiva seus editores a encomendar, traduzir e publicar
outras obras sobre o assunto;
e paga aos livreiros por estocar e levar até você livros
para a sua informação e o seu entretenimento.
Cada real que você dá pela fotocópia não autorizada de um livro
financia um crime
e ajuda a matar a produção intelectual em todo o mundo.

EXPERIÊNCIAS DA EMANCIPAÇÃO

Biografias, instituições e movimentos sociais no pós-abolição
(1890-1980)

FLÁVIO GOMES
PETRÔNIO DOMINGUES

(ORGS.)

EXPERIÊNCIAS DA EMANCIPAÇÃO
Biografias, instituições e movimentos sociais no pós-abolição (1890-1980)

Copyright © 2011 by autores
Direitos desta edição reservados por Summus Editorial

Editora executiva: **Soraia Bini Cury**
Editora assistente: **Salete Del Guerra**
Tradução dos capítulos 6 e 8: **Carlos Silveira Mendes Rosa**
Capa: **Gabrielly Silva**
Projeto gráfico e diagramação: **Acqua Estúdio Gráfico**
Impressão: **Sumago Gráfica Editorial Ltda.**

Selo Negro Edições
Departamento editorial
Rua Itapicuru, 613 – 7º andar
05006-000 – São Paulo – SP
Fone: (11) 3872-3322
Fax: (11) 3872-7476
http://www.selonegro.com.br
e-mail: selonegro@selonegro.com.br

Atendimento ao consumidor
Summus Editorial
Fone: (11) 3865-9890

Vendas por atacado
Fone: (11) 3873-8638
Fax: (11) 3873-7085
e-mail: vendas@summus.com.br

Impresso no Brasil

SUMÁRIO

Apresentação – *Flávio Gomes e Petrônio Domingues* 7

1. "No meio das águas turvas": raça, cidadania e mobilização política na cidade do Rio de Janeiro (1888-1889) 15
   Flávio Gomes

2. "É a paga!" Rui Barbosa, os capangas e a herança abolicionista (1889-1919) 45
   Wlamyra Albuquerque

3. Manuel Querino: um intelectual negro no contexto do pós-abolição na Bahia 63
   Maria das Graças de Andrade Leal

4. Aurélio Viríssimo de Bittencourt: burocracia, política e devoção 83
   Paulo Roberto Staudt Moreira

5. Antônio: de Oliveira a Baobad 109
   Beatriz Ana Loner

6. A nova negritude no Brasil – Movimentos pós-abolição no contexto da diáspora africana 137
   Kim D. Butler

7. "O caminho da verdadeira emancipação": a Federação dos Negros do Brasil 157
   Petrônio Domingues

8. Os movimentos sociais negros na Era Vargas 185
   Michael Mitchell

9. Sonhos, conquistas e desencantos: excertos da vida de Antonieta de Barros 203
   Karla Leonora Dahse Nunes

10. Debates e reflexões de uma rede: a construção da União dos Homens de Cor .. 225
    Joselina da Silva

11. Solano Trindade e as marcas do seu tempo 249
    Maria do Carmo Gregório

12. Lélia Gonzalez: fragmentos 267
    Elizabeth do Espírito Santo Viana

13. Vigilância e repressão aos movimentos negros (1964-1983) 287
    Karin Sant'Anna Kössling

APRESENTAÇÃO

Flávio Gomes e Petrônio Domingues

Em seu *Diário íntimo*, Afonso Henriques de Lima Barreto (1881-1922) fez anotações diversas sobre vida pessoal, questões profissionais e acontecimentos sociais. Não deixava escapar os aspectos mais relevantes das notícias que lia nos jornais ou ouvia nas ruas, nos bares e cafés do Rio de Janeiro. Tratava dos problemas sociais com muita familiaridade, pois os conhecia de perto. Com visão crítica, escreveu, também, sobre figuras das elites e pessoas simples. Exercitou a criação de personagens e histórias; registrou comportamentos de várias pessoas que conheceu e problemas existenciais que enfrentou. O interessante desse documento é justamente a possibilidade de conhecer o escritor em seu âmago, quase nos recônditos de sua alma. Como não se tratava de material a ser publicado, não há censura aparente. Ele declara o que pensa sobre todas as coisas, inclusive sobre si próprio. Em 26 de dezembro de 1904, Lima Barreto registrou um episódio bastante desagradável que acontecera durante o dia. Quando ia pelo corredor do Ministério do Exército, local onde trabalhava como amanuense – pequeno funcionário administrativo –, um soldado dirigiu-se a ele e lhe inquiriu se era contínuo. Como aquela cena se repetia pela terceira vez, a "cousa" feriu-lhe "um tanto a vaidade", e foi preciso que se tomasse "de muito sangue frio para que não desmentisse com azedume". As pessoas insistiam em tomá-lo como contínuo, e isso, segundo ele, contrariava os postulados de Paul Broca, para quem a educação embelezava, ou seja, conferia outro "ar" à fisionomia. "Por que então essa gente continua a me querer contínuo, por quê?", desabafava Lima Barreto. "Porque... o que é verdade na raça branca não é extensivo ao resto; eu, mulato ou negro, como queiram, estou condenado a ser sempre tomado por contínuo. Entretanto, não me agasto, minha vida será sempre desse desgosto e ele far-me-á grande."[1]

Não era fácil a vida para um "mulato ou negro, como queiram", no Brasil dos primeiros anos posteriores à extinção da escravidão. Nem aqueles que tinham emprego fixo, eram "educados" e circulavam em ambientes letrados conseguiam desvencilhar-se do estigma da cor. Lima Barreto até que tentou, esforçou-se, desdobrou-se, mas não conseguiu ser tratado (e julgado) de forma que fossem superados os axiomas raciais essencialistas. Isso o fazia sofrer e, a um só tempo, levava-o a reunir forças para continuar buscando concretizar os projetos que traçou para si. O estigma da cor consistia, portanto, num "desgosto" que o faria "grande". De forma impressionante, ele anotou no diário, em 17 de janeiro de 1905, um episódio mais pungente:

> Hoje, à noite, recebi um cartão-postal. Há nele um macaco com uma alusão a mim e, embaixo, com falta de sintaxe, há o seguinte:
> "Néscios e burlescos *serão* aqueles que *procuram* acercar-se de prerrogativas que não *têm*. M".
> O curioso é que o cartão em si mesmo não me aborrece; o que me aborrece é lobrigar se, de qualquer maneira, o imbecil que tal escreveu tem razão.
> "Prerrogativas que não tenho"...
> Ah! Afonso! Não te dizia...
> Desgosto! Desgosto que me fará grande.[2]

Ser chamado de "macaco" era uma ofensa que deixava Lima Barreto desestabilizado emocionalmente. Mexia com os seus brios; feria sua autoestima. Sem dúvida, uma injúria pungente, que amargava como fel, mas que fez parte do cotidiano dele e de outros "mulatos e negros" no momento decisivo dos embates travados, no *rés do chão*, em torno dos sentidos e significados de raça, trabalho e cidadania no Brasil. Em seu diário, Lima Barreto não só se restringia a lamentar as desditas da vida como procurava reverter esses episódios em fonte de motivação e energia para a criação de seus projetos, sonhos e utopias. "Desgosto! Desgosto que me fará grande", desabafou. O talentoso escritor "mulato ou negro, como queiram", foi um arauto da nova configuração de relações sociais, identitárias e de poder (re)desenhada no país depois de séculos do mundo do cativeiro. Ele foi capaz de perceber dilemas, impasses e problemas muitas vezes ignorados pela historiografia. Seu diário é um testemunho de um tempo, sendo marcado por um olhar afrodiaspórico, profundamente brasileiro e popular.

A emancipação no Brasil desenvolveu-se durante um longo período, sendo que nunca esteve restrita a datas e leis. De alguma maneira manteve-se imersa em debates – desde o final do século XVIII – sobre personagens e movimentos. Ainda assim, sabemos pouco sobre as experiências envolvendo dezenas de milhares de africanos e crioulos que alcançaram a liberdade e viveram anos ainda cercados pela escravidão. E, depois de 1888, temos as imagens de ex-escravos migrando para as cidades à procura de empregos em fábricas contrastando com situações locais de migração de gerações de roceiros negros em busca de terras em fronteiras econômicas abertas. Capítulos dessa história em áreas urbanas são ainda mais desconhecidos. As gerações de mulheres e homens negros que conheceram a liberdade jurídica no crepúsculo do século XIX estavam nas ruas, nos casebres, nos cortiços (antes das favelas), no comércio informal, na rede de serviços, nos empregos públicos subalternos e nas fábricas; aliás, foram expulsas destas últimas principalmente por uma historiografia que associou história do trabalho e do movimento operário no Brasil quase exclusivamente aos imigrantes italianos e anarquistas espanhóis. Entre os silêncios dessas e de outras paisagens, as mulheres e homens negros estiveram presentes na mente de intelectuais, jornalistas, políticos, literatos e cientistas, que construíram narrativas e discorreram sobre políticas públicas de um Brasil "civilizado", quase branco. Tratavam de problemas, obstáculos e riscos para uma *nação* almejada. A imagem do mundo rural, as tentativas de domínio, de acesso à terra, as transformações urbanas e as transgressões e formas da cultura popular no século XX estiveram o tempo todo articuladas com as experiências de gerações que conheciam a sua própria emancipação.

No Brasil, esse período costuma ser chamado de pós-abolição, e agora parte da historiografia começa – é o início, pelo menos – a constituir um novo campo de investigação, com caráter mais sistemático, dissociado dos estudos sobre escravidão e abolicionismo e também da temática das relações raciais. Eis um desafio. A história republicana e do tempo presente é também a história da pós-emancipação. Nos anos 1950, em plena era desenvolvimentista e no apogeu do progresso industrial, gerações de ex-escravos (aqueles nascidos até 1870, por exemplo, antes da Lei do Vente Livre) com longeva idade talvez ainda vivessem com seus filhos e netos. E nessa época também estava bem madura a primeira geração nascida livre, que passou a juventude nos anos pungentes do alvorecer do século XX, entre migrações, iniquidade, intolerância e outros itens impostos pela engenharia do Brasil moderno. Mas foram esquecidos nas narrativas da modernidade e do país do futuro.

O que significou o pós-abolição no Brasil? Muita coisa em diversas faces e fases. Foi um período de longa duração, abrangendo desde a propaganda abolicionista (e operária, vertente pouco conhecida) em cidades como Rio de Janeiro, Santos, São Paulo, Porto Alegre e Salvador dos anos 1880 até os movimentos sociais de luta antirracista na época da redemocratização, cerca de uma centúria depois. Histórias diversas envolvendo biografias e instituições. Era de incertezas, expectativas, esperanças, recordações, lutas, desilusões, avanços e recuos. A primeira armadilha residiria na tentativa de definir o pós-abolição de acordo com um tempo histórico fixado por datas. Ou de apartá-lo da chamada "história do Brasil". Acompanhar seu processo histórico também significa – e isso precisa ser enfatizado – invadir outras veredas da história do Brasil republicano, envolvendo espaços, tempos e agências variadas. O movimento operário na aurora do século XX, o pensamento social, a emergência de jornalistas, intelectuais, políticos e lideranças populares, assim como as instituições culturais, recreativas e religiosas, os projetos de nação (e modernização), os movimentos artísticos (literários, teatrais, musicais etc.), a industrialização, as transformações urbanas, os protestos do pós-guerra, as relações entre os sexos e mesmo as conexões transnacionais da história intelectual e da história das ideias sempre estiveram relacionadas com as perspectivas ligadas ao pós-emancipação e os debates sobre racismo, direitos humanos e cidadania. Não precisamos agora – a despeito do silêncio muitas vezes estrondoso – tentar juntar aquilo que nunca se separou.

Esta coletânea busca – sem pretensões de fôlego olímpico – dar conta disso. A ideia foi acompanhar experiências da emancipação ocorridas desde a década da abolição até os anos 80 do século XX. Não se tratou apenas de costurar eventos e propor cronologias ou tipologias analíticas; foi perseguido um eixo que unisse pessoas, organizações, agências e legados. Ainda nos anos seguintes à promulgação da Lei Áurea (1888), as ruas do Rio de Janeiro (e também há evidências referentes a São Luís e Santos) permaneciam tomadas por conflitos (alguns armados), embates e sentidos simbólicos. A Guarda Negra, espécie de milícia que participou do debate abolicionista e da propaganda republicana, assustava a todos. Nada de "negros" humildes ou infantilizados, em decorrência da "dádiva" da princesa Isabel; ao contrário: tratava-se de "classe de homens de cor" atenta aos desdobramentos da campanha (jornalística e por meio de comícios) contra a monarquia, com a predominância de um tom permeado de adjetivos e substantivos raciais, que muitos temiam e outros acusavam de tentativa de manipulação. É esse o enfoque do capítulo escrito por Flávio Gomes, que abre a coletânea. O medo de revanchismos sociais, emaranhado com a expectativa de libertos e de seus filhos, revelou-se muito mais sólido do que algumas retóricas que o debate jornalístico sugeriu. Wlamyra Albuquerque também examina esses impasses e dilemas, focando o cenário baiano e as avaliações de Rui Barbosa. A emancipação atravessava o limiar do século XX, entre lembranças, esquecimentos e a herança abolicionista de seus debates. A política esteve presente o tempo todo, inclusive nas batalhas pela memória e nas profecias realizadas. Gerações de políticos, seus capangas e também de libertos e seus filhos – em diferentes trincheiras – produziram uma história ainda encoberta no período imediatamente posterior ao 13 de maio.

Muitas vezes nos concentramos nos eventos e instituições e não percebemos os personagens envolvidos. E seu legado. Como no caso de intelectuais relegados a uma suposta subalternidade em relação ao pensamento social hegemônico. Nesse território se situa a contribuição de Maria das Graças de Andrade Leal: acompanhando as reflexões de Manuel Querino, ela apresenta um intelectual sofisticado. Alguém envolvido nos círculos literários, nas lides políticas, na agenda operária e também no ambiente das invenções africanas populares. A face menos conhecida das articulações de Querino é certamente a mais original: as sociedades mutualistas, o Partido Operário e os congressos da classe trabalhadora no contexto das encruzilhadas da liberdade na Bahia. Biografia única – totalmente desconhecida para muitos – foi também a de Aurélio Viríssimo de Bittencourt, destacado abolicionista do Rio Grande do Sul. Em seu capítulo, Paulo Staudt Moreira reconstrói as vivências e as memórias desse intelectual – associado inicialmente ao Partido Liberal e depois ligado a Júlio de Castilhos –, que marcou a política gaúcha com a sua identidade étnica. Também do sul do país – mais especificamente da cidade de Pelotas –, Antônio Baobad foi outro relevante personagem do pós-abolição. Ex-escravo e liderança operária, foi um dos fundadores do jornal *A Alvorada*, periódico da "imprensa negra" que, apesar de algumas interrupções, circulou de 1907 a 1965. Inicialmente adotando o sobrenome Oliveira e depois Baobad, em referência à "gigantesca árvore africana conhecida por suas grossas raízes", Antônio foi um importante – mas desconhecido – militante, sendo o tema do capítulo escrito por Beatriz Loner. Nascido escravo, sua atuação como operário chapeleiro e, mais tarde, membro do Partido Republicano sugere a construção de um legado complexo, ligado a questões mais amplas, envolvendo cidadania, lutas operárias e questão racial.

Biografias como a de Aurélio Viríssimo e de Antônio Baobad, ambos do Rio Grande do Sul, fornecem contrapontos importantes para a análise das experiências do pós-abolição em espaços urbanos de cidades brasileiras como Salvador e São Paulo. Essas cidades compõem o cenário do ensaio de Kim Butler sobre as ambiências atlânticas, tratando de jornais e outras instituições. Havia um diálogo transnacional sobre a diáspora envolvendo ativistas do Brasil e dos Estados Unidos. E quanto aos ativistas brasileiros, é bom frisar que sua atuação não esteve ligada apenas à cultura negra do candomblé baiano, à chamada "imprensa negra paulista" e à Frente Negra Brasileira, temáticas mais conhecidas e sempre exploradas, embora tenham sido expulsas da historiografia clássica do Brasil republicano. Petrônio Domingues, em seu capítulo, nos presenteia com uma análise original sobre uma instituição ainda deveras desconhecida, a Federação dos Negros do Brasil. Com base na documentação da Delegacia de Ordem Política e Social (Dops) depositada no acervo do Arquivo Público do Estado de São Paulo, reconstitui um "movimento nacionalista da raça negra" com ramificações para além de São Paulo, Rio de Janeiro e Minas Gerais. O contexto de efervescência política do governo de Getulio Vargas – intervenção institucional, propaganda fascista etc. – coloca essa federação, suas lideranças e propostas numa perspectiva mais ampla no que diz respeito à arregimentação de negros em organizações, algo que teria desdobramentos ao longo da década de 1930 e nos anos 1940. Entre esses desdobramentos encontram-se a Aliança Cooperativa dos Homens Pretos do Brasil, a Federação Paulista dos Homens de Cor, a Liga Humanitária dos Homens de Cor, o Clube 13 de Maio dos Homens Pretos, o Clube Negro de Cultura Social e mesmo a tentativa de continuação da Frente Negra Brasileira – a União Negra Brasileira.

Não houve necessariamente rupturas entre as formas de organização da imprensa negra e a Frente Negra Brasileira nos anos 1930. Além de várias organizações – sugerindo lideranças alternativas, intelectuais orgânicos e expectativas locais –, surgiram no período pós-guerra, no segundo governo Vargas, novos formatos de agremiações. O estudo panorâmico de Michael Mitchell apresenta um painel referente a essas organizações negras no período compreendido entre 1915 e 1964, destacando a Associação de Negros Brasileiros (ANB) e seus manifestos. Mitchell também sugere a possível influência dessas organizações, iniciadoras de uma tradição, sobre aquelas que apareceriam nos anos 1970 e 1980. Pode ser.

O estudo biográfico reaparece no capítulo escrito por Karla Nunes, que examina a vida de Antonieta de Barros. Essa professora foi uma precursora da luta de políticos afrodescendentes no Parlamento, movimento que só ganharia força a partir dos anos 1980 no Brasil como um todo. Em Florianópolis, foi eleita deputada estadual em 1934, envolvendo-se no debate presente na época sobre direitos civis, sociais e políticos e defendendo, particularmente, o direito das mulheres ao voto. No final da década de 1940, voltaria a ocupar uma cadeira no Legislativo catarinense. Suas ações e pensamentos também podem ser apreciados na literatura por ela produzida. Embora pouco conhecida, a trajetória de Antonieta de Barros interliga-se com o debate político e parlamentar mais amplo de Santa Catarina.

Cenário da abolição na antiga corte imperial, o Rio de Janeiro foi marcado – nas narrativas historiográficas – pela ausência de debates sobre questões raciais até o advento do Teatro Experimental do Negro (TEN, 1944), da Convenção dos Negros do Brasil (1945) e do Primeiro Congresso do Negro Brasileiro (1950), que envolveram importantes intelectuais, como Abdias do Nascimento e Guerreiro Ramos, entre outros. Essa falsa ausência de ações e instituições é refutada pela análise de Joselina da Silva sobre a União dos Homens de Cor (UHC), surgida em Porto Alegre em 1943, alcançando, mais tarde, o Rio de Janeiro. Não somente restrita a essas duas capitais, a UHC "se ramificou e se transformou numa rede estruturada", atuando "em onze estados da federação, no final dos anos 1940", e podendo "ser encontrada em pequenas, médias e grandes cidades das cinco regiões brasileiras". Significava mais uma tentativa de criação de uma organização da população negra de âmbito nacional, com regimento, estatutos, sede, representações, associados e programa de ação. Embora analisada de maneira preconceituosa pelo sociólogo Costa Pinto nos anos 1950, a UHC, segundo Joselina da Silva, teve um papel significativo nos debates com outras organizações negras contemporâneas, apesar de pouco sabermos sobre os seus líderes e projetos políticos.

Em relação ao cenário carioca, não se pode ignorar a biografia de Solano Trindade (embora o início de sua trajetória tenha ocorrido em Recife). Tratado como um dos ícones da liderança negra nacional do século XX – com o posto de ícone maior sendo ocupado por Abdias do Nascimento –, Solano é o tema do capítulo escrito por Maria do Carmo Gregório. Notabilizou-se principalmente no campo artístico, produzindo poemas, livros e peças teatrais na década de 1950. Ligado ao Partido Comunista e seus intelectuais, fundaria o Teatro Popular Brasileiro, com forte atuação no movimento folclórico. Também faz parte do grupo dos chamados intelectuais negros do Brasil contemporâneo Lélia de Almeida Gonzalez, celebrada especialmente por sua trajetória de ativismo e produção intelectual nos anos 1970 e 1980. A ela é dedicado o capítulo de Elizabeth Viana. Envolvida em candentes debates teóricos, políticos e parlamentares, Lélia Gonzalez se converteu numa legenda para as organizações de mulheres negras.

Esta coletânea se encerra com o capítulo de Karin Sant'Anna Kössling, sobre os movimentos sociais negros no final da década de 1970, em plena ditadura militar. A autora trata sobretudo do surgimento do Movimento Negro Unificado (MNU), um dos movimentos mais importantes da vida política brasileira do tempo presente. Unindo setores operários, estudantis e médios de grandes cidades como São Paulo, Rio de Janeiro, Belo Horizonte e Porto Alegre, o MNU foi pioneiro na luta pelos direitos humanos e na proposição de políticas públicas nas áreas de saúde, educação, assistência jurídica e das relações entre os sexos. Essa história ainda está sendo escrita, o que não invalida a análise de Kössling, que mergulhou na documentação produzida nos "anos de chumbo" pelos órgãos de informação (e repressão). É trazida à tona a visão que os governos militares (e parte das elites) tinham na época: a questão racial e seu debate, assim como seus intelectuais e a cultura da periferia, eram vistos como perigosos, já que poderiam desmantelar um quadro de harmonia racial que se acreditava existir e que virou obsessão ideológica, expressa no discurso da mestiçagem social e racial, presente tanto nos chamados setores progressistas como nos mais conservadores do Brasil.

Por sua longa duração, a trajetória do pós-abolição se transformou numa estrada aparentemente sem fim. Muitas lutas e falas atuais caracterizadas pela busca de cidadania, direitos humanos e pelo fim dos Brasis tão assimétricos em termos de raça e classe social são caminhos (muitas vezes atalhos) para a emergência da nação (ou nações) e da democracia real. O painel esboçado nesta coletânea abrange personagens, instituições e movimentos que leram o mundo de acordo com diferentes experiências históricas e, a partir daí, cumpriram (ou procuraram cumprir) um papel ativo e propositivo na construção de seu devir (individual e coletivo), tentando transformar o "desgosto" do racismo – que tanto afligiu Lima Barreto – em combustível dinamizador das lides para fazê-los "grandes" no que tange à criatividade necessária para encontrar espaço nos interstícios do sistema social e racial, "grandes" no tocante à capacidade de apropriação da retórica da liberdade, criando significados específicos, "grandes" na avaliação seletiva das opções disponíveis numa arena de disputa por noções de raça, trabalho e cidadania.

Notas

1. Lima Barreto, Afonso Henriques de. *Diário íntimo*. São Paulo: Brasiliense, 1956, p. 51-2.
2. *Ibidem*, p. 88.

1 "NO MEIO DAS ÁGUAS TURVAS": RAÇA, CIDADANIA E MOBILIZAÇÃO POLÍTICA NA CIDADE DO RIO DE JANEIRO – 1888-1889[1]

Flávio Gomes

Lelé[2]

Só hoje foi que pude ter dirigido algumas linhas; desejo-te, portanto, boa saúde e fortaleza nos estudos. Elvira ainda fala em você, qualquer moço que ela vê de longe diz logo: "Lelé", porém de perto não toma ninguém por você, o que mostra conservar ela lembrança da tua fisionomia; Áurea ainda anda constipada.

Entremos agora a falar sobre o assunto que me levou a escrever-te: comunico-te que esperam-se grandes coisas para o dia 13 de maio, esse malfadado dia! Espera-se tanto, meu irmão, que como sabe, ou como vistes, no dia 17 de março, a boa fé do Barcellos; e agora, desde já, ele tomou todas as cautelas possíveis para esse dia, até dois bons capangas sendo um capoeira, mas com tudo isto eu espero o dia 13 como um condenado que sobe o cadafalso; ele não quer que eu me retire com as crianças, diz que aqui mesmo é que devemos ficar, e temos certeza de grandes barulhos, pois o Dr. Guadagny veio propositadamente da fazenda avisar ao Barcellos de que os libertos da sua fazenda há muitos dias que estão fabricando balas e dizendo que são para os republicanos. Todos em Valença estão aterrados, a ponto de algumas pessoas projetarem viagens do dia 12; já se tem avisado ao delegado que tome providências sérias, diz ele (você o conhece, que é pelos negros) que já requisitou 20 praças, porém diz alguém, que sabe, não vir nem uma só!

Lelé, se você pudesse por intermédio do seu amigo, irmão do chefe de polícia, arranjar alguma coisa, mas nunca dizendo que soube por republicanos, o Barcellos não sabe que te escrevo, porque ele continua a dizer que não pede nada à polícia, mas como sabes a mulher é fraca, e eu tremo por meu marido, minhas filhas e por mim, eu que há 6 meses tive o mais amargurado fato temo muito outras barbaridades. Só poderias ver meu terror se estivesses comigo. Os libertos, Lelé, estão altaneiros, e depois esses telegramas, que já não fazem questão de política, mas sim da raça, que horror, meu Deus. Enfim me parece que a nossa existência será só por dias, ando sobressaltada, que não como, não durmo, vivo numa melancolia notória, o Barcellos procura tranquilizar-me, mas é debalde, só tenho na mente o dia 13.

Todos nós com saudade, adeus, estou muito agitada.

Tua irmã e [ilegível]

25-04-1889

Pequetita.[3]

A carta aterrorizada que Pequetita Barcellos envia a seu irmão, escrita em Valença, em meados de 1889, nos traz alguns elementos que indicam os vários significados do 13 de maio, tanto para os libertos como para seus ex-senhores e políticos, no período imediatamente posterior à abolição, pontuado que foi por um acirrado debate político. Na pauta de discussões não mais estava a questão do *elemento servil* propriamente dita, e sim a possível mudança do regime político vigente.

No segundo semestre de 1888, com efeito, a propaganda republicana avança. Na província do Rio de Janeiro, os centros republicanos se multiplicam: 25 dos 30 grupos existentes à época nessa província tinham sido fundados no decorrer de 1888 (Bergstresser, 1973, p. 165-6 e 176-7). Na corte, os principais abolicionistas se dividem entre o apoio declarado à propaganda republicana e a defesa da monarquia. Com a dança dos ministérios, a crise do Império se aguça, e os ataques republicanos tornam-se fulminantes. Os jornais noticiam uma provável conspiração liderada pelo conde d'Eu para inaugurar o Terceiro Reinado no país. No interior, fazendeiros insatisfeitos, sentindo-se prejudicados pela abolição, apoiam, em sua maioria, a propaganda republicana. Cada vez mais, ex-escravos abandonam as fazendas à procura de melhores condições de vida e autonomia; muitos se negam a trabalhar para seus ex-senhores.

O debate entre monarquistas e republicanos ganha as ruas da corte, desta vez com um novo personagem: o liberto. Com a organização da Guarda Negra, em fins de 1888, inicia-se na cidade do Rio de Janeiro uma intensa discussão acerca da participação política dos libertos. Em algumas ocasiões, essa discussão assumiria a forma de conflitos armados entre libertos e republicanos. A polêmica relacionada a esses conflitos é acirrada pelos jornais dirigidos por José do Patrocínio e por Rui Barbosa. Em editoriais inflamados no *Cidade do Rio* e no *Diário de Notícias*, esses dois articulistas políticos travaram um contundente debate sobre o republicanismo e a monarquia, que tinha, porém, como pano de fundo a discussão sobre o papel político dos ex-escravos e a atuação da Guarda Negra.[4]

Vamos analisar aqui os discursos de alguns segmentos sociais da época sobre a participação política dos libertos. No que diz respeito à Guarda Negra, também foram abordadas diversas questões, entre as quais os aspectos relativos à cidadania do liberto na ordem social recentemente estabelecida, seus limites e significados, e ao racismo contra o negro.

Em um dos lados da contenda, postavam-se abolicionistas, monarquistas e políticos republicanos, esboçando em seus discursos e atitudes um projeto disciplinador de trabalho e higiene para uma grande população de cor livre, constituída em boa parte por ex-escravos. Na visão dessa elite política, os trabalhadores escravos passariam a trabalhadores negros, sendo essa, aliás, sua marca distintiva num país agora de braços dados com o progresso e rumo à civilização.

Do outro lado, havia uma população negra que procurava constantemente redefinir os contornos do controle e da dominação sobre ela exercida. No caso da corte, homens e mulheres negros, com base em sua tradição de luta e experiências da escravidão, buscavam agora, depois da abolição, forjar novas experiências de liberdade. Espaços de autonomia e de liberdade, aliás, era o que os ex-escravos tentavam conquistar num mundo sem possuídos e possuidores. E é claro que as batalhas decorrentes não foram travadas somente no plano dos discursos ou da retórica política. Pelo contrário: o que a truculência dos primeiros anos de república mostrou é que os políticos não pouparam esforços para submeter a população negra e pobre da cidade do Rio de Janeiro a seu sonhado projeto.

Apesar de possíveis solidariedades e indignações, não tocaremos ainda em nosso tema inicial – Pequetita e sua "melancolia notória". Agora é o momento de convidar o leitor para mergulhar "no meio das águas turvas".[5] Mas fiquemos tranquilos, pois, mesmo que o mergulho seja profundo e a turvação das águas obscureça nossa visão, prometemos conduzir o leitor de volta à superfície, nem sempre límpida.

Partido político ou navalhistas do Império?

Criada alguns meses depois da abolição, mais precisamente em setembro de 1888, a Guarda Negra seria alvo constante de críticas e fonte de inúmeras controvérsias. Na época em que foi fundada, houve a organização, pela Confederação Abolicionista, de festas na corte para comemorar o aniversário da Lei de 1871, chamada de Lei do Ventre Livre, e homenagear a princesa Isabel, que recebera do papa Leão XIII a Rosa de Ouro por ter assinado a lei.

Entre comemorações e homenagens, o certo é que pouco se sabe, de fato, sobre como se deu a organização da Guarda Negra, assim como não se sabe exatamente a que grupo(s) estava ligada. No final de setembro do mesmo ano ocorre um encontro na redação do jornal *Cidade do Rio* do qual, entre outros, participam João Clapp, José do Patrocínio e representantes da Liga dos Homens de Cor e da recém-criada Guarda Negra.

Esse encontro assinala e oficializa a Guarda Negra como um grupo organizado por libertos, que, demonstrando gratidão à princesa Isabel, tinham como objetivo espalhar-se pelo Brasil, "construindo com seu trabalho e patriotismo uma muralha de corações unidas em defesa da liberdade de todas as maneiras, especialmente a representada por Isabel" (Bergstresser, 1973, p. 177). As notícias sobre esse encontro e a criação da Guarda logo produzem variadas especulações políticas sobre seus supostos objetivos e suas possíveis influências.

A polêmica em torno da atuação da Guarda Negra, porém, somente se intensificou nos últimos dias de 1888, ganhando grande destaque nas disputas políticas dos periódicos da época. Em 30 de dezembro, um comício do republicano radical Silva Jardim que se realizaria na Sociedade Francesa de Ginástica, localizada no largo do Rocio, deu ensejo a um conflito generalizado entre libertos e republicanos.[6] A luta adquiriu enormes proporções e várias pessoas foram feridas a bala, tendo sido necessária a intervenção da polícia da corte. Segundo o ofício do delegado de polícia Francisco de Paula Valladares ao chefe de polícia da corte, os feridos no conflito, mais de trinta, eram "quase todos homens de cor" e haviam sido feridos por arma de fogo.[7]

Periódicos da cidade do Rio de Janeiro de variados matizes político-partidários estamparam extenso noticiário sobre esse confronto, criticando ora a participação da Guarda Negra e dos libertos no choque, ora os desfechos desastrosos provocados pela radicalização da propaganda republicana.[8] Nos ataques da imprensa, houve o predomínio de duas versões divergentes e polarizadoras para explicar o conflito.

A primeira versão, gerada por elementos republicanos, inimigos do imperador e do regime monárquico, afirmava que a Guarda Negra era uma milícia de navalhistas e capoeiras paga e arregimentada pelo Império – mais especificamente pelo ministério conservador de João Alfredo Correia de Oliveira – para intimidar a propaganda republicana; afirmava também que os libertos haviam se dirigido ao local do comício com o firme propósito de provocar os seguidores dos ideais republicanos.[9] Vale destacar que o comício de Silva Jardim, antes mesmo de acontecer, gerou discussões e intrigas políticas – seria resposta a uma conferência de Joaquim Nabuco –, além de denúncias em jornais, em meio a acusações contra a política imperial, de que a deflagração de um conflito entre republicanos e correligionários da Guarda Negra era iminente. No dia anterior ao comício, o republicano Alcindo Guanabara publicou na folha que dirigia, em artigo sob o título "Polícia desordeira", a informação de que a polícia da corte estaria conivente com as desordens que seriam praticadas e de que haveria mesmo "um programa assentado", cinco dias antes, "em uma das delegacias", tendo ficado resolvido que, por mais que apitassem, a polícia fardada se conservaria surda. Para esse periódico, a Guarda Negra nada mais representava do que a "polícia secreta dos demagogos".[10]

Essa visão não se distanciava muito daquela de Pequetita com relação às providências policiais a serem tomadas ante os rumores de possíveis desavenças em Valença envolvendo republicanos e libertos. As percepções da amedrontada Pequetita evidenciavam que ela e, por conseguinte, seu marido (Barcellos) identificavam como causa dos movimentos e ações dos libertos "altaneiros" apenas uma disputa política entre propagandistas e simpatizantes republicanos e os fiéis monarquistas, representados pela polícia.

No entanto, se a autora da carta – assim como Alcindo Guanabara – percebeu usos políticos por republicanos e monarquistas ligados às demonstrações de hostilidade dos libertos à propaganda republicana, ela, entre o medo e a raiva, não quis enxergar a possibilidade de haver também o uso político por parte dos ex-escravos, que podiam ver aqueles ataques ao Império como uma forma de reversão, pelo menos do ponto de vista jurídico, da situação social que conquistaram com o 13 de maio. Em Paraíba do Sul, por exemplo, um boato de que o governo imperial decretaria uma lei obrigando os libertos a trabalharem por mais sete anos para seus senhores alvoroçou ainda mais os ex-escravos, que, em massa, abandonaram as fazendas locais (Stein, 1961, p. 309). Muitos ex-escravos perceberam rapidamente que seus ex-senhores trocaram suas roupas de fazendeiro por fardas republicanas. O discurso da indenização muitas vezes cheirava a reescravização. Mais do que nunca era chegada a hora de os libertos gritarem ainda mais alto o seu "não quero".[11]

O conflito do dia 30 faria recrudescer o debate político a respeito da participação dos ex-escravos – no caso, a Guarda Negra – na disputa que vinha ocorrendo. Os acontecimentos associados a tal conflito tiveram diversas versões; o jornal *O Paiz*, republicano, na edição de 5 de janeiro de 1889, assim se pronunciou com relação à principal causa dos distúrbios:

> Hão de se lembrar os habitantes do Rio de Janeiro que tal agressão partiu de um grupo de homens de cor que acompanhou os republicanos desde o edifício em que se havia realizado a conferência até o Largo de S. Francisco de Paula, onde, tendo pretendido ferir o ilustre democrata Silva Jardim, provocou a reação que o repeliu e que foi mitigada pelos próprios republicanos, tomando sob proteção o grupo de desordeiros em debandada. Desde que as folhas diárias anunciaram tal conferência espalhou-se por toda a cidade o boato de que a Guarda Negra não consentiria que ela se realizasse, e que provocaria distúrbios. A notícia de que Silva Jardim seria assassinado em pleno salão correu de boca em boca e despertou o mais vivo interesse ainda nos menos inclinados às lutas políticas.

Os "menos inclinados" não eram senão os libertos e negros, que constituíam a maioria no comício e, também, a maioria dos feridos no conflito de dezembro. O que esse editorial omitia era que a corte vivia um período de grande agitação popular, que vinha aumentando desde 1885, com o fortalecimento da propaganda abolicionista. Se para as autoridades imperiais essa população (na qual se incluíam libertos, escravos e população negra livre) procurava sempre ocupar o palco do teatro urbano, naquela ocasião, pelo menos para os irritados republicanos, ela estava querendo assumir e dirigir seu próprio espetáculo, desta vez patrocinada pela inércia da política da corte e com a contribuição da atenciosa plateia de monarquistas inveterados.

De acordo com a segunda versão dos acontecimentos, a formação da Guarda Negra representava um direito político dos libertos. Seu principal porta-voz foi ninguém menos que José do Patrocínio, abolicionista mulato que havia ganhado destaque no meio político durante a campanha pela abolição. Segundo Patrocínio, a Guarda Negra constituía um "partido político tão legítimo como outro qualquer", cuja existência simbolizava a gratidão dos ex-escravos à princesa Isabel (*Cidade do Rio*, 31 dez. 1888). Tal afirmação confirmou o que havia sido dito por outro porta-voz quando da criação da Guarda: declarou ter ela "jurado eterna gratidão a Isabel, a redentora" (Bergstresser, 1973, p. 177). Sobre o conflito, assim se manifestou o periódico abolicionista da corte, *Cidade do Rio*, então dirigido por Patrocínio:

> Apesar da abstenção da Guarda Negra, foi impossível conter, ontem, a explosão da cólera popular que desde muito fumega do caráter e do brio nacional, contra essa propaganda que insulta duas vezes a pátria, rebaixando-lhe o ideal americano e uma raça que, pelos seus sentimentos generosos, conseguiu fazer-se amor ao ponto de sermos nós um povo quase sem preconceitos de cor. (31 dez. 1888)

Nessas versões sobre o conflito, algumas questões devem ser consideradas. Enquanto a versão de *O Paiz* se preocupava em apontar a participação e a provocação da Guarda Negra como fundamentais para a eclosão do conflito, o *Cidade do Rio*, declarando sua "abstenção", deixou em segundo plano as causas imediatas dos acontecimentos e tentou deslocar a atenção para a questão mais ampla do debate político emergente na corte. Para o *Cidade do Rio*, o que desencadeou o confronto não foi a ação desse ou daquele grupo, e sim um movimento de aspiração popular em curso, "impossível de conter".

Ainda que o editorial de Patrocínio fosse uma resposta aos ataques dos jornais republicanos que noticiaram o confronto, sua declaração de que havia ocorrido uma "explosão da cólera popular" é reveladora. Em sua participação como militante abolicionista na corte, ele já tinha observado não só como a população pobre intervinha, muitas vezes decisivamente, nas questões políticas que emergiam mas também como tinha um modo próprio de fazê-lo. Enquadrado em uma prática política institucional, Patrocínio esforçou-se para elaborar uma versão racional da ação da população de cor contra republicanos durante o comício de Silva Jardim. No seu discurso, esboçava-se a ideia de que a Guarda Negra era um grupo representativo e organizado da massa de libertos, e de que, portanto, estaria à margem daqueles distúrbios, considerados irracionais. Por outro lado, nota-se na expressão "quase sem preconceitos de cor", utilizada pelo *Cidade do Rio*, a expectativa quanto a um possível confronto político-racial. Assim, na disputa ocorrida, além de um confronto entre republicanos e monarquistas, haveria também o embate entre homens brancos e homens negros. Em outra oportunidade, Patrocínio seria mais enfático ainda: "Explorando a má vontade dos ex-senhores contra os libertos, abusando da ignorância e da ingenuidade de outros, o Sr. Silva Jardim açula o ódio contra a raça negra, insinuando, para ser agradável aos fazendeiros, que a República não tarda e que com ela virá imediatamente a indenização e a lei de opressão para o liberto" (*Cidade do Rio*, 22 mar. 1889).

O fato é que o próprio *O Paiz*, ao descrever as causas e consequências dos distúrbios do dia 30 de dezembro, destacava que a agressão partira de "um grupo de homens de cor", quase nenhuma vez se referindo a monarquistas. De qualquer maneira, outras questões surgidas no período pós-emancipação estavam submersas naquelas "águas turvas".

Em primeiro lugar, havia a tensão entre ex-senhores e libertos, decorrente da abolição. A possibilidade de desobediência por parte dos libertos, que marcara o período da escravidão, era muitas vezes interpretada pelos fazendeiros como fruto de insubordinações. Nos jornais do interior da província fluminense, publicavam-se editoriais de políticos conservadores e ex-senhores reclamando de supostas insolências e abandono das fazendas, já que os libertos, em muitos casos, se recusavam a continuar trabalhando no mesmo local onde haviam sido escravos. A título de exemplo, eis a declaração de uma ex-escrava, ao explicar por que razão não permaneceria na fazenda onde havia nascido e se criado: "Sou uma escrava e, se ficar aqui, continuarei escrava".[12] A promessa de salários representava pouco para os libertos, que procuravam, na medida do possível, controlar suas próprias condições de trabalho, longe de qualquer sujeição.

Em segundo lugar, essa "má vontade" dos fazendeiros que Patrocínio mencionou era acirrada, entre outras coisas, pela discussão acerca da indenização reivindicada pelos proprietários com a emancipação dos escravos. A preocupação dos fazendeiros fluminenses com a indenização foi assunto diário dos periódicos da corte nos meses que se seguiram à abolição, e chegou a ser tema de uma divertida crônica de Machado de Assis publicada na *Gazeta de Notícias* em 26 de junho de 1888. Ironizando a pretensão e a ansiedade dos fazendeiros, a crônica de Machado apresenta um narrador "espertalhão" que deseja investir algum dinheiro comprando libertos a preços mais em conta, ávido pelo "lucro certo" que teria quando da esperada indenização.[13]

A discussão sobre a indenização prosseguiu durante os primeiros anos do período republicano. Vários fazendeiros apostaram no regime republicano, motivados pela crença de que seriam indenizados pelos escravos emancipados pela Lei Áurea. Além disso, o ideário republicano de um país positivo e civilizado, rumo ao progresso, se harmonizava com o interesse dos fazendeiros de manter a disciplina e o controle do trabalho e da vida dos libertos, e também da população negra em geral. Nas cidades, esse ideário se materializou na perseguição implacável dos capoeiras e na destruição dos cortiços. No interior, os libertos encontrados longe das fazendas, isto é, longe do olhar controlador dos fazendeiros, eram tachados de vagabundos, preguiçosos e ociosos, sendo jogados nas prisões locais.

Durante a campanha da abolição, algumas questões raciais chegaram a ser apresentadas – provavelmente apenas na retórica jornalística e na oratória de alguns ativistas negros e mulatos. A utilização do discurso do preconceito racial pelos abolicionistas funcionava muitas vezes como um recurso político para a acusação dos escravocratas, criando polêmicas na campanha. Luís Gama e José do Patrocínio em diversos momentos trataram do tema do racismo em seus pronunciamentos e debates políticos (Bergstresser, 1973, p. 155-61), tendo este, com a intenção de intensificar os debates jornalísticos e revidar os ataques políticos que sofrera, usado para fazer acusações termos raciais encontrados nas discussões sobre o fim da escravidão.

No entanto, essas acusações de preconceito racial foram muito mais eficazes para ressaltar o absurdo da existência de tais discriminações numa sociedade racialmente miscigenada, como Patrocínio acreditava ser a do Brasil, do que para denunciar o racismo estrutural presente entre as elites que tratavam da questão da emancipação do escravo. É claro que ele, sendo um político mulato, sofria constantemente ataques racistas, muitas vezes virulentos. Em 1881, por exemplo, após casar-se com uma mulher de cor branca, Patrocínio fora violentamente atacado por uma parte da imprensa carioca, principalmente pelo jornal *O Corsário*. Nem os brancos abolicionistas, seus correligionários políticos, lhe pouparam acusações de cunho racista (Magalhães Júnior, 1969, p. 93-101).

No conflito envolvendo a Guarda Negra, Patrocínio tenta identificar um motivo anterior de caráter racial que teria tido influência direta na deflagração dos acontecimentos:

[...] passando das palavras aos atos, no penúltimo Domingo, alguns manifestantes, que acompanhavam um dos mais pretensiosos dos novos apóstolos, agrediram grupo de cinco cidadãos de cor preta, ferindo a pedradas e tiros e repartindo ferimentos e sustos com os outros cidadãos que faziam tranquilamente a sua refeição no hotel Petit-Console. Esta agressão provocou a mais viva indignação, porque se depreendeu dela que os novos republicanos não davam aos homens de cor o direito de discordar das suas opiniões. (*Cidade do Rio*, 31 dez. 1888)

É interessante destacar aqui como Patrocínio substitui, de início, a expressão "homens de cor" por "cidadãos de cor preta". Mais que acentuar a possibilidade de os libertos exercerem a cidadania por meio da participação política no debate, revela a ideia do racismo como causa singular dos acontecimentos posteriores.

A questão da cidadania dos libertos apareceria em outros discursos da época (o que pode ser comprovado com a leitura, por exemplo, da edição de 26 de abril de 1889 do *Cidade do Rio*). Havia cidadãos e cidadãos, e Patrocínio, hábil político, conhecia os seus significados. Talvez o que ele quisesse dizer com "cidadãos de cor preta" fosse que juridicamente a abolição havia igualado os homens numa sociedade sem escravos.[14] Ainda assim, ele, como ninguém, sabia quanto essa igualdade era desigual em termos de direitos políticos e sociais. Nem o abolicionista mais ingênuo acreditava que os libertos passariam de escravos a cidadãos com a abolição. No máximo, de escravos se transformariam em trabalhadores negros ou "cidadãos de cor preta" e, num futuro próximo, quem sabe em "homens civilizados" (Andrews, 1988).

Após a publicação de uma nota da Guarda Negra no *Cidade do Rio* por Clarindo de Almeida, defendendo-se das acusações sofridas, os jornais de tendência republicana descarregaram nova bateria de críticas.[15] Da canhoneira de *O Paiz* veio o seguinte tiro: "Por outro lado todos se revoltaram contra essa força organizada na sombra e na sombra armada contra a sociedade – a Guarda Negra –, todos sentiram um confrangimento indescritível ao ver surgir na arena de combate os homens que a revolução popular libertaria a 13 de maio!" (5 jan. 1889).

O "confrangimento" a que alude o periódico não era outro senão o da participação de libertos, ex-escravos e negros numa manifestação popular e, pior ainda, antirrepublicana. Na visão dos políticos da época, e não somente dos republicanos, a experiência da escravidão havia conferido aos libertos uma incapacidade política e, portanto, a "arena de combate" não seria um lugar apropriado para aqueles homens, ainda não preparados para as responsabilidades da liberdade. Mais tarde, o próprio Patrocínio diria que o "cativeiro havia roubado a noção da vida social" dos ex-escravos. Era uma visão amparada num positivismo social que reiterava que somente quando os libertos saíssem da "sombra" e ingressassem na "sociedade" saberiam discernir seus próprios interesses sem "confranger" os ideólogos republicanos de um país civilizado. A velha ideia de que a massa só poderia se manifestar sob os auspícios do discurso e da ação das elites era então evocada.

A disputa entre monarquistas e republicanos, muitos deles igualmente abolicionistas, tinha suas metáforas. No mesmo dia do ataque de *O Paiz*, Patrocínio se defende das críticas à Guarda Negra utilizando novamente o termo "cidadão" em sua retórica, desta vez fazendo alusão à Revolução Francesa: "O mesmo direito que um cidadão tem para atacar o trono, outro cidadão o tem para defendê-lo. Também creio não levantar objeções afirmando que os 700 mil libertos no 13 de maio constituem, entre nós, o verdadeiro povo brasileiro e aquele quarto estado que na Revolução Francesa abriu sem armas as portas da Bastilha" (*Cidade de Campos*, 5 jan. 1889).

Se, de um lado, Patrocínio e, mais tarde, Rui Barbosa, além de outros tantos jornalistas de destaque na corte, criticavam em suas folhas tanto os desmandos dos ministérios imperiais como os ataques republicanos contra a coroa, de outro lado, nas ruas da corte e mesmo no interior da província, os libertos demonstravam suas desconfianças e insatisfações com relação à propaganda republicana contra o Império.

Não resta dúvida de que a maior parte da população negra da corte era monarquista, o que os relatos posteriores de João do Rio revelariam claramente.[16] Os republicanos não só sabiam que a monarquia gozava de grande popularidade como também que existia uma antipatia contra a propaganda republicana. Por exemplo, noticiou-se que em Sapucaia, norte da província fluminense, alguns libertos se recusavam a trabalhar para fazendeiros alistados no Partido Republicano, sob a alegação de que não haveria dinheiro que os fizesse trabalhar para homens que hostilizavam a regente que lhes dera a liberdade (*Cidade do Rio*, 24 jul. 1888). Medeiros e Albuquerque, em suas memórias, afirma que os republicanos, percebendo a agitação pró-monárquica da população negra, iam armados para os *meetings* e que vários deles descarregavam seus revólveres contra os negros armados de paus e cassetetes (1945, p. 69-70). Enquanto os articulistas políticos se digladiavam na imprensa, nas ruas da cidade os espaços eram ocupados por libertos e militantes republicanos que defendiam no braço suas opções políticas.

A despeito dos intensos debates e conflitos a ela associados, a Guarda Negra mereceu pouco ou quase nenhum destaque nos trabalhos dos historiadores que analisaram esse período da história brasileira. Se os políticos da época procuraram, por meio da retórica, metamorfosear os atores daquele espetáculo, parte da historiografia retirou-os definitivamente da "arena de combate".

As referências relativas à Guarda Negra na historiografia caracterizavam-na ora como um grupo de navalhistas e capoeiras recrutados pelo ministério de João Alfredo Correia de Oliveira para defender a monarquia em crise dos ataques dos republicanos, ora como um movimento irracional de gratidão dos libertos, romantizado e manipulado por alguns líderes abolicionistas, em defesa da princesa Isabel. No pensamento das elites da época, seria inadmissível conceber as ações da Guarda como efetivas participações políticas autônomas dos libertos. O discurso da manipulação dos escravos, tão utilizado pelos escravocratas contra os abolicionistas, era agora usado pelos republicanos com relação aos libertos, sendo que parte da historiografia o incorporou e foi mais longe: parecia ter conseguido, com refinada competência, o feito invejável, para os irados republicanos da época, de retirar os libertos das ruas e ignorar suas estratégias políticas e sua capacidade de perceber aqueles acontecimentos, negando-lhes o papel de sujeitos históricos naquele processo.[17]

Entre as várias definições produzidas pela historiografia a respeito do que foi a Guarda Negra, há algumas que, no mínimo, são curiosas, por seu tom incisivo e preconceituoso.

> Vários historiadores, mal informados, teimam falsamente em dizer que as confederações abolicionistas logo depois do 13 de maio se transformaram numa associação denominada Guarda Negra, para a defesa da princesa Isabel, a Redentora, e seu trono. Na verdade, a Guarda Negra nunca existiu. Foi uma fantasia nascida da eloquência de um dos muitos discursos de Patrocínio. O negro humilde e ignorante não podia compreender o gesto da princesa dando-lhe liberdade; ao contrário, tinha vergonha de sua cor e ocultava a condição de ter sido escravo. Mesmo aqueles que obtiveram a liberdade em consequência da Lei Áurea, alcunhados de "os 13 de maio", ficavam ofendidos quando alguém os chamava por esta denominação. (Brandão, 1946, p. 22)

É possível que o autor desse texto, Paulo José Pires Brandão, mudasse de opinião se, percorrendo as ruas da corte naquele período e dando vivas à república, deparasse com certo grupo de libertos: a Guarda Negra. Ou não. Talvez, mesmo assustado ou até machucado por alguns solavancos, ele se recusasse a admitir que os negros "humildes" e "ignorantes", marcados pela escravidão, tivessem vontade política própria. É possível também que ele, um monarquista, saudosista, não quisesse relacionar a "dona" princesa Isabel e a tentativa de sustentação do Império com aquelas manifestações dos libertos.

Prosseguindo com sua argumentação e apoiando-se nas memórias do então ministro conservador Ferreira Viana, seu avô, e em outras autoridades do Império, Brandão apresenta o que considera ser a versão verdadeira e definitiva sobre o que teria sido o fenômeno da Guarda Negra:

> O que há de verdade sobre a Guarda Negra é o seguinte: começou quando o Ministro Ferreira Viana, já em 89, mandou que o Chefe de Polícia, Desembargador Manuel José Espínola, acabasse com os *meetings* republicanos, vestisse policiais, de cor, à paisana, de porrete à mão, e fossem para a rua. Foi quando começou o primeiro destes *meetings* chefiados por Silva Jardim e Lopes Trovão, gritavam "lá vem a Guarda Negra" e saíram do esconderijo os tais soldados à paisana.

> Foi o bastante para que a multidão, possuída de verdadeiro pavor, dispersasse imediatamente. Quem dirigia esta diligência e a mim contava era o Delegado de Polícia, então, o Dr. Francisco de Paula Valadares. (p. 23)

Outra descrição da Guarda Negra que pode ser citada, não menos interessante e com uma pitada de terror, é a que Rui Barbosa publicou no *Diário de Notícias*. Baseando-se em informantes, Rui descreve as reuniões da Guarda Negra como um ritual de iniciação em que libertos entram num "quase transe" ao jurarem fidelidade a "Isabel, a Redentora". O medo branco republicano definia quase sempre a Guarda Negra como uma entidade de feição maçônica, originada de reuniões secretas e misteriosas.[18] Do seio desses discursos emergiriam diversas versões sobre a atuação da Guarda Negra, tanto de autoridades do Império como de republicanos, abolicionistas, monarquistas, ou até mesmo dos que se apresentavam como seus legítimos representantes ou chefes. Parte dessas visões continha como ponto em comum a perspectiva positivista e racista das elites brasileiras do final do século XIX.[19]

A Redentora: bruxa branca ou princesa dos escravos?

A figura da princesa Isabel aparecia constantemente nos vários discursos a respeito da Guarda Negra. Alguns abolicionistas a defendiam, afirmando que os libertos, com a organização da Guarda Negra, provaram-lhe sua gratidão pela Lei Áurea:

> Por uma centena de negros, que proclamam o Sr. Silva Jardim o grande libertador de sua raça, há centenas de milhares, a quase unanimidade dos negros brasileiros, que estão prontos a dar a vida para salvar a coroa de Isabel, a Redentora, que foi o berço onde vagiram os seus primeiros filhos livres; e foi por último a sagrada pia em que eles se batizaram na religião da liberdade, da igualdade e da fraternidade. (Patrocínio, 1889)

Afora os ideais revolucionários franceses, mais uma vez destacados no discurso de Patrocínio, o movimento dos libertos em favor da monarquia era visto, tanto por republicanos como por monarquistas, muito mais como um gesto de gratidão da "quase unanimidade dos negros brasileiros" para com a princesa do que como algo dotado de um significado político autônomo. Nos ataques ou defesas à Guarda Negra, a imagem da princesa Isabel tinha um sentido comum: simbolizava a "irracionalidade" da participação política dos negros. A popularidade do imperador e agora da princesa Isabel entre a população negra e pobre da cidade certamente assustava os políticos republicanos. Para ilustrar essa popularidade, reproduzimos um comunicado publicado no *Cidade do Rio*:

Sociedade Vida Nova União da Nação Cabinda – Grande número de africanos da nação Cabinda, constituídos em sociedade, querendo manifestar o profundo amor e reconhecimento ao pai da Augusta Redentora da raça negra, resolveram ir em passeata, no próximo domingo, felicitá-lo pelo restabelecimento da sua preciosa saúde e pelo seu feliz regresso à pátria. (19 set. 1888)

O imperador dom Pedro II, cuja saúde já estava bem prejudicada, talvez mais necessitasse de alguns feitiços providenciais daqueles africanos do que da tal "passeata". Também o príncipe Obá, conhecido personagem que costumava ser recebido pelo imperador, tinha grande popularidade entre escravos e libertos na corte no final do século XIX.[20] Quanto à popularidade da princesa Isabel, não resta dúvida de que a havia herdado de seu pai; no entanto, em suas críticas, os republicanos insistiam em produzir imagens infantilizadas dos libertos, explicando, assim, as atitudes de simpatia à monarquia. Rui Barbosa, principal crítico da Guarda Negra, percebendo quanto uma agitação popular antirrepublicana seria prejudicial aos interesses que ele defendia, fez um surpreendente elogio aos libertos que soa quase como um apelo à sua suposta irracionalidade:

Os próprios resgatados, por entre o reconhecimento devido a essa generosa cooperação nacional, não têm motivos para humilhar a sua gratidão até o nível da esmola recebida na indigência da invalidez. O escravo teve um papel autonômico na crise terminativa da escravidão. Abaixo da propaganda multiforme, cuja luz lhe abriu os olhos ao senso íntimo da iniquidade, que o vitimava, ele constituiu o fator dominante na obra da redenção de si mesmo. (*Diário de Notícias*, 13 maio 1889)

Além de surpreendente, esse discurso de Rui parecia inovador. Falar em "papel autonômico" dos escravos na abolição poderia ser perigoso, agitando ainda mais aquelas "águas turvas". Mas ele, com sua retórica política, temperou-o bem, pois, ao mencionar a "crise terminativa da escravidão", frisou que a participação dos escravos como "fator dominante" estava "abaixo da propaganda multiforme". Não obstante, esse discurso não era endereçado aos libertos propriamente ditos: tinha como objetivo atingir o eixo das forças políticas que poderiam aderir ao novo regime. A expressão "generosa cooperação nacional" mostra como Rui procurava sensibilizar, num derradeiro recurso mobilizador, as camadas médias e pobres da população da corte, responsabilizando-as pelo feito do 13 de maio. Sem dúvida, as imagens da campanha abolicionista nas ruas da cidade, ou até mesmo da Revolta do Vintém, no início da década de 1880, ainda estavam presentes na mente da elite política.[21] Ademais, os republicanos, constantemente preocupados com a agitação pró-monárquica dos libertos, procuravam, sempre que possível, associar os conflitos à crise ministerial do Império, à possível articulação em favor do Terceiro Reinado e à conivência da princesa Isabel com os desmandos da Guarda Negra.[22] "A menor palavra reprovadora da sereníssima princesa imperial teria extinguido ao nascedouro esta cisão de raças, que uma especulação inenarravelmente criminosa iniciou, na Corte do Império, sob o pretexto póstumo do abolicionismo" (*Diário de Notícias*, 20 abr. 1889).

Os limites do discurso de Rui eram impostos pelo próprio medo.[23] Isso porque os conflitos entre libertos e republicanos não mais estavam restritos à corte. Os jornais, num clima de pavor, noticiavam confrontos entre libertos, ex-senhores e propagandistas republicanos ocorridos no interior da província fluminense (no primeiro semestre de 1889), principalmente em Anta, Angustura, Campos, Laje do Muriaé, Santo Antônio de Pádua e Valença.[24] O discurso da manipulação, em alguns momentos, cedia lugar ao discurso do terror: "Ao mesmo passo, os telegramas de anteontem elevam o número dos libertos amotinados a oitocentos, e atestam que as ameaças a princípio dirigidas contra os republicanos compreendem agora, sem discriminação de partido, todos os antigos senhores, todos os brancos, todos os que não foram escravos" (*Diário de Notícias*, 24 abr. 1889).

A batalha entre monarquistas e republicanos era também uma batalha entre negros e brancos, libertos e ex-senhores. O terror expresso por Rui era real, e não um possível truque de orador político; ele inclusive já havia falado em "cisão de raças". Também os fazendeiros e a população branca do interior viam, muitas vezes, os movimentos de insatisfação e autonomia dos libertos como um revide antibranco após a abolição. Pequetita, como vimos, alertou seu irmão Lelé de que os libertos "já não fazem questão de política, mas sim da raça". Juntamente com o discurso da manipulação e irracionalidade dos libertos, preponderava a retórica sobre a questão racial nos embates entre Patrocínio e Rui. Tanto a agitação pró-monárquica como a ofensiva da propaganda republicana poderiam gerar um conflito racial no entender de ambos, conflito esse até então inexistente na sociedade brasileira, segundo a opinião de alguns:

> [...] pretende-se despertar animosidades, fazer surgir ódios extintos ou insuflar outros que não possuímos para que, *no meio das águas turvas* assim agitadas, se torne fácil a sucessão da Coroa [...]. É sabido que as conferências encomendadas a um palrador conhecido e publicadas largamente à custa dos cofres públicos foram logo o atear dos incêndios das paixões ruins, foram o sublevar de ódio do negro contra o branco, foram o conselho e o desafio ao assassinato e à depredação.[25]

Os republicanos bradavam contra os monarquistas e o último ministério do Império, que procuravam, segundo eles, capitalizar a agitação popular dos libertos contra a propaganda republicana, inquietando, assim, as "águas turvas", para favorecer o poder monárquico em crise. De acordo com suas denúncias, essa agitação insuflava a ira ou fazia que surgissem "ódios extintos" entre ex-senhores e libertos, brancos e negros. Políticos do Império, hábil e "criminosamente" – acusavam os republicanos –, faziam uso político das manifestações. Vale salientar que provavelmente, apesar dos ataques e defesas, tanto para monarquistas como para republicanos ou abolicionistas a questão do racismo em face da abolição não deveria ser despertada.

A imagem de um urso a hibernar numa caverna bem escura, não podendo, em hipótese alguma, ser molestado, pois poderia acordar furioso, talvez bem servisse para ilustrar a visão da elite política da época sobre o tema racial que poderia surgir entre a população não branca com o fim da escravidão. Joaquim Nabuco tinha asseverado que o "sistema de absoluta igualdade racial brasileira oferecia uma perspectiva melhor para a raça negra do que a oferecida nos EUA" (1938, p. 11). No entanto, o fato é que, logo após a abolição, ele próprio já se mostrava cético em relação à situação política e racial do Brasil.[26] Os "incêndios das paixões ruins" já tinham suas labaredas ateadas.

A guerra entre as raças

Tanto na defesa como nas acusações concernentes à Guarda Negra, questões sobre um possível confronto racial estavam sempre presentes no debate jornalístico. Rui Barbosa publicou, em 9 de maio de 1889, um editorial no *Diário de Notícias* – intitulado "A Coroa e a guerra entre as raças" – em que, entre outras coisas, criticava a política imperial por sua conivência relativa com as provocações e ataques dos libertos aos republicanos.

Em alguns momentos, como na campanha abolicionista, o tema racial foi usado como eficiente recurso político, a fim de mobilizar a população não branca da corte na defesa dos interesses abolicionistas, monarquistas ou republicanos. Patrocínio ressaltava que a propaganda republicana expressava um ódio aos "homens de cor" gerado pela insatisfação de alguns setores agrários com os efeitos provocados pela abolição:

> O modo como os republicanos de 14 de maio estão dirigindo a propaganda contra as instituições vigentes tem provocado em toda parte do país a maior indignação. Desnaturado o sagrado ideal da República, servem-se dele como a arma de vingança contra a monarquia, os quais não queriam e não querem ainda agora conformar-se com a igualdade de todos os brasileiros. Contra os homens de cor são vulcânicas as explosões de ódio. (*Cidade do Rio*, 31 dez. 1888)

Os "republicanos de 14 de maio" a que se refere Patrocínio eram os ex-senhores e fazendeiros que haviam erguido a bandeira republicana logo após a abolição, insatisfeitos com a emancipação dos escravos. Reclamando a indenização, defendendo seus interesses e preocupados com o controle do trabalho dos ex-escravos, esses republicanos, de acordo com Patrocínio, haviam "desnaturado o sagrado ideal da República". Além disso, a veemência com que atacavam a monarquia e principalmente os libertos cheirava a racismo.

Faremos aqui um aparte para falar rapidamente da utilização magistral que Rui Barbosa fez da carta de Pequetita, dela publicando trechos no *Diário de Notícias*, em 7 de maio de 1889. O título de seu editorial é bem sugestivo: "O gabinete do terror". Rui começa explicando que a autora da carta, "quase soluçante" (ele omite o nome de Pequetita), era a "esposa de um antigo e devotado abolicionista" e que optou por apresentar alguns trechos à nação devido "às necessidades supremas de salvação pública". Grifando alguns trechos e omitindo outros (como aquele em que Pequetita informava seu irmão sobre as providências tomadas pelo seu marido – como a contratação de "dois bons capangas" – em vista do temor dos "barulhos" dos libertos), Rui elabora um contundente ataque à política do gabinete de João Alfredo Correia de Oliveira, ressaltando que ele era o responsável pelo "quadro de agonias da família brasileira". Em seguida, continua defendendo a ideia da manipulação política da população negra por parte do Império, suas autoridades e alguns abolicionistas monarquistas: "Ao manipanso grotesco das senzalas, próprio para a gente da África, sucedia o feiticismo da idolatria áulica, digna de uma nação de libertos inconscientes. E, para que ninguém ousasse perturbar o sossego desses ritos, imaginou-se estender em volta da Coroa um exército de corações iludidos" (*Diário de Notícias*, 13 maio 1889).

Os ataques de Rui à participação política dos libertos utilizam a força dos argumentos biológicos. O "exército" de libertos que nas ruas da corte antipatizavam com a propaganda republicana era formado de "corações iludidos". As razões pareciam óbvias para Rui: não só os negros libertos se achavam marcados socialmente pela escravidão, já que estavam totalmente "inconscientes" de suas responsabilidades e atitudes, como também a sua raça os empurrava a um "feiticismo" político "próprio para a gente da África". Os negros libertos eram vistos como biológica e socialmente impossibilitados de ter vontade própria, de ter e defender seus próprios interesses políticos. Esse discurso de Rui não constituía um eco isolado: tinha a legitimidade de um discurso científico que surgia e que procurava novas formas de mostrar a inferioridade do negro não mais escravo, despreparado para ser cidadão, não só pela sua experiência social na escravidão mas também pela sua raça.

É hora de o escravo virar negro. Mariza Corrêa chama a atenção para o fato de que, invertendo a afirmação de Marx ("Um negro é um negro. Em certas circunstâncias ele se transforma num escravo"), os intelectuais naquele momento tratavam de transformar escravos em negros, isto é, de constituí-los enquanto categorias de análise, deixando entre parênteses, em sua passagem de "máquinas de trabalho" a "objetos de ciência" (Silvio Romero), a discussão de uma cidadania.[27]

Analisando as origens da ideologia racista na França, no século XVIII, Boulle enfatiza como o racismo patenteava um elo entre o "desaparecido *Ancien Régime* e as sociedades capitalistas modernas", já que em torno dele se elaboravam os valores sociais representativos adotados pela sociedade francesa (incluindo as suas colônias) naquele final de século.[28] Voltando a Rui Barbosa, em relação ao conflito racial, ele tratou de ressaltar suas possíveis consequências: "Eis o rastro sinistro que prepara a guerra civil, levando ao seio dos nossos sertões o ódio entre as raças, sentimento funesto que o cativeiro não gerara e que um cálculo de política perversa concebeu num dia de ajuntamento entre a ambição de uma Coroa e o servilismo de seus conselheiros" (*Diário de Notícias*, 19 maio 1889).

A possibilidade do desencadeamento de um conflito racial generalizado preocupava, de fato, tanto monarquistas como republicanos. No início de 1889, a redação do jornal *O Paiz* sofreu um atentado. Periódicos e jornalistas de várias correntes políticas se uniram na defesa de liberdade de imprensa, repudiando o ataque. Alguns jornais acusaram os libertos e a Guarda Negra de serem os responsáveis por esse e outros atos, evocando denúncias passadas segundo as quais os capoeiras seriam recrutados pelo Império para empastelar jornais e provocar distúrbios em comícios de partidos de oposição nas eleições.[29] Nos conflitos de rua e nos comícios em épocas eleitorais, os capoeiras eram sempre identificados como os protagonistas, sendo acusados, em muitas ocasiões, de servir como "capangas" para os políticos. A própria Pequetita contou, em sua carta, que seu marido, Barcellos, preocupado com os rumores de conflitos no primeiro aniversário do 13 de maio, havia contratado dois "bons capangas", um deles capoeira, para protegerem toda a família. O atentado contra a redação de *O Paiz* agitou novamente as "águas turvas", trazendo de volta aos debates jornalísticos as críticas à Guarda Negra e aos libertos.

Em janeiro de 1889, o *Cidade do Rio* publica uma nota de Clarindo de Almeida (que se autodenominava "chefe geral da Guarda Negra") em que se defendeu das acusações e afirmou, inclusive, que a raça negra tinha uma dívida de gratidão com *O Paiz*, por ter sido esse jornal um órgão abolicionista, contra o qual, portanto, a Guarda seria incapaz de cometer qualquer atentado. A nota ressalta ainda a figura de um dos colaboradores do jornal, Joaquim Nabuco, como abolicionista destacado (2 jan. 1889). Por fim, Clarindo de Almeida tenta negar qualquer possibilidade de confronto racial na participação política da Guarda Negra contra a propaganda republicana: "O nosso fim não é levantar o homem de cor contra o branco, mas restituir ao homem de cor o direito, que lhe foi roubado, de intervir nos negócios públicos. Não é por serem brancos os republicanos, mas por serem a vergonha da nação, que nós os combatemos" (*Cidade do Rio*, 3 jan. 1889).

Clarindo de Almeida, assim como Patrocínio e outros abolicionistas monarquistas, tentava, por meio da retórica jornalística, comandar (só pelos jornais, é claro) as ações e representar os interesses dos libertos nesse processo. Vale destacar que os discursos de Patrocínio e Rui nem sempre foram tão divergentes com relação à atuação da Guarda Negra. Patrocínio, que nunca tinha negado seu namoro com o *republicanismo*, ainda que criticando alguns de seus efeitos e direcionamentos propagandísticos após a abolição, adere formalmente à sua campanha em meados de 1889.[30]

A data de aniversário do centenário da Revolução Francesa, 14 de julho de 1889, foi marcada por comemorações e comícios dos republicanos e por novos choques entre estes e os libertos na corte. Após passeatas, festejos, desfiles e atos solenes pelas ruas do centro da cidade, os republicanos, segundo os noticiários, teriam sido atacados por "um grupo de desordeiros que deram vivas à monarquia e morras à república, agredindo, a torto e a direito, a cacete e tiros de revólver" (*Gazeta de Notícias*, 15 jun. 1889). Mais uma vez os jornais da corte dedicam amplo espaço para a crítica às causas e consequências dos conflitos, assim como para acusações à Guarda Negra e à "malta" de capoeiras.[31]

Nos dias seguintes a esses acontecimentos, Patrocínio escreve editoriais criticando a Guarda Negra e a participação política dos libertos.[32] Seus discursos passaram a ser quase uma reprodução dos discursos acusadores de Rui Barbosa, de Alcindo Guanabara e dos demais republicanos. Nos textos, ele criticava aquela agitação popular, a ação dos capoeiras e pedia providências das autoridades policiais do Império para que aqueles "excessos" e "desmandos" fossem evitados. Com relação aos libertos, Patrocínio lamentava que estivessem sendo vítimas de "intrigas" e considerava que a Guarda Negra era "uma falange de corações agradecidos" que, embora desviada, "tinha como principal fim educar e preparar para a vida da livre concorrência social os nossos recentes concidadãos" (*Cidade do Rio*, 15 jul. 1889). Os mesmos conceitos de medo, "inaptidão política" e "guerra entre as raças" emergem, desta vez no discurso de Patrocínio:

> Em nome da nossa pátria e do próprio futuro de nossos filhos, que terão de pagar o ódio de raça que as influências desumanas que estão dirigindo a Guarda Negra vão semeando; é necessário que todos os homens de cor mais instruídos se consagrem à propaganda humanitária de

esclarecimento a seus irmãos, a quem o cativeiro roubou a noção de vida social. (*Cidade do Rio*, 15 jul. 1889)

Parecia que os "ideais republicanos" haviam penetrado fundo no coração de Patrocínio, já que ele agora estava empenhado em cassar os direitos políticos do partido "tão legítimo como outro qualquer" dos libertos, que defendeu no final de 1888. Assim, dirigiu esses ataques à Guarda Negra, aos libertos e aos capoeiras, enfim, a todas as "influências desumanas".[33]

O conflito racial e a participação dos libertos e da população negra e pobre em geral nos debates políticos assustavam sobremaneira os republicanos, não mais fazendo parte somente da retórica jornalística. Os políticos sabiam – graças à experiência adquirida após a campanha de abolição, na década de 1880 – que a participação das massas populares nos debates políticos podia ser decisiva e, na maioria das vezes, prejudicial a seus interesses. Portanto, uma agitação popular antirrepublicana permeada por um conflito racial seria inadmissível. A mudança de discurso de Patrocínio, talvez o maior defensor público da Guarda Negra, foi o melhor exemplo disso. Para a maioria dos republicanos, a questão do racismo era inexistente, e, caso não o fosse, necessitaria ser reprimida. Gilberto Freyre, analisando os conflitos entre a população negra e os republicanos, criticou tal repressão pela truculência, afirmando que suas ações de revide se assemelhavam às da "Ku-Klux-Klan, nos Estados Unidos, após a Guerra Civil".

Desde logo, a elite política republicana procurou associar certos significados a suas ideias e símbolos. Para ela, o 13 de maio, por exemplo, tinha sido fruto de um movimento de progresso da nação, assim como a consequente república.[34] Da parte dos políticos monarquistas e das autoridades imperiais, mesmo lhes sendo benéficas em termos de dividendos políticos, a agitação e a ação popular dos libertos talvez os assustassem pela falta de controle.[35] Esses diferentes discursos sobre os libertos e os significados de suas ações políticas entre a abolição e a proclamação da república podem nos levar ao início do caminho para entendermos como, na memória sobre a abolição, esta foi transformada pelas elites em uma dádiva, apagando-se, assim, as experiências de luta dos escravos.

A melancolia notória

Agora é hora de voltarmos à tona das águas turvas em que imergimos e focarmos de novo a "melancolia notória" de Pequetita. O medo-pânico que tempera a narrativa de Pequetita muito se assemelha ao "grande medo de 1789", analisado por Lefebvre.[36] Sem nenhuma dose de sadismo ou perversidade, é possível afirmar que a imagem que essa aterrorizada mulher projetou – relacionando sua espera pelo "malfadado dia" 13 de maio de 1889 com a de "um condenado que sobe o cadafalso" –, além de revelar-nos algumas das significações simbólicas relativas ao modo como a população branca, principalmente os ex-proprietários de escravos, percebia as atitudes de autonomia dos libertos, é deveras deliciosa. É sintomático que a autora tenha destacado mais de uma vez a data de 13 de maio em sua carta, sendo possível ler as entrelinhas de seu texto, isto é, fugir da análise historiográfica que viu nos medos das Pequetitas e nos libertos "altaneiros" apenas a desorganização do trabalho e negros marcados pela escravidão, inadaptados ao trabalho livre assalariado.

Os escravos, agora libertos, não deixaram nunca de criar, recriar e inventar seus espaços de liberdade. Esta, porém, tinha diversos significados. Como mostrou Foner para o sul dos Estados Unidos, os negros recém-libertados procuraram inúmeras formas para se livrar das "marcas da escravidão" e destruir os vários aspectos da autoridade "real e simbólica" exercida pelos ex-senhores sobre sua vida. Aqueles homens e mulheres negros "altaneiros" que deixaram "sobressaltados" Pequetita e seu marido buscavam também, entre outras coisas, autonomia e o fim dos açoitamentos, da subordinação, da separação de suas famílias.[37] Os significados de liberdade eram diversos, englobando desde a possibilidade de calçar sapatos ou andar sem a necessidade de passes até a de retirar suas mulheres do trabalho da lavoura, por exemplo. Na ocasião, a liberdade para alguns libertos, pertencentes à Guarda Negra ou não, podia significar, entre outras coisas, poder provocar republicanos pelas ruas. Por que não? A propósito, num tom indignado, a edição do *Novidades* de 2 de janeiro de 1889 trouxe a seguinte notícia: "Diversos grupos de indivíduos de cor e mal trajados percorreram as ruas até alta noite, dando vivas à Monarquia e à Guarda Negra. Estes grupos acercavam-se das pessoas que desconfiavam ser republicanas, obrigando-as a darem vivas à Monarquia e ao Ministério, espancando-as se elas a isso se negassem".

Com certeza, para a maioria dos libertos, a permanência nas fazendas de seus ex-senhores em troca de salário ou a integração no mercado de trabalho livre assalariado das cidades não podiam ser associados ao conceito de liberdade. A respeito, um observador contemporâneo destacou que "a ideia de permanecer na casa onde ele foi escravo é repugnante para o liberto" (Gonçalves, 1898, *apud* Andrews, 1988, p. 514). Assim, muitos libertos deixaram seus ex-senhores; foi o que ocorreu, por exemplo, com Fidélia, a viúva Noronha, personagem machadiana de *Memorial de Aires*, que ficou preocupada com a situação de suas fazendas em Paraíba do Sul, abandonadas pelos libertos em meados de 1888 (Assis, 1925, p. 153-9).

Nos últimos meses de 1889, que incluem a proclamação da república, a Guarda Negra desaparece dos debates jornalísticos, e aparentemente das ruas da cidade. Não há notícias na corte de nenhuma manifestação hostil dos libertos contra a proclamação.[38] Esse aparente desaparecimento talvez frustre aqueles atiradores de (da) elite que vivem tocaiando os movimentos sociais para abatê-los com suas poderosas armas teórico-evolucionistas. Esperamos que não argumentem que as ações dos libertos na ocasião foram apenas ensaios pré ou subpolíticos que nunca conseguiram desenvolver-se graças à falta de "consciência de classe", "impotência revolucionária" ou "espontaneísmo latente". Insistir no discurso da manipulação política e racial foi o que tentaram os republicanos na época. Pior ainda se esses atiradores teóricos forem machistas (eu disse machistas!) ortodoxos inveterados e também desdenhosos dos significados sociais que podem existir por detrás dos "medos" em determinados momentos da história de dada sociedade. Se assim forem, argumentarão que o pânico de Pequetita e, por tabela, as atitudes daqueles libertos "altaneiros" não passavam de fantasias imaginárias decorrentes da natural fragilidade feminina, tal como a própria Pequetita admitia a seu irmão Lelé: "[...] mas como sabes a mulher é fraca, e eu tremo [...]". Mas não desanimemos, porque a mobilização da população negra e pobre da cidade do Rio de Janeiro não desapareceu nos primeiros anos republicanos, mas sim ganhou novas características.[39]

Como destacamos de início, não nos propusemos determinar o tipo de organização representado pela Guarda Negra. Aqui pouco importa se ela foi apenas um grupo organizado de libertos que manifestavam sua gratidão à princesa Isabel ou uma milícia de capoeiras recrutada pelo Império para reprimir os republicanos.[40] O fato é que as elites a identificavam como uma possibilidade de participação política naquele momento crítico. Após a abolição, as elites perceberam que a sociedade não mais estava dividida somente em termos de classes sociais; as questões raciais poderiam aflorar e o medo de um revanchismo racial provocava apreensões (Azevedo, 1987, p. 248).

Com a análise do repertório de discursos produzidos sobre a Guarda Negra e a participação política dos libertos, procuramos mostrar como as elites interpretaram a liberdade dos ex-escravos no período imediatamente posterior à abolição. Também quisemos destacar que os acontecimentos envolvendo a Guarda Negra nos últimos meses do regime monárquico, afora as controvérsias sobre sua "verdadeira" história, provocaram debates sobre qual seria a cidadania reservada ao negro liberto pelas elites republicanas naquele final de século.

A retórica dos debates expressava, em última análise, uma visão segundo a qual a população negra estaria despreparada para qualquer participação política. A falta de preparo, de acordo com a argumentação das elites, era fruto da "ascendência selvagem da raça africana" e da condição de cativeiro em que por muito tempo tinham permanecido os negros (Schwarcz, 1987, p. 250-6). Para tais elites, os negros deveriam aguardar passivamente por seu direito à cidadania (mas não a mesma cidadania destinada ao homem branco!), assegurado pela igualdade jurídica. Da mesma forma, para serem inseridos no mercado de trabalho livre, eles precisariam preparar-se para assumir sua cidadania, e essa preparação deveria se realizar dentro da ordem, para o progresso da nação. Para alguns, essa fase necessária deveria incluir o branqueamento da população negra brasileira; para outros, só restava ao negro "integrar-se" na nossa sociedade.[41] A cidadania não era encarada como um direito natural, num país que agora não tinha mais senhores e escravos; ela era vista como um direito político, cabendo à sociedade decidir e julgar quem era merecedor ou não desse direito. Muitas vezes inspirados no ideário da Revolução Francesa, para alguns republicanos a participação popular como prerrogativa não passava de retórica.[42]

A ação dos libertos e da Guarda Negra nas ruas da corte não foi uma "fantasia nascida da eloquência" dos debates políticos e jornalísticos.[43] Ela constituiu uma demonstração da micropolítica que os libertos, e antes deles os escravos, haviam forjado com rara destreza política. Tratava-se, mais uma vez, de uma manifestação da "Cidade Negra", com suas percepções e lógicas próprias, como no caso do "Partido Negro" baiano no "jogo duro do 2 de julho".[44] Vale salientar que os primeiros governos republicanos trataram as questões sociais com pouca retórica e muita truculência e intolerância. Os capoeiras, identificados como capangas assalariados do antigo regime, foram perseguidos impiedosamente pela política republicana, sob o argumento de que era necessário pôr fim aos resquícios imperiais representados pela Guarda Negra e pelos capoeiras nas ruas da corte.[45] As questões raciais, sufocadas pela forte repressão desencadeada após o advento da república, não desapareceriam por completo dos movimentos populares no início do século XX, na cidade do Rio de Janeiro: navegando em "águas turvas" para chegar à civilização, os políticos republicanos não haviam ainda vislumbrado o vento norte da democracia racial.

Postscriptum

Sobre a Guarda Negra ainda pouco se sabe, embora tenham surgido em várias cidades, como Porto Alegre, São Luís e Santos, conflitos entre libertos e republicanos nos anos de 1888 e 1890.[46] Carlos Eugênio Líbano Soares foi quem mais avançou, em termos de pesquisa, na interpretação dos significados políticos relacionados a conflitos de capoeiras, libertos, monarquistas e republicanos nas ruas do Rio de Janeiro. Recuperou uma "tradição" da vida política das últimas décadas na corte que teve como personagens capoeiras do Partido Liberal e a malta Flor da Gente (Soares, 1994). Algumas batalhas – talvez as iniciais – desta "tradição" de lutas urbanas teriam sido travadas já no final dos anos 1860. Foi em torno dos principais debates sobre emancipação, eleições, formação do Partido Republicano e o retorno de libertos ex-combatentes da Guerra do Paraguai que se desenharam os contornos da mobilização política que daria origem à Guarda Negra. Articulando expectativas e percepções políticas, parte da população negra acumulou, paulatinamente, muita hostilidade – com destaque para os capoeiras.

Dentre os primeiros registros da formação da Guarda Negra na corte surge o noticiário de julho publicado no *Cidade do Rio* (Soares, 1994). Reunidos na casa de Emílio Roudé, o "infatigável abolicionista de todas as tiranias, de todos os preconceitos, de todas ingratidões", estavam os libertos Higino, Manuel, Antônio, Jason, Aprígio, Gaspar e Teórito, que "acordaram fundar uma associação que, com o título de Guarda Negra da Redentora, se dedicasse de corpo e alma, e em todos os terrenos, à defesa do reinado da Excelsa Senhora, que os fez cidadãos". Nesses primeiros comentários publicados no reconhecido periódico abolicionista e monarquista, a Guarda Negra aparecia explicitamente como uma "associação" que tinha o objetivo de defender a monarquia e a princesa Isabel dos ataques republicanos. Seria ilusão – mais uma vez – ver aqui somente uma tentativa de manipulação política. Na mesma edição, o *Cidade do Rio* apresentou as linhas mestras da atuação dessa "associação" criada com o apoio de políticos abolicionistas, monarquistas e jornalistas. Seu principal objetivo era "opor resistência material a qualquer movimento revolucionário" que hostilizasse a monarquia, por ser a "instituição que acabou de libertar o país". Para cumpri-lo, deveria contar com "sócio ativos", eleger uma diretoria e solicitar o apoio da Confederação Abolicionista e da imprensa, a fim de que tal "sociedade se ramifique por todo o Império". Quem seriam os seus "sócios ativos"? Os libertos. E mais: o último dos seis itens relativos à "criação" da Guarda Negra refletia uma das tendências entre os ex-escravos naquele contexto: os "sócios ativos e efetivos" deveriam "aconselhar por todos os meios possíveis aos libertos do interior que só trabalhem nas fazendas daqueles que não juraram guerrear o Terceiro Reinado". Nessas linhas estavam claramente presentes tanto a ideia do Terceiro Reinado – ou seja, da continuidade da monarquia, que tanto mobilizava os republicanos – como o cenário da falta de controle (o "fantasma da desordem") sobre o trabalho e a mão de obra no pós-abolição (Castro, 1998).

As imagens dos jornais e discursos políticos sobre a Guarda Negra não a definem, mas revelam muito do que a mobilização política da população negra não podia ser ou podia ter sido. Segundo análise de Carlos Eugênio Líbano Soares (1994), havia "dois projetos de Guarda Negra". Um deles buscava a "formação de uma agremiação organizadora", idealizada por militantes abolicionistas e libertos. O outro visava à manipulação do gabinete de João Alfredo Correia de Oliveira, que – repetindo a "fórmula" política utilizada por Rio Branco e Cotegipe anos antes – investiu na criação de um "braço armado clandestino" para fazer política por meio do terror. Trata-se de uma argumentação eloquente, principalmente quando o autor demonstra as articulações entre políticos, eleições, partidos e maltas de capoeiras da cidade, não constituindo, porém, um avanço significativo nas trilhas da recuperação dos sentidos políticos associados a libertos, ex-escravos e população negra naquele contexto. Insistimos que estes faziam política e percebiam a que era produzida por outros setores sociais – no caso, fazendeiros intolerantes, republicanos recalcados e monarquistas inveterados. Em vez de "dois projetos de Guarda Negra", argumentamos que a ideia em torno dela – pelo menos a sua versão institucionalizada e impressa nos noticiários – envolvia tanto percepções diversas de libertos nas cidades e no interior sobre raça, cidadania e controle sobre o trabalho e sua vida como disputas simbólicas por setores abolicionistas, monarquistas, republicanos e seus personagens. A Guarda Negra e/ou a mobilização negra tinham vários sentidos e significados para diversos personagens e agentes, e aí residia a principal disputa. A vencedora – pelo menos provisoriamente – foi a memória histórica que privilegia as ideias de "manipulação" e "gratidão", e não aquela que destaca o emaranhado de lutas, disputas, projetos e expectativas.

No que diz respeito à corte, podemos avançar em várias direções. O surgimento da Guarda Negra na imprensa, em meados de julho de 1888, acontece juntamente com uma campanha de recrutamento militar que tinha como alvo os capoeiras e os considerados "vadios". A guerra nas ruas estava declarada. Mais do que projetos antagônicos, supostamente desvirtuados ou monopolizados, havia mesmo disputas de símbolos, emblemas e significados diversos por trás daqueles conflitos de ruas. Durante o grande embate de julho de 1889 entre republicanos e a Guarda Negra, o negro baiano José Antônio, de 20 anos, acabou preso por dar vivas ao príncipe Obá. Com a proximidade do fim da monarquia, a Guarda Negra saiu de cena, fazendo que muitos autores vissem nesse fato a comprovação de sua "manipulação" por monarquistas, autoridades e filiados do Partido Conservador. E a mobilização negra nas áreas rurais? Vários autores têm estudado os conflitos entre fazendeiros e seus ex-escravos envolvendo a posse e o uso da terra, o controle da mão de obra, além do direito de ir e vir, o qual possibilita as migrações constantes. Também não podemos deixar de lado as possíveis articulações e leituras políticas, nas áreas urbanas e rurais, ligando abolicionistas e a população negra.[47]

Vale ressaltar que diversas tensões ocorridas nesse período foram também marcadas pelos temas racial e da cidadania. A problemática racial e o desdobramento de suas cores não eram *inexistentes* nem estavam *ausentes*. Pode-se dizer que foram silenciados, principalmente pela historiografia oficial.[48] No coração da cidade, o príncipe Obá, por exemplo, fazia suas próprias avaliações a respeito dessas questões. Nas áreas rurais, tais questões ganhariam outros contornos históricos. Podemos vislumbrar na amedrontada carta de Pequetita as expectativas e percepções políticas entre os libertos. As lutas – inclusive com ocupação de terras – disseminadas no cotidiano já indicavam as direções do debate: autonomia, raça, terra e controle sobre o trabalho e o trabalhador.

Nas últimas décadas da escravidão e nos primeiros anos do pós-emancipação, os temas do racismo e do temor de ódios raciais – apesar dos insistentes silêncios da historiografia – permearam os debates parlamentares, os conflitos de rua, os tratados de higienistas, as crônicas, os noticiários jornalísticos e o cotidiano de homens e mulheres nas cidades e áreas rurais. Sob sons de silêncios, muitos dos quais estridentes, emergiam em debates disputas e refregas. Com o reconhecimento de sua existência nos debates sobre a abolição e o pós-emancipação, torna-se fundamental identificar seus significados e sentidos para vários setores sociais.

Ex-escravos, forros, libertos e filhos destes – muitos dos quais homens e mulheres que se tornaram livres décadas antes do 13 de maio – reconheciam que em meio à herança ou legado do cativeiro estavam as identidades étnicas, redefinidas segundo laços de parentesco, visões de mundo, lembranças, recordações e experiências históricas complexas. Eram heranças permanentemente modificadas e reconstituídas. Não eram fardos que inexoravelmente teriam de arrastar e/ou que se desfariam na primeira esquina da liberdade. Se as "cores" aparecem silenciadas em fontes e narrativas históricas, as experiências da escravidão e do pós-emancipação ficaram marcadas no corpos e mente de milhares de homens e mulheres. Lutar por terra, autonomia, contratos, moradias, salários era reafirmar direitos, desejos e expectativas redefinidos – também – em termos étnicos, coletivos e culturais. Os mundos da liberdade e da escravidão não eram cristalizadamente nem necessariamente antagônicos. Eram mundos dialógicos permanentemente traduzidos em experiências.

Notas

1. Uma versão deste texto foi publicada em *Estudos Afro-Asiáticos* (Rio de Janeiro, n. 21, p. 75-96, dez. 1991).
2. A grafia do texto foi atualizada para os padrões correntes.
3. Esta carta se encontra depositada no arquivo da Fundação Casa de Rui Barbosa (FCRB, RB – CR.E 3/1 – 23).
4. O *Cidade do Rio* era dirigido por José do Patrocínio, que já havia se destacado anteriormente colaborando nos periódicos *Gazeta de Notícias* (1877) e *Gazeta da Tarde* (1881). Já o *Diário de Notícias* contava com a colaboração de vários republicanos, entre eles Antônio Azeredo, Aristides Lobo, Gastão Bousquet, Lopes Trovão, Medeiros e Albuquerque e, mais tarde, Rui Barbosa. Cf. Sodré, 1977, p. 272-6.
5. A propósito, a expressão "no meio das águas turvas" foi retirada de um edital, publicado no jornal *Novidades*, que fazia uma crítica raivosa à agitação popular na corte, no início de 1889, envolvendo libertos, monarquistas e republicanos.
6. O largo do Rocio ficava no local hoje ocupado pela praça Tiradentes, no centro da cidade do Rio de Janeiro. A Sociedade Francesa de Ginástica ficava no final da travessa da Barreira, perto do dito largo, que

era um conhecido reduto de boêmios ilustres e vários tipos populares da corte no final do século XIX. Cf. Gerson, 1954, p. 118-23.

7. Cf. as edições de 31 de dezembro de 1888 de *Cidade do Rio* e *Jornal do Commercio*.
8. Ver, por exemplo: *Cidade do Rio*, 31 dez. 1888, 2-3 jan. e 5 jan. e 25 fev. 1889; *Novidades*, 30 dez. 1888 e 17-19 jan. 1889; *Gazeta da Tarde*, 3 jan. 1889; *O Paiz*, 5 jan. 1889.
9. Cf. *Novidades*, 30 dez. 1888, e *O Paiz*, 5 jan. 1889. Este último periódico, na coluna Publicações a Pedidos, publicou matéria do Partido Republicano intitulada "O conflito de 30 de dezembro – retificação histórica".
10. Cf. *Novidades*, 30 dez. 1888.
11. A experiência da emancipação dos escravos nas Américas teve como ponto em comum, sem dúvida, a expectativa dos libertos e dos fazendeiros com relação às formas de controle do trabalho. Ver: Toplin, 1974, p. 242-53. Para uma interessante análise sobre o processo político que envolveu os ex-escravos no período posterior à emancipação norte-americana, ver: Litwack, 1980, especialmente o capítulo 4: "Slaves no more", p. 167-220.
12. Stein, 1961, p. 309. Citado também em Andrews, 1988, p. 514.
13. Ver essa crônica e outras escritas por Machado de Assis e publicadas na *Gazeta de Notícias* entre 1888 e 1889 em Gledson, 1990, p. 84-7 (crônica 13).
14. A propósito, as questões raciais e o controle social sobre a população negra livre já preocupavam as autoridades imperiais no período pós-independência. Cf. Flory, 1977.
15. No dia 3 de janeiro de 1889, no *Cidade do Rio*, foi publicada uma nota de Clarindo de Almeida em que, auto-denominando-se "chefe geral da Guarda Negra", se defende das acusações lançadas contra ela nos periódicos republicanos, principalmente *Novidades* e *O Paiz*. O debate prosseguiu marcado por polêmicas, com a réplica de *O Paiz*, publicada em 5 de janeiro de 1889.
16. Sobre a questão da popularidade do imperador, no final do século XIX, perante os escravos na corte, ver as instigantes pistas seguidas por Chalhoub (1990, p. 182-6).
17. Cf., por exemplo: Barreto Filho e Lima, 1944, p. 160-1; Calmon, 1941, p. 227-8; Lyra, 1964, p. 304-5; Orico, 1931, p. 185-92; Pasin, 1963; Queiroz, 1947, p. 67-71.
18. Cf. *Diário de Notícias*, 9 maio 1889. A Guarda Negra, segundo algumas descrições, inicialmente se reunia na rua da Carioca, 77, onde funcionava uma sociedade denominada Habitantes da Lua. Depois, as reuniões passaram a se realizar em sua sede, na rua Senhor dos Passos, onde fora fundada a Sociedade Beneficente "Isabel, a Redentora", mais tarde transferida para a rua Larga de São Joaquim (atual rua Marechal Floriano). Cf. Barreto Filho e Lima, 1944.
19. Cf. Azevedo, 1987, p. 238-50. Na cidade de São Paulo também se registram debates e polêmicas jornalísticas sobre a Guarda Negra, presentes nos periódicos *Província de São Paulo* e *A Redenção*. Cf. Schwarcz, 1987, p. 240-5.
20. Cf. Barreto Filho e Lima, 1944, p. 149-51; e Moraes Filho, 1979, p. 309-12.
21. Ver Bergstresser, 1973; e Graham, 1980.
22. Essas críticas apareciam constantemente nos editoriais dos periódicos da corte. Ver: *Novidades*, 2 out. 1888, 4-5 out. 1888, 31 dez. 1888, 3, 8, 14 e 17 jan. 1889; *O Paiz*, 28 set. 1888; *Gazeta da Tarde*, 30 dez. 1888 e 3 jan. 1889; e *Diário de Notícias*, 10, 20 e 24 abr. 1889 e 27 jun. 1889.
23. Cf. Chalhoub (1988), que analisa de forma original o "medo branco das almas negras" apresentado por Rui Barbosa e pelas elites políticas da corte no final do século XIX.
24. Ver *Novidades*, 11-12 fev. 1889 e 19 mar. 1889; *Cidade do Rio*, 22 e 28 mar. 1889; e *Diário de Notícias*, 19, 20 e 24 abr. 1889.
25. "Política do sangue", *Novidades*, 2 jan. 1889. Grifo nosso.
26. Cf. Bergstresser, 1973, p. 155 e 184. Ver também o editorial escrito por Joaquim Nabuco intitulado "A república e a abolição"(*O Paiz*, 1º out. 1888).
27. Corrêa, 1982, p. 42-3. Quanto à visão das elites norte-americanas inglesas sobre o negro no período pós-emancipação, ver: Fredrickson, 1971, especialmente o capítulo "Science, polygenesis, and the proslavery argument", p. 71-97; e Walvin, 1984.
28. Boulle, 1990. Ver também a respeito: Geggus, 1989.

29. Em janeiro de 1885, o periódico *Gazeta da Tarde* fora empastelado e os capoeiras da corte acusados de atentado. Cf. Duque Estrada, 1918, p. 210 e 215.
30. Cf. *Cidade do Rio*, 7 out. 1888, e Bergstresser, 1973, p. 185. Em 1º de julho de 1889, cai o ministério de João Alfredo Correia de Oliveira, subindo ao poder o último gabinete ministerial do regime monárquico, chefiado pelo visconde de Ouro Preto.
31. Ver a edição de segunda-feira, 15 de junho de 1889, dos jornais *Gazeta de Notícias*, *Gazeta da Tarde*, *Diário de Notícias*, *Novidades*, *O Paiz* e *Cidade do Rio*.
32. Editoriais intitulados "Os homens de cor" e "A Guarda Negra", publicados no *Cidade do Rio*, em 15 e 20 de julho de 1889, respectivamente.
33. Cf. *Cidade do Rio*, 22 jul. 1889. Com relação à repressão aos capoeiras, ver *Cidade do Rio*, 13, 16, 17 e 24 dez. 1889.
34. Freyre, 1959, tomo I, p. 13. Ver também: Azevedo, 1988.
35. O governo imperial, por exemplo, expressou seu desagrado com relação aos rumores de um possível ataque da Guarda Negra aos quartéis do Exército que se manifestaram a favor do republicanismo, quando da prisão de Deodoro. Cf. Moraes, 1936, p. 199.
36. Lefebvre, 1979. Ver especialmente o capítulo "Os pânicos originais", p. 137-40.
37. Cf. Foner, p. 12, e Rose, 1978. Para uma análise comparativa do período pós-emancipação nas sociedades escravistas americanas, incluindo o Brasil, ver: Scott, 1988.
38. João Lima (1941, p. 77-9) conta que no Maranhão, por exemplo, um grupo de negros reagiu à proclamação da república invadindo a redação do jornal *O Globo*, um periódico republicano. Essa manifestação foi imediatamente reprimida pela força policial local, tendo inclusive deixado mortos vários ex-escravos.
39. Analisando as revoltas e manifestações populares no início do período republicano, Teresa Meade (1989) destaca como os protestos da população pobre e negra concentraram-se na reivindicação de melhores condições de vida (alimentação, habitação, higiene). Para uma análise sobre as classes populares e a oposição ao regime republicano recém-instaurado, ver também: Silva, 1988.
40. Em artigo recente, em que aponta interessantes ramificações da Guarda Negra e ações dos libertos nos meses que se sucederam à abolição na Bahia, Espírito Santo, Minas Gerais, Rio de Janeiro, São Paulo e Rio Grande do Sul, Trochim (1988) levanta algumas hipóteses sugestivas para explicar o aparente desaparecimento da Guarda Negra e sua desmobilização política nesse período.
41. Para uma crítica às análises de Florestan Fernandes sobre a "integração" do negro, ver: Andrews, 1988, p. 506-20.
42. A respeito das concepções de cidadania no período imediatamente posterior à proclamação da república, ver: Carvalho, 1985 e 1987, p. 42-65.
43. A Guarda Negra provocou repercussões diversas em diferentes partes do Império. Por exemplo, em Campinas, no início de 1889, um grupo de libertos distribuiu um documento intitulado "Protestos dos homens de cor", que, entre outras coisas, dizia: "Os libertos aqui reunidos em assembleia popular para tratarem do interesse da sua classe vêm declarar que de modo algum concordam com a organização da Guarda Negra, com o fim de defender o trono da princesa". *Apud* Maciel, 1987, p. 188-9.
44. Sobre a "Cidade Negra" e seus sentidos políticos e culturais de resistência, ver: Chalhoub, 1990, especialmente o capítulo "Cenas da Cidade Negra", p. 175-248. Analisando as discussões políticas ocorridas no ano de 1823 – durante o processo de independência da Bahia –, que envolveram portugueses, brasileiros, brancos, negros, senhores e escravos, João Reis mostra como os escravos e a população negra livre percebiam aquelas tensões políticas entre a colônia e a metrópole e sua tentativa de reavaliar seus espaços políticos e sociais, provocando "medo" nas autoridades. Ver: Reis, 1989.
45. Cf. "Exposição apresentada ao chefe do Governo Provisório da República dos Estados Unidos do Brasil pelo general dr. Manoel Ferraz de Campos Salles, ministro e secretário de Estado dos Negócios da Justiça em janeiro de 1891". *Relatórios do Governo Provisório da República*, 1891, p. 11-3.
46. Cf. Trochim, 1988, e Maciel, 1987.
47. Cf. Machado, 1994, e Silva, 1999.
48. Ver a abordagem de Castro (1998).

Referências bibliográficas

ANDREWS, George Reid. "Black and white workers: São Paulo, Brazil, 1888-1928". *Hispanic American Historical Review*, v. 68, n. 3, p. 491-524, ago. 1988.

ASSIS, Machado de. *Memorial de Aires*. Rio de Janeiro: Livraria Garnier, 1925 (Coleção de Autores Célebres da Literatura Brasileira).

AZEVEDO, Célia Maria Marinho de. "Batismo da liberdade: os abolicionistas e o destino do negro". *Histórias, Questões e Debates*, Curitiba, v. 9, n. 16, p. 38-65, jan. 1988.

_____. *Onda negra, medo branco: o negro no imaginário das elites – século XIX*. Rio de Janeiro: Paz e Terra, 1987.

BARRETO FILHO, Mello; LIMA, Hermeto. *História da polícia do Rio de Janeiro: aspectos da cidade e da vida carioca – 1870-1889*. Rio de Janeiro: A Noite, v. 3, 1944.

BERGSTRESSER, Rebecca Baird. *The movement for the abolition of slavery in Rio de Janeiro, Brazil, 1880-1889*. 1973. Tese (Doutorado em História) – Universidade de Stanford, Palo Alto, Califórnia (mimeo.).

BOULLE, Pierre H. "Em defesa da escravidão: oposição à abolição no século XVI e as origens da ideologia racista na França". In: KRANTZ, Frederick (org.). *A outra história: ideologia e protesto popular nos séculos XVII a XIX*. Rio de Janeiro: Jorge Zahar, 1990, p. 191-210.

BRANDÃO, Paulo José Pires. *A princesa dona Isabel, a Redentora*. Rio de Janeiro: Tipografia do Patronato, 1946.

CALMON, Pedro. *A princesa Isabel, a Redentora*. São Paulo: Companhia Editora Nacional, 1941 (Coleção Brasiliana, v. 207).

CARVALHO, José Murilo de. *Os bestializados: o Rio de Janeiro e a República que não foi*. São Paulo: Companhia das Letras, 1987.

_____. "República e cidadanias". *Dados*, Rio de Janeiro, v. 28, n. 2, p. 143-61, 1985.

CASTRO, Hebe M. Mattos. *Das cores do silêncio: os significados da liberdade no Sudeste escravista, Brasil, século XIX*. Rio de Janeiro: Nova Fronteira, 1998.

CHALHOUB, Sidney. "Medo branco de almas negras: escravos, libertos e republicanos na cidade do Rio". *Revista Brasileira de História*, São Paulo, v. 8, n. 16, p. 83-105, mar./ago. 1988.

_____. *Visões da liberdade: uma história das últimas décadas da escravidão na corte*. São Paulo: Companhia das Letras, 1990.

CORRÊA, Mariza. *As ilusões da liberdade: a escola Nina Rodrigues e a antropologia no Brasil*. 1982. Tese (Doutorado em Antropologia) – Faculdade de Filosofia, Letras e Ciências Humanas, Universidade de São Paulo, São Paulo (mimeo.).

DUQUE ESTRADA, Osório. *A abolição: esboço histórico*. Rio de Janeiro: Leite e Maurílio, 1918.

FLORY, Thomas. "Race and social control in independent Brazil". *Journal of Latin American Studies*, v. 9, n. 2, p. 199-224, 1977.

FONER, Eric. "O significado da liberdade". *Revista Brasileira de História*, São Paulo, v. 8, n. 16, p. 9-16, mar./ago. 1988.

FREDRICKSON, George M. *The black image in the white mind: the debate on Afro-American character and destiny – 1817-1914*. Nova York: Harper Torchbooks, 1971.

FREYRE, Gilberto. *Ordem e progresso*. Rio de Janeiro: José Olympio, 1959.

GEGGUS, David. "Racial equality, slavery, and colonial secession during the Constituent Assembly". *American Historical Review*, v. 94, n. 5, p. 1.290-308, dez. 1989.

GERSON, Brasil. *Histórias das ruas do Rio de Janeiro*. Rio de Janeiro: Souza, 1954.

GLEDSON, John. *Bons dias! Crônicas (1888-1889)*. São Paulo/ Campinas: Hucitec/ Editora da Unicamp, 1990.

GONÇALVES, Francisco de Paula Lázaro. "Relatório apresentado à Associação Promotora de Imigração em Minas". Juiz de Fora: Tipografia d'O Farol, 1898. Apud ANDREWS, George Reid. "Black and white workers: São Paulo, Brazil, 1888-1928". *Hispanic American Historical Review*, v. 68, n. 3, p. 491-524, ago. 1988.

GRAHAM, Sandra. "The Vintém Riot and political culture: Rio de Janeiro, 1880". *Hispanic American Historical Review*, v. 60, n. 3, p. 431-49, 1980.

LEFEBVRE, Georges. *O grande medo de 1789: os camponeses e a Revolução Francesa*. Rio de Janeiro: Campus, 1979.

LIMA, João. *Figuras da República Velha*. Rio de Janeiro: Tipografia Baptista de Souza, 1941.

LITWACK, Leon F. *Been in the storm so long: the aftermath of slavery*. Nova York: Vintage Books, 1980.

Lyra, Heitor. *História da queda do Império*. São Paulo: Companhia Editora Nacional, 1964 (Coleção Brasiliana, v. 320).

Machado, Maria Helena. *O plano e o pânico: movimentos sociais na década da abolição*. Rio de Janeiro/ São Paulo: Editora UFRJ/ Edusp, 1994.

Maciel, Cléber da Silva. *Discriminações raciais: negros em Campinas (1888-1921)*. Campinas: Editora da Unicamp, 1987.

Magalhães Júnior, Raimundo. *A vida turbulenta de José do Patrocínio*. Rio de Janeiro: Sabiá, 1969.

Meade, Teresa. "Living worse and costing more: resistance and riot in Rio de Janeiro, 1890-1917". *Journal of Latin American Studies*, v. 21, n. 2, p. 241-66, maio 1989.

Medeiros e Albuquerque, José Joaquim Campos da Costa. *Quando eu era vivo: memórias – 1867-1934*. 2. ed. Porto Alegre: Globo, 1945.

Moraes, Evaristo de. *Da monarquia para a república (1870-1889)*. Rio de Janeiro: Athenas, 1936.

Moraes Filho, José Alexandre Melo. *O príncipe Obá: festas e tradições populares do Brasil*. Belo Horizonte: Itatiaia, 1979.

Nabuco, Joaquim. *O abolicionismo*. São Paulo: Companhia Editora Nacional, 1938.

Orico, Osvaldo. *O Tigre da Abolição*. São Paulo: Companhia Editora Nacional, 1931.

Pasin, José Luís. "A Guarda Negra da princesa Isabel". *O Eco*, Guaratinguetá, 15-18 maio 1963.

Patrocínio, José do. "A intriga". *Cidade do Rio*, Rio de Janeiro, 16 jan. 1889.

Queiroz, Maurício Vinhas de. *Uma garganta e alguns níqueis: história de Silva Jardim, o herói da propaganda republicana*. Rio de Janeiro: Aurora, 1947.

Reis, João José. "O jogo duro do dois de julho: o 'Partido Negro' na independência da Bahia". In: Silva, Eduardo; Reis, João José. *Negociação e conflito: a resistência negra no Brasil escravista*. São Paulo: Companhia das Letras, 1989, p. 79-98.

Rose, Willie Lee. "Jubilee & beyond: what was freedom?" In: Sansig, David G. (org.). *What was freedom's price?* Jackson: University Press of Mississippi, 1978, p. 3-20.

Schwarcz, Lília Moritz. *Retrato em branco e negro: jornais, escravos e cidadãos em São Paulo no final do século XIX*. São Paulo: Companhia das Letras, 1987.

Scott, Rebecca J. "Exploring the meaning of freedom: postemancipation societies in comparative perspective". *Hispanic American Historical Review*, v. 68, n. 3, p. 407-28, ago. 1988.

Silva, Eduardo. *As queixas do povo*. Rio de Janeiro: Paz e Terra, 1988.

_____. *Dom Obá II d'África, o Príncipe do Povo: vida, tempo e pensamento de um homem livre de cor*. São Paulo: Companhia das Letras, 1999.

Soares, Carlos Eugênio Líbano. *A negregada instituição: os capoeiras no Rio de Janeiro*. Rio de Janeiro: Secretaria Municipal de Cultura, Departamento Geral de Documentação e Informação Cultural, Divisão de Editoração, 1994.

Sodré, Nelson Werneck. *História da imprensa no Brasil*. 2. ed. Rio de Janeiro: Graal, 1977.

Stein, Stanley J. *Grandeza e decadência do café no Vale do Paraíba, com referência especial ao município de Vassouras*. São Paulo: Brasiliense, 1961.

Toplin, Robert Brent. *Abolition and the issue of the black freedman's future in Brazil: slavery and race relations in Latin America*. Westport (Inglaterra): Greewood, 1974.

Trochim, Michel R. "The Brazilian Black Guard: racial conflict in post-abolition Brazil". *The Americas*, v. XLIV, n. 3, p. 298-9, jan. 1988.

Walvin, James. "Recurring themes: white images of black life during and after slavery". *Slavery & Abolition*, v. 5, n. 2, p. 118-44, set. 1984.

2 "É A PAGA!" RUI BARBOSA, OS CAPANGAS E A HERANÇA ABOLICIONISTA (1889-1919)[1]

Wlamyra Albuquerque

Mal começou o ano de 1901 – era dia 1º de janeiro – e Rui Barbosa já publicava suas observações sobre o tão aguardado e celebrado século XX. Em poucas linhas – algo incomum, dada a sua famosa prolixidade – ele equilibrou os ganhos do mundo oitocentista com expectativas em relação ao futuro. Melancólico, disse não haver motivos para euforia simplesmente porque começava o novo século. Lembrou os leitores de que as demarcações temporais eram delimitações fictícias, assinalando datas e nada mais. Como um professor de história desconfiado do sentido da cronologia, ensinava que as durações associadas às etapas do desenvolvimento humano são irregulares, vagas, indefinidas. Depois de contabilizar as perdas do século XIX, passou a celebrar os ganhos, dentre eles aquele que classificava como a maior reforma social da história do Brasil: o fim da escravidão (Barbosa, 1901).

De fato, nem tudo era novo no século XX. "Abolição" foi palavra tão recorrente no vocabulário de Rui Barbosa quanto havia sido na década de 1880, quando esteve fortemente engajado na campanha pelo fim da escravidão. Ao seguirmos a sua lição sobre mudança histórica, torna-se válido o questionamento sobre a conexão possível entre o 13 de maio e o futuro nacional, o qual, apesar da falta de entusiasmo, ele esperava que fosse redentor. Ao longo de toda a sua vida política republicana, a abolição foi episódio insistentemente atualizado, sendo útil para a composição da lista das grandes reformas oitocentistas e indispensável para a organização da trajetória desse homem público, pautada na defesa dos interesses nacionais e da liberdade. É verdade que a participação de Rui como representante diplomático do Brasil na Segunda Conferência de Paz de Haia, em 1907, costuma ser destacada como seu maior feito. Mas ele próprio, ao estabelecer a abolição como o ponto de partida para a entrada do país numa nova era, fazia questão de ressaltar quanto colaborou para o futuro que se descortinou depois de 1888.

Quando, em 1909, se lançou candidato à presidência da República, a sua militância abolicionista foi bastante enfatizada.

Ele ocupava na época posição destacada na cena pública: era vice-presidente do Senado e, depois da morte de Machado de Assis, foi eleito presidente da Academia Brasileira de Letras (ABL).[2] Ainda assim resolveu lançar-se noutra eleição, muito mais arriscada e emocionante. A decisão de concorrer à presidência da república foi tomada em resposta ao apoio governista à candidatura do marechal Hermes, militar e sobrinho de Deodoro da Fonseca, com amplo suporte do Exército.[3] Conta Luís Viana Filho (1987, p. 392) que a aversão ao comando dos militares reuniu em torno de Rui Barbosa jovens e talentosos políticos, comerciantes e intelectuais. A tradição bacharelesca da já velha geração de 1870, formada nas faculdades de direito de Recife e São Paulo, tinha naquele jornalista, jurista e político a sua melhor representação.[4] Vale ressaltar que desde o governo Floriano Peixoto (1891-1894) Rui Barbosa vinha criticando a presença militar no governo, denunciando arbitrariedades que, segundo ele, negavam os princípios republicanos (Barbosa, s/d). E assim empenhado em alertar os eleitores acerca dos riscos que o país corria sob o comando do Exército, ele se utilizou da sua trajetória como abolicionista e republicano para concorrer à vaga de presidente. "Civilista" passou a ser, durante a tumultuada disputa eleitoral de 1910, adjetivo constantemente repetido nos jornais da oposição, para realçar o ranço militar, associado ao enfraquecimento democrático, da candidatura Hermes da Fonseca.

"[...] o país ficara em ebulição. Ninguém permanecera indiferente", afirmou Luís Viana Filho (1987, p. 395). Pela primeira vez a corrida pela presidência ganhava dimensões nacionais, ou pelo menos extrapolava os gabinetes das lideranças paulistas e mineiras. Até então a sucessão havia resultado da articulação entre os governadores dos estados mais poderosos, econômica e politicamente, que se comprometiam a sustentar um candidato; uma vez eleito, o candidato, perante as demais lideranças locais, os apoiava. Assim, a investida eleitoral de Rui Barbosa contrariava o forçoso consenso partidário em torno da sucessão presidencial. Na inédita mobilização eleitoral, os civilistas organizaram recepções, conferências, *meetings* e encontros reservados com lideranças locais no Rio de Janeiro, São Paulo, Bahia e Minas Gerais em busca de apoio e, evidentemente, votos.

No dia 16 de dezembro de 1909, no embarque do Rio de Janeiro para São Paulo, muitos partidários, curiosos, jornalistas e admiradores avulsos foram se despedir de Rui Barbosa. Na época, o alvoroço provocado pelo embarque e desembarque de alguém dava a medida da sua importância política. No romance *Numa e a ninfa*, cujo pano de fundo é justamente a disputa presidencial de 1910, Lima Barreto (1915) define as cerimônias de despedida ou recepção como ocasiões nas quais "é preciso que os poderosos sintam que gravitamos em torno deles, que nenhum ato íntimo da sua existência nos é estranho" (p. 34).[5] A multidão que compareceu à estação de trem para ver o início da excursão civilista impressionava; traduzia a expectativa pela disputa entre o militar e o jurista, embora este soubesse que tinha poucas chances de sucesso no viciado jogo eleitoral da época. Ao se candidatar, Rui teria afirmado: "Eu sou dos sacrifícios. Se fosse para a vitória não me convidavam, nem eu aceitaria; mas como é para a derrota, aceito. Perderemos, mas o princípio da resistência civil se salvará" (Barbosa, 1910b, p. 45). E assim se fez. Hermes da Fonseca venceu com larga vantagem. Foram mais de 403 mil votos contra algo em torno de 150 mil. Apesar de malfadadas, as campanhas presidenciais de Rui Barbosa (ele voltaria a concorrer em 1919) foram muito úteis para dar visibilidade a certas perspectivas políticas em circulação no pós-abolição. Assuntos espinhosos vieram à baila; dentre eles, a disputa pelo legado abolicionista e a participação dos homens de cor na vida política do Brasil republicano.

A ingratidão da "raça emancipada"

Foi inebriado com a significativa adesão ao civilismo – embora admitisse a iminente derrota – e disposto a divulgar suas ideias sobre os novos tempos que Rui Barbosa seguiu para São Paulo. Já no embarque o clima era tenso, apesar da multidão festiva. Ameaças e tentativas de homicídio por motivação partidária não faltavam no período. Durante uma viagem desse tipo, o risco de sofrer atentados era proporcional à distância a ser percorrida. Temia-se que opositores conspirassem contra a vida daquele homem franzino, sexagenário, cuja saúde desde a juventude exigia muitos cuidados. Havia razões para tanto. Dias antes, um civilista anônimo escreveu-lhe, de forma apressada e preocupada, contando que 72 capoeiras teriam "sido embarcados" justamente do Rio de Janeiro para São Paulo com o único intento de tumultuar os comícios.[6] Rui Barbosa deve ter recebido a informação com apreensão, mas sem surpresa. Aquela não foi a primeira vez que esteve às voltas com os capoeiras, nem seria a última.

Na década de 1880, quando já se destacava nas fileiras liberais, em várias ocasiões ele denunciou a presença de capangas sob as ordens de lideranças do Partido Conservador. Segundo Carlos Eugênio Soares (1999), embora a recorrência aos capangas não lhes fosse exclusiva, os conservadores costumavam contratar grupos de praticantes de capoeira para intimidar seus adversários e controlar os resultados eleitorais. A presença da malta em torno de chefes políticos era mais acintosa do que a do matador disfarçado ou fardado, asseverou o autor (p. 233).[7] Recrutado entre a população pobre e de cor, o capanga era contratado por figurões dispostos a prevenir-se mas também a exibir poder de fogo a inimigos e até a aliados. Richard Graham (1997) também comenta a participação dos capangas nas disputas eleitorais do século XIX, recuperando um dos sentidos do termo na época: "indivíduo que se lança nas lutas eleitorais em busca de salário e muito mais ainda por gosto" (p. 185), o que sugere que essa participação poderia constituir uma forma deliberada de inserção dos homens pobres e de cor na política oitocentista.[8]

Rui Barbosa, desde a abolição, ficou muito incomodado com o envolvimento dos egressos da escravidão nos negócios da política. O medo de que disputas partidárias se transformassem em conflitos raciais passou a ser recorrente nos seus discursos. Ele temia que os encaminhamentos da Lei Áurea acabassem convergindo para o enfrentamento, comprometendo a paz social assentada em arranjos de deferência e subalternidade construídos durante séculos de escravismo e reiterados no decorrer do processo emancipacionista. Enquanto ainda se comemorava a Lei Áurea, ele pedia às autoridades e abolicionistas que atentassem para os desdobramentos do 13 de maio para não surgir no Brasil o "ódio entre as raças".[9] Tal alerta se tornou mais explícito quando a Guarda Negra passou a constar da cena nacional.

A abolição e o crescimento da propaganda republicana desencadearam o engajamento de grupos de libertos na campanha pelo Terceiro Reinado, resultando na constituição da Guarda Negra. Entre junho de 1888 e novembro de 1889, a Guarda Negra tumultuou e inviabilizou comícios, invadiu sedes de jornais, ameaçou de morte lideranças republicanas e obrigou muita gente a dar vivas, a contragosto, à monarquia e à princesa Isabel. A perseguição que Silva Jardim, republicano radical, sofreu em Salvador, em 1889, ilustra bem a ofensiva monarquista. Naquela ocasião, a comitiva liderada por ele foi atacada e perseguida por "capadócios" assim que desembarcou. Depois de muitos apuros, o máximo que os viajantes-militantes conseguiram foi seguir em segredo e às pressas para o Recife. Na Bahia, se aparecessem em público correriam risco de morte.[10]

Atento à movimentação em prol da causa monarquista e descontente com a situação, Rui Barbosa reiterava, principalmente nas páginas do *Diário de Notícias* – do qual era editor-chefe –, que os partidarismos poderiam escapar do campo da política. Para convencer seus leitores de que a organização de homens de cor em prol da monarquia representava grave perigo, ele enfatizava a divisão racial que a Guarda Negra encarnava. É evidente que esse partidarismo não obedecia a tal fronteira racial, e Rui bem o sabia. Não faltaram negros que aderiram ao movimento republicano, tampouco brancos apegados ao poder imperial. Mas isso não foi suficiente para que certo tom alarmista perdesse o sentido. O seu artifício discursivo era o de dar fôlego à inquietação e incerteza que marcaram o pós-abolição, racializando o posicionamento de alguns libertos e interpretando como prova de subalternidade os vínculos que eles demonstravam ter com a família imperial – tidos como marcas do passado escravista e da ascendência africana. Ao criticar a conivência do governo imperial com "tamanha subversão", ele assim relata o que acontecia em Santo Antônio de Pádua, cidade da província fluminense: "Os telegramas de ontem elevam o número de libertos amotinados a oitocentos, e atestam que as ameaças, ao princípio dirigidas contra os republicanos, compreendem agora, sem discriminação de partido, todos os antigos senhores, todos os brancos, todos que não foram escravos" (Barbosa, 1949b, p. 141).

Flávio Gomes (1991) analisou o papel político da Guarda Negra com base na carta que Pequetita Barcellos, ex-proprietária de escravos de Valença, cidade na província do Rio de Janeiro, escreveu a seu irmão em abril de 1889. Dizendo-se aterrorizada com a proximidade do primeiro aniversário do "malfadado" 13 de maio, ela avaliava que os libertos andavam altaneiros e já não faziam "questão de política, mas sim da raça". Gomes informa que trechos da carta de Pequetita foram publicados por Rui Barbosa pouco antes do aniversário tão temido pela missivista. Para o autor, a sociedade que há pouco havia abolido a escravidão estava diante de duas interpretações acerca da ação da Guarda Negra. A primeira, defendida por Rui, via na organização uma milícia de navalhistas de expressão raivosa, arregimentada pela família real e pelo ministério conservador de João Alfredo Correia de Oliveira. A segunda, assumida por Patrocínio, a definia como "partido político tão legítimo como outro qualquer". Como indica Gomes, o que estava em jogo era o exercício da autonomia pelos libertos, a disposição que eles demonstravam ter para agir segundo seus próprios interesses e expectativas no pós-abolição (p. 78-9).[11] Isso nos faz pensar que a "insubordinação" lida por Rui Barbosa como questão de raça não escapava do campo da política, ou, para dizer com mais precisão, do campo das relações de dominação no pós-abolição.[12]

Naquele período, os termos "raça emancipada", "resgatados", "gente de cor" e "homens de boa conduta" associados aos egressos da escravidão foram frequentes nos textos publicados por Rui Barbosa, o que pressupunha certa homogeneidade social determinada pela condição racial e pela escravidão. Mas estamos cientes de que, quando a abolição foi decretada, além dos que foram alforriados no dia 13 de maio já existia entre a população de cor significativo número de libertos e outros tantos nascidos livres. Já em 1872, na Bahia, 41% da população livre era constituída por descendentes de africanos.[13] Dessa forma, não é difícil admitir que na categoria "raça emancipada" estavam sendo incluídos sujeitos com experiências e projetos bastante distintos.[14]

No entanto, para Rui Barbosa, a escolha de termos parecia subordinada à virulência do discurso, aos destinatários e/ou à importância que se pretendia dar à ação da Guarda Negra. Para desqualificá-la, nos momentos de maior agitação social, o jurista se ancorava nas certezas e no vocabulário do racismo científico. Daí ter assinalado, em artigo intitulado "A Coroa e a guerra de raças", a "pobreza de espírito da classe que saiu do cativeiro em estado de infância mental", ao buscar a cumplicidade do seu público no que dizia respeito aos papéis políticos reservados "à raça emancipadora" e "à emancipada". Cabia à primeira iluminar as trevas, esclarecer; à segunda, deixar-se conduzir para longe da "estupidez e fereza dos desertos da África", reconhecendo seus verdadeiros libertadores e agradecendo-lhes. Noutro momento ele tentou convencer os próprios libertos de que deveriam ser gratos, afirmando que a "raça negra" não poderia se comportar como algoz "da nação que a libertou" (Barbosa, 1949a, p. 326). Desse modo, reiterava que os limites de autonomia previstos para a "raça emancipada" deveriam ser pautados pela gratidão.

A essa altura seria razoável que o leitor concluísse que Rui Barbosa fora convencido pelos postulados da ciência reinante, interpretando as controvérsias do pós-abolição com base apenas nas teorias raciais. Bastaria, então, encerrar aqui este texto, constatando quanto as concepções científicas conformaram as leituras e ações das principais figuras do abolicionismo, incluindo Rui Barbosa. Entretanto, tal conclusão, além de apressada, despreza as sutilezas do jogo político da época, em que a condição de cidadania dos homens de cor estava num campo de disputas, sendo configurada e delimitada por diferentes sujeitos sociais, baseados em memórias da escravidão, no processo emancipacionista e nas expectativas referentes à sociedade republicana. Além disso, não podemos ignorar o modo obstinado com que os bacharéis que sustentaram a bandeira abolicionista se autodesignaram protagonistas da redenção nacional.[15] Assim, pode-se concluir que a mobilização dos libertos da Guarda Negra punha em discussão os papéis sociorraciais, além de comprometer certa política de domínio que reiterava a condição de subalternidade reservada à população de cor.

Ainda em 1889, Rui Barbosa felicitou 45 libertos que assinaram um documento, publicado no *Diário do Povo*, no qual eles se diziam revoltados com o ódio entre raças que se pretendia instituir no Brasil por meio da conversão de "boa parte do povo" em capangas. Ao longo do texto, os signatários questionavam: "Por quais motivos dizem que foi a princesa e o seu governo que fizeram a abolição?", para logo em seguida afirmarem: "O povo, ajudado pelo Exército, foi o único que fez a abolição. O povo representado nos abolicionistas". Como se nota, trata-se de libertos completamente de acordo com a versão abolicionista, sendo por isso definidos por Rui Barbosa como "brasileiros de boa conduta" (*Diário do Povo*, 19 jun. 1889). Tratados como exemplos a serem seguidos, esses brasileiros estavam, portanto, muito distantes dos retratados nesta anedota reproduzida e comentada por Rui em "A Coroa e a guerra de raças":

> Há dias, em casa de um oficial do Exército, nesta cidade, uma preta, divisando na lâmina da espada empunhada pelo amo as armas do Império, lançou-se sobre ela, ávida de beijar a coroa da

Rainha que a libertara.

"Não sejas parva", disse-lhe o honrado militar. "Quem te libertou foi esta arma, não se prestando a ir filar negros fugidos no Cubatão." (Barbosa, 1949a, p. 136)

Exatamente naquele primeiro aniversário da abolição, enquanto Pequetita, amedrontada, pedia ajuda ao irmão e a princesa Isabel se autointitulava "a Redentora", Rui Barbosa reconhecia o papel do Exército, mas também exaltava a luta dos cativos. Segundo ele, "o escravo teve papel autonômico na crise terminativa da escravidão", e foram os próprios resgatados que "constituíram o fator dominante na obra de redenção de si mesmos" (*Diário de Notícias*, 13 maio 1889). Tem-se aqui, de modo explícito, o reconhecimento da autonomia e do protagonismo dos "resgatados". É, assim, curiosa a sinuosidade discursiva do nosso jurista. Ao escravo, personagem que juridicamente já não existia, eram atribuídas autonomia e vanguarda, e ao liberto filiado às suas aspirações republicanas, boa conduta; mas, para os que não compartilhavam dos seus propósitos, restava a censura, restava a marca racial e cultural do passado escravo. Segundo sua perspectiva, o escravo empenhado em garantir sua alforria deveria se transformar no liberto disposto a participar dos negócios da política. A sua estratégia era enaltecer o papel dos escravos na conformação dos novos tempos, sem, no entanto, deixar de ressaltar a gratidão devida pelos resgatados, pela raça emancipada.[16]

Os capangas e os negócios da política

Diante da incansável campanha de Rui pela prisão e mesmo deportação de capoeiras e capangas para o Acre, Fernando de Noronha e Mato Grosso, um leitor anônimo, que assinava como "um brasileiro", resolveu escrever-lhe. O autor começou o texto solicitando ao redator-chefe do *Diário de Notícias* que avaliasse questões que muito interessavam à sociedade por evidenciar tanto a arbitrariedade policial quanto "as consequências funestas que uma administração inepta pode trazer à política do país". Passou, então, a enumerar suas críticas ao projeto repressivo. A primeira delas dizia respeito à imperícia policial, que, "após a lei de treze de maio", promoveu deportações "sob qualquer pretexto". Assim, questionou: "Será lícito proceder à deportação de nacionais para longínquas regiões, pretextando-se má conduta ou falta de sujeição à lavoura, isto quando se fazem enormes dispêndios para trazer ao Império os imigrantes de má conduta que os agentes oficiais recolhem nas camadas europeias?"

Vê-se que esse brasileiro, nada receptivo aos imigrantes, não concordava com os planos previstos para os trabalhadores nacionais, os quais foram amplamente debatidos depois da abolição. Porém, o correspondente anônimo compartilhava com Rui

Barbosa a prudência extremada acerca das fronteiras raciais, chegando a lançar a seguinte questão:

> Não será perigosa a deportação sistemática de homens de cor para províncias longínquas mas próximas a terras inimigas como seja o Paraguai, onde a população também é composta de gente de cor? [...] Se em Mato Grosso houver um oficial negro inteligente e ambicioso, não entregará o Exército ao povo para libertar-se e odiar aqueles que o excluíram do seu seio?

A sua conclusão foi que "a discussão destas questões traria talvez o maior interesse ao povo oprimido por uma polícia vexatória, por um governo inepto e pela odiosa cauda de d. João VI, sempre inimiga das gentalhas, que são os homens de cor".[17]

A referência nada lisonjeira à família real sugere a inclinação republicana desse brasileiro, disposto a sensibilizar Rui Barbosa com base nos mesmos argumentos sobre o perigo racial repisados cotidianamente pelo jurista nas folhas matutinas, em 1889. O mais interessante é notar a pressuposição do autor anônimo, segundo a qual os homens de cor estavam, de forma significativa, racialmente irmanados para além das fronteiras nacionais. A sua desconfiança sobre o perigo das deportações estava assentada na suposição de uma identidade racial que se sobrepunha ao pertencimento nacional. Nesse sentido, esse brasileiro atribuía à "gentalha" a condição de ameaça à paz no país, aproximando-a dos "imigrantes de má conduta" que, segundo ele, estavam sendo trazidos para o Brasil. O conceito de "classes perigosas", discutido por Sidney Chalhoub[18], parece permear a carta do correspondente de Rui, que, muito provavelmente, a leu e releu. A população pobre e de cor, sujeita à deportação, aparece como potencialmente perigosa, sempre na iminência de comprometer a ordem.

Na realidade, com a consumação da república, aumentaram consideravelmente as deportações de capoeiras e capangas, especialmente dos partidários da monarquia. As lideranças da hora os queriam bem longe do Rio de Janeiro, centro das decisões políticas. Graças ao empenho de Sampaio Ferraz, chefe de polícia local, em afastá-los da capital federal, até mesmo o filho do conde de Matosinhos, Eliseu dos Reis, foi preso e enviado para Fernando de Noronha (Soares, 1999). O conde de Matosinhos era proprietário do jornal *O Paiz* e grande colaborador da causa republicana. Assim, o episódio demonstrou que a prática da capoeira não era exclusiva da gente pobre e de cor.[19] Tal incidente se torna relevante aqui porque acabou levando a onda de deportações para uma reunião entre os ministros do presidente Deodoro da Fonseca, a qual contou com a presença de Rui Barbosa.

Coube a Quintino Bocaiuva, então ministro das Relações Exteriores e amigo íntimo dos Matosinhos, questionar a autoridade de Sampaio Ferraz e tentar reverter a situação. Ele chegou a ameaçar entregar o seu cargo caso a deportação de Eliseu dos Reis para Fernando de Noronha se cumprisse. A Rui Barbosa coube defender e elogiar a ação do chefe de polícia, silenciando sobre as arbitrariedades que justificavam a perseguição aos capoeiras.[20] Naquele momento, nosso jurista, conhecido pelo apego às disposições legais, deixou que assumisse o controle a *persona* do republicano empenhado em desarticular a rede de interesses que ligava capoeiras e lideranças monarquistas. Como era de esperar, embora tenha garantido o afastamento dos mais impertinentes daqueles "desordeiros", o respaldo de Rui Barbosa e a obstinação do chefe de polícia não foram suficientes para acabar com essa política de alianças, proteção e favores. A capangagem continuou campeando nos dias republicanos, deixando Rui Barbosa na roda dos capoeiras.

Portanto, embora não seja possível informar ao leitor se a denúncia anônima acerca dos 72 capoeiras "embarcados" em 1909 do Rio para São Paulo realmente se cumpriu, não há como negar que ela tinha fundamento. Crônicas, editoriais e charges publicadas nos jornais da época abordam o trânsito de "desordeiros", de "navalhistas", da "gente miúda" nos gabinetes de homens poderosos da Primeira República.

Aqui, vale mencionar o polêmico escritor Afonso Henriques de Lima Barreto, mulato e nascido em 13 de maio de 1881, que marcou a vida literária da época. Em 1909, enquanto a campanha civilista entusiasmava os jovens antimilitaristas, Lima Barreto publicava o seu primeiro romance, *Recordações do escrivão Isaías Caminha*. O livro, como o próprio autor esclarece numa carta para seu editor, foi feito para mostrar que "um rapaz nas condições de Isaías, com todas as disposições, pode falhar, não em virtude de suas qualidades intrínsecas, mas batido, esmagado, prensado pelo preconceito". O autor esperava que a obra pudesse ridicularizar parte do meio jornalístico e "opor argumento a argumento, a favor das pessoas que tiveram o mesmo nascimento que o seu".[21] A inquietação diante da condição social da população de cor e a crítica às hierarquias raciais aparecem de forma explícita nas crônicas e romances de Lima Barreto. Em *Diário íntimo*, ele assim ironiza a crença nas teorias raciais:

> Vai se estendendo pelo mundo a noção de que há umas certas raças superiores e umas outras inferiores, e que essa inferioridade, longe de ser transitória, é eterna e intrínseca à própria estrutura da raça. [...] Tudo isto se diz em nome da ciência e a coberto da autoridade de sábios alemães. Eu não sei se alguém já observou que o alemão vai tomando, nesta nossa lúcida idade, o prestígio do latim na Idade Média. (Lima Barreto, 1956, p. 111-2)[22]

Descrente do determinismo biológico e disposto a "opor argumento a argumento", Lima Barreto publicou na *Gazeta da Tarde*, em 1911, o conto "Numa e a ninfa".

A crítica presente no tom irônico com que ele se referiu à eleição de Hermes da Fonseca levou Irineu Marinho, proprietário do jornal *A Noite* e civilista convicto, a convidá-lo a produzir um romance com o mesmo tema. Entre março e julho de 1915, o texto, em formato de folhetim, foi publicado no jornal de Marinho, trazendo uma crítica sem rodeios ao poder esbanjado pelos militares na disputa eleitoral de 1910.[23]

O protagonista é Nuno Pompílio de Castro, bacharel em Direito que almeja a ascensão social por meio do título de doutor. Por meio de artimanhas e malabarismos escusos, o bacharel assume o posto de promotor e inicia a sua escalada política ao se casar com Edgarda, filha do senador Neves Cogominho. A situação privilegiada e as alianças partidárias engendradas pelo sogro asseguraram sua vaga na Câmara dos Deputados. Outro personagem igualmente ambicioso, porém bem menos afortunado, é Lucrécio, carpinteiro de parcas posses que, aconselhado por um amigo, torna-se capanga. Ele é um mulato que também deseja ascender: pretende tornar-se funcionário público, mas está ciente de que sua sorte só pode ser mudada por um figurão, alguém superior que possa lhe retribuir a proteção por ele oferecida como capanga com um cargo no governo, provavelmente na polícia.

Segundo Lima Barreto, a capangagem abriu os olhos de Lucrécio. Até então ele julgava que "esse negócio de política era para os graúdos, mas o amigo lhe afirmou que todos tinham direito a ele, estava na Constituição" (1915, p. 40).[24] Tal exercício constitucional se dará na vida de Lucrécio Barba de Bode por meio de agitações na Câmara, fraudes eleitorais e assassinatos. Ao longo da trama, o autor mostra, por intermédio da figura de Lucrécio, a desilusão com que o homem pobre e de cor investigava o mundo do pós-abolição. Num dos vários momentos de contemplação do personagem, ele observa longamente seu filho enquanto pergunta "de si para si": que vai ser dele? E logo depois lhe vem "o ceticismo desesperado dos imprevidentes, dos apaixonados e dos que erraram; há de ser como os outros, como eu e muita gente. É a sina!" (p. 41). O lugar subalterno e degradante reservado àquele homem de cor ganha dramaticidade quando o personagem tenta discursar diante de um dos "graúdos" – o senador Madureira – e o máximo que consegue é lançar aos pés dele tudo que guardava no estômago, vomitando os bons tragos que havia ingerido ao longo da noite. O chefe de polícia quis prendê-lo, mas logo foi dissuadido desse intento pelos demais convivas. Não era para tanto, não faria bem a ninguém ver Lucrécio na prisão (p. 57).

Se apostarmos na lealdade do civilista anônimo, atento à movimentação dos capoeiras, e mergulharmos na sátira mordaz de Lima Barreto, poderemos imaginar que o suposto grupo posto no encalço de Rui Barbosa bem que poderia abrigar um ou outro Lucrécio. Seriam homens de cor que, retomando velhas estratégias de subalternidade e deferência, moviam-se nas rodas da sociedade republicana, prestando serviços pouco nobres mas se fazendo presentes no jogo político. Desse modo, a voz passiva reservada aos supostos capoeiras que iam do Rio de Janeiro para São Paulo ("teriam sido embarcados"), com ênfase no suposto caráter manipulável dos homens de cor, encobria sujeitos que tentavam alargar os limites de autonomia e liberdade previstos pela política de domínio em gestação na sociedade brasileira desde o processo emancipacionista, a qual ganhou maior visibilidade no pós-abolição.

Temendo a periculosidade dessa gente, o Partido Republicano de São Paulo precaveu-se: cercou seu candidato de correligionários e planejou aparições em lugares com público confiável, como a Faculdade de Direito. Ali, Rui Barbosa inaugurou lápides comemorativas com seu próprio nome e também com os nomes do visconde de Rio Branco e de Joaquim Nabuco, ilustres figuras do Estado Imperial formadas dentro dos muros da faculdade paulista. Diante daquela plateia de futuros bacharéis, que se presumiam tão notáveis quanto seus antecessores, Rui Barbosa explicitou os dois pontos que passaram a constituir a tônica da campanha: o legado abolicionista e a importância de fazer valer o bacharelismo sobre o militarismo na condução da república. Enlaçando a sua trajetória como abolicionista, republicano e civilista, ele emocionou o público com a seguinte declaração: "Se abracei a república, foi na esperança de a ver mais inclinada à liberdade que a monarquia. Se da república não me divorcio, é porque espero sempre chegarmos pelo caminho da república à liberdade" (Barbosa, 1910a, p. 39).

Àquela altura, Rui Barbosa era um dos poucos representantes ainda vivos do abolicionismo, contando também com a vantagem de possuir um relevante papel nas redes de poder. Ele usufruía o prestígio de ser o autor do primeiro decreto do novo regime (que instituiu a República Federativa do Brasil), de ter comandado o Ministério da Fazenda, ter estabelecido oposição cerrada ao governo militar de Floriano Peixoto e, principalmente, o prestígio advindo da consagração como brilhante orador ao retornar de Haia. Outros abolicionistas de destaque não tiveram destino semelhante. José do Patrocínio, brilhante orador e jornalista, faleceu em 1905, sendo que, nos seus últimos anos, fora mais referido pelo seu malogro ao tentar fazer voar o balão que havia construído do que pela sua decisiva militância abolicionista. André Rebouças, autoexilado junto com a família real, faleceu na ilha da Madeira em 1898. Luís Gama sequer viu o dia da abolição, pois faleceu em 1882. Joaquim Nabuco faleceu em Washington em 1910, onde desde 1905 exercia a função de embaixador do Brasil, permanecendo afastado, portanto, do cotidiano político-partidário do país.[25] Dessa forma, ao repetidamente referir-se ao papel dos abolicionistas na extinção da escravidão, na verdade Rui Barbosa se autorretratava como o mais legítimo defensor da liberdade. A tarefa sempre inconclusa da luta pela liberdade era a missão que ele dizia perseguir no novo século. Diante desse desafio, buscava fazer que a trajetória gloriosa do abolicionismo, que ele próprio encarnava, prevalecesse sobre a lâmina da espada.

Depois de São Paulo, a próxima parada da caravana civilista ocorreu em Salvador. A chegada a bordo do vapor Astúrias foi apoteótica.[26] Conta-se que centenas de "jovens, mulheres e homens do povo" lotaram o navio da Navegação Baiana para recepcioná-lo já na entrada da barra. Segundo Silvia Noronha Sarmento (2009), entre a chegada e o desembarque foram consumidas quase cinco horas com homenagens, apresentações de bandas musicais, brindes e discursos. Era o mais ilustre filho da terra, como os jornais que o apoiavam enfadonhamente repetiam, que retornava para lhe declarar apoio na corrida presidencial (*A Bahia*, 15 jan. 1910). A comissão popular foi liderada pelo professor Torquato Bahia, que o recebeu com um discurso em que declarou enfaticamente: "O povo [...] pede-vos que, assim como destruístes a cidadela negra do escravismo – sentinela dos nossos direitos –, não consintas que se acorrente ao cárcere escuro do egoísmo político a liberdade civil. Era horrorosa a servidão do negro. Mais abominável é o cativeiro civil".[27] Era o chamado que Rui Barbosa já esperava à continuidade de sua militância em direção à liberdade, a missão abolicionista a ser concluída.

Empenhada em reforçar o prestígio do civilista, a multidão o seguiu em cortejo até o Palacete das Mercês, residência oficial do governador José Ferreira de Araújo Pinho (1908-1911), seu aliado político.[28] Mas todo esse entusiasmo estava longe de ser compartilhado pelas lideranças do estado. Apesar do apoio do governador, Rui Barbosa enfrentou na Bahia a forte oposição de J. J. Seabra e Severino Vieira, rivais na política local mas irmanados no que dizia respeito à candidatura de Hermes da Fonseca. O peso desses oposicionistas pôde ser notado já no desembarque dos civilistas, quando se ouviram gritos de apoio à candidatura de Hermes da Fonseca em meio à multidão. Os partidários de Rui Barbosa e Araújo Pinho creditaram a dissonância aos desordeiros, gente miúda enviada por severinistas e seabristas.[29] Consuelo Novais Sampaio (1975), ao analisar a fragmentação da legenda republicana na Bahia do período, destacou quanto aquela disputa presidencial inflamou paixões partidárias locais e tornou inevitáveis "a presença de pistolas e cacetes que, em poucos instantes, desfaziam os préstitos organizados pelos adeptos de ambos os candidatos" (p. 67). Durante o alistamento eleitoral, a fim de deter a liderança de Rui Barbosa na Bahia, J. J. Seabra teria encarregado Álvaro Cova, escrivão da Junta, de qualificar para o pleito "quem bem entendesse, fazendo desaparecer as petições dos adversários" (*Diário da Bahia*, 25 fev. 1910, apud Sampaio, 1975, p. 68). Parece que, além da fraude no alistamento, Álvaro Cova também se valeu das suas relações com capoeiras para garantir votos para Hermes da Fonseca. Segundo Adriana Albert Dias, ele próprio foi acusado de praticar capoeira "no tempo que tocava nos bleforés", além de ser referido pelos jornais antisseabristas como o agenciador da

"Guarda Negra da situação" (*A Tarde*, 28 dez. 1914, *apud* Dias, 2006, p. 107).[30] Como se nota, Rui Barbosa via-se novamente às voltas com "a ralé", com os capangas, definidos pela imprensa de acordo com sua presumida condição de subalternidade e de inequívoca incivilidade.

O roteiro final da excursão parece ter sido bem mais tranquilo, embora também empolgante. Rui Barbosa e sua comitiva seguiram de Salvador para Juiz de Fora, Barbacena, Ouro Preto, chegando, no dia 20 de fevereiro, a Belo Horizonte, onde a excursão foi encerrada. O episódio mais comentado da passagem de Rui por Minas Gerais envolveu o discurso intitulado "O estouro da boiada", proferido em Juiz de Fora, no qual ele fez uma comparação entre o movimento político protagonizado pelos partidários de Hermes da Fonseca e o comportamento do gado quando da ocorrência do referido estouro da boiada: "um baque, um susto, uma fuga, um esparramo, e a desordem geral do mundo político surpreendido" (Barbosa, 1910a, p. 72).[31] Poucas semanas depois, as eleições foram realizadas. O resultado já sabemos: Hermes da Fonseca se tornou presidente.

Alguns anos depois, em 1919, novamente concorrendo à presidência da República, Rui Barbosa retornaria à Bahia em campanha e encontraria no cargo de chefe de polícia o mesmo Álvaro Cova. O clima político local era ainda mais tenso, e a aversão a Rui Barbosa por parte dos seabristas era tamanha que resultou em conflito e feridos durante um comício. O confronto aconteceu no dia 25 de março, em comício realizado na Praça do Palácio, quando os aliados de Rui estavam todos reunidos, embora o candidato não estivesse presente, pois só chegaria a Salvador no dia 10 de abril. Mal começaram os discursos e teve início o tiroteio, no qual Simões Filho, fundador do jornal *A Tarde*, foi ferido.[32] O confronto ganhou repercussão nacional, uma vez que envolveu um candidato à presidência e seus correligionários. Pouco tempo depois, dois atiradores foram identificados: Inocêncio Sete Mortes e Carestia de Vida, ambos com longo currículo de contravenções – como se pode supor pelos codinomes – e reconhecidos como capangas de Álvaro Cova (Magalhães, 1999, p. 214).

Era de esperar que, diante da gravidade da situação, os cuidados em relação à segurança de Rui Barbosa na Bahia fossem redobrados, o que gerou providências inusitadas. Um exemplo: quando já estava de volta ao Rio de Janeiro, aliviado por não ter sido alvo de capangas como Inocêncio Sete Mortes e Carestia de Vida, ele fez um agradecimento a um certo Gutemberg Sampaio, empregado do comércio da praça de Salvador, dizendo o seguinte:

> Entre tantas demonstrações de carinho e devoção com que tem me honrado, estes dias a Bahia, na unanimidade moral da sua adesão à minha candidatura, contrariada somente pelos elemen-

tos oficiais, nenhuma tive por mais honrosa do que a organização da *Guarda Branca*, com que *a flor dos moços empregados no comércio* desta capital me cercou desde o meu desembarque, exercendo, ao mesmo tempo, tão útil papel na manutenção da ordem entre as grandes multidões aqui reunidas, sempre animadas pelos mais exemplares sentimentos de entusiasmo cívico e apego aos direitos populares. (Barbosa, 1919, p. 106)[33]

A organização de uma Guarda Branca para defender o ilustre e frágil Rui Barbosa das investidas dos capangas recrutados por Álvaro Cova constitui um capítulo intrigante dessa história. Infelizmente, ainda não foi possível determinar quem compunha a "flor dos moços empregados no comércio", mas nem por isso passa despercebida a clivagem estabelecida entre a proteção "honrosa" que eles representavam e a comprometedora companhia de "capadócios" como Inocêncio Sete Mortes e Carestia de Vida. Obviamente, o batismo da guarnição como "Guarda Branca" foi inspirado nos grupos de libertos que tentaram, em vão, garantir a manutenção da monarquia. Embora tal guarda tenha garantido a segurança do velho e respeitado civilista, o esforço feito pelos moços do comércio para promover a sua candidatura foi em vão: Rui Barbosa perdeu a eleição para Epitácio Pessoa. Novo século, novo fracasso eleitoral. Ao nosso abolicionista restava lamentar: "É a paga por lutar pela liberdade!"

Notas

1. A pesquisa que deu origem a este texto está em andamento e conta com o apoio do Conselho Nacional de Desenvolvimento Científico e Tecnológico (CNPq). Agradeço aos graduandos de História Renata Pinheiro e Daniel Vital por sua colaboração e aos colegas Adriana Albert e Rogério Rosa, da linha de pesquisa Escravidão e Invenção da Liberdade (Universidade Federal da Bahia – UFBA), pelos comentários e sugestões.
2. Machado de Assis faleceu em setembro de 1908, deixando vaga a presidência da ABL.
3. A candidatura de Hermes da Fonseca se tornou possível depois que João Pinheiro, governador de Minas Gerais e favorito para a sucessão do presidente Afonso Pena, faleceu, em 1908. A segunda opção dos governistas era o então ministro das Finanças, Davi Campista, mas o seu nome não foi bem recebido nem mesmo entre seus correligionários. Rui Barbosa foi um dos que se pronunciaram contra sua candidatura, argumentando que lhe faltavam experiência política e autoridade. Surge então a candidatura de Hermes da Fonseca, com forte apoio dos militares. Sobre os episódios político-partidários da época, ver, por exemplo: Carone, 1977; Carvalho, 1990; Bretas, 1997; Viscardi, 2001.
4. Sobre o liberalismo de Rui Barbosa, ver: Gonçalves, 2000; Carvalho, 2000. Sobre o bacharelismo e a geração de 1870, devem-se consultar: Salles, 1996; Alonso, 2002.
5. Silvia Noronha Sarmento (2009) também fez uma interessante, apesar de breve, análise sobre os ritos de embarque e desembarque de figuras políticas, ressaltando que eram situações para demonstrações públicas de lealdade.
6. Carta anônima de 19 de dezembro de 1909, presente no arquivo da Fundação Casa de Rui Barbosa (CRE 11/2, doc. 65).
7. Na obra citada, Carlos Eugênio Soares analisa a relação entre o deputado do Partido Conservador Duque Estrada Teixeira e a malta Flor da Gente. Gabriela dos Reis Sampaio (2009) também aborda esse aspecto da vida política carioca, especialmente na década de 1870. A autora, ao analisar a rede de relações de Juca Rosa,

importante líder religioso do Rio de Janeiro oitocentista, afirmou que "políticos liberais, autoridades do governo [...] e também outros letrados que se manifestavam nos jornais tentavam combater os capangas dos políticos conservadores, denunciando e perseguindo as maltas, fazendo com que os capoeiras necessitassem da proteção de seus padrinhos políticos" (p. 140).
8. É interessante assinalar que o termo "capanga", de origem banta, também designa uma espécie de bolsa usada junto ao corpo, onde poderiam ser guardados punhal, amuletos e alimentos. Cf. Câmara Cascudo, 1998, p. 239. O envolvimento dos capoeiras nas eleições oitocentistas também foi comentado por Manoel Querino, s/d, p. 163-8.
9. A minha análise sobre as precauções de Rui Barbosa quanto às consequências da abolição está em Albuquerque, 2009, p. 94.
10. Sobre a criação e ações da Guarda Negra, ver: Gomes, 1991; Soares, 1999; Schwarcz, 1998, p. 447-53; Albuquerque, 2009, capítulo 3; Araújo, 1992.
11. Sobre a questão da cidadania negra no pós-abolição, ver também: Gomes e Gomes, 2007.
12. Há um conjunto de títulos da área da história social essencial para esse debate; podem-se citar, por exemplo: Chalhoub, 1996; Mattos, 1998; Fraga Filho, 2006; Nascimento, 2006.
13. De acordo com o recenseamento geral de 1872, realizado pelo Instituto Brasileiro de Geografia e Estatística (IBGE).
14. Autores como Hebe Maria Mattos e Walter Fraga Filho tratam dos projetos e da trajetória dessa população egressa do cativeiro no contexto emancipacionista e no pós-abolição. Ver, respectivamente: *Das cores do silêncio* (1998) e *Encruzilhadas da liberdade* (2006).
15. A esse respeito, é indispensável consultar a discussão proposta em Azevedo, 2003, especialmente no capítulo IV.
16. Sobre a disputa pelo legado abolicionista, ver, por exemplo: Schwarcz, 2007; Daibert Junior, 2004; Azevedo, 1994.
17. Carta anônima enviada a Rui Barbosa, s/d, presente no arquivo da Fundação Casa de Rui Barbosa (CRE 11/4, doc. 155).
18. Sidney Chalhoub discute tal conceito em *Cidade febril* (1996) e em "Classes perigosas" (1990).
19. Sobre a relação entre condição social/racial e capoeira, ver, dentre outros títulos: Soares, 1999.
20. Ata da sessão de 19 de abril de 1890 do Conselho de Ministros.
21. O romance mais conhecido de Lima Barreto é *O triste fim de Policarpo Quaresma* (1915), no qual a crise do Império e a emergência da elite republicana compõem o ambiente da época. Há várias pesquisas que exploram a obra desse autor; ver, por exemplo: Resende, 1993, e Barbosa, 2003. Lima Barreto também é reiteradamente citado por escritores que abordam a vida literária e a crítica social na Primeira República, como Jeffrey Needell (1993), que define Lima Barreto como autor autobiográfico e marginal, e por autores como Sidney Chalhoub (1996, capítulo 3, especialmente), que destaca a crítica mordaz presente em seus textos, principalmente no período marcado pela Revolta da Vacina.
22. Francisco de Assis Barbosa, autor da mais conhecida e documentada biografia de Lima Barreto, inventariou a biblioteca dele e localizou, dentre os vários títulos em francês, inglês e alemão, obras de Darwin e Gobineau. Lima Barreto também era frequentador costumeiro da Biblioteca Nacional. Sobre a "militância" literária de Lima Barreto, ver: Sevecenko, 1983.
23. Para saber mais sobre as disputas partidárias na Primeira República, consultar, dentre os muitos títulos sobre o tema: Fausto, 1982; Ferreira e Delgado, 2008.
24. Lima Barreto descreve da seguinte maneira a rua onde Lucrécio vivia: "[...] morava na Cidade Nova, naquela triste parte da cidade, antigo charco, aterrado com detritos e sedimentos [...]"; e, em períodos de chuva: "[...] os móveis boiam e saem pelas janelas boiando, para se perderem no mar, ou irem ao acaso encontrar outros donos". Ali estava a "população de cor, composta de gente de fracos meios econômicos, que vive de pequenos empregos, mas a eles se vieram juntar imigrantes italianos e de outras procedências" (1915, p. 29).
25. Há uma farta correspondência entre Joaquim Nabuco e Rui Barbosa nesse período; o assunto mais comentado por ambos era a política internacional. Cf., por exemplo: Alencar e Santos, 1999.
26. Ao saber da candidatura de Rui Barbosa, Severino Vieira, em Paris, escreveu para o governador da Bahia, José Marcelino: "O nosso Rui, se tivesse elementos, devia ser sustentado por nós, embora a minha convicção

de que ele não seria a mais acertada escolha. Rui se impõe à admiração de todos pelo seu talento e erudição; porém, não é, nunca foi, e não poderá mais ser um estadista" (Viana Filho, 1987, p. 352).
27. "Rui Barbosa na Bahia, recepção promovida pela comissão popular", documento presente no arquivo do Instituto Geográfico e Histórico da Bahia (doc. 82-5, p. 82).
28. João Ferreira de Araújo Pinho, diplomado pela Faculdade de Direito de Recife, era proprietário de terras em Santo Amaro, cidade do Recôncavo Baiano. Sobre a sua trajetória política, ver: Tavares, 2001, p. 318-21.
29. Em 1909, na Bahia, o Partido Republicano estava dividido. A cisão ocorreu em 1907, quando o governador José Marcelino e Severino Vieira divergiram sobre a sucessão estadual. José Marcelino intencionava ser sucedido por Araújo Pinho e, à revelia da comissão executiva do partido, o lançou candidato. Para tanto, ele contou com o apoio de Rui Barbosa, que chegou a cogitar não ir à Convenção de Haia para ficar mais próximo da disputa sucessória na Bahia. Diante do impasse, Severino Vieira apresentou Joaquim Inácio Tosta como seu candidato. Recém-chegado de uma viagem à Europa, o ex-governador J. J. Seabra resolveu se aliar a José Marcelino e Araújo Pinho. Depois da realização da eleição, o governador comemorou a vitória, mas ainda restava a decisão do chamado poder verificador, a comissão, formada por senadores, encarregada de conferir as atas eleitorais, contar os votos e ratificar ou não o resultado. Mas tal comissão reunia na época justamente os aliados de Severino Vieira. Para impedir a entrada dos severinistas, o governador encarregou a polícia de cercar o prédio da Câmara e recrutou capangas. Com tais "precauções", Araújo Pinho foi declarado governador eleito (1908-1912). Para saber mais sobre a política local do período, ver: Sampaio, 1975; Tavares, 2001. Ver também: Sarmento, 2009.
30. Segundo Dias (2006), um dos mais famosos capoeiras da época, Pedro Mineiro, teria declarado, em 1912, que fora contratado por Álvaro Cova como capanga, recebendo o vencimento de setenta mil réis (p. 100). Ver também: Dias, 2005, e Oliveira, 2005.
31. Diversas caricaturas de Rui Barbosa, fazendo menção, inclusive, ao discurso "O estouro da boiada", foram reproduzidas em Lima, 1949.
32. Além da disputa presidencial, a Bahia estava sendo abalada pela disputa governamental de 1919, que, segundo Consuelo Novais Sampaio (1975), foi o mais ferrenho embate político baiano da Primeira República: "Apesar de o candidato oposicionista ser Paulo Fontes, a luta estava sendo travada, em campo aberto, entre Rui Barbosa e J. J. Seabra" (p. 107). Para entender a política partidária da época, ver também: Castellucci, 2001.
33. Grifos meus.

Referências bibliográficas

ALBUQUERQUE, Wlamyra R. de. *O jogo da dissimulação: abolição e cidadania negra no Brasil*. São Paulo: Companhia das Letras, 2009.

ALENCAR, José Almino de; SANTOS, Ana Maria Pessoa dos (orgs.). *Meu caro Rui, meu caro Nabuco*. Rio de Janeiro: Fundação Casa de Rui Barbosa, 1999.

ALONSO, Ângela. *Ideias em movimento: a geração de 1870 na crise do Brasil Império*. São Paulo: Paz e Terra, 2002.

ARAÚJO, Dilton Oliveira de. *Republicanismo e classe média em Salvador (1870-1889)*. 1992. Dissertação (Mestrado em História) – Faculdade de Filosofia e Ciências Humanas, Universidade Federal da Bahia, Salvador, Bahia.

AZEVEDO, Célia Maria Marinho de. *Abolicionismo: Estados Unidos e Brasil, uma história comparada (século XIX)*. São Paulo: Annablume, 2003.

_____. "Abolicionismo e memória das relações raciais". *Estudos Afro-Asiáticos*, Rio de Janeiro, n. 26, p. 5-19, set. 1994.

BARBOSA, Francisco de Assis. *A vida de Lima Barreto*. Rio de Janeiro: José Olympio, 2003.

BARBOSA, Rui. "A Coroa e a guerra de raças". In: *Obras completas*. Rio de Janeiro: Ministério da Educação e Saúde, t. II, 1949a.

_____. "A queda do Império". In: *Obras completas*. Rio de Janeiro: Ministério da Educação e Saúde, t. II, 1949b.

_____. *Campanha presidencial*. Rio de Janeiro: Catalina, 1919.

_____. "Excursão eleitoral". In: *Obras completas de Rui Barbosa*. Rio de Janeiro: Ministério da Educação e Cultura, t. I, v. XXXVII, 1910a. Disponível em: <http://docvirt.com/docreader.net/docreader.aspx?bib=ObrasRuiMP&pasta=Vol.%20XXXVII%20(1910)\Tomo%20I&pesq=&paglog=>. Acesso em: 6 jun. 2011.

_____. *Excursão eleitoral aos estados da Bahia e Minas Gerais: manifestos à nação*. São Paulo: Casa Garraux, 1910b.

_____. *Finanças e política da República: discursos e escritos*. Brasília: Companhia Impressa, s/d.

_____. "No século XX". In: *Obras completas de Rui Barbosa*. Rio de Janeiro: Ministério da Educação e Cultura, t. III, v. XXVIII, 1901, p. 3-8. Disponível em: <http://www.casaruibarbosa.gov.br/dados/DOC/artigos/rui_barbosa/FCRB_RuiBarbosa_No_seculo_XX.pdf>. Acesso em: 4 jun. 2011.

BRETAS, Marcos Luiz. *A guerra nas ruas: povo e polícia na cidade do Rio de Janeiro*. Rio de Janeiro: Arquivo Nacional, 1997.

CÂMARA CASCUDO, Luís da. *Dicionário do folclore brasileiro*. São Paulo: Ediouro, 1998.

CARONE, Edgar. *A República Velha: instituições e classes sociais*. Rio de Janeiro/ São Paulo: Difel, 1977.

CARVALHO, José Murilo de. *A formação das almas: o imaginário da República no Brasil*. São Paulo: Companhia das Letras, 1990.

_____. "Rui Barbosa e a razão clientelista". *Dados*, Rio de Janeiro, v. 43, n. 1, p. 83-117, 2000.

CASTELLUCCI, Aldrin Armstrong Silva. *Salvador dos operários: uma história da greve geral de 1919 na Bahia*. 2001. Dissertação (Mestrado em História) – Faculdade de Filosofia e Ciências Humanas, Universidade Federal da Bahia, Salvador, Bahia.

CHALHOUB, Sidney. *Cidade febril: cortiços e epidemias na corte imperial*. São Paulo: Companhia das Letras, 1996.

_____. "Classes perigosas". *Trabalhadores*, Campinas, v. 6, n. 1, p. 2-22, 1990.

DAIBERT JUNIOR, Robert. *Isabel, a "Redentora" dos escravos: uma história da princesa entre olhares negros e brancos (1846-1988)*. Bauru/ São Paulo: Edusc/ Fapesp, 2004.

DIAS, Adriana Albert. *Mandinga, manha e malícia: uma história sobre os capoeiras na capital da Bahia (1910-1925)*. Salvador: Edufba, 2006.

_____. "Os fiéis da navalha: Pedro Mineiro, capoeiras, marinheiros e policiais em Salvador na República Velha". *Afro-Ásia*, Salvador, n. 32, p. 241-70, 2005.

FAUSTO, Boris (dir.). *O Brasil republicano: sociedade e instituições (1889-1930)*. São Paulo: Difel, v. 2, 1982.

FERREIRA, Jorge; DELGADO, Lucília de Almeida N. (orgs.). *O Brasil republicano: o tempo do liberalismo excludente*. Rio de Janeiro: Civilização Brasileira, 2008.

FRAGA FILHO, Walter. *Encruzilhadas da liberdade: histórias de escravos e libertos na Bahia (1870-1910)*. Campinas/ São Paulo: Editora da Unicamp, 2006.

GOMES, Flávio dos Santos. "No meio das águas turvas: racismo e cidadania no alvorecer da República – a Guarda Negra na corte (1888-1889)". *Estudos Afro-Asiáticos*, Rio de Janeiro, n. 21, p. 75-96, dez. 1991.

GOMES, Flávio dos Santos; GOMES, Olívia M. *Quase-cidadão: histórias e antropologias do pós-abolição no Brasil*. Rio de Janeiro: Fundação Getulio Vargas, 2007.

GONÇALVES, João Felipe. *Rui Barbosa: pondo as ideias no lugar*. Rio de Janeiro: Fundação Getulio Vargas, 2000.

GRAHAM, Richard. *Clientelismo e política no Brasil do século XIX*. Rio de Janeiro: Editora UFRJ, 1997.

LEAL, Luiz Augusto Pinheiro. *A política da capoeiragem: a história social da capoeira e do boi-bumbá no Pará republicano*. Salvador: Edufba, 2008.

LIMA, Herman. *Rui e a caricatura*. Salvador: Casa de Rui Barbosa, 1949.

LIMA BARRETO, Afonso Henriques de. *Diário íntimo*. São Paulo: Brasiliense, 1956.

_____. *Numa e a ninfa*. Rio de Janeiro: A Noite, 1915. Disponível em: <http://www.dominiopublico.gov.br/pesquisa/DetalheObraForm.do?select_action=&co_obra=1864>. Acesso em: 5 jun. 2011.

MAGALHÃES, Rejane M. Moreira de A. (org.). *Rui Barbosa: cronologia da vida e obra*. Rio de Janeiro: Fundação Casa de Rui Barbosa, 1999.

MATTOS, Hebe Maria. *Das cores do silêncio: os significados da liberdade no Sudeste escravista*. Rio de Janeiro: Nova Fronteira, 1998.

NASCIMENTO, Álvaro Pereira do. "Entre o justo e o injusto: o castigo corporal na Marinha de Guerra". In: LARA, Sílvia Hunould; MENDONÇA, Joseli Maria Nunes (orgs.). *Direitos e justiças no Brasil*. Campinas/ São Paulo: Editora da Unicamp, 2006, p. 267-302.

NEEDELL, Jeffrey. *Belle époque tropical: sociedade e cultura de elite no Rio de Janeiro na virada do século*. São Paulo: Companhia das Letras, 1993.

OLIVEIRA, Josivaldo Pires de. *No tempo dos valentes: os capoeiras na cidade da Bahia*. Salvador: Quarteto, 2005.

Pires, Antônio Liberac C. S. *A capoeira na Bahia de Todos os Santos: um estudo sobre cultura e classes trabalhadoras (1890-1937)*. Tocantins/ Goiânia: Neab/ Grafset, 2004.

Querino, Manoel. *A Bahia de outrora*. Salvador: Livraria Progresso, s/d.

Resende, Beatriz. *Lima Barreto e o Rio de Janeiro em fragmentos*. Campinas/ Rio de Janeiro: Editora da Unicamp/ Editora UFRJ, 1993.

Salles, Ricardo. *Nostalgia imperial: a formação da identidade nacional no Brasil do Segundo Reinado*. Rio de Janeiro: Topbooks, 1996.

Sampaio, Consuelo Novais. *Os partidos políticos da Bahia na Primeira República: uma política de acomodação*. Salvador: CED/ UFBA, 1975.

Sampaio, Gabriela dos Reis. *Juca Rosa: um pai de santo na corte imperial*. Rio de Janeiro: Arquivo Nacional, 2009.

Sarmento, Silvia Noronha. *A Raposa e a Águia: J. J. Seabra e Rui Barbosa na política baiana da Primeira República*. 2009. Dissertação (Mestrado em História) – Faculdade de Filosofia e Ciências Humanas, Universidade Federal da Bahia, Salvador, Bahia.

Schwarcz, Lília M. *As barbas do imperador: d. Pedro II, um monarca nos trópicos*. São Paulo: Companhia das Letras, 1998.

_____. "Dos males da dádiva: sobre as ambiguidades no processo da abolição brasileira". In: Gomes, Flávio dos Santos; Gomes, Olívia M. *Quase-cidadão: histórias e antropologias do pós-abolição no Brasil*. Rio de Janeiro: Fundação Getulio Vargas, 2007, p. 23-54.

Sevecenko, Nicolau. *Literatura como missão*. São Paulo: Brasiliense, 1983.

Soares, Carlos Eugênio Líbano. *A negregada instituição: os capoeiras na corte imperial (1850-90)*. Rio de Janeiro: Access, 1999.

Tavares, Luís Henrique Dias. *História da Bahia*. São Paulo/ Salvador: Editora Unesp/ Edufba, 2001.

Viana Filho, Luís. *A vida de Rui Barbosa*. Rio de Janeiro: Nova Fronteira, 1987.

Viscardi, Cláudia. *O teatro das oligarquias: uma revisão da "política do café com leite"*. Belo Horizonte: C/Arte, 2001.

3 MANUEL QUERINO: UM INTELECTUAL NEGRO NO CONTEXTO DO PÓS-ABOLIÇÃO NA BAHIA

Maria das Graças de Andrade Leal

Com a abolição da escravidão instituída juridicamente no Brasil em 13 de maio de 1888, os processos subsequentes de rearranjo das forças sociais, políticas, econômicas e culturais envolveram a população em geral – de setores da elite ao povo nas suas diversificadas categorias – de formas diferentes e com resultados desiguais. Observando e analisando o contexto que caracteriza esse período – compreendido entre 14 de maio de 1888 e o ano de 1923[1] –, aqui chamado de pós-abolição, Manuel Querino viabilizou, por meio da sua literatura, a aproximação com os sucessivos acontecimentos que impactaram, especialmente, as classes populares. Essa categoria incluía os africanos e mestiços egressos da escravidão, trabalhadores em geral e ele próprio, em particular.

Artista, político, professor, funcionário público e intelectual, Manuel Raymundo Querino reuniu em si diversas vocações que o caracterizaram como plural, múltiplo e defensor dos princípios democráticos e igualitários. Negro, oriundo das camadas populares, tendo nascido em Santo Amaro da Purificação, no Recôncavo Baiano, em 28 de julho de 1851, viveu intensamente acontecimentos no emaranhado das grandes transformações que marcaram a história do Brasil e da Bahia nas últimas décadas do Império e primeiras da República.

Com base em sua trajetória, diversos elos que ligaram vivências individuais às mudanças ocorridas no ambiente urbano, nas relações de trabalho, na produção artístico-cultural, nas movimentações sociopolíticas e no cotidiano do artista, do operário, do povo, do africano, dos negros e mestiços brasileiros puderam ser reconhecidos no ambiente de tensões entre escravidão e liberdade, tradição e "civilização", atraso e progresso. A sua obra, composta de livros e artigos publicados em jornais e revistas entre 1903 e 1922, registra o seu testemunho sobre as transformações que se operaram no contexto da institucionalização do trabalho livre, do fim da monarquia e da implantação do regime republicano no Brasil. Nela, ficaram patentes as inquietações próprias da postura que assumiu, expressando-se com indignação diante de questões que o afligiram ao longo da vida, a exemplo da situação do povo trabalhador em sua existência política, social e cultural. Eram preocupações que refletiam, de uma forma ou de outra, a sua própria trajetória, marcada por diversas situações difíceis, as quais puderam ser identificadas por intermédio do seu próprio discurso e da luta que empreendeu ao longo da vida, cujos elementos centrais evidenciaram a sua condição de negro e pobre.

Transitou pelos salões das elites letradas e experimentou a vida dos humildes trabalhadores excluídos, convivendo no campo de tensões existente entre o mundo dos negros e o mundo dos brancos, o dos pobres e o dos ricos, o dos "bárbaros" e o dos "civilizados". Como intelectual afro-brasileiro, inter-relacionou-se com os universos da cultura popular – nos campos de lutas cotidianas estabelecidas nas ruas, terreiros de candomblé, associações artísticas e operárias, botequins – e da cultura erudita – nos espaços das instituições políticas (partidos e Conselho Municipal) e círculos de letrados (academias, Instituto Geográfico e Histórico da Bahia, colégios).

Considerada em suas dimensões etnológica, histórica, política, sociológica, antropológica, artística e pedagógica, a sua obra expressa o rigor do cientista, a sensibilidade do artista e o engajamento do político. As classes populares, em seus diversos matizes, foram a sua fonte preferencial de inspiração e de aprendizado, dela extraindo os protagonistas ao escrever a história da Bahia. De um ponto de vista particular, desenvolveu uma análise crítica sobre a realidade que se apresentava, levantando duas questões de fundo: o lugar do povo na república, inicialmente, e, depois, o lugar do negro na sociedade brasileira.[2]

Ações de um militante em um cenário de transformações políticas

Militante das causas dos trabalhadores livres e escravos, envolvendo-se também em outras questões sociopolíticas que afetaram diretamente os interesses das classes artísticas e operárias, Querino circulava pela cidade de Salvador experimentando diferentes formas de sociabilidade, observando os modos de conviver com as diferenças socioculturais de uma Bahia múltipla, complexa e singular. Partindo de sua base operária, integrou-se aos movimentos sociais relacionados às causas da liberdade, da democracia e da cidadania do povo trabalhador, especialmente do povo negro e mestiço brasileiro.

No contexto dos movimentos abolicionista e republicano, participou dos respectivos debates, acompanhando os acontecimentos e publicando textos na imprensa local. Militou no trabalhismo, participando da criação da Liga Operária Bahiana (em 12 de março de 1876), e associou-se a diversas sociedades mutuárias e irmandades religiosas. Tornou-se jornalista, escrevendo artigos sobre a questão abolicionista e operária na *Ga-*

zeta da Tarde e em outros jornais[3]; chegou a fundar, durante o Império, o jornal *A Província*, criado em 20 de novembro de 1887 e extinto em 1888. Na república, foi um dos criadores do Partido Operário (1890), e, em 3 de fevereiro de 1892, fundou outro jornal (extinto no mesmo ano), *O Trabalho*, o que certamente contribuiu para que se tornasse uma figura pública e respeitada politicamente.

Envolvido no movimento liberal durante o Império, na condição de artista e integrante da classe trabalhadora, Manuel Querino, assim como outros trabalhadores que militaram no trabalhismo, abolicionismo e republicanismo – como Domingos Silva, Elisiário Elísio da Cruz, Ismael Ribeiro –, enveredou pela política partidária na tentativa de seguir o caminho da realização de uma política autônoma, livre da tutela dos dois partidos imperiais. Certamente, as suas convicções de luta pela autonomia da organização da classe operária foram motivadas pela experiência vivenciada no interior da extinta Liga Operária Bahiana[4], espaço em que aprendeu a lidar com as disputas políticas no contexto de uma monarquia falida. Em 1º de agosto de 1878, junto a outros 12 companheiros, assinava o manifesto do Club Republicano fundado em Salvador, lançando candidatos às eleições daquele ano. No texto do manifesto foi explicitada a posição antimonarquista e democrática defendida pelos signatários.[5]

Os anos de 1880 foram tão difíceis para o operariado que determinaram outras estratégias de luta, reforçando a sua inserção no movimento libertário e político que fundamentava o abolicionismo e o republicanismo. No curto período entre a abolição e a proclamação da república, mais especificamente em 30 de junho de 1889, diversos artistas e operários reuniram-se no Liceu de Artes e Ofícios da Bahia para um debate sobre a crise aguda provocada pela falta de trabalho e, consequentemente, falta de meios de subsistência, além da tentativa de encontrar formas de superar o abandono em que se encontravam. Na ocasião, após o operário Pamphilo da Santa Cruz, proprietário da *Gazeta da Tarde*, ter afirmado ser necessária a independência dos artistas e operários em relação aos velhos partidos, foi sugerida a criação de um partido socialista como estratégia de luta político-partidária a ser utilizada pelos trabalhadores. Nomeada uma comissão para organizar as bases do partido, Querino ficou encarregado de publicar os "artigos de propaganda" na coluna socialista da *Gazeta da Tarde* (Querino, 1913, p. 153-4).

Com a institucionalização do trabalho livre, a proclamação da república e a criação do Partido Operário, a atuação política do povo trabalhador, apoiada nas convicções democráticas e libertárias que conduziram a implantação do novo regime, foi aprofundada. Nesse início de república, a construção, pelas elites, de um discurso em torno da igualdade de direitos e a integração relativa de operários e artistas ao projeto republicano davam ao regime que se inaugurava uma aparência democrática. À classe operária parecia que, finalmente, a república criaria as condições políticas necessárias para a realização dos seus projetos, os quais seriam defendidos diretamente, sem a interferência de partidos alheios aos seus interesses. Entre os seus objetivos estava a participação nas decisões políticas como estratégia fundamental para a garantia dos direitos civis e políticos do operariado.

A oportunidade de organização da classe trabalhadora em um partido próprio surgiu no contexto de "arrumação" do novo regime, o qual foi marcado pelo multipartidarismo. Foi uma fase de desestruturação dos partidos imperiais e estruturação de outros vinculados às instituições republicanas. A legislação eleitoral não tratou da organização dos partidos e, em consequência, eles passaram a se organizar de forma aleatória.

Com o Partido Operário esperava-se que se tornasse viável o acesso de artistas e operários à cena parlamentar de forma independente. Assim, reuniram-se no dia 5 de junho de 1890, na residência do artista Elisiário Elísio da Cruz, 56 artistas e operários para, segundo Querino (1913), "organizar o Partido Operário, desligado dos outros partidos, e por conta própria pleitear as eleições da Assembleia Constituinte, com seus candidatos" (p. 164-5).[6]

Foi constituída uma mesa provisória sob a presidência de Elisiário da Cruz, tendo como primeiro e segundo secretários Francisco Pedro e José Maria de Souza, respectivamente, e organizada uma comissão para elaborar o programa. Para Manuel Querino, o objetivo específico da reunião, da qual participaram "muitos eleitores pertencentes às classes dos artífices moradores da freguesia de S. Pedro e Vitória" (*Jornal de Notícias*, 9 jun. 1890, p. 1), era a deliberação sobre os encaminhamentos a serem dados no que dizia respeito à próxima eleição. Nesse sentido, segundo Querino (1913, p. 165), discutiu-se muito e não se deliberou nada. Para os operários, continuou predominando a subordinação partidária, uma vez que vários deles entendiam que sua aproximação com o conselheiro Almeida Couto, chefe do Partido Liberal, poderia congregar elementos para nova agremiação.

Alinhar tendências no interior do Partido Operário foi o desafio constante a ser enfrentado pelos seus membros. Divergências se sucederam entre duas lideranças negras que emergiram, caracterizando os primeiros momentos da história do partido. Manuel Querino e Domingos Silva rivalizaram em debates mais baseados nas formas de ação do que nos objetivos. A essência da disputa estava no modo de condução do caminho partidário, que, para Querino, deveria ser independente. Ao mesmo tempo, ambos buscaram rumos estratégicos que atendessem seus projetos políticos. O exercício do poder rondou também seus desejos individuais. Assim, essas duas lideranças delimitavam seus territórios à medida que se iam configurando as prerrogativas e alianças de cada um.

Até a realização das eleições para as Constituintes Federal (15 de setembro de 1890) e Estadual (5 de fevereiro de 1891), o Partido Operário se concentrou na sua organização, no intuito de identificar suas representações com poder de articulação e aglutinação, bem como de garantir votos para disputar as eleições nos planos nacional, estadual e municipal. Seria ideal, portanto, que houvesse o alinhamento entre as lideranças emergentes em relação às estratégias que garantiriam o acesso de tais representações à cena parlamentar. Havia chegado o momento de as forças operárias se organizarem no novo contexto "democrático". Enquanto o operariado se articulava para assegurar o acesso à atividade parlamentar, as antigas forças políticas do Império passavam por um processo de recomposição e reordenamento, a fim de garantir sua permanência nas esferas de poder.

O Partido Operário nasceu com dois grupos rivais: um organizado pela chamada Comissão Central Promotora do Partido Operário e outro pelo Diretório da Luso-Guarany, mais tarde denominado Conselho Diretório da União Operária. O primeiro teve como presidente Elisiário da Cruz e, como primeiro secretário, Domingos Silva; o segundo foi constituído pelo industrial, proprietário de pequena oficina, Gonçalo Pereira Espinheira (presidente) e pelos auxiliares José Políbio da Rocha, Pedro Augusto da Silva e Severiano Godofredo de Mattos (capitães), Luiz Gonzaga, Ismael Ribeiro dos Santos, Frederico de Souza Guimarães, Manuel Raymundo Querino e Antonio Tertuliano Esteves (*Diário da Bahia*, 29 jul. 1890).

No jogo eleitoral, a atenção esteve voltada para as lideranças operárias e artísticas que despontaram na batalha por uma vaga de deputado na Constituinte Nacional, como Edistio Martins e Manuel Querino. O primeiro chegou a publicar um manifesto destinado ao eleitorado em que se apresentava como "filho do povo e do trabalho" e "artista e republicano", além de afirmar que empregaria todas as forças para o engrandecimento do povo, respeitando os mais sagrados deveres como artista ou político (*O Pequeno Jornal*, 23 jul. 1890).

A questão de fundo era a não vinculação da classe operária aos representantes das demais classes, especialmente aquelas relacionadas aos antigos políticos da monarquia, representantes das elites. O objetivo era a composição de uma chapa independente, formada somente de operários e artistas. Os debates e as indisposições entre os grupos tornaram-se cada vez mais intensos. Estavam se delineando as diferentes posições, não obstante a interseção das ideias e planos de autonomia e soberania das classes artística e operária.

As eleições de 15 de setembro concluíram a batalha pela vaga na Constituinte Federal. Houve a manutenção das antigas estruturas de poder e exclusão das novas lideranças políticas, especialmente aquelas representadas pelas classes artística e operária.

Manuel Querino e Edistio Martins, os mais votados entre os artistas, apesar de derrotados com uma margem expressiva de votos em relação aos primeiros colocados, não abandonaram seus projetos políticos de inserção participativa no cenário político-partidário da República.[7]

A derrota nas eleições não foi suficiente para promover uma revisão estratégica no Partido Operário. As diferenças internas permaneceram, apesar dos constantes apelos para a união do operariado. O Diretório da Luso-Guarany, por intermédio do seu segundo secretário, Ismael Ribeiro dos Santos[8], convocou artistas e operários para que se reunissem e discutissem a produção de uma Constituição que dirigisse "o mecanismo do mesmo partido". Tal convocação solicitava o comparecimento de todos e o "esquecimento completo de qualquer ressentimento, para que o mesmo partido [pudesse] unificar-se e fortalecer-se para o bem do proletariado" (*Diário da Bahia*, 18 out. 1890).

Não obstante tais disputas, as duas facções tinham o propósito comum de proteger e assegurar os direitos civis e políticos do operariado, abrindo espaços de discussão de questões que afetassem o interesse comum, a exemplo das eleições, demissões, custo de vida, falta de trabalho etc. As condições precárias de vida da população trabalhadora preocupavam toda a sociedade. Notícias sobre a grave situação do operariado eram frequentemente veiculadas pela imprensa local, as quais sempre geravam manifestações do Partido Operário. Foi o caso da dispensa de operários e empregados das oficinas da Companhia Bahiana, em Itapagipe, quando cerca de 130 homens ficaram, "inesperadamente", desempregados da noite para o dia, "sem a mais simples prevenção". Tal medida, segundo notícia veiculada, era "de gravidade a merecer censuras e a *inspirar receios*" (*Jornal de Notícias*, 11 maio 1891).[9] A alteração dos artigos 205 e 206 do novo Código Penal da República, publicado em dezembro de 1890, provocou um verdadeiro rebuliço entre os artistas e operários, pois, revelando-se arbitrária e antidemocrática, afetava diretamente os interesses dessas classes; a questão do trabalho e do trabalhador transformara-se, na infância da república, em caso de polícia. O Partido Operário, por sua vez, tratou imediatamente de discutir o assunto. Assim, iniciou-se um debate, provocado pelo Diretório da Luso-Guarany, que reuniu no Liceu de Artes e Ofícios, em sessão considerada "enormemente concorrida", as duas facções (*Jornal de Notícias*, 22 dez. 1890).[10]

O artista Argemiro de Leão, do grupo da Luso-Guarany, asseverou, em 1891, que as greves na Bahia estavam "tomando proporções gigantescas". Em artigo publicado, elaborou uma reflexão crítica sobre a situação do operário perante o enriquecimento do patrão, afirmando a necessidade da greve para reivindicar direitos como aumento de salário e limitação das horas de trabalho.

Estamos em ocasião em que muitos patrões querem sozinhos usufruir o trabalho do operário! Este jamais deve consentir.
Se o capital deve ser garantido, o trabalho deve ser recompensado.
Ordinariamente o patrão enriquece pelo trabalho do operário.
A greve tem dois fins: evitar a fome da família do operário e obrigar o patrão a ter consciência.
(*O Pequeno Jornal*, 24 mar. 1891)

A questão operária tomava conta da imprensa engajada, a qual convidava todos os trabalhadores a tomarem consciência do seu valor e da necessidade de lutarem pelos seus direitos, a exemplo do que ocorria na Europa. Houve, assim, a associação entre o Partido Operário e o socialismo, como alternativa política que poderia vencer a república. Permeado pelo idealismo, era um movimento que se adaptava à realidade brasileira e particularmente à baiana. Afinal, era recente a liberação da mão de obra, promovida pela extinção da escravidão, e processava-se a reorganização das novas relações de trabalho. Contudo, havia uma luta que demonstrava a insatisfação decorrente da exploração do capital em detrimento das condições de trabalho. O Brasil, recém-saído da escravidão, sobre a qual a cultura do trabalho se sustentara há três séculos, estava mergulhado nas mais profundas contradições sociais. Estas emergiram na cena política, social, econômica e cultural do país, propiciando a mobilização de agentes sociais em torno de interesses de classe, como os das classes trabalhadoras. A questão operária estava na pauta da imprensa, como tema que "preocupava" o mundo "civilizado". Apelava-se para que a referida questão fosse considerada por todas as classes sociais e pelo poder legislativo do estado e da União, sendo levada a sério e "encarada pelo lado político e mais ainda social" (*O Pequeno Jornal*, 16 maio 1892). Alertava-se sobre a falta de trabalho e de incentivo por parte do governo para que o operariado tivesse acesso aos recursos para a sua sobrevivência e a de sua família. Contestava-se a ideia de que o operário nacional não possuía habilitação, tendo em vista o fato de que as obras existentes na Bahia demonstravam a qualidade do trabalhador local. Em um tom preconceituoso e alarmante no que dizia respeito à grave situação do operário, o cenário descrito indicava o desânimo da indústria nacional, que trazia consequências drásticas para o operariado, já que a importação de produtos encarecia os gêneros e diminuía a chance de trabalho dos nacionais. Muitos operários estavam abandonando sua profissão em busca de alternativas para garantir a sobrevivência.

Na disputa por uma vaga na Constituinte Estadual (1891), o jogo político no interior do Partido Operário foi direcionado para o consenso em torno dos nomes dos candidatos potencialmente elegíveis – entre os quais Manuel Querino –, incluindo-se industriais entre as representações do partido. Vale destacar que a denominação de "industriais", a princípio, era dada àqueles que desenvolviam atividades restritas a pequenas oficinas, como os trabalhadores de marcenarias e empreiteiros de obras de construção civil.

Indicar candidatos apenas para o cargo de deputado constituiu uma estratégia que fortalecia e ampliava as possibilidades de elegibilidade, em um momento de reconhecimento das lideranças que disputariam a representação da classe no cenário parlamentar. Isso significou um avanço qualitativo quanto à organização, pois foram considerados critérios como a influência política e a qualificação profissional dos candidatos para aumentar a probabilidade de conquistar um lugar nas esferas de poder.

No entanto, mais uma vez a derrota foi anunciada (*Diário de Notícias*, 13 fev. 1891).[11] Aquelas eleições foram caracterizadas por fraudes que indignaram os candidatos derrotados, e as críticas à república permaneceram nas colunas dos jornais locais. Referiam-se, sobretudo, à decepção diante dos caminhos adotados pelos governantes, por contrariarem os princípios de democracia e igualdade de direitos, sendo que a monarquia foi tomada como parâmetro para a determinação do grau de insatisfação para com a república.

Manuel Querino e Domingos Silva foram militantes que estiveram empenhados em corrigir os caminhos de exclusão até então impostos à classe operária, ao povo negro, trabalhador e pobre. A participação de operários nesse processo de discussão das formas para que fossem contemplados social e politicamente no "banquete da civilização" ocorreu na periferia dos interesses das elites dominantes no cenário político. Houve uma escuta parcial, caracterizada pelo temor e pela necessidade de neutralizar um potencial perigo para as instituições vigentes. Sem poder calar esse grupo, que, embora desarticulado e inexperiente, contava com o oxigênio necessário para alimentar outras frentes de reivindicação e luta e reunir a maioria da população desempregada e faminta em torno de ideais socialistas, as elites dirigentes escutaram, acolheram, mas não atenderam as expectativas reinantes.

Esse grupo de artistas e operários mobilizados contribuiu para uma composição política de aparência democrática, ao tomar parte na construção da república. Legitimou o novo regime com a sua modesta participação, imprimindo ao Brasil o caráter de nação civilizada, como ocorria com as nações europeias. O ideal perseguido por Manuel Querino e seu grupo (de se tornarem independentes, desatrelados dos mandos dos antigos políticos) não incluía a revolução política, mas o acompanhamento da marcha dos acontecimentos, baseado na crença de que a evolução social culminaria numa alteração profunda das relações econômicas e de poder. O princípio adotado por esses artistas e operários tinha por base a defesa dos direitos por meio de leis protetoras. Desse modo, para defenderem os interesses da classe, de acordo com as regras das instituições republicanas, pleitearam a representação parlamentar.

É importante salientar o debate estabelecido entre as facções que sustentavam as mesmas bandeiras de luta, específicas da classe trabalhadora, as quais propugnavam melhores condições de vida, dignidade, respeito, prestígio social e político, liberdade de ação, educação, trabalho etc. Esse seria o caminho para a expressão das capacidades organizativas da classe, exercer pressão e desenvolver um aprendizado político capaz de ameaçar os interesses hegemônicos. Para as classes artísticas e operárias, isso era o que poderia ser feito naquele contexto, considerando-se os limites da sua participação no jogo político e o poder de opressão e violência exercido pelas forças políticas e policiais que conduziram a "consolidação" da república.

A derrota nas eleições para a Constituinte Estadual foi sucedida pela nomeação, em 1891, de Elisiário da Cruz e Manuel Querino para o Conselho Municipal, onde permaneceram até o ano seguinte. Para Querino (1913), esse ato não se traduziu efetivamente em vitória do operário, pois os nomes foram simplesmente "lembrados" por "políticos satisfeitos diante de mais esse fracasso" (p. 173).

A partir de então, as notícias sobre o Partido Operário desapareceram da imprensa local. Provavelmente, o partido se desarticulara em função da integração de Elisiário da Cruz e Manuel Querino ao Conselho Municipal.[12] Foram escolhidos representantes dos dois grupos rivais – do Partido Operário e da União Operária. Isso propiciou às elites políticas um maior prestígio perante as classes artística e operária. A ideia foi integrar duas lideranças que, de uma forma ou de outra, anunciavam a presença política ativa da classe operária na conjuntura da implantação do novo regime e indicavam possíveis ameaças à ordem, dados os acontecimentos observados na "Europa civilizada".

No Conselho Municipal, Manuel Querino garantiu a interlocução com as agremiações operárias do Rio de Janeiro, o que lhe propiciou "conhecer de perto o movimento, no país, em relação à classe" (Querino, 1913, p. 174). Por ocasião da preparação do Primeiro Congresso Operário Nacional (1892), o presidente do Partido Operário do Brasil, Luiz da França e Silva, convidou-o, e a todos os operários baianos, a fazer parte do referido congresso.

O envolvimento de Manuel Querino no Primeiro Congresso Operário Nacional, que se organizava na cidade do Rio de Janeiro e contaria com a participação do Centro Operário Radical, Centro do Partido Operário e Partido Operário Socialista daquele estado, revelou a sua capacidade de articulação, usada para enviar representações baianas para que se incluíssem nas discussões e encaminhamentos de questões de interesse da classe. O congresso seria iniciado em 1º de agosto de 1892, e a Bahia preparava-se para enviar propostas.

Em uma das muitas reuniões convocadas por Querino para a articulação do operariado e escolha do representante baiano no congresso, foram considerados os nomes de

Argemiro de Leão e Cândido Brizindor. Na ocasião, Prediliano Pitta apresentou reivindicações preliminares a serem discutidas no referido congresso, entre elas: jornada de trabalho de oito horas diárias; criação de bancos com ações de pequeno valor, para que os operários pudessem ser acionistas; criação de um jornal operário de propaganda em cada estado, a fim de conscientizar os operários quanto a seus direitos; criação de escolas profissionalizantes em todas as cidades, quer pelo governo, quer por iniciativa particular, a fim de serem aperfeiçoados os produtos locais. Por fim, duas propostas foram incluídas: uma de Guilherme Conceição, que pleiteava a criação de uma caixa de socorros mútuos, para auxiliar os operários que se tornassem inválidos; e outra de Manuel Querino, que pedia "neutralidade completa em tudo que [pudesse] afetar responsabilidade política" (*Diário de Bahia*, 17 jul. 1892). Considerando-se que a força policial era a lei aplicada ao operariado, as reivindicações faziam sentido.

O Congresso Operário instalara-se em 1º de agosto e dissolvera-se em 5 de setembro de 1892. Segundo Querino, que acompanhara o seu desenvolvimento a distância, as sessões foram animadíssimas e as edições dos jornais que se incumbiram de noticiar todos os debates esgotaram-se rapidamente. A imprensa carioca informou a população sobre a abertura das sessões, indicando local e horário e convidando para o evento "todo e qualquer cidadão amigo da ordem" (*O Tempo*, 1º ago. 1892). A deliberação sobre o feriado de 1º de maio, o Dia do Trabalho, constituiu-se na mais importante, enquanto as demais questões foram consideradas insubsistentes (Querino, 1913, p. 176). O operariado do Rio de Janeiro, considerado por Querino (1913) "mais amigo dos cafés e mais afeiçoado às modas do que sociável, pouca importância ligou aos interesses vitais da coletividade; pois ganhando na razão do esforço produzido, satisfeitas suas necessidades, tudo o mais corre bem" (p. 176).

Mobilizado em prol da defesa dos direitos do operariado, Querino continuava a interferir na determinação dos caminhos a serem trilhados pela classe. Entre 1893 e 1897, continuou se movimentando em busca, além da sobrevivência, de articulações políticas no meio operário. Estimulou a vinculação dos variados espaços de sociabilidade, em especial aqueles de características populares, religiosas e etnorraciais, remanescentes do mutualismo imperial, a exemplo da Sociedade Protetora dos Desvalidos. Especificamente no ano de 1894, envolveu-se de forma direta em várias associações.[13] Possivelmente, assim adquiriu certo prestígio perante os artistas e operários, aglutinando em torno de si aliados que o apoiariam em seu projeto de ascensão política nos quadros da municipalidade. O mecanismo descrito, relacionado a fatores de ordem política e social, proporcionou o aumento de adesões aos seus planos, garantindo, em 1897, sua recondução, por eleição, ao Conselho Municipal. Querino concorreu à eleição pelo Partido Republicano Constitucional, que agrupava os "gonçalvistas" na disputa contra os governos Prudente de Morais, no plano federal, e Luiz Vianna, no plano estadual. Assumiu o Conselho em 1897, lá permanecendo até 1899.

A sua atuação como conselheiro esteve vinculada, sobretudo, à regulação do uso do solo e ao ordenamento e saneamento da cidade, integrando as comissões de Obras, Indústrias e Profissões e de Alinhamento e Nivelamento, em busca da melhoria das condições urbanas. Entre os anos de 1898 e 1899, desempenhou a função de segundo secretário da Mesa, intensificando a fiscalização na cidade, sobretudo em relação ao asseio. Foi persistente nas reivindicações relativas ao restabelecimento e criação de cadeiras públicas de ensino, bem como ao pagamento de professores. Procurou organizar o quadro do funcionalismo público municipal, além de regular tarifas de transporte e os preços referentes ao fornecimento de água e aos gêneros de primeira necessidade, com o intuito de beneficiar a classe trabalhadora. Em 1899, concorreu nas eleições municipais de outubro, mas não conseguiu ser reeleito. Nesse período, Severino Vieira ascendeu ao governo do estado (mais precisamente em 28 de maio de 1900), fato que marcou a institucionalização da política dos governadores na Bahia, montada, em nível federal, por Campos Salles (1898-1902). A partir de então, Querino troca a militância partidária pela "militância intelectual" e passa a dedicar-se ao magistério e à produção de conhecimento, escrevendo importante obra sobre a história da Bahia, dos trabalhadores e dos negros, africanos e descendentes.

Apesar de todos os limites impostos à mobilização desses artistas e operários, negros e mestiços, foram eles os responsáveis por, corajosamente, impulsionar a jovem república na direção de uma nova composição social e política. Esses indivíduos participaram dos debates que lhes interessavam, lutaram pela inclusão política, social e econômica, não obstante os sucessivos entraves, e garantiram visibilidade nos diferentes espaços de sociabilidade da Bahia e do Brasil. Embora incipiente e minoritária, a participação política do operariado nacional, em particular do baiano, no final do século XIX e princípio do XX deve ser considerada como um dos primeiros passos dados no sentido da inserção nos cenários partidário e parlamentar. E essa participação dependeu da experiência acumulada com os processos de desorganização das estruturas monárquicas, baseadas no trabalho escravo, e de reordenamento das estruturas sociopolíticas e econômicas, com a instauração do regime republicano e do trabalho livre.

Reflexões de um intelectual engajado

O exercício político nos espaços associativos, partidários e parlamentares, somado à formação acadêmica, ajudou Querino a desenvolver uma análise crítica sobre a derrota da classe operária, as condições de vida e de trabalho do povo e a política de exclusão que associava preconceitos de classe e de raça no período de consolidação da república. Os processos subsequentes à institucionalização do trabalho livre e à organização do novo regime demonstraram que as suas teorias tinham fundamento, pois o destino da classe operária e do povo em geral não fora alterado. Pelo contrário: a situação de penúria já existente no Império fora agravada.

Apesar das expectativas positivas associadas ao novo regime – igualdade, democracia, soluções sociais especialmente para as camadas trabalhadoras –, Querino ressaltou o oposto. Não poupou críticas ao analisar os desdobramentos da mudança, baseada em promessas que propiciaram a criação de novas ilusões por parte das classes artísticas e operárias, as quais

> esperavam, do desdobrar dos fatos, a difusão do ensino profissional, a melhoria do salário e tudo mais que lhes fosse proveitoso.
>
> [...] à proporção que o atordoamento ia sendo dissipado, e que as ambições tomavam corpo, a fidalguia preguiçosa que tem por divisa o apego do ouro sem amor ao trabalho, em constante desacordo com são Jerônimo quando diz: "Trabalhai sempre em alguma coisa, para que o diabo vos encontre ocupados", começou por impedir-lhe os passos, embaraçando-lhe a realização, em parte, de suas mais legítimas aspirações. (Querino, 1913, p. 163)

O 13 de maio rompera o equilíbrio político que havia mantido os escravos – considerados bárbaros – longe das elites personificadas nos senhores. A abolição suscitou nas autoridades e elites proprietárias o temor de turbulências sociais. Esbarrou-se, então, nas formas legalistas do liberalismo quanto ao nivelamento jurídico entre senhores e escravos. Os negros tornaram-se livres, mas não iguais. A república veio reafirmar o descompasso entre brancos e negros que caracterizou a época anterior, respaldada na monarquia e na escravidão. Tornou-se imperativa a criação de mecanismos diferenciadores que mantivessem cada um em seu devido lugar social. Medidas repressivas foram imediatamente adotadas. A preocupação com criminosos urbanos se tornou a tônica do rearranjo social no pós-abolição, em detrimento da criação de políticas públicas com o objetivo de solucionar os problemas sociais advindos da abolição. A força policial foi ampliada e as perseguições aos pobres, ao negro indigente, além da repressão de manifestações culturais populares e africanas, passaram a fazer parte do cotidiano da civilização soteropolitana. A lógica interpretativa das diferenças raciais surgiu para afastar a ameaça de perda da posição hegemônica das elites tradicionais, bem como frear uma iminente supremacia da raça negra. O jogo da capoeira, os batuques nos terreiros de candomblé, as organizações carnavalescas, entre outras expressões do modo de vida popular e africano, foram sistematicamente coibidos. A saída encontrada foi civilizar o país pelo branqueamento.

Nesse ambiente tenso, Querino estudou e analisou, por meio de uma abordagem política, a arte, o trabalho, a educação e os costumes do povo no âmbito da "civilização demolidora", considerando o jogo que se estabeleceu entre o esquecimento e a negação das tradições colonial e imperial, além daquelas de matriz africana. Concentrou-se na categoria socioeconômica e cultural composta de indivíduos das classes populares (na maioria africanos e descendentes), ou seja, de trabalhadores, artistas, operários.

Da ótica do intelectual empobrecido, do político retirado das esferas de poder, do artista preocupado com o destino das artes, do professor dedicado ao ensino do desenho para as classes populares, do funcionário público que com muito custo trocou o cargo de auxiliar de desenhista pelo de terceiro oficial, com seus pedidos de promoção sendo frequentemente rejeitados, enfim, do negro que viveu experiências de exclusão pelo fato de a cor da sua pele atestar a sua ascendência africana, Querino registrou as suas inquietações e se realizou na obra que criou. Com a prática restritiva quanto à participação do operariado crítico, dos negros e dos mestiços de diversos matizes nos espaços de decisão, esbarrou no edifício social que engrossava suas paredes com a argamassa do preconceito social e de raça.

Estudando a história social e as manifestações culturais do africano e seus descendentes, procurou inseri-las em uma análise mais ampla, envolvendo os destinos políticos e sociais prescritos pelas elites "brancas" no pós-abolição e na República. O destaque das realizações do povo trabalhador na área das artes e ofícios foi recorrente em sua obra. Vale salientar que o ideal de civilização demandava modificações no mundo do trabalho. O período foi marcado pela tentativa de organizar os espaços da cidade pela delimitação e pelo disciplinamento da atuação de ambulantes, feirantes e prestadores de serviços de transporte, por exemplo. Nessa mesma época, nas obras de construção civil, os antigos mestres de obras foram substituídos pelos engenheiros e arquitetos. Ou seja, as alterações no mundo do trabalho levaram ao desaparecimento dos antigos artífices, artesãos, artistas da cena produtiva, que deram lugar a operários desqualificados e desprovidos de saber e ferramentas. Estes foram substituídos por técnicos respaldados na ciência e transformados velozmente em proletários empobrecidos e excluídos do circuito produtivo.

> No regime republicano, divorciado o poder público do elemento popular, tem-se refletido nas artes o lamentável choque do desprezo. Como que assistimos ao espetáculo desdenhoso em que o mando desorientado das conveniências pessoais desalojou o acendrado patriotismo de outras eras. Ninguém adquire um quadro; não se encomenda uma obra de escultura; o entalhador circunscreve-se a ligeiros trabalhos de marcenaria.
>
> [...]

Com o fechamento dos arsenais, os menores aprendizes, os futuros operários, foram abandonados à prática do vício; longe de ser uma medida econômica, tornou-se a sórdida conveniência especuladora de uns tantos laboriosos e diligentes, aos quais foi entregue todo o trabalho do Exército e Armada, para que a firma comercial do Rio de Janeiro, "Lage & Companhia", explorasse com a ganância da época o que deveria ser distribuído por muitos, e por preço módico. É por esse processo que a perversidade se ostenta e zomba dos infelizes heróis do trabalho, entregando ao abandono verdadeiras vocações artísticas. Sem o favor oficial ou sem o poderoso auxílio da munificência particular, será difícil, se não impossível, ao artista obscuro e pobre honrar a pátria. (Querino, 1909, p. 7-8)

Ao tratar da cultura africana, Querino buscou legitimar uma genética que estava sendo rejeitada pelo projeto civilizador, no qual a questão racial foi abordada pela lógica da negação. Apresentou, assim, a condição social do negro e do pobre no contexto da ideologia do branqueamento e saneamento social, identificando os caminhos e descaminhos trilhados pelas massas de recém-libertos e trabalhadores em meio às mudanças políticas, sociais, culturais e econômicas instituídas. Nesse sentido, expressou a sua inquietação ao considerar que "entre nós, o elemento português fez do africano, e sua descendência, a máquina inconsciente do trabalho, um instrumento de produção, sem retribuir-lhe o esforço, antes torturando-o com toda a sorte de vexames" (Querino, 1988a, p. 23).

Querino inaugurou o debate racial incluindo a afirmação da participação ativa do africano e de seus descendentes, já que, até então, tal debate limitava-se à reprodução das teses do racismo científico. Analisou essas teses e demonstrou a sua fragilidade e incoerência, bem como o seu conteúdo ideológico, expresso pela tentativa de justificar a situação de pobreza e exclusão dos negros. Protestou contra a tese da inferioridade do negro, produzindo uma obra engajada. Ressaltou, dessa forma, valores, força, crenças, sonhos, expressos pela capacidade de trabalho, pela obstinação nos combates pela liberdade, pela preservação de valores originais que o cativeiro não chegara a destruir, passando a colher informações preciosas

> de velhos e respeitáveis e que nô-la [sic] deram sem reservas nem subterfúgios, porque em *nós* estas pessoas não viam mais do que *um amigo de sua raça*, ou quem, com sincera simpatia, sempre respeitou e soube fazer justiça à gente que o cativeiro aviltou, insultou e perseguiu, mas que não logrou jamais alterar-lhe as qualidades inatas, afetivas. (Querino, 1988a, p. 22-3)[14]

A trajetória percorrida pelo africano na saga da escravidão deixou evidências históricas inquestionáveis quanto à sua participação em um processo cultural que deu origem ao povo brasileiro. Apesar disso, a possibilidade de extinção da raça africana no Brasil tornava-se, com o passar dos anos, cada vez mais real. Diante dessa situação, Querino (1988b) afirmou que "a extinguir-se deixará imorredouras provas do seu valor incontestável que a justiça da história há de respeitar e bendizer, pelos inestimáveis serviços que nos prestou, no período de mais de três séculos" (p. 123).

O Brasil havia se constituído pelo "convívio e colaboração das raças", o que, para Querino, redundara na composição de uma população mestiça, de todos os matizes. Ele exaltou o papel dos mestiços ou mulatos, originários do cruzamento do europeu com o africano, que resultara na "plêiade ilustre de homens de talento que, no geral, representaram o que há de mais seleto nas afirmações do saber, verdadeiras glórias da nação" (Querino, 1988b, p. 123). Após essa constatação, Querino relacionou a trajetória do africano com a sua própria existência, definindo a sua vida na qualidade de descendente como uma síntese do que havia sido a vida do africano.

Graças à colaboração do braço e do talento negro, o Brasil se tornara próspero, "independente, nação culta, poderosa entre os povos civilizados" (Querino, 1988b, p. 122).[15] Após tão significativa contribuição, competia-lhe, "portanto, um lugar de destaque, como fator da civilização brasileira" (p. 122).

Querino analisou as dimensões sociais e políticas do tratamento reservado ao povo trabalhador, ao negro, ao pobre, um tratamento desdenhoso e violento. Afirmou, por intermédio dos seus escritos, que a sociedade brasileira era composta de elementos africanos e que seus costumes faziam parte do comportamento do brasileiro.

> Incontestavelmente, o feiticismo africano exerceu notória influência em nossos costumes; e nos daremos por bem pagos se o reduzido material que reunimos puder contribuir para o estudo da psicose nacional do indivíduo e na sociedade. E, aproveitando o ensejo, deixamos aqui consignado o nosso protesto contra o modo desdenhoso e injusto por que se procura deprimir o africano, acoimando-o constantemente de boçal e rude, como qualidade congênita e não simples condição circunstancial, comum, aliás, a todas as raças não evoluídas. (Querino, 1988a, p. 22-3)

Apesar das lutas culturais, políticas e sociais travadas contra o modo de viver africano, este já havia sido integrado ao cotidiano brasileiro.

> Muitos dos costumes que ora passamos a narrar deitaram raízes profundas no nosso meio; outros desapareceram por incompatíveis com o cristianismo dominante; outros modificaram-se tanto e se infiltraram tão sutilmente através da massa cosmopolita das nossas populações que muito dificilmente se lhes reconhecem traços na vida da nossa sociedade atual. (Querino, 1988a, p. 24)

Ao identificar o africano como fator de colonização e de civilização, Querino desconstruiu a tese de sua incapacidade cultural e intelectiva e demonstrou sua presença e importância na formação da civilização brasileira. Afirmou terem sido a sua cultura e força de trabalho elementos fundamentais no processo de colonização luso-europeu, e que sua presença trouxe consequências positivas em relação à constituição do país. Considerou a colonização em seu sentido amplo, atribuindo às contribuições portuguesas e africanas o mesmo valor. Entretanto, por entender que as africanas preponderaram na formação social brasileira, descreveu-as como aquelas que verdadeiramente produziram a riqueza da nação.

> Trabalhador, econômico e previdente, como era o africano escravo, qualidade que o descendente nem sempre conservou, não admitia a prole sem ocupação lícita e, sempre que lhe foi permitido, não deixou jamais de dar a filhos e netos uma profissão qualquer. Foi o trabalho do negro que aqui sustentou por séculos e sem desfalecimento a nobreza e a prosperidade do Brasil; foi com o produto do seu trabalho que tivemos as instituições científicas, letras, artes, comércio, indústria etc., competindo-lhe, portanto, um lugar de destaque, como fator da civilização brasileira. (Querino, 1988b, p. 122)

Querino procurou valorizar a cultura africana ao incluí-la no processo de desenvolvimento da identidade brasileira, destacando a participação intensa do africano na vida brasileira por intermédio de sua sabedoria. Rejeitou, assim, o preconceito e a discriminação em relação à sua cultura, incluindo os modos de se relacionar com o outro, de se manifestar com o corpo, os gestos, as crenças.

A nação republicana passava por um processo de crise identitária. Com os negros circulando livremente pelos diversos espaços, como testemunhas da escravidão, descendentes diretos ou indiretos de africanos e representantes de parcela substancial da população, não se sabia exatamente como refazer o edifício social. Suas tradições mesclavam-se ao projeto civilizador, no emaranhado de ruas estreitas, sujas, coloniais, enquanto floresciam com uma vitalidade própria nos arrabaldes da cidade. Contudo, procurava-se negar o que era efetivamente brasileiro e baiano em particular. Negar a significativa contribuição africana e afirmar a inferioridade do negro, com base em sua condição precedente de escravo e de instrumento de trabalho. Ao mesmo tempo, ocorria a afirmação dos valores europeus, considerados superiores porque de brancos.

Os diversos mecanismos de exclusão do negro, africano e afrodescendente, foram aplicados nas dimensões materiais e simbólicas. Barreiras foram erguidas à sua inserção no mercado de trabalho, o que acabou levando à importação de trabalhadores europeus. Por isso, as questões da mão de obra e do perfil racial brasileiro estavam intimamente ligadas. A suposta falta de competência, de habilidade e de talento por parte do negro era justificada pela condição de "semibárbaro" e "primitivo" a ele atribuída. Era considerado indolente e incapaz de "civilizar-se". Tal argumento fortalecia a tese do branqueamento, que, baseada na imagem do negro atrasado e antissocial, provocou cenas de violência protagonizadas pelas forças policiais e incentivou a elite a trabalhar por um Brasil mais branco.

Querino (1916) procurou demonstrar o oposto:

> O africano desempenhou, entre nós, o papel de burro de carga, de mau tratamento. Era pau para toda obra; no serviço doméstico, na lavoura, nas artes mecânicas, principalmente nas de construções; nas artes liberais, como auxiliar, sem brilho, é verdade, mas com esforço profícuo.
> Aplicava sanguessugas, sangrava, tirava ventosas, cortava o cabelo, fazia barba, remava saveiro, acendia o lampião, era magarefe e açougueiro, tirava dentes, carregava cadeirinha de arruar, tudo em proveito do senhor, enquanto não adquiria liberdade.
> Não tinha tempo a perder; nas horas vagas, estudava música de oitiva, constituindo os chamados *ternos de barbeiros*. Apesar disso, sobrava tempo para os levantes, que tanto deram que fazer às autoridades da época. (p. 132-3)

Referindo-se ao grande esforço despendido pelos africanos no processo de construção da nacionalidade brasileira, especialmente aquele referente ao trabalho árduo desenvolvido sob o jugo da escravidão, Querino ressaltou ter sido essa circunstância a responsável por inviabilizar a demonstração de talentos nas mais diversas direções profissionais. Indignado com o "modo desdenhoso e injusto" com que o africano foi tratado, sendo sempre acoimado de "boçal e rude", apesar de sua luta pela conquista da liberdade e de tudo que havia realizado em benefício do país e dos colonizadores portugueses, Querino asseverou: "[...] somente a falta de instrução destruiu o valor do africano. Apesar disso, a observação há demonstrado que *entre nós* os descendentes da raça negra têm ocupado posições de alto relevo, em todos os ramos do saber humano, reafirmando a sua honorabilidade individual na observância das mais acrisoladas virtudes" (Querino, 1988a, p. 23).[16]

O estudioso do povo baiano, dos artistas, trabalhadores, africanos e descendentes, saiu vitorioso das lutas que empreendeu ao longo da vida. Fez-se escutar. Contou a sua história. Conseguiu, simultaneamente, sair do anonimato e retirar da obscuridade africanos, negros e mestiços brasileiros. Passou a integrar a galeria dos estudiosos baianos que levantaram a bandeira da participação ativa de africanos e descendentes na construção do Brasil. A sua causa foi eternizada em seus escritos, considerados fonte de inspiração. E a memória se tornou sua principal arma de resistência, dando continuidade à batalha pela afirmação histórica do povo socialmente excluído, porém essencial para a composição social, política, cultural e econômica do Brasil.

Notas

1. Quando ocorre o falecimento de Manuel Querino (14 de fevereiro de 1923).
2. Apresentamos aqui a relação dos textos publicados por Manuel Querino. Livros: *Desenho linear das classes elementares*, 1903; *Artistas baianos: indicações biográficas*, 1909 (2. ed. 1911); *As artes na Bahia (escorço de uma contribuição histórica)*, 1909 (2. ed. 1913); *Elementos de desenho geométrico: compreendendo noções de perspectiva linear, teoria da sombra e da luz, projeções e arquitetura*, 1911; *Bailes pastoris*, 1914; *A Bahia de outrora: vultos e fatos populares*, 1916 (2. ed. 1922; 3. ed. 1946; 4. ed. 1954); *A raça africana e os seus costumes na Bahia*, 1916 (2. ed. 1917; 3. ed. 1955); *O colono preto como fator de civilização brasileira*, 1918 (2. ed. 1954, com o título *O africano como colonizador*); *A arte culinária na Bahia*, 1928 (2. ed. 1951); *Costumes africanos no Brasil*, 1938 (coletânea com quatro trabalhos; 2. ed. 1988). Artigos: "Os artistas baianos: indicações biográficas", 1905; "Contribuição para a história das artes na Bahia: José Joaquim da Rocha", 1908; "Teatros da Bahia", 1909; "Contribuição para a história das artes na Bahia: notícia biográfica de Manuel Pessoa da Silva", 1910; "Contribuição para a história das artes na Bahia: os quadros da Catedral", 1910; "A Bahia e a Campanha do Paraguai", 1913; "As cavalhadas", 1913; "Episódio da Independência I", 1913; "A litografia e a gravura", 1914; "Primórdios da Independência", 1916; "Candomblé de caboclo (ligeiras notas a propósito de uma oferta feita ao Instituto pelo coronel Arthur Athayde de objetos pertencentes a um famoso candomblé de caboclo da cidade do Salvador)", maio de 1919; "Notícia histórica sobre o 2 de julho de 1823 e sua comemoração na Bahia", 1923; "Os homens de cor preta na história", 1923; "Um baiano ilustre: Veiga Murici", 1923.
3. Segundo J. Teixeira Barros, em *A Bahia de outrora* (1916), Querino colaborou na *Gazeta da Tarde*, jornal abolicionista, escrevendo sobre a libertação dos escravos.
4. A Liga Operária Bahiana, fundada em 12 de março de 1876 e extinta por volta de 1880, foi criada no contexto dos movimentos trabalhista e mutualista, vinculados às formas de organização operária iniciadas na Europa industrial de apelo socialista. No Brasil, a primeira liga operária foi fundada no Rio de Janeiro, em 1871, e transformada em sociedade mutualista em 1878.
5. Querino, 1913, p. 162. Foram signatários do manifesto: Joaquim Cassiano Hypolito, Pamphilo Manuel da Santa Cruz, Lycurgo Leônidas Martins Moscoso, Luiz Alves Pereira, Elpidio Maria de Castro, Manuel Raymundo Querino, João José Duarte, Lazaro Antonio de Jesus, Manoel Hilário de Carvalho, João das Neves do Nascimento, Theodoro Monge, Manoel dos Passos e Cornélio Cypriano Moreira.
6. Estiveram presentes 56 artistas e operários, dentre os quais: Elisiário da Cruz (alfaiate), José Maria de Souza (carapina), José Maria Leal (maquinista), Francisco Pedro do Bonfim (ferreiro), Honorato Martins de Oliveira (funileiro), Julio Leiva, Manuel Querino (desenhista), Thomaz Pereira Palma (marmorista), Irenio Baptista dos Reis Lessa (maquinista), Pamphilo da Santa Cruz (jornalista), Edistio Martins, Prediliano Pitta e Domingos Silva (pedreiro).
7. Cf. *O Pequeno Jornal*, 17 e 18 set. 1890; *Diário da Bahia*, 18 set. 1890. Segundo os boletins eleitorais levantados, o mais votado, Cezar Zama, recebeu 1.439 votos, enquanto Manuel Querino obteve o equivalente a cerca de 10% daqueles votos, 147.
8. Ismael Ribeiro dos Santos foi um político que atuou no Partido Operário, transformado depois no Centro Operário da Bahia, como vice-presidente. Também foi conselheiro municipal. Escreveu *A voz do operário falando a verdade* (Bahia, 1930), em que narrou a sua trajetória no Centro Operário da Bahia desde a sua criação, destacando a sua participação como representante do Centro na Exposição Nacional de 1908.

9. Grifo meu.
10. O Liceu de Artes e Ofícios, por possuir um salão amplo, era frequentemente utilizado pelo Partido Operário para a realização de grandes reuniões. Além disso, era tido como um espaço de neutralidade, podendo abrigar as duas facções. A sessão foi presidida pelo presidente do Partido Operário da Luso-Guarany, capitão José Políbio da Rocha; foram discutidas as questões relativas ao Código Penal que desagradavam ao operariado. Dentre os operários e artistas presentes destacaram-se Argemiro de Leão (tipógrafo), Prediliano Pitta, Roque de Araújo, Antônio Celso Leitão e Domingos Silva, pelos discursos pronunciados contra as alterações no Código. Também esteve presente a imprensa, a qual se solidarizou com o Partido Operário, a exemplo do *Diário de Notícias*, representado por Raimundo Bizarria.
11. O resultado das eleições para deputado estadual, publicado no *Diário da Bahia*, mostrou o seguinte: os três mais votados foram Satyro Dias (9.112 votos), Pedro Vergne (8.660 votos) e Reis Magalhães (8.348 votos). De acordo com essa lista, Neiva teve 6.464 votos (32º lugar), Castro Rebello 5.379 (43º lugar) e Oliveira Campos 5.367 votos (44º lugar). Quanto à chapa dos artistas, diferentemente do informado por *O Pequeno Jornal*, a votação ficou assim: Victorino Júnior com 7.375 votos (12º lugar) e Manuel Querino com 458 (83º lugar). Cabe observar que o professor Antônio Bahia ficou no 26º lugar, com 6.638 votos. O *Diário da Bahia* de 21 de fevereiro de 1891 divulgou a apuração dos votos para a Constituinte Estadual, com a eleição de 42 deputados e 21 senadores. Da chapa artística, apenas o capitão Victorino José Pereira Júnior, com 1.557 votos (60º lugar), e Manuel Raymundo Querino, com 547 votos (cerca de 14% do número atingido pelo mais votado), no 85º lugar, foram identificados entre os mais votados. O mais votado para deputado foi o doutor Joaquim Macedo de Castro Rebello, com 4 mil votos, seguido pelo comendador João Augusto Neiva (3.995 votos) e pelo doutor José de Oliveira Campos (3.883 votos). Observe-se que o professor Antônio Bahia da Silva Araújo ficou no 42º lugar, com 2.134 votos.
12. Em 1893, a Comissão Central do Partido Operário convida artistas e operários para uma reunião no Liceu de Artes e Ofícios, a fim de discutirem o Projeto 65, que tramitava na Câmara dos Deputados e prejudicava trabalhadores e familiares. A reunião foi presidida por Domingos Silva. Cf. *Jornal de Notícias*, 26 e 31 maio 1893; 3 jun. 1893. Em 1894, Domingos Silva fundou o Centro Operário, onde atuou junto aos governantes, conforme o jogo da política oligárquica que se estabeleceu nos âmbitos nacional e regional.
13. Em 1894, participou da fundação do Instituto Geográfico e Histórico da Bahia, do qual foi sócio fundador e, depois, honorário.
14. Grifos meus.
15. O texto do qual foi extraída a citação, "O colono preto como fator de civilização brasileira", foi publicado pela primeira vez em 1918 e apresentado no 6º Congresso Brasileiro de Geografia, ocorrido em Belo Horizonte, em 1919.
16. Grifo meu.

Referências bibliográficas

ABENDROTH, Wolfgang. *A história social do movimento trabalhista europeu*. Rio de Janeiro: Paz e Terra, 1977.

AZEVEDO, Célia Maria Marinho de. *Onda negra, medo branco: o negro no imaginário das elites – século XIX*. Rio de Janeiro: Paz e Terra, 1987.

BRAGA, Julio Santana. *Sociedade Protetora dos Desvalidos: uma irmandade de cor*. Salvador: Ianamá, 1987.

BRETAS, Marcos Luiz. *Ordem na cidade: o exercício cotidiano da autoridade policial no Rio de Janeiro – 1907-1930*. Rio de Janeiro: Rocco, 1997.

CHACON, Vamirech. *História dos partidos brasileiros: discurso e práxis dos seus programas*. 3. ed. Brasília: Editora Universidade de Brasília, 1998.

CORRÊA, Mariza. *As ilusões da liberdade: a escola de Nina Rodrigues e a antropologia no Brasil*. Bragança Paulista: Edusf, 1998.

COSTA, Iraneidson Santos. *A Bahia já deu régua e compasso: o saber médico-legal e a questão racial na Bahia, 1890-1940*. 1997. Dissertação (Mestrado em História) – Faculdade de Filosofia e Ciências Humanas, Universidade Federal da Bahia, Salvador, Bahia.

Costa e Silva, Maria Conceição Barbosa da. *O Montepio dos Artistas: elo dos trabalhadores em Salvador*. Salvador: Secretaria da Cultura e Turismo do Estado da Bahia/ Fundação Cultural/ Empresa Gráfica da Bahia, 1998.

Ferreira, Ricardo Franklin. *Afrodescendente: identidade em construção*. São Paulo/ Rio de Janeiro: Educ/ Pallas, 2000.

Fontes, José Raimundo. *Manifestações operárias na Bahia: o movimento grevista (1888-1930)*. 1982. Dissertação (Mestrado em Ciências Sociais) – Faculdade de Filosofia e Ciências Humanas, Universidade Federal da Bahia, Salvador, Bahia.

Graham, Richard. *Clientelismo e política no Brasil do século XIX*. Rio de Janeiro: Editora UFRJ, 1997.

Hardman, Francisco Foot; Leonardi, Victor. *História da indústria e do trabalho no Brasil (das origens aos anos 20)*. 2. ed. São Paulo: Ática, 1991.

Leal, Maria das Graças de Andrade. *A arte de ter um ofício: Liceu de Artes e Ofícios da Bahia (1872-1996)*. Salvador: Fundação Odebrecht/ Liceu de Artes e Ofícios da Bahia, 1996.

_____. *Manuel Querino: entre letras e lutas – Bahia (1851-1923)*. 2004. Tese (Doutorado em História Social) – Faculdade de Ciências Sociais, Pontifícia Universidade Católica de São Paulo, São Paulo.

Leite, Rinaldo César Nascimento. *E a Bahia civiliza-se... Ideais de civilização e cenas de anticivilidade em um contexto de modernização urbana: Salvador – 1912-1916*. 1996. Dissertação (Mestrado em História) – Faculdade de Filosofia e Ciências Humanas, Universidade Federal da Bahia, Salvador, Bahia.

Machado, Maria Helena. *O plano e o pânico: os movimentos sociais na década da abolição*. Rio de Janeiro/ São Paulo: Editora UFRJ/ Edusp, 1994.

Needell, Jeffrey. *Belle époque tropical: sociedade e cultura de elite no Rio de Janeiro na virada do século*. São Paulo: Companhia das Letras, 1993.

Porto, Walter Costa. *O voto no Brasil: da colônia à 6ª República*. 2. ed. Rio de Janeiro: TopBooks, 2002.

Querino, Manuel. *A Bahia de outrora: vultos e fatos populares*. Salvador: Livraria Econômica, 1916.

_____. "A raça africana e seus costumes na Bahia". In: _____. *Costumes africanos no Brasil*. 2. ed. ampliada e comentada. Recife: Massangana/ Fundação Joaquim Nabuco, 1988a, p. 22-3.

_____. *Artistas baianos: indicações biográficas*. 2. ed. melhorada, cuidadosamente revista. Salvador: Oficina da Empresa "A Bahia", 1911.

_____. *As artes na Bahia (escorço de uma contribuição histórica)*. Bahia: Tipografia e Encadernação do Liceu de Artes e Ofícios, 1909.

_____. *As artes na Bahia (escorço de uma contribuição histórica)*. 2. ed. melhorada. Salvador: Oficinas do *Diário da Bahia*, 1913.

_____. "O colono preto como fator de civilização brasileira". In: _____ *Costumes africanos no Brasil*. 2. ed. ampliada e comentada. Recife: Massangana/ Fundação Joaquim Nabuco, 1988b.

Salles, Iraci Galvão. *República: a civilização dos excluídos (representações do "trabalhador nacional" – 1870-1919)*. 1995. Tese (Doutorado em História) – Faculdade de Filosofia, Letras e Ciências Humanas, Universidade de São Paulo, São Paulo.

Sampaio, Consuelo Novais. *Os partidos políticos da Bahia na Primeira República: uma política de acomodação*. Salvador: Centro Editorial e Didático da UFBA, 1978.

Santos, Mário Augusto da Silva. *Sobrevivência e tensões sociais: Salvador – 1890-1930*. 1982. Tese (Doutorado em História) – Faculdade de Filosofia, Letras e Ciências Humanas, Universidade de São Paulo, São Paulo.

Schwarcz, Lília Moritz. *O espetáculo das raças: cientistas, instituições e questão racial no Brasil – 1870-1930*. São Paulo: Companhia das Letras, 1993.

Skidmore, Thomas E. *Preto no branco: raça e nacionalidade no pensamento brasileiro*. 2. ed. Rio de Janeiro: Paz e Terra, 1976.

Zagury, Eliane. *A escrita do eu*. Rio de Janeiro: Civilização Brasileira, 1982.

4 AURÉLIO VIRÍSSIMO DE BITTENCOURT: BUROCRACIA, POLÍTICA E DEVOÇÃO[1]

Paulo Roberto Staudt Moreira

Os principais jornais de Porto Alegre estamparam, em 1º de outubro de 1949, notícias sobre a comemoração do centenário do nascimento de um ilustre indivíduo. Foram rezadas missas em seu nome nas capelas do Divino Espírito Santo e na de São Joaquim, e proferidos discursos na Academia Sul-rio-grandense de Letras (por Dário de Bittencourt) e no Instituto Histórico e Geográfico do Rio Grande do Sul (por Gaston Hasslocher Mazeron).

Netos, trinetos e a nora do homenageado fizeram circular um convite para as solenidades, juntamente com a reprodução de uma foto de Júlio Prates de Castilhos. Nessa foto, de 22 de janeiro de 1898, que contava com uma dedicatória escrita de próprio punho, Júlio de Castilhos estava acompanhado da família; o texto dizia: "[A] meu estimadíssimo amigo Aurélio, inseparável companheiro de trabalho durante os cinco anos em que exerci o governo do RGS". Tratava-se de uma foto histórica, já que três dias depois Júlio de Castilhos se afastaria da presidência do estado, deixando em seu lugar Antônio Augusto Borges de Medeiros.[2] Castilhos imprimira sua marca na política regional, e seu nome estava sendo evocado naquele momento para expressar a importância do homenageado. Naquele sábado do princípio de outubro de 1949, o jornal *Correio do Povo* publicou extensa matéria sobre a célebre figura:

> O ilustre rio-grandense, que foi uma das figuras mais conhecidas e apreciadas em nossa terra, serviu no Palácio do Governo, no posto de secretário da presidência, por espaço de mais de meio século, tendo merecido a confiança de todos os presidentes de província, da monarquia, e de estado, no regime republicano. Gozou da intimidade de Júlio de Castilhos e de Borges de Medeiros, sendo, por sua contração ao trabalho, exemplar exação e absoluta discrição e lealdade, considerado o paradigma do funcionário público.

Nesse mesmo número do *Correio do Povo* foi publicado um depoimento de Antônio Augusto Borges de Medeiros que dizia:

> Foi ele um funcionário público de escol, que, por suas qualidades de espírito, de caráter e de coração, bem como por seu devotamento indefesso à causa pública, honrou sobremaneira a nossa terra, sob o tríplice aspecto político, social e literário. Diretor-geral da Secretaria do Interior e cumulativamente secretário do Gabinete Presidencial, durante grande parte do tempo em que tive a honra de presidir ao RGS, relevantes foram então os seus serviços à administração pública e a mim, em particular, pela eficiente colaboração que costumava prestar-me com assiduidade ininterrupta.
> Durante a nossa convivência quotidiana pude então conhecer e apreciar, de perto, a nobreza de seus sentimentos, a lucidez de sua inteligência e, sobretudo, a sua invejável memória, que era como um arquivo vivo do passado distante.
> Onímoda era a sua atividade mental, que, sem prejuízo das funções oficiais, se repartia com o jornalismo e com as instituições religiosas e de caridade, às quais servia devotadamente, impulsionado pelo fervor de sua fé católica. Sobretudo, auxiliava, ainda, diariamente, a Júlio de Castilhos, na expedição de sua correspondência política, reservada ou não.
> *Aurélio de Bittencourt era um preto*, que viveu e subiu quando não estavam ainda dissipadas, em geral, as diferenciações de raças e de cores, que originavam desigualdades nas relações individuais e sociais. Mas, pelos seus merecimentos reais, conseguiu ele vencer com dignidade os preconceitos humanos e impor-se ao apreço e consideração de todos.[3]

Eis a nomeação do ilustre indivíduo homenageado. Tratava-se, segundo Borges de Medeiros, do *preto* Aurélio Viríssimo de Bittencourt, funcionário público de carreira (de 1868 até a sua morte, em 1919)[4], militante abolicionista, tipógrafo, literato.

O jornal *Diário de Notícias*, em 1º de outubro de 1949, transcreveu discurso do deputado Albano Volkmer, do Partido Democrata Cristão, na tribuna da Assembleia Legislativa gaúcha, em que traçou uma breve biografia de Aurélio Viríssimo de Bittencourt. Volkmer destacou designações de prestígio de Aurélio que o ligavam à elite regional: provedor da Santa Casa[5], irmão venerável da Ordem Terceira de Nossa Senhora das Dores e presidente do Conselho da Conferência de São Vicente de Paula.

Esse indivíduo, falecido cego em 23 de agosto de 1919, parecia realmente merecer as reverências que lhe faziam, as quais, entretanto, induzem a uma perigosa naturalização de sua trajetória pessoal. Pode deixar-se enganar pela ilusão biográfica de que fala Bourdieu (1996) quem avaliar a trajetória de Aurélio de Bittencourt apenas pela forma como ela se encerra. Em 1919, quando morre na capital do estado do Rio Grande do Sul, cercado por numerosa família e pelo carinho dos governantes, ele deixa um considerável patrimônio material (em imóveis, dinheiro e ações) e uma herança imaterial invejável, alicerçada em um currículo de extensos e preciosos serviços públicos prestados (Levi, 2000). Seu nascimento e juventude, entretanto, tiveram outro contexto.

Aurélio, filho de uma negra livre e de um piloto da Marinha, foi batizado na cidade de Jaguarão, no Rio Grande do Sul, em 1849. Após passar os primeiros anos junto a sua mãe, tendo nessa época acesso às primeiras letras, foi de mudança para a capital da província, onde se educou e ingressou no mundo da tipografia e do serviço público. A ilusão biográfica estabelece uma predeterminação nas trajetórias individuais, desconsidera a dinâmica histórica, exacerba a racionalidade dos agentes e das suas estratégias, restringe as percepções que temos dos indivíduos ao período final de sua vida ou a algum período específico, mais bem documentado. O funcionário público bem-sucedido falecido em 1919, filho de um oficial da Marinha, parece um *predestinado* ao sucesso e sobrepõe-se ao pardo Aurélio, com suas estratégias de ascensão e inserção social e profissional.[6]

Apesar da relevância da abordagem da infância e juventude de Aurélio, bem como das consequências de sua mudança para a capital da província, neste texto trataremos de sua trajetória no pós-emancipação, quando assumiu os mais importantes cargos administrativos de sua carreira de funcionário público e teve sua memória preservada e enaltecida por parte dos membros de sua comunidade étnica.

Uma das principais estratégias utilizadas para enaltecer a figura de Aurélio foi associá-lo a Júlio Prates de Castilhos. Os documentos acessados confirmam as cordiais relações políticas e pessoais entre esses dois sujeitos. Conforme o texto publicado no *Correio do Povo* em 1949, Aurélio era o *paradigma do funcionário público* – esforçado e disciplinado, discreto e leal. Assim sendo, um dos primeiros atos de Júlio de Castilhos ao assumir a presidência do estado foi, justamente, chamar Aurélio para assessorá-lo, já que este conhecia o funcionamento da burocracia e, como veremos adiante, posicionava-se como mediador entre várias instâncias.

Aurélio ingressou no serviço público por intermédio da provisão de 6 de abril de 1868, como amanuense da Secretaria de Governo.[7] Durante o período monárquico sempre esteve ligado ao Partido Liberal, devendo, portanto, ter tido alguns atritos com Júlio de Castilhos, fundador e mentor do Partido Republicano Rio-grandense (PRR). O serviço público, durante a existência de Aurélio, era extremamente dependente do partido que estivesse no poder, sendo constantes a proteção aos correligionários e o afastamento e a *degola* de adversários políticos. Em 26 de setembro de 1885, o visconde de Pelotas[8] publicou no jornal liberal *A Reforma* uma carta dirigida a Aurélio Viríssimo de Bittencourt em que protestava por sua demissão do cargo de diretor da Segunda Seção da Secretaria de Governo provincial. Aurélio fora demitido dois dias antes, e o visconde lamentava, na carta, que o pretexto para tal tivesse sido "o fato de ter acedido o convite que fiz aos nossos correligionários para a reunião que teve lugar em minha casa". Essa reunião provavelmente teve como objetivo analisar a nova situação política vivida pelos liberais após a ascensão dos conservadores, por intermédio do gabinete de 4 de agosto de 1885, presidido por João Maurício Wanderley, barão de Cotejipe. Em termos provinciais, o reflexo imediato foi a saída do presidente da província, José Júlio de Albuquerque Barros, interinamente substituído pelo vice-presidente, Miguel Rodrigues Barcelos (nomeado em 30 de agosto de 1885), e depois pelo desembargador Henrique Pereira de Lucena (nomeado em 12 de setembro de 1885 e empossado em 28 de outubro de 1885).[9]

O visconde de Pelotas atribuía a "demissão brutal" de Aurélio ao vice-presidente Barcelos, a qual, segundo ele, "honra-o tanto quanto desonra quem a quem a deu. Ela tem a explicação natural em que o vice-presidente não pode querer como seu auxiliar empregado inteligente e honrado". Ironicamente, o próprio visconde pôde sanar essa *degola*, pois, quando foi nomeado o primeiro governador do Rio Grande do Sul, após a proclamação da República – cargo que exerceu por apenas três meses –, nomeou Aurélio diretor da Diretoria do Interior e Fazenda da Secretaria do Governo (em 2 de janeiro de 1890).[10]

Os arquivos particulares de Aurélio e de Júlio de Castilhos estão recheados de correspondências trocadas entre eles, o que evidencia que o "arquivo vivo do passado distante" (nas palavras de Borges de Medeiros) envolve questões públicas (políticas e administrativas) e particulares.[11]

Em carta reservada de 25 de setembro de 1903, destinada a Aurélio, o deputado federal Joaquim Antônio Xavier do Vale disse o seguinte:

> Ponto nos is e cartas sobre a mesa. Falei-vos com franqueza, que tenho a firme convicção de que a política deste estado é sabiamente dirigida por vós e pelo Coronel Marcos de Andrade. O amigo dirige a política administrativa e o Cel. Marcos a eleitoral. Assim é que, aproveitando estes dois auxiliares, o nosso incomparável chefe Júlio habilmente vai fazendo a felicidade do Rio Grande e domina a política da União. (Arquivo Particular de Aurélio Viríssimo de Bittencourt/ Instituto Histórico e Geográfico do Rio Grande do Sul – APAVB/ IHGRS)

Vale pedia que Aurélio intercedesse junto a Júlio de Castilhos para que seu filho Antônio fosse indicado para o cargo de inspetor da Alfândega do Rio Grande. Dizia que a nomeação dependia apenas da vontade de Aurélio, que bastava que ele intercedesse junto ao chefe político.

Se desde os primeiros momentos da ascensão de Júlio ao poder estadual a presença de Aurélio já era significativa, a importância de seu secretário cresceu ainda mais quando, nos primórdios de 1898, o presidente do estado retirou-se para sua chácara da Figueira, deixando o cargo por motivos de saúde. Júlio de Castilhos afastou-se da presidência do estado em 25 de janeiro de 1898, mas manteve-se como guia do governo e do partido até as vésperas de sua morte, em 1903.

Aurélio foi o interlocutor e representante de Júlio de Castilhos no Palácio do Governo e tentou livrar seu chefe dos *cacetes*, que era como o líder do PRR denominava os que o importunavam pedindo emprego ou com outros requerimentos políticos. Sendo já no final do século XIX um experiente funcionário público, foi com a proximidade de Júlio de Castilhos que Aurélio de Bittencourt teve acesso irrestrito aos gabinetes do palácio republicano.

As cartas trocadas entre Júlio e Aurélio são marcadas pela intimidade. Nelas, o líder do PRR discorre abertamente, e várias vezes de forma jocosa, sobre classes profissionais e indivíduos específicos, como quando fala sobre a "pedantocracia médica"[12] ou sobre o embaixador Assis Brasil, que, segundo ele, estava "ficando com o miolo mole... o que não é de estranhar, porque todos os irmãos têm goteira no telhado".[13] Ou ainda, quando chama Adolfo Amaral Lisboa de lunático, dizendo que tinha indubitavelmente "macaquinhos no sótão".[14]

Aurélio tinha consciência de que esse acesso irrestrito às esferas mais altas da política regional tinha como contrapartida a exigência cotidiana de um grande esforço profissional e de uma discrição a toda prova. Essa intimidade que ele obteve com o Poder Executivo local ajuda a explicar (ou justificar) a reverência que demonstrava em relação à figura de Júlio de Castilhos. Em correspondência de 1º de outubro de 1896, expedida ao meio-dia, Aurélio agradecia os votos de seu chefe referentes a seu aniversário:

> Dr. Júlio [...]. Muito grato me confesso às vossas generosas palavras em relação ao meu aniversário natalício. É um consolo para mim recebê-las de vós, meu mestre, meu grande amigo, a quem me prendem hoje laços inquebráveis de profunda estima e levantada consideração. Convosco para tudo; fora de vós – nada. É a minh'alma inteira que vos fala – aberta e francamente. (Arquivo Histórico do Rio Grande do Sul, 2009, p. 29)

Momentos de reforço e consolidação de camaradagens afetivas e políticas marcaram os domingos passados na chácara de Júlio de Castilhos, nos arredores de Porto Alegre. Afligido por um câncer na garganta, que acabaria por matá-lo, Castilhos se mudara para uma região alta da província, mas fazia questão de ser o anfitrião de divertidos almoços e de tardes domingueiras passadas sob a figueira que adornava o pátio de sua residência. Responsáveis por um governo caracterizado pela austeridade e pela dureza com os adversários políticos, os confrades do PRR decidiam estratégias e solidificavam solidariedades em um ambiente de entretenimento, baseado na estima mútua, na familiaridade, na identidade político-programática e normalmente regado a fartas doses etílicas.

Em carta de 12 de outubro de 1896 (redigida às nove da manhã), Júlio de Castilhos informava que consagrara o "domingo aos amigos" e pedia a Aurélio que no dia seguinte, data em que iria para a sua chácara, levasse "2 garrafas da caninha especial (Lágrimas de Santo Antônio), visto haverem sido esgotadas, em abundante palestra dos amigos, as 2 que eu trouxe sexta-feira".[15] Em 21 de janeiro de 1901, Aurélio comunicou que o *amigo* Marsicano disse

> ter passado mal a noite e não querer saber mais de cerveja da Exposição. Hoje está sentindo ardência no estômago, tonturas etc. Diz ter esquecido na Figueira um chapéu de sol e não se lembrar se despediu-se da D. Honorina. Apesar de doente, deu boas risadas, lembrando-se de quanto fez rabiar o chefe de polícia, a quem não procurará n'estes dias mais próximos. Enorme o Marsicano! (Arquivo Histórico do Rio Grande do Sul, 2009, p. 285)

Quando, em 1898, Júlio de Castilhos passou o governo estadual a Antônio Augusto Borges de Medeiros, Aurélio de Bittencourt certamente contribuiu para que essa transição fosse a mais tranquila possível. O processo de mitificação do mentor da república positivista parecer ter ocorrido mesmo durante a vida do entronizado, o que deve ter criado obstáculos nos primeiros anos de governo de seu sucessor.[16] Às 15 horas de 18 de janeiro de 1899, cerca de um ano após Castilhos ter sido substituído por Borges de Medeiros, Aurélio de Bittencourt o informava acerca de críticas sofridas por seu sucessor por reformas feitas no pagamento do funcionalismo público:

> Tudo isto será muito direito, muito correto, muito legal; a verdade, porém, é que a muitos tem desagradado, avolumando a corrente de antipatias de que infelizmente goza o nosso presidente – infundadas, bem sei, mas existentes. Vou fazendo o que posso para desvanecer essa impressão, mas sem grande êxito porque todos recordam os vossos exemplos na administração e eu fico sem argumentos. (Arquivo Histórico do Rio Grande do Sul, 2009, p. 136)

Essa transferência de poder ficou magistralmente eternizada em uma peça literária escrita por um ex-correligionário republicano, o médico Ramiro Fortes de Barcelos, que foi o primeiro deputado republicano eleito no Rio Grande do Sul. Desde pelo menos 1902, havia nas correspondências trocadas entre Aurélio e Castilhos comentários depreciativos envolvendo seu nome, sendo por eles referido como *senador bubônico* em razão das críticas que fazia à condição sanitária do estado.[17] O desgaste e afastamento político chegaram ao auge em 1915, com a indicação de Hermes da Fonseca, por Pinheiro Machado, como candidato ao Senado pelo Rio Grande do Sul. Ramiro decidiu lançar-se candidato oposicionista e foi, como era esperado, fragorosamente derrotado.

Usando o pseudônimo de Amaro Juvenal, que já utilizara no período monarquista, ele então publicou no *Correio do Povo*, em 1915, um poemeto campestre intitulado "Antônio Chimango", fazendo críticas violentas ao governo de Borges de Medeiros (Zilberman *et al.*, 1999, p. 19-20). Segundo o texto, o coronel Prates (evidente referência a Júlio Prates de Castilhos), ao se afastar do poder, legou-o a Antônio Chimango, mas pediu ao "pardo velho" Aureliano que o instruísse na lida:

Então chamou o Aureliano,
Pardo velho muito antigo,
Que conservava consigo
Assim como secretário;
Espécie de relicário
De família, muito amigo.

"Tu, que és um conhecedor
De como tudo se faz,
Ensina-me a esse rapaz
As manhas de governar,
Que ele vai desempenhar
O cargo de capataz.
Leva-o lá para o teu rancho
Vai-lhe ensinando os segredos;
Que ele só conta nos dedos
E não tem nenhuma prática.
Ensina-lhe a tua gramática.
Para desmanchar os enredos."

As ordens foram cumpridas
Desde logo a todo risco.
O Aureliano era um corisco,
Finório, matriculado,
Mulato velho marcado,
Devoto de São Francisco.

À sombra de uma figueira,
Sentados num cabeçalho,
O Aureliano, sem atalho,
Disse: "Agora, meu menino,
Eu te vou dar o ensino
Do que aprendi no trabalho.

Pra pegar um pescoceiro,
Que há sempre algum na tropilha,
Desses que pouco se encilham,
Não precisa ter cansaço;
Que os bobos puxem o laço,
Fica-te tu na presilha.

[...]

Predominar sobre todos
E mandar com muito arrojo;
Da adulação não ter nojo,
E tirar dela partido.
Fica disto convencido:
Quem ordenha bebe o apojo.

[...]

Dizem que não crer é bom,
Pra quem ser forte deseja;
Mas tu deves ir à igreja,
Bater nos peitos também;
E te fará muito bem
Pedir que ela te proteja [...]".

É quase um crime retalhar esse poemeto campestre, mas a sua citação aqui cabe como uma evidência da percepção dos contemporâneos acerca da importância de Aurélio Viríssimo de Bittencourt na estrutura política e administrativa da república castilhista. No trecho reproduzido vemos que por duas vezes "Aureliano" é chamado de "velho", apesar de ter nascido apenas dois anos antes de Ramiro Barcelos.[18] O epíteto *velho*, nesse caso, é certamente uma referência a sua longevidade na esfera pública, a seu conhecimento do funcionamento do clientelismo, do coronelismo local, da burocracia e dos serviços públicos. Ramiro fez uma descrição apropriada de Aurélio: um "corisco" (raio, faísca), por sua habilidade e rapidez em cumprir as ordens que lhe eram dadas; um indivíduo "finório" (sagaz) e "matriculado" (batido e experimentado).

Mas Amaro Juvenal também atribuía a Aureliano outras características, com a finalidade principal, acreditamos, de reforçar o aspecto de submissão e dependência deste personagem em relação ao líder castilhista. Ramiro Barcelos usou uma metáfora perspicaz para criticar os desmandos do PRR ao metamorfosear o estado do Rio Grande do Sul na estância de São Pedro, ambiente onde o coronel Prates exercitava um domínio absoluto. Habitante "velho" dessa estância, Aureliano é retratado duas vezes com base em marcas etnorraciais, sendo descrito como "pardo" e como "mulato". A atmosfera densamente racista da República Velha fazia que a descrição de um indivíduo como negro fosse uma estratégia depreciativa corriqueira.[19] Segundo o autor, o passado de Aureliano, sua trajetória, sua memória não podiam ser separados de sua ligação familiar – mesmo que distante e indireta – com o cativeiro.

Aurélio Viríssimo de Bittencourt nasceu em 1º de outubro de 1849, na cidade de Jaguarão (na fronteira do Brasil com o Uruguai), filho de Maria Júlia da Silva e do piloto da Marinha Hipólito Simas de Bittencourt. O pai e avós paternos de Aurélio eram naturais da província de Santa Catarina e compunham uma família de brancos pobres. Maria Júlia tinha 14 anos e morava com sua mãe Josefa numa rua próxima à área portuária quando conheceu o marinheiro Hipólito, amasiando-se com ele pouco depois. Ela era tida e reconhecida como moça honesta, tanto que, apesar de nunca ter abandonado seu filho, registrou-o como filho de pais incógnitos, com vergonha da gravidez.

Hipólito Simas de Bittencourt faleceu em 7 de janeiro de 1884, em Porto Alegre, no posto de capitão-tenente da Armada; sempre foi tido como branco, ou por ter realmente essa tez ou por um processo usual de branqueamento, promovido pela ascensão ao oficialato da Marinha brasileira. Já Maria Júlia da Silva foi reiteradamente mencionada como *parda*, o que nos faz pensar que sua ligação com o cativeiro talvez decorresse da mãe Josefa, sempre nomeada sem sobrenome – provavelmente uma liberta.

As poucas fotos que restaram de Aurélio Viríssimo de Bittencourt não deixam dúvida: era negro. A ascensão social e profissional que ele experimentou fez que fosse adjetivado etnicamente como sua mãe ("pardo"). Era um não branco que havia construído uma trajetória de sucesso graças aos ensinamentos que obteve durante o convívio com seu núcleo familiar pardo em seus primeiros anos em Jaguarão (onde se alfabetizou e iniciou na devoção religiosa católica), ao apoio recebido do pai, ao seu esforço pessoal (que acabou conquistando espaços, ainda que pequenos, reservados à meritocracia) e às redes associativas nas quais se inseriu (ou foi inserido) e que o transformaram num mediador entre diferentes instâncias.

As pistas documentais que acessamos até o momento nos persuadem de que Aurélio de Bittencourt tinha plena consciência de sua posição étnica e social de não branco. Por volta dos 12 anos de idade, ele foi para a capital da província, a requerimento de seu pai, para educar-se. Logo se inseriu no mundo da tipografia, ambiente rico cultural e politicamente, e iniciou uma vida associativa incansável. Aos 17 anos de idade, ingressou na Sociedade de Beneficência Porto-alegrense, uma cisão da primeira agremiação de socorros mútuos do Rio Grande do Sul, a Sociedade Portuguesa de Beneficência, fundada em Porto Alegre dois anos antes (Silva Júnior, 2004, p. 112 e 193). No registro de sua associação, ocorrida em 10 de junho de 1867, ele aparece como "Aurélio Veríssimo [sic] da Conceição".[20]

Dissidência da Sociedade Portuguesa de Beneficência[21], a Beneficência Porto-alegrense sofreu, por sua vez, uma cisão. O motivo não é claro; sabe-se apenas que em 25 de março de 1860, dia de eleições na associação, 33 sócios se retiraram e fundaram a Sociedade de Beneficência Brasileira União, que atuou sob a proteção divina de São Sebastião.[22] Aurélio participou de ambas as associações, envolvendo-se ativamente, inclusive, em uma discussão que tratou da reunificação da União com a Porto-alegrense. Em abril de 1868 foi discutida a fusão das duas sociedades, mas a Porto-alegrense viu um empecilho no fato de a Sociedade União restringir a participação de libertos nos seus cargos diretivos. Aurélio, expressando a sua autorrepresentação como não branco, declarou que, "se na Sociedade de Beneficência Brasileira União houvesse seleção de nascimento e de cores, ele orador não seria sócio dessa sociedade nem tampouco estaria ocupando o cargo de fiscal da mesma, e que, não constando de documentos, nem sempre a voz pública é expressão da verdade" (Silva Júnior, 2004, p. 251-2).[23]

Na noite de 26 de dezembro de 1868, às vinte horas, Aurelio casou-se com Joana Joaquina do Nascimento, filha natural de Joaquim Manuel do Nascimento e Maria Magdalena da Conceição. É interessante perceber que Aurélio escolheu como parceira alguém cuja condição social e étnica era semelhante, pois ambos eram filhos naturais, frutos de relações ilegítimas, e foram registrados como *pardos* nos assentamentos de óbitos. A cerimônia foi realizada pelo reverendo vigário José Ignácio de Carvalho e Freitas, na Igreja do Rosário, em Porto Alegre[24], templo principal da devoção católica da população negra local. Com Joana Joaquina nosso personagem teve quatro filhos: Aurélio Viríssimo de Bittencourt Júnior, Sérgio Aurélio de Bittencourt, Olímpia Augusta de Bittencourt e Adelina Lydia de Bittencourt.[25] Seus dois filhos, Aurélio e Sérgio, seriam fundadores do jornal negro *Exemplo*.[26]

A cor de Aurélio parece ter atraído a curiosidade de seus contemporâneos. Ou melhor, não exatamente a sua cor, mas a dúvida quanto ao modo encontrado por alguém negro para ascender tão significativamente, compartilhando a intimidade de políticos poderosos e sendo membro de agremiações de prestígio, reservadas às elites locais, como a Ordem Terceira das Dores e a Irmandade do Senhor dos Passos (na Santa Casa de Misericórdia de Porto Alegre). Borges de Medeiros, em seu artigo de 1949, salientou que Aurélio era preto, o que segundo ele mais valorizava o seu mérito pessoal. Ramiro Barcelos parece ter inserido o "pardo velho Aureliano" em sua imaginária estância de São Pedro como um subserviente ex-cativo de confiança: a cor parda indicava relativa distância da senzala e aproximação da casa-grande. Trocava-se o *status*, mas mantinha-se a marca da dependência em relação ao ex-senhor, agora chefe de partido e de governo.[27]

Entretanto, o texto de Ramiro Barcelos, cujo fim imediato era criticar Borges de Medeiros e depreciar um de seus principais assessores, serve-nos para atestar a posição privilegiada de Aureliano nas redes políticas e sociais da República Velha. Ele cumpria com talento suas lides do serviço público (as nomeações, as demissões, a distribuição das mercês), mas sua importância também decorria de seu papel de mediador entre diferenciadas instâncias.

Tanto Múcio Teixeira como Ramiro Barcelos destacam (e ironizam) a importância da devoção religiosa na vida de Aurélio Viríssimo de Bittencourt, que seria um devoto de São Francisco[28], embora não nos pareça que esse santo sobrepujasse Nossa Senhora da Conceição na preferência mística de Aurélio. A frequência a cultos e associações religiosas foi certamente uma constante na trajetória desse pardo, tornando-o um interlocutor privilegiado entre o governo castilhista e a Igreja católica. Vejamos alguns elementos dessa questão.

"Sempre às voltas ando com estes assuntos de sacristia!"

Essa frase consta em um pequeno bilhete escrito por Aurélio de Bittencourt em 20 de março de 1901, no qual diz a Júlio de Castilhos que foi como seu representante em um batizado no Seminário Episcopal, onde encontrou o bispo Cláudio José Gonçalves Ponce de Leão, que encarregou-me de dar-vos lembranças e pediu-me intervir junto do intendente de São Lourenço a respeito da casa canônica ali levantada e que agora a irmandade quer vender, sem direito para isso, porque o edifício foi construído a expensas do povo e para moradia do vigário. Vou atendê-lo, escrevendo ao João Crespo, que é o provedor da tal irmandade. Sempre às voltas ando com estes assuntos de sacristia! (Arquivo Histórico do Rio Grande do Sul, 2009, p. 306)

A frase denota certo enfado com as questões religiosas, mas também deixa transparecer a autoconfiança de Aurélio quanto à possibilidade de resolver esses desentendimentos sem que Júlio de Castilhos precisasse se envolver. Desde sua chegada a Porto Alegre, Aurélio se empenhou em inserir-se na vida religiosa local, participando assiduamente de missas, procissões, obras pias. Ele fez parte da Irmandade do Rosário, de Nossa Senhora da Conceição, do Senhor dos Passos, das Dores. Talvez mesmo antes, em Jaguarão, o menino já se envolvesse em "questões do além", pois seu padrinho, Francisco José Vieira Valente, era secretário da Irmandade de Nossa Senhora da Conceição.

O bilhete citado, redigido em 1901, evidencia que Aurélio imiscuía-se em assuntos da alçada da Igreja católica sempre que chamado a interceder em favor de alguém, seja defendendo interesses da Igreja perante o Estado, seja tentando solucionar atritos de padres com instituições como a maçonaria ou as próprias irmandades. A fé de Aurélio foi construída em uma fase ultramontana, na qual a Igreja católica procurava retomar espaços perdidos intensificando e ampliando sua atuação e importância na sociedade.

No ano de 1896, um incidente escabroso teve como palco a Igreja das Dores e exigiu a interferência de Aurélio de Bittencourt. O vigário das Dores, o austríaco Bartolomeu Tiecher, de 48 anos, foi acusado de ter cometido atos libidinosos com a menor Clementina Simionato.[29] As denúncias diziam que esses atos teriam acontecido quando a menor ia cotidianamente até a igreja para receber lições de catecismo. Clementina era natural da Itália, tinha 12 anos de idade e morava com seus pais na rua da Ponte (ou do Riachuelo), atrás das Dores. Segundo ela, cinco meses antes as aulas de catecismo começaram a ser dadas na nave da igreja, passando depois para a sacristia e, finalmente, para o quarto do padre.

Os jornais da capital logo souberam do caso e trataram de dar a ele a devida publicidade. Em 13 de outubro daquele ano de 1896, o bispo Ponce de Leão pediu auxílio ao presidente do estado, Júlio Prates de Castilhos, para que algo fosse feito com relação às "calúnias" veiculadas contra o vigário das Dores, residente no Rio Grande do Sul desde 1875.[30]

De fato, no processo não é possível encontrar muitas provas da culpabilidade do padre Tiecher. O delegado Cherubin Febiliano da Costa, ao que parece, iniciou as investigações, pois fora informado de que em 19 de setembro daquele ano houvera uma discussão entre o padre e Ernesto José de Carvalho, secretário da Ordem Terceira das Dores, em plena igreja "repleta de crentes" que tinham ido assistir ao aniversário das Dores, e que, sabendo Carvalho do "comércio ilícito" que havia entre o padre e sua discípula, expulsou-a da igreja, pois a encontrou com a chave do quarto do padre na mão. Carvalho não gostava do padre e, para defender os interesses da irmandade, queria expulsá-lo da parte da igreja onde dormia, a qual, segundo ele, pertencia à Ordem Terceira.

Ernesto José de Carvalho tinha 36 anos, era casado, natural do Rio Grande do Sul, escriturário da alfândega da capital. Segundo seu depoimento, em 19 de setembro discutiu com o padre Tiecher, dizendo-lhe que ele "não se compenetrava dos seus deveres de sacerdote" e "tampouco sabia honrar a batina que vestia". Anexo ao processo encontramos um ofício do secretário da Venerável Ordem Terceira das Dores para o padre Tiecher, datado de 3 de julho de 1896, no qual recusava o pedido feito pelo padre de cessão da sala que servia como secretaria da irmandade e do consistório para a residência de alguns sacerdotes, afinal "o compromisso e toda a corporação não dão autorização para ser convertida a nossa igreja em convento". Parece-nos que se configurava uma disputa por espaço (tanto físico como político) entre a irmandade e o padre Tiecher, representante da Igreja católica. Não à toa esse funcionário da Igreja afirmou ser "todo este processo [...] obra de Ernesto de Carvalho", que se tornara seu "inimigo fidagal"[31].

Como vimos, o bispo Ponce de Leão pediu ajuda ao presidente do estado e este passou o caso ao seu secretário, um "corisco finório e matriculado", versado nos "assuntos de sacristia". Aurélio de Bittencourt acompanhou atentamente o processo e, quando percebeu que ele subiu à conclusão do juiz Manoel André da Rocha, tratou de imiscuir-se na questão. Os jornais da capital insinuavam que o padre Tiecher seria pronunciado, fazendo que Aurélio pedisse ao desembargador Flores que falasse com o magistrado e chamasse sua atenção para as provas de inculpabilidade do padre. Aurélio assim justificou sua atitude:

> Agi deste modo porque o cônego Marcelino e os padres jesuítas estão descontentes com o que se tem dado em relação a esse pobre padre. O desembargador, que aqui veio hoje, aproveitou a coincidência de haver aparecido em Palácio o dr. André e falou-lhe em termos hábeis e teve a segurança de que justiça será feita. Nem outra cousa queremos. Falei depois ao dr. André, que me disse ser inexato que o promotor houvesse pedido a pronúncia do padre; limitou-se ao *Fiat justitia*. Fiz-lhe uma exposição jeitosa de tudo e confio que ele dê afinal uma decisão favorável ao padre.[32]

Júlio de Castilhos aprovou com contentamento a iniciativa de Aurélio e solicitou que dissesse ao cônego Marcelino que ele tinha "interesse pela sorte" do padre Bartolomeu Tiecher. Sensível à pressão vinda do Palácio do Governo, o juiz da Comarca da Primeira Vara Manoel André da Rocha, em 9 de janeiro de 1897, considerou o processo improcedente.[33]

Entre os personagens envolvidos no caso libidinoso que se conjeturava encenado nas Dores temos o cônego Marcelino. Tratava-se do padre José Marcelino de Souza Bittencourt, nascido na paróquia de Santo Antônio do Carmo, em Salvador, em 2 de junho de 1837. Marcelino chegou ao Rio Grande do Sul com os 14 padres trazidos pelo bispo Sebastião Dias Laranjeira, tendo sido recrutado no Convento de São Francisco. Foi ordenado presbítero em 8 de dezembro de 1864 pelo próprio bispo Laranjeira, sendo mandado em seguida para São Gabriel, onde se destacou durante uma epidemia de varíola. De lá foi transferido para Santa Maria da Boca do Monte, onde se aproximou do Partido Liberal, o qual defendeu abertamente durante as eleições. Ficou em Santa Maria durante 21 anos, sendo transferido para a Catedral de Porto Alegre. Em 15 de agosto de 1895 fundou, durante a Festa da Assunção de Nossa Senhora, a Pia União do Pão dos Pobres de Santo Antônio, instituição voltada para o auxílio das viúvas e órfãos da Guerra do Paraguai e da Revolução Federalista.

O cônego Marcelino assumira em 1866 a paróquia de Santa Maria, onde "dividia seu tempo entre tarefas religiosas e outras de caráter profano" (Karsburg, 2007, p. 158). As de caráter profano eram relacionadas a seu íntimo relacionamento com o Partido Liberal. Esse seu proselitismo redundou em conflitos físicos, como o espancamento que sofreu em 11 de junho de 1883. Na noite daquele dia, os sacerdotes Marcelino e Francisco Morano foram atacados e agredidos com cabos de relho por três homens a cavalo. Segundo relatório do vigário Marcelino Bittencourt ao bispo Sebastião Dias Laranjeira, esse atentado teria sido ordenado pelo tenente-coronel Martin Hoehr, liderança conservadora local. De acordo com Karsburg (2007, p. 161, 163 e 177), para esse tenente-coronel Marcelino "não era um padre, mas, sim, um rival na política". Em 1887 o pároco foi transferido e promovido a cônego e cura da Catedral de Porto Alegre.

O cônego Marcelino tinha formação ultramontana, e, ao encontrar em Santa Maria várias manifestações religiosas populares, procurou formatá-las e controlá-las. Suas iniciativas causaram atritos, como o que ocorreu com a comunidade negra local quando, em 1873, tentou "organizar a devoção à Nossa Senhora do Rosário em Santa Maria", sendo que, "dois anos após, encontrou motivos para punir os negros e dissolver a dita devoção". Marcelino se irritou porque os devotos saíam às ruas sem sua autorização, com uma bandeira sem a devida bênção, e insistiam em recolher esmolas por conta própria (Karsburg, 2007, p. 140-1).

Por sua formação ultramontana e proximidade com o Partido Liberal, o cônego Marcelino encontrou em Aurélio de Bittencourt um bom amigo. Deviam se encontrar com muita frequência, pois, segundo o testamento do cônego, falecido em 1911, ele fazia parte das irmandades do Santíssimo Sacramento, de São Miguel e das Almas e da Arquiconfraria do Rosário, além de ser sócio da Beneficência Portuguesa – as duas últimas também frequentadas por Aurélio. Também vale destacar que o cônego Marcelino nomeou como testamenteiros seu cunhado, em primeiro lugar, sua irmã, em segundo, e, em terceiro, "o velho amigo tenente-coronel Aurélio Viríssimo de Bittencourt".[34]

A fé de Aurélio era perceptível, e boa parte de suas atividades fora do serviço público se concentrava em sua militância religiosa. Ramiro Barcelos e Múcio Teixeira, detratores de Aurélio, debochavam (e mesmo duvidavam) de sua religiosidade exacerbada.

Obviamente, o associativismo religioso era uma estratégia eficiente de inserção social e composição de redes.[35] Mas nos parece que não reservar espaço para a valorização da devoção equivale a reduzir a realidade e a ação dos indivíduos a uma óptica funcionalista e absolutamente racionalista. De qualquer maneira, a devoção de Aurélio o pôs em contato com grupos e indivíduos heterogêneos, numa sociabilidade que era admirada e incentivada por seus correligionários políticos. No dia seguinte ao Natal de 1900, Antônio Augusto Borges de Medeiros escreveu uma pequena mensagem em que transbordava contentamento, perguntando a seu secretário carola: "Correram bem as festas de Natal? Imagino os teus apuros ocasionados pela multiplicidade dos atos religiosos a que deves ter assistido, em obediência aos impulsos de tua exemplar e ardente fé católica!"[36] No dia 29 do mesmo mês e ano, Júlio Prates de Castilhos redigiu, às seis e meia da manhã, carta em que discorreu sobre a conveniência de ser transferida a visita dos habitués a sua chácara da Figueira, para discussões políticas e lúdicas, do domingo para a segunda-feira seguinte, pois sabia ser impossível o comparecimento de Aurélio:

> Quanto a ti, bem sei que, apesar do teu propósito manifestado, não poderias vir cá amanhã, *em qualquer hipótese*, porque à grande procissão religiosa (que muito aplaudo) das 5 p.m. não te seria lícito negar a tua presença e o teu concurso ativo e inteligente, tendo em vista especialmente a necessidade de uma repulsa eloquente aos incessantes puffs da maçonaria e do *protestantismo*, que constituem um perigo social. Bem sei, repito, que nos privarias infalivelmente da tua convivência aqui amanhã, o que eu julgaria mui explicável.[37]

Segundo Ricardo Vélez Rodríguez (2007, p. 84), "a posição castilhista em face dos grupos religiosos foi, aparentemente, tolerante". Isso decorreu de algumas similaridades entre os projetos castilhista e católico e da importância crescente do eleitorado clerical, principalmente nas antigas zonas de imigração, mas também nas maiores cidades do estado. Essa característica pode ser ilustrada por um bilhete enviado por Júlio de Castilhos, por ocasião do aniversário de Aurélio:

> Meu prezado Aurélio, neste dia – o do teu 51º aniversário natalício – receberás, seguramente, abundantes saudações amistosas, visto que são muitos os teus amigos. Entre estes, porém, nenhum me excede na sinceridade e na permanência inalterável do afeto pessoal. Através de anos e anos da mais íntima convivência, privada e cívica, formou-se e se consolidou para sempre a estima recíproca que nos vincula estreitamente. Hoje, recordando-me do saudoso passado das nossas relações afetuosas, tenho o sumo gosto de as julgar robustecidas na atualidade e de antever o seu perfeito prolongamento no futuro. Como lembrança despretensiosa, envio-te a Bíblia, composta de dois volumes, em homenagem aos teus sentimentos católicos, que refletem a indiscutível grandeza histórica do Catolicismo na evolução da Humanidade. A Honorina e meus filhos associam-se às felicitações do Teu velho amigo Júlio de Castilhos [assinado].[38]

De acordo com Isaia (2007, p. 24), predominou uma relação cordial ("parentesco espiritual") entre os governos castilhistas e a alta hierarquia da Igreja católica no Rio Grande do Sul, em parte por um comum antiliberalismo:

> [...] pode-se ver que a salvação da sociedade nos governos castilhistas tinha fundamento teórico no messianismo saint-simoniano, absorvido e reinterpretado por Comte. Era o ideal salvacionista de uma elite científica, que embasava uma intervenção governamental completamente contrária às teorizações (que o castilhismo abominava), e que valorizava uma prática alicerçada na conservação da ordem e na perpetuação da autoridade do líder. Essa concepção, que desdenhava das praxes parlamentares, procurava na legislação emanada do poder do chefe o meio para operar-se a regeneração da sociedade. O bem comum, nessa ótica, seria factível através da obra moralizadora e coercitiva de um poder central forte, que garantisse a consecução de seu projeto, através da continuidade administrativa. É essa proposta política, avessa à consulta popular e à soberania das maiorias, que irá compor-se com o catolicismo missionário, igualmente portador de um projeto reconstrutor e moralizador. (Isaia, 2007, p. 26-7)

Tinha-se, assim, a mistura de uma clara postura teórica positivista (que via a religião com respeito, apesar da distância em relação a suas práticas) e de oportunismo político.

É óbvio que a "carolice" de Aurélio de Bittencourt – ou seja, sua fé católica ultramontana – não o aproximou apenas da elite da Igreja. O catolicismo não era monopólio das elites, e suas festas e irmandades misturavam naturalmente classes mais abastadas e populares, brancos e não brancos. Embora Aurélio frequentasse a Senhor dos

Passos e a Ordem Terceira das Dores, irmandades constituídas pela elite de Porto Alegre[39], ele convivia desde seus primeiros tempos em Porto Alegre com os irmãos das irmandades do Rosário e de Nossa Senhora da Conceição, tradicionais centros associativos de negros e pardos.

Isso explica, em parte, porque algumas das atividades devocionais de Aurélio pareciam tão divertidas e mesmo um pouco profanas, como as reuniões político-etílicas que ele, seus colegas de repartição e chefes políticos organizavam sob a sombra da figueira da chácara de Júlio de Castilhos.

Em missiva de 6 de janeiro de 1899, emitida às oito e vinte da manhã, Aurélio de Bittencourt assim descreve, entre divertido e orgulhoso, o que havia transcorrido na Festa do Terno de Reis, na noite anterior:

> Dr. Júlio – bons dias. Estive de festas a noite passada. Às 10 ½, quando já chovia um pouco, apareceu-me o terno das Baianas. Eu fizera armar a mesa embaixo do extenso parreiral, mas a toque de caixa tive de transportar tudo para dentro de casa, que já estava atopetada. Quase às 11 ½, quando aquele terno ia entrar na mastigação, surge o Club Menslik, e eu em apuros. Entretanto a cousa arrumou-se: enquanto uns comiam na varanda, outros dançavam e cantavam na sala. A versalhada está publicada no *Correio do Povo* de hoje.
>
> À uma e duas horas foram-se, debaixo de chuva, os bárbaros. Depois das 3 e quando me preparava para entregar-me a Morfeu, ouço música próxima – era o terceiro terno, das Baianinhas, que cantou, dançou, comeu, bebeu e retirou-se às 4 ½, dia claro! Reparados um tanto os destroços, deitei-me às 5 e às 6 estava pronto para o serviço. Vede como foi distribuído o meu tempo na noite de 5 de janeiro de 1899!
>
> Presumo que vou ter um dia de lombeira, mas não desertarei ao meu posto. Além de que tenho para esta tarde o batizado de uma neta, filha do Sérgio.
>
> E assim vai a vida, meu amigo. Nesta jornada da carreira pública surgem às vezes tantas contrariedades que é bom haver de quando em quando algo que as contrabalance. Isto não é dito ao acaso; sabereis de viva voz a aplicação. Em qualquer condição, porém, sempre obediente à voz do comando em chefe.
>
> Roubei o vosso precioso tempo com estas baboseiras por não haver que comunicar. Envio os jornais do dia.
>
> Até logo. Meus respeitos à ilustre família. Ordens ao vosso Aurélio [assinado].[40]

O negro Aurélio Viríssimo de Bittencourt, ostentando um estandarte e presidindo uma procissão, era uma representação sólida de uma Porto Alegre multiétnica, sendo que essa imagem certamente fortalecia o prestígio desse fervoroso crente entre os afrodescendentes locais, que já o conheciam da campanha abolicionista e o viam desfilar nas ruas com sua esposa Joana, parda como ele. A religiosidade de Aurélio, com sua assiduidade nas irmandades, procissões, altares e sacristias, é ponto nodal de sua inserção em uma rede social ampla, que o ligava horizontal e verticalmente aos demais devotos, mas também àqueles que precisavam desses devotos para a consecução de seus projetos políticos.

Note-se no documento apresentado o entrelaçamento de dois aspectos muito citados neste texto: Aurélio, após descrever cordialmente ao seu chefe político os "bárbaros" divertimentos de uma noite dedicada à sociabilidade religiosa, destaca que logo cedo estaria, como bom funcionário público, à disposição na repartição. Ricos acervos nos permitem essas descobertas e merecem ao menos breves comentários.

Mestiço como nós: a monumentalização de Aurélio

Este texto busca investigar a trajetória de um indivíduo negro – ou talvez fosse melhor defini-lo como pardo? Esse indivíduo não é, pelo menos para os moradores de Porto Alegre, um completo desconhecido; afinal, uma rua da capital leva seu nome. Entre a Dona Laura e a Castro Alves, no bairro Rio Branco, fica a rua Coronel Aurélio Bittencourt.

Mesmo pesquisando na Prefeitura Municipal de Porto Alegre, não conseguimos ainda descobrir de quem foi a proposta de fazer essa homenagem nem quando ela foi efetivada. Cogitamos que talvez essa denominação tenha sido parte do citado centenário de nascimento de Aurélio, em 1949, e que a escolha da localização da rua não tenha sido aleatória. O bairro Rio Branco compreende, na atualidade, o que outrora era alcunhado de Colônia Africana, por ser um local de concentração de negros e brancos pobres no pós-emancipação (Kersting, 1998). Cogitamos, portanto, que dar a um logradouro dessa região o nome de um indivíduo negro seria uma forma de deixar marcada no espaço urbano a presença de um amplo setor populacional tradicionalmente invisibilizado.

Setores organizados da comunidade negra local, quando Aurélio ainda estava vivo, enalteceram sua biografia como uma forma de luta contra a discriminação racial. Sua trajetória bem-sucedida (nas esferas política, profissional, cultural) era uma prova contundente da inconsistência do racismo científico e um padrão comportamental a ser seguido.

O jornal negro *O Exemplo* apareceu em Porto Alegre em 11 de dezembro de 1892, ligado, segundo Liane Müller (1999), à Irmandade de Nossa Senhora do Rosário. Os promotores dessa iniciativa de criação do primeiro periódico negro da capital da província foram os afrodescendentes Arthur de Andrade, Marcílio Freitas, Aurélio Bittencourt Júnior, Sérgio Bittencourt, Alfredo de Souza e Esperidião Calisto – este último, dono da barbearia localizada na rua dos Andradas, onde se reuniam (Zubaran, 2008, p. 177). O fato de o sobrenome Bittencourt estar associado a dois desses negros reunidos em 1899 evidentemente não se deveu a uma coincidência: ambos eram filhos de Aurélio Viríssimo de Bittencourt e Joana Joaquina do Nascimento. Aurélio Júnior foi o primogênito, e seu pai enviou-o a São Paulo para estudar Direito. Formou-se em 1896, assumindo, um ano depois, o cargo de juiz distrital em Porto Alegre, o qual ocupou até sua prematura morte, em 1910.

A inserção desses dois filhos de Aurélio Viríssimo de Bittencourt no jornalismo negro mostra explicitamente o referencial étnico que tiveram em sua família. Nas comemorações do 13 de maio em 1904, o jornal *O Exemplo* estampou na sua primeira página uma foto do tenente-coronel Aurélio de Bittencourt, personalidade da comunidade negra local, sendo a ele dedicado um longo editorial, no qual foram salientadas

> [...] suas contribuições como sócio benemérito da sociedade Floresta Aurora e Sociedade Beneficência Porto Alegre, prior na Confraria Nossa Senhora do Rosário e líder do movimento abolicionista gaúcho, quando atuou como porta-voz dos primeiros manifestantes que saudaram a abolição, no 13 de maio de 1888, em Porto Alegre. Aurélio de Bittencourt foi representado como "o maior atleta na luta pela conquista dos direitos civis e políticos dos negros". Desta forma, *O Exemplo* construía modelos de conduta que serviriam de referência para a comunidade negra.[41]

A cor de Aurélio, assim, não apenas foi destacada por seus detratores e opositores, mas também foi usada no combate ao racismo violento vigente na República Velha. Os integrantes do jornal *O Exemplo* foram os primeiros a enaltecer (e usar politicamente) a trajetória de Aurélio, investindo, na medida do possível, na preservação de sua memória.

Todavia, apesar de Aurélio, como dissemos, não ser um completo desconhecido, poucos estudos a seu respeito foram feitos; além disso, sua atuação na política castilhista não tem recebido o devido destaque. Segundo seu neto Dário de Bittencourt (poeta, advogado, professor, integralista), Aurélio seria duplamente pardo: por sua cor e por sua atuação ao mesmo tempo essencial e discreta nos bastidores da política regional na República Velha (Santos, 2008b).

Um fato um tanto irônico que ainda cabe mencionar a respeito dessa impressão do nome de Aurélio no espaço urbano de Porto Alegre é que seu nome foi acompanhado da patente militar de capitão. É praxe que os nomes escolhidos para designar as ruas sejam acompanhados de algum título, como uma forma de justificar a deferência. São doutores, generais, coronéis. A patente de Aurélio era da Guarda Nacional – tenente ajudante servindo como secretário do 16º Batalhão de Infantaria do serviço da reserva da Freguesia de Nossa Senhora do Rosário de Porto Alegre – e foi obtida por carta patente de 15 de dezembro de 1880.[42] Até o momento não encontramos pistas que indicassem a participação efetiva de Aurélio em algum conflito bélico. Mesmo na Guarda Nacional, ele aparecia como secretário, o que comprovava sua veia burocrata.

Pesquisar a biografia de Aurélio de Bittencourt equivale a emaranhar-se em documentos e afogar-se em nomes. Parte de sua excepcionalidade reside na abundância de fontes que se referem a suas atividades, o que demonstra um ímpeto pessoal no sentido da acumulação de documentos, uma sociabilidade incansável e o investimento de pessoas e grupos na manutenção de sua memória.

Aurélio Viríssimo de Bittencourt era um burocrata de si mesmo, e a formação de seu arquivo pessoal partiu inicialmente de seu propósito de servir seus chefes conveniente e eficientemente, embora também tenha atuado um compreensível "desejo de perpetuar-se". Não temos condições de saber se ele via seu acervo pessoal como uma espécie de autobiografia, mas, como pudemos perceber nos documentos citados, existia um investimento numa *produção de si mesmo*, com a construção de uma imagem de si marcada pela eficiência e lealdade, num diálogo com seus parceiros cotidianos de repartição e Palácio, e mesmo com a posteridade.[43]

Mas se os acervos são, inicialmente, acumulados por funções práticas e dizem respeito aos propósitos de sua fonte (no caso, o próprio Aurélio Viríssimo de Bittencourt), secundariamente devem ser considerados os não menos importantes projetos dos herdeiros e guardiões dessa memória documental.

Talvez mais conhecido do que Aurélio de Bittencourt seja seu neto Dário de Bittencourt. Ele foi o primogênito de Aurélio Júnior e, quando este faleceu, em 1910, ficou sob os cuidados do avô paterno. Dário de Bittencourt foi poeta, advogado, professor, integralista e procurou valorizar a trajetória do avô, um negro bem-sucedido.

Em 17 de agosto de 1936, Dário de Bittencourt enviou correspondência para Ildefonso Juvenal da Silva (intelectual negro nascido em Santa Catarina, em 1884), dizendo que gostaria de escrever algumas biografias e que já havia redigido uma sobre Francisco Ricardo, além de ter pronto um trabalho sobre Silva Dias, "mestiço como ambos nós". Na referida missiva, Dário exterioriza sua intenção de escrever uma biografia sobre o avô Aurélio e pede informações sobre os bisavós paternos, naturais de Santa Catarina.

Em carta ao mesmo destinatário datada de 11 de outubro de 1936, Dário informou que esteve absorvido pela apresentação de dois trabalhos no Segundo Congresso Provincial Integralista ("A propaganda integralista pelo uso da camisa verde" e "Representação política e representação profissional"). Disse também que, com amigos da Academia Rio-grandense de Letras e do Instituto Histórico e Geográfico do Rio Grande do Sul, realizou um antigo desejo: a fundação da Sociedade de Investigações Africanistas e Ameríndias, da qual se tornara vice-presidente, com Dante de Laytano como presidente e Ary Martins ocupando a secretaria geral. Em seguida, anunciou que ocorreria em duas semanas a primeira reunião pública promovida pela instituição, com a apresentação dos trabalhos "As moléstias africanas no Rio Grande do Sul" (de Xavier da Rocha), "Alma selvagem" (de Leopoldo Bettiol, sobre a religião africana) e "A liberdade religiosa no Brasil: o batuque em face da lei" (de sua autoria).[44]

Não sabemos os motivos que levaram ao malogro desse projeto biográfico, porém, tal projeto foi substituído a contento pela iniciativa de Dário de Bittencourt de doar o arquivo particular de Aurélio de Bittencourt a duas instituições de preservação da memória documental: o Instituto Histórico e Geográfico do Rio Grande do Sul e o Arquivo Histórico do Rio Grande do Sul. O pardo Aurélio Viríssimo de Bittencourt foi, assim, eternizado como liderança da comunidade negra.

Sobre a relação de Aurélio com a literatura, Múcio Teixeira (1920) afirmou o seguinte:

> É pena que o Aurélio de Bittencourt tivesse desperdiçado a sua bela inteligência em ligeiros contos e artigos de política local, chegando quase a bater à porta dos setenta anos sem ter produzido uma obra de arte que o recomendasse aos vindouros. Nem se me diga que a burocracia lhe absorveu inteiramente o tempo, pois as horas que passou nas sacristias, ou ajoelhado diante dos altares, se as empregasse na elaboração de um livro de costumes regionais, ou descrevendo as torturas da sua raça durante os três séculos da escravidão, ou mesmo numa série de biografias dos homens que conheceu de perto, a começar pelos presidentes e governadores com quem serviu, outro seria hoje em dia seu nome nos fastos de nossa literatura. (p. 216)

Em sua implicância, que talvez estivesse associada a doses generosas de inveja, Múcio concluiu que Aurélio não se dedicou à literatura como podia e como devia. Ele o comparou a Machado de Assis, ambos funcionários públicos, "ambos da mesma raça", mas com uma fundamental diferença: o primeiro conseguira sobressair-se nas letras, enquanto Aurélio teria desperdiçado seu tempo com a burocracia e, principalmente, "nas sacristias, ou ajoelhado diante dos altares". O mérito de Machado de Assis, segundo Múcio Teixeira, é que ele "soube aproveitar muito mais acertadamente as suas aptidões, que aliás em nada eram superiores às de Aurélio de Bittencourt" (p. 218). Companheiro de Aurélio do tempo do Parthenon Literário (associação criada em 1868), Múcio conhecia suas qualidades. Seu argumento tem certo embasamento, mas é injusto. Aurélio Viríssimo de Bittencourt aprendeu cedo o valor da educação e provavelmente encontrou no associativismo e na devoção religiosa um bálsamo para o desenraizamento, para a distância da família e mesmo para o preconceito racial. Assim, dedicou-se com afinco ao serviço público (sendo sua trajetória um exemplo de meritocracia) e ao associativismo religioso (por meio do qual se tornou um mediador ao mesmo tempo político e étnico).

Notas

1. A pesquisa que deu origem a este texto conta com o apoio do Conselho Nacional de Desenvolvimento Científico e Tecnológico (CNPq) e da Fundação de Amparo à Pesquisa do Estado do Rio Grande do Sul (Fapergs).
2. Borges de Medeiros assumiu a presidência do estado em 1898, nela permaneceu até 1908. Retornou em 1913 e apenas em 1928 entregou o poder a seu sucessor, Getulio Vargas.
3. Grifo nosso. Documentos sobre essas comemorações podem ser encontrados no Arquivo Particular de Aurélio de Bittencourt, custodiado pelo Instituto Histórico e Geográfico do Rio Grande do Sul (Arquivo Particular de Aurélio Viríssimo de Bittencourt/ Arquivo Histórico do Rio Grande do Sul – APAVB/ AHRS).
4. O tenente-coronel Aurélio Viríssimo de Bittencourt foi aposentado no cargo de diretor-geral da repartição central da Secretaria dos Negócios do Interior e Exterior pelo Decreto n. 1.945, de 17 de março de 1913, "tendo em vista a inspeção de saúde a que [...] foi submetido" e em conformidade com o Decreto n. 119, de 31 de dezembro de 1897, artigo 62, que determinava que "o empregado com mais de 14 anos de serviço, invalidado para nele continuar, poderá ser aposentado com todos os vencimentos se se houver distinguido por notáveis serviços ao Estado". O decreto de 1913 foi assinado pelo presidente do estado, Borges de Medeiros, e pelo secretário Protásio Alves, mas, na prática, Aurélio ainda continuou a prestar serviços na repartição pública até época próxima de sua morte.
5. Em nossas pesquisas não conseguimos ainda confirmar esse cargo.
6. Aurélio foi sepultado em 24 de agosto de 1919 e seu registro de óbito informa que ele faleceu às oito horas da manhã do dia anterior, em sua residência no centro de Porto Alegre (rua General Bento Martins, n. 53). Ele tinha 69 anos, era casado, sua profissão era funcionário público e sua cor, parda; a causa principal da morte fora uma arteriosclerose generalizada (Centro de Documentação e Pesquisa da Santa Casa de Misericórdia de Porto Alegre – Cedop/ SCMPA, Livro de Óbitos, n. 30).
7. Amanuense era "o que escreve o que outrem dita, escrevente" (Silva, 1813, p. 115).
8. Trata-se de José Antônio Correia da Câmara, herói da Guerra do Paraguai, liderança liberal, senador do Império (1880-1889) e marechal do Exército.
9. Ver: Fortes e Wagner, 1963, p. 75, e Nabuco, 1997, p. 1.177.
10. Sobre a vida funcional de Aurélio de Bittencourt, ver as listas de pagamentos da fazenda provincial (Arquivo Histórico do Rio Grande do Sul – AHRS, F-336-53).
11. Existem dois arquivos particulares de Aurélio Viríssimo de Bittencourt: um custodiado pelo Arquivo Histórico do Rio Grande do Sul e outro pelo Instituto Histórico e Geográfico do Rio Grande do Sul.
12. Documento 659, 18 ago. 1902 (Arquivo Particular de Aurélio Viríssimo de Bittencourt/ Arquivo Histórico do Rio Grande do Sul – APAVB/ AHRS).
13. Documento 255, 10 jan. 1899 (APAVB/ AHRS).
14. Documento 270, 5 fev. 1899 (APAVB/ AHRS).
15. Documento 48 (APAVB/ AHRS).
16. Às 13 horas de 20 de agosto de 1901, Aurélio afirmava ter entregado importante telegrama diretamente ao telegrafista André Ribeiro, o qual atestava ser correligionário republicano "não somente pela afirmação do próprio, como porque na sala de família deparei com o vosso [de Júlio de Castilhos] ao lado do retrato do Marechal Floriano". Júlio e Floriano eram duas fortes representações ligadas ao republicanismo radical, ostentadas conjuntamente (Arquivo Histórico do Rio Grande do Sul, 2009, p. 312).

17. Em 7 de fevereiro de 1902, o *Correio do Povo* publicou um artigo assinado pelo doutor Rafael de Mattos, "pseudônimo do famoso senador pestoso", tecendo críticas ao governo do PRR. Aurélio assim descreveu esse texto: "Nunca vi tanta farofa reunida. [...] Decididamente o sótão do ilustre clínico está cheio de macaquinhos. O artigo não vale o reclame" (Arquivo Histórico do Rio Grande do Sul, 2009, p. 346). Ramiro Barcelos foi senador da República entre 1890 e 1906 (Aita *et al.*, 1996).
18. Ramiro Fortes de Barcelos nasceu em 23 de agosto de 1851, em Cachoeira do Sul, Rio Grande do Sul.
19. Ver: Andrews, 1998 e 2007; Domingues, 2004; Gomes, 2005.
20. Arquivo Histórico do Rio Grande do Sul (AHRS) – Sociedade de Beneficência Porto-alegrense, livro 30.
21. "A ideia da criação de uma Sociedade Portuguesa de Beneficência foi levada a cabo pelo vice-cônsul de Portugal, Antonio Maria do Amaral Ribeiro. Após várias reuniões, no dia 26 de fevereiro de 1854, na sala de sessões da Santa Casa de Misericórdia, foi criada a instituição. Nesta reunião também foram aprovados os estatutos e o presidente eleito foi o próprio fundador" (Museu de História da Medicina do Rio Grande do Sul, s/d).
22. A escolha desse padroeiro teria sido motivada pela proteção divina contra "pestes" (ver: Silva Júnior, 2008, p. 91, 113 e 127). Segundo seus estatutos, a Sociedade de Beneficência Brasileira União tinha como principais fins: "§ 1º Prover a subsistência dos sócios, ou suas famílias, que se acharem em estado de indigência. § 2º Prover sobre o tratamento dos sócios enfermos no caso de, por qualquer eventualidade, não poderem trabalhar, e se acharem faltos de recursos. § 3º Procurar ocupação para aqueles sócios que se acharem desempregados, isto quanto estiver no alcance da sociedade. § 4º Concorrer para a educação e instrução dos filhos dos sócios pobres que o não puderem fazer. § 5º A disposição do § antecedente é extensiva aos filhos das viúvas, ainda que pensionadas pela sociedade, sendo arbitrada pela diretoria uma pensão para os menores em questão. § 6º Proteger e defender perante os tribunais criminais todos os sócios que forem injustamente acusados, ou mesmo aqueles que compelidos por uma triste fatalidade tenham-se tornado réus, uma vez que a acusação não seja de ter praticado assassinato em juízo perfeito (quando não haja circunstâncias que o justifiquem), furto, roubo e estupro" (Arquivo Histórico do Rio Grande do Sul – AHRS, Requerimentos, maço 98, diversos).
23. Ver também: Arquivo Histórico do Rio Grande do Sul – Sociedade de Beneficência Porto-alegrense, Livro das Atas e mais resoluções. Realmente, desde pelo menos setembro de 1867, Aurélio ocupava o cargo de fiscal da Sociedade de Beneficência União. A sua inserção nessa associação, entretanto, não vale como prova de que a União aceitava indivíduos egressos do cativeiro em seus cargos diretivos, já que Aurélio havia nascido livre.
24. Arquivo Histórico da Cúria Metropolitana de Porto Alegre – AHCMPA, livro 3 da Igreja do Rosário, p. 97v. Segundo Nei Lopes, Aurélio Viríssimo de Bittencourt teria redigido uma biografia do vigário Freitas, à qual, infelizmente, não tivemos acesso (Lopes, 2004, p. 121).
25. Arquivo Público do Estado do Rio Grande do Sul – Apers, Segundo Cartório do Cível, 1895, auto 589, maço 18 (inventário). "Joana Joaquina de Bittencourt faleceu aos 15 dias de agosto de 1894, de insuficiência aórtica. Tinha 47 anos de idade, natural deste estado, casada e de cor parda. Foi solenemente encomendada na Capela dos Passos pelo cônego José Marcelino de Souza Bittencourt" (Arquivo Histórico da Cúria Metropolitana de Porto Alegre – AHCMPA, livro 8 da Igreja das Dores).
26. Ver: Müller, 1999; Zubaran, 2008.
27. Outras formas políticas de usar a imagem, trajetória e negritude de Aurélio de Bittencourt serão vistas adiante. Aqui cabe apenas mencionar um de seus raros biógrafos, o seu antigo companheiro de literatura, que depois se tornou seu antagonista, Múcio Teixeira. Em 1920, Múcio publicou um livro com várias biografias, chamado *Os gaúchos*, em que esboçou alguns traços de Aurélio, destacando a questão racial: "O Aurélio era preto, como o Gonçalves Crespo e o Cruz e Souza; quero dizer não tão retinto como o conselheiro Rebouças ou o professor Hemetério, mas daquela pretidão discreta de Luiz Gama, limpa e bonita como a pretidão de amor que o Camões diz que bem merecia ser trocada pela alvura de Vênus" (Teixeira, 1920, p. 214-9).
28. "Em 20 de dezembro de 1881, o juiz da devoção de São Francisco Xavier, Aurélio Viríssimo de Bittencourt, convidou o presidente da província, Francisco de Carvalho Soares Brandão, para a procissão que sairia da Igreja das Dores a 25 do corrente" (Arquivo Histórico do Rio Grande do Sul – AHRS, Autoridades Religiosas, caixa 7, maço 14).

29. Arquivo Público do Estado do Rio Grande do Sul – Apers, Primeiro Cartório Cível e Crime, maço 134, auto 3.619.
30. Arquivo Particular de Aurélio Viríssimo de Bittencourt/ Instituto Histórico e Geográfico do Rio Grande do Sul – APAVB/ IHGRS, pasta 4/4 – Porto Alegre.
31. Arquivo Público do Estado do Rio Grande do Sul – Apers, Primeiro Cartório Cível e Crime, maço 134, auto 3.619.
32. *Ibidem*.
33. Arquivo Histórico do Rio Grande do Sul, 2009, p. 79; Arquivo Particular de Aurélio Viríssimo de Bittencourt/ Arquivo Histórico do Rio Grande do Sul – APAVB/ AHRS, documento 114.
34. Arquivo Público do Estado do Rio Grande do Sul – Apers, Comarca de Porto Alegre, inventário n. 265, 1º jan. 1911.
35. Segundo Barth (*apud* Lima, 2006), "Relações sociais formam redes, e não apenas cadeias ou trilhas, precisamente porque cada pessoa e grupo constituem um ponto de encontro, ou nó, de muitas relações. Assim, cada ator pode ser olhado como centro de uma 'estrela de primeira grandeza' [...] de relacionamentos. A complexidade de toda a rede na qual certo número de estrelas se emaranha é enorme; mas as imagens nos permitem ao menos provisoriamente falar de sociedades como um todo nesses termos" (p. 266).
36. Arquivo Particular de Aurélio Viríssimo de Bittencourt/ Arquivo Histórico do Rio Grande do Sul – APAVB/ AHRS, maço 5, documentos 449 e 457.
37. Arquivo Particular de Aurélio Viríssimo de Bittencourt/ Arquivo Histórico do Rio Grande do Sul – APAVB/ AHRS, maço 5, documentos 449 e 457. Os grifos estão no documento original. Em 1900, outro caso de libidinagem envolvendo um padre provocou a intervenção do governo e críticas à ação dos maçons. Em 28 de dezembro daquele ano, às dez horas da manhã, escrevia Aurélio para Júlio de Castilhos: "O Carrard, juiz distrital de São Sebastião, enviou ao Bento Porto um próprio, comunicando que os adversários ligados à maçonaria conseguiram do pai da menor poderes ao Menna Bastos para dar queixa contra o padre Laack, acusando-o do defloramento da filha. O tal pai depôs perante o Bento, dizendo que tudo era obra da mulher e que ele não era parte contra o padre, que julgava inocente. Agora virou por efeito de trabalho maçônico. O Bento, à vista desta nova manobra, seguiu hoje para o Caí, visto que a audiência está marcada para amanhã. Regressará domingo à noite. Pediu-me que vos desse estas informações e levou a disposição de se não deixar ludibriar pela maçonaria, que parece querer dar-lhe um codilho" (Arquivo Histórico do Rio Grande do Sul, 2009, p. 255). Não são raros os conflitos entre Igreja católica e maçonaria descritos nos documentos compulsados para a produção deste texto. Como devoto vigoroso, Aurélio repudiava a ação nefasta da maçonaria e, pelo menos nas correspondências que trocava com seu secretário, Júlio de Castilhos concordava com esse posicionamento. O fato contraditório é que Borges de Medeiros, talvez sem que seus correligionários mais próximos soubessem, estava ligado a uma loja maçônica de São Sepé: "Tudo indica que Borges, contrariando a regra positivista de 'viver às claras', dissimulou sua filiação à ordem maçônica" (Franco, 1996, p. 68). Para mais críticas à maçonaria, ver: Arquivo Histórico do Rio Grande do Sul, 2009, p. 85 e 246.
38. Arquivo Particular de Aurélio Viríssimo de Bittencourt/ Arquivo Histórico do Rio Grande do Sul – APAVB/ AHRS, maço 5, documento 426, 1º out. 1900.
39. Apesar disso, como vimos no processo relativo ao padre Tiecher, o secretário da Ordem Terceira das Dores, Ernesto José de Carvalho, era escriturário da alfândega, o que demonstra a participação, pelo menos nas Dores, também de setores sociais médios. Ver: Nascimento, 2006; Tavares, 2007.
40. Em janeiro de 1877, a Devoção do Menino Deus, por intermédio de seu tesoureiro, Aurélio V. de Bittencourt, convidou o presidente da província e "sua excelentíssima família" para a festa de Reis que ocorreria no dia 6 daquele mês, às onze horas da manhã (Arquivo Histórico do Rio Grande do Sul – AHRS, Autoridades Religiosas, maço 14). Em 12 de janeiro de 1901, o secretário Aurélio comunicou a Júlio de Castilhos que não poderia passar o domingo na chácara da Figueira: "Sabeis que sou o juiz da devoção e que faltar a esse ato religioso no dia do padroeiro é cometer pecado mortal. O meu desejo veemente era assistir à palestra de todo o dia, confortando o espírito e sempre aprendendo na vossa lição fecunda. Mas, se eu

EXPERIÊNCIAS DA EMANCIPAÇÃO **105**

faltar ao templo à hora convencionada, serei vítima de pragas sem conta do Club das Bahianinhas, que me escolheu para padrinho do estandarte. Que honra para a família!" (Arquivo Histórico do Rio Grande do Sul, 2009, p. 128 e 273).
41. *O Exemplo*, 13 maio 1904.
42. Carta patente assinada pelo então presidente da província, Henrique de Ávila (Arquivo Particular de Aurélio Viríssimo de Bittencourt/ Instituto Histórico e Geográfico do Rio Grande do Sul – APAVB/ IHGRS).
43. Ver: Ribeiro, 1998; Fraiz, 1998; Heymann, 1997.
44. Arquivo Particular de Aurélio Viríssimo de Bittencourt/ Instituto Histórico e Geográfico do Rio Grande do Sul – APAVB/ IHGRS, Estado e Anexos, pasta 2.

Referências bibliográficas

AITA, Carmen; AXT, Gunter; ARAÚJO, Vladimir (orgs.). *Parlamentares gaúchos das cortes de Lisboa aos nossos dias: 1821-1996*. Porto Alegre: Assembleia Legislativa do Estado do Rio Grande do Sul, 1996.

ANDREWS, George R. *América Afro-latina (1888-2000)*. São Carlos/ São Paulo: EdUFSCar, 2007.

_____. *Negros e brancos em São Paulo (1888-1988)*. São Paulo: Edusc, 1998.

ARQUIVO HISTÓRICO DO RIO GRANDE DO SUL. *Política e poder nos primeiros anos da República: a correspondência entre Júlio de Castilhos e seu secretário, Aurélio Viríssimo de Bittencourt*. Porto Alegre: EdiPUCRS, 2009 (organização de Paulo Roberto Staudt Moreira e Rejane Penna).

BOURDIEU, Pierre. "A ilusão biográfica". In: FERREIRA, Marieta de Moraes; AMADO, Janaína (orgs.). *Usos & abusos da história oral*. Rio de Janeiro: Editora FGV, 1996, p. 183-91.

CANDIDO, Antonio. *Um funcionário da monarquia: ensaio sobre o segundo escalão*. Rio de Janeiro: Ouro sobre Azul, 2002.

CHALHOUB, Sidney. *Machado de Assis, historiador*. São Paulo: Companhia das Letras, 2003.

DOMINGUES, Petrônio. *Uma história não contada: negro, racismo e branqueamento em São Paulo no pós-abolição*. São Paulo: Editora Senac São Paulo, 2004.

FORTES, Amyr Borges; WAGNER, João B. S. *História administrativa, judiciária e eclesiástica do Rio Grande do Sul*. Porto Alegre: Globo, 1963.

FRAIZ, Priscila. "A dimensão autobiográfica dos arquivos pessoais: o arquivo de Gustavo Capanema". *Estudos Históricos*, Rio de Janeiro, v. 11, n. 21, p. 59-88, 1998.

FRANCO, Sérgio da Costa. *Júlio de Castilhos e sua época*. 4. ed. Porto Alegre: Editora da UFRGS, 1996.

GARCIA, Fábio. *Negras pretensões: a presença de intelectuais, músicos e poetas negros nos jornais de Tijucas e Florianópolis no início do século XX*. Florianópolis: Umbutu, 2007.

GOMES, Flávio dos Santos. *Negros e política (1888-1937)*. Rio de Janeiro: Zahar, 2005 (Coleção Descobrindo o Brasil).

GRINBERG, Keila. *O fiador dos brasileiros*. Rio de Janeiro: Civilização Brasileira, 2002.

HEYMANN, Luciana Quillet. "Indivíduo, memória e resíduo: uma reflexão sobre arquivos pessoais e o caso Filinto Müller". *Estudos Históricos*, Rio de Janeiro, v. 10, n. 19, p. 41-66, 1997.

ISAIA, Artur Cesar. "Catolicismo e castilhismo". In: RECKZIEGEL, Ana Luiza; AXT, Gunter (orgs.). *República Velha (1889-1930)*. Passo Fundo: Méritos, v. 3, t. 2, 2007, p. 23-8 (Coleção História Geral do Rio Grande do Sul).

JUVENAL, Amaro. *Antônio Chimango*. Porto Alegre: Globo, 1952.

KARSBURG, Alexandre de Oliveira. *Sobre as ruínas da velha matriz: religião e política em tempos de ferrovia – Santa Maria, Rio Grande do Sul, 1880/1910*. Santa Maria: Editora UFSM, 2007.

KERSTING, Eduardo. *Negros e a modernidade urbana em Porto Alegre: a colônia africana (1880-1920)*. 1998. Dissertação (Mestrado em História) – Instituto de Filosofia e Ciências Humanas, Universidade Federal do Rio Grande do Sul, Porto Alegre, Rio Grande do Sul.

LEVI, Giovanni. *A herança imaterial: trajetória de um exorcista no Piemonte do século XVII*. Rio de Janeiro: Civilização Brasileira, 2000.

LIMA, Henrique Espada Rodrigues. *A micro-história italiana: escalas, indícios e singularidades*. Rio de Janeiro: Civilização Brasileira, 2006.

Lopes, Nei. *Enciclopédia brasileira da diáspora africana*. São Paulo: Selo Negro, 2004.

Moreira, Paulo Roberto Staudt. "Fragmentos de um enredo: nascimento, primeiras letras e outras vivências de uma criança parda numa vila fronteiriça (Aurélio Viríssimo de Bittencourt/ Jaguarão, século XIX)". In: Paiva, Eduardo França; Martins, Ilton César; Ivo, Isnara Pereira (orgs.). *Escravidão, mestiçagens, populações e identidades culturais*. São Paulo: Annablume, 2010, p. 115-38.

_____. "Um negro de clara sorte na terra e límpida estrela no céu: inserções profissionais e associativas de um pardo nos Oitocentos". In: Schmidt, Benito Bisso (org.). *Trabalho, justiça e direitos no Brasil: pesquisa histórica e preservação das fontes*. São Leopoldo: Oikos, 2010, p. 71-89.

Müller, Liane Susan. *"As contas do meu rosário são balas de artilharia": irmandade, jornal e sociedades negras em Porto Alegre – 1889-1920*. 1999. Dissertação (Mestrado em História) – Faculdade de Filosofia e Ciências Humanas, Pontifícia Universidade Católica do Rio Grande do Sul, Porto Alegre, Rio Grande do Sul.

Museu de História da Medicina do Rio Grande do Sul. "Beneficência Portuguesa, Hospital", s/d. Disponível em: <http://www.muhm.org.br/index.php?formulario=sys_instituicoes_notas&metodo=0&submenu=4&linguagem=por>. Acesso em: 24 jun. 2011.

Nabuco, Joaquim. *Um estadista do Império*. 5. ed. Rio de Janeiro: Topbooks, 1997.

Nascimento, Mara Regina do. *Irmandades leigas em Porto Alegre: práticas funerárias e experiência urbana (séculos XVIII-XIX)*. 2006. Tese (Doutorado em História) – Instituto de Filosofia e Ciências Humanas, Universidade Federal do Rio Grande do Sul, Porto Alegre, Rio Grande do Sul.

Ribeiro, Renato Janine. "Memórias de si, ou..." *Estudos Históricos*, Rio de Janeiro, v. 11, n. 21, p. 35-42, 1998.

Rodríguez, Ricardo Vélez. "O castilhismo e as outras ideologias". In: Reckziegel, Ana Luiza; Axt, Gunter (orgs.). *República Velha (1889-1930)*. Passo Fundo: Méritos, v. 3, t. 1, 2007, p. 57-88 (Coleção História Geral do Rio Grande do Sul).

Santos, José Antônio dos. "Intelectuais negros e imprensa no Rio Grande do Sul: uma contribuição ao pensamento social brasileiro". In: Silva, Gilberto Ferreira da; Santos, José Antônio dos; Carneiro, Luiz Carlos da Cunha (orgs.). *RS negro: cartografias sobre a produção do conhecimento*. Porto Alegre: EdiPUCRS, 2008a, p. 83-99.

_____. "O *curriculum vitae* como vestígio do passado: Dario de Bittencourt (1901-1974), uma eminência duplamente parda". *Vestígios do passado: a história e suas fontes*, São Leopoldo, 2008b (IX Encontro Estadual de História – Anpuh-RS). Disponível em: <http://www.eeh2008.anpuh-rs.org.br/resources/content/anais/1212439744_ARQUIVO_DARIODEBITTENCOURT.pdf>. Acesso em: 27 jun. 2011.

_____. *Raiou a alvorada: intelectuais negros e imprensa, Pelotas (1907-1957)*. Pelotas: Editora Universitária, 2003.

Schwarcz, Roberto. *Um mestre na periferia do capitalismo: Machado de Assis*. São Paulo: Livraria Duas Cidades, 1990.

Silva, António de Moraes. *Dicionário da língua portuguesa*. Lisboa: Tipografia Lacerdina, t. 1, 1813.

Silva Júnior, Adhemar Lourenço da. *As sociedades de socorros mútuos: estratégias privadas e públicas (estudo centrado no Rio Grande do Sul-Brasil, 1854-1940)*. 2004. Tese (Doutorado em História) – Pontifícia Universidade Católica do Rio Grande do Sul, Porto Alegre, Rio Grande do Sul.

Tavares, Mauro Dillmann. *Irmandades religiosas, devoção e ultramontanismo em Porto Alegre no bispado de dom Sebastião Dias Laranjeira (1861-1888)*. 2007. Dissertação (Mestrado em História) – Universidade do Vale do Rio dos Sinos, São Leopoldo, Rio Grande do Sul.

Teixeira, Múcio. *Os gaúchos*. Rio de Janeiro: Livraria Leite Ribeiro, 1920.

Zilberman, Regina; Moreira, Maria Eunice; Assis Brasil, Luiz Antonio de (orgs.). *Pequeno dicionário da literatura do Rio Grande do Sul*. Porto Alegre: Novo Século, 1999.

Zubaran, Maria Angélica. "Comemorações da liberdade: lugares de memórias negras diaspóricas". *Anos 90*, Porto Alegre, v. 15, n. 27, p. 161-87, 2008.

5 ANTÔNIO: DE OLIVEIRA A BAOBAD

BEATRIZ ANA LONER

Este texto pretende promover uma reflexão sobre a trajetória de alguns trabalhadores negros, alguns deles ex-escravos, no período final da abolição e na época seguinte, a Primeira República.[1] Partirei da trajetória de Antônio Baobad e seus companheiros. Ex-escravo que foi liderança operária e étnica, fazendo parte do grupo fundador do jornal *A Alvorada*, Antônio aparece em várias atividades da Pelotas operária de fins do século XIX e do início do novo século. Incomum, seu percurso retrata a máxima exploração das oportunidades surgidas com a libertação dos trabalhadores negros em 1888, ao mesmo tempo que revela algumas das limitações que enfrentaram em sua tentativa de integração à sociedade capitalista em formação no Brasil.

No que concerne à fundamentação teórica, filio-me àqueles que ainda trabalham com condicionantes estruturais que balizam a vida dos agentes históricos, mas também procuro ver, em cada trajetória individual, as marcas das escolhas possíveis entre as trilhas disponíveis (Przeworski, 1995), considerando tanto aquelas mais fáceis ou óbvias como as fabricadas pelos próprios agentes, normalmente mais difíceis ou trabalhosas.

Ainda jovem, quando tomei contato com as obras de Isaac Deutscher – especialmente suas biografias de Trótski (1968) e Stálin (1970), editadas pela Civilização Brasileira em vários volumes –, compreendi como a análise da trajetória de um indivíduo pode ser fundamental para contextualizar determinada dimensão histórica, além de permitir a avaliação de sua influência individual no desenvolver do processo. Dessa forma, em que pese a desproporção na comparação com tal autor, pretendo deixar minha contribuição ao tema, trazendo à tona a trajetória de um operário negro na cidade de Pelotas, especialmente no pós-abolição, para, assim, abordar várias questões relevantes referentes à sua vida e militância naquele momento.

Bourdieu (1986) nos adverte sobre os riscos de tentar traçar trajetórias pessoais como se fossem lineares ou unidirecionais, como se pudessem ser definidas apenas pelas obras realizadas ou pelo papel desempenhado em certas situações pelos indivíduos. Agindo assim, estaríamos dando à vida das pessoas um sentido quase teleológico, que só poderia existir *a posteriori*, pois as trajetórias da maioria dos indivíduos não são retilíneas desde o início, muito menos unilaterais; pelo contrário, costumam apresentar desvios, hesitações, caminhos paralelos, o que muitas vezes decorre de tentativas (sociais, profissionais, religiosas) diversas de cada indivíduo de achar um espaço, um caminho que lhe possibilite viver mais tranquilamente.

Obviamente, nessa tentativa de encontrar um espaço interferem, de modo vigoroso, as limitações de cada pessoa, que são determinadas por seu capital cultural (Bourdieu, 1990), sua cor, sua classe, seu sexo, sua nacionalidade. Desse modo, fatores variados influenciam na quantidade de oportunidades abertas a cada indivíduo, de acordo com suas singularidades e com o contexto histórico e geográfico.

Tal como a de seus semelhantes, a existência de Antônio esteve imersa, em sua maior parte, no cotidiano típico do trabalhador pobre, o que fez que ele sofresse as limitações que sua cor e origem lhe impunham. Nesse sentido, poderia ser visto como um arquétipo: inicialmente escravo, depois operário manual, solteiro, morando em casebres úmidos da periferia de uma cidade rica e, por fim, tendo uma morte precoce provocada por uma doença extremamente comum entre os trabalhadores da época: a tuberculose. Mas, ao mesmo tempo, ele ampliou os limites do que era considerado possível a alguém com tais desvantagens de origem e acabou tendo uma existência marcante, participando ativamente da vida de sua(s) comunidade(s). Se assim aconteceu, isso se deveu não só às oportunidades que se apresentaram e que foram por ele aproveitadas como também às escolhas que assumiu ao longo de sua vida, dentro das possibilidades disponíveis a trabalhadores como ele, numa cidade importante pelo seu desenvolvimento cultural e econômico – a Pelotas do final do século XIX e início do XX.

Antônio representa um grupo de trabalhadores negros que viveram tanto a realidade da escravidão como a da liberdade, compartilhando, ao longo de sua vida, experiências e esperanças com outros militantes, negros e brancos, sendo muitos deles trabalhadores manuais como ele, e acompanhando-os na luta por uma vida melhor. Dessa forma, serão feitas referências também a outras trajetórias, que se entrecruzaram com a sua.

O título deste texto reflete a evolução intelectual e política de Antônio. Inicialmente ele se apresentava com o sobrenome *de Oliveira*, herdado de seu ex-patrão, ou de quem o representava. Depois de liberto, continuou ainda por alguns anos a usar esse sobrenome, até que, em meados da década de 1890, ele se livra do passado ao adotar o sobrenome *Baobad* (ou *Baubab*), fazendo referência à gigantesca árvore africana conhecida por suas grossas raízes. O momento de troca do nome também parece ter sido de uma inflexão em sua trajetória de vida, sendo marcado pela percepção de que a luta étnica e a luta operária tinham igual importância. Com a mudança de nome, ele deu maior ênfase à sua condição étnica e às suas origens africanas, embora tivesse mantido sua atuação sindical e reafirmado seu ideal socialista.

Por outro lado, a vida de Baobad também revela a trajetória do operariado urbano gaúcho, pois a posterior afirmação de suas raízes étnicas não escondeu sua vivência operária, tendo-se constituído como ser político e social ao longo desse caminho, tal como seu irmão e demais companheiros. E assim Antônio se apresenta em nossa investigação, baseada no que Rodolpho Xavier (seu irmão) falou a respeito dele e no que conseguimos descobrir por meio da pesquisa de outras fontes.

Antônio: escravo, crioulo, de cor preta...

A atenção voltou-se para Antônio por meio da publicação de crônicas escritas por seu irmão, Rodolpho Xavier, em dois números do jornal *A Alvorada*, sendo o intervalo entre as publicações de exatamente vinte anos.[2] Na primeira, de 5 de maio de 1935, é enfatizado seu papel na liderança da categoria dos chapeleiros, e na segunda, sua dedicação ao jornal, tendo participado de seus primeiros números e falecido logo a seguir. Essas crônicas revelaram-se fundamentais fontes de informação a respeito de sua vida, cujo estudo foi complementado por pesquisas em jornais diários e arquivos, com a conformação de algumas certezas e a permanência de algumas dúvidas.

Antônio nasceu em 17 de agosto de 1861, tendo por mãe a crioula Eva, escrava de Domingos Ignácio Xavier.[3] Não sabemos quem foi seu pai, embora um homem livre, Francisco Xavier, conste nos documentos como seu padrinho.[4] Em sua certidão de nascimento consta a expressão "de cor preta", mas em outros assentamentos encontrados sua cor varia, sendo classificado como pardo ou até branco.[5] Ao que parece, sua mãe teve filhos de seu escravizador, Domingos, sendo Rodolpho, provavelmente, um deles. Apenas ao final de sua vida Rodolpho inseriu em sua carteira de trabalho o nome do pai, Domingos Xavier. Antes disso, optou por resgatar suas origens africanas, por intermédio de seu avô materno, trazido de Moçambique e que fugiu para integrar-se ao exército farroupilha.

Rodolpho afirmou que seu sobrenome "Oliveira" viera de seu último dono. Após a leitura e releitura do Catálogo das Cartas de Alforria[6] de Pelotas e cidades próximas, não se encontrou nenhuma carta que se referisse a alguém com seu perfil, idade aproximada, nome e proprietário de sobrenome Oliveira. Entretanto, ele pode ter sido colocado em uma oficina, por seu dono, para aprender a profissão de chapeleiro, como foi o caso de muitos trabalhadores escravizados na cidade, residindo nessa situação a explicação para seu sobrenome.

Em Pelotas, havia oficinas de chapelaria desde 1834, sendo que na década de 1880 três fábricas a vapor já aparecem no meio urbano. Em agosto de 1880, por exemplo, estabeleceu-se a fábrica de chapéus com máquinas a vapor de Manoel de Oliveira, produzindo chapéus de feltro, seda e lã. Seu proprietário empregava vários escravos como operários, o que pode ser confirmado pelas cartas de alforria, nas quais foram encontradas informações sobre o estabelecimento de contratos entre o próprio Manoel e trabalhadores chapeleiros, seus escravos, ou sobre sua atuação como intermediário entre chapeleiros escravizados e seus escravizadores. Eram contratos que previam trabalho adicional de cinco a sete anos, em geral, até a plena conquista da liberdade pelos trabalhadores.[7] Contudo, nenhum desses contratos condicionais com chapeleiros faz menção a alguém chamado Antônio. Ainda sobre Manoel José de Oliveira, vale destacar que em 1884, envolvendo-se na campanha de emancipação do município, participou do comitê de libertação da rua São Miguel, mesma rua em que se situava seu estabelecimento.

Vasculhando-se também contratos condicionais e alforrias totais de anos anteriores (pois, segundo Rodolpho, Antônio teria se libertado por volta de 1880), nada se encontrou com seu nome e perfil, apenas documentos de outras cidades, o que abre outras possibilidades, como a de ter sido alugado ou ido trabalhar em outro ofício quando adolescente, tendo em seguida conseguido sua liberdade. Na hipótese de ter sido alugado, continuaria pertencendo a sua família de origem, e seu sobrenome deveria ser Xavier.

Sua mãe libertou-se em 1876, após comprar sua liberdade de Domingos Ignácio Xavier (Rio Grande do Sul/SARH, 2006, p. 505), estando matriculada e tendo sido inscrita sua carta de alforria no distrito rural do Boqueirão, distante da cidade. Assim, é difícil acreditar que Antônio tenha continuado com ela por toda a sua infância, pois tanto o fato de ter conseguido sua liberdade precocemente quanto o preparo mental (a profissão especializada e urbana que teve), além da informação fornecida por Rodolpho de que pagou professores para se alfabetizar logo depois de liberto, dão a ideia de que já tinha algum traquejo urbano, conhecendo os caminhos daquela sociedade em que se inseriria. Se tivesse sido empregado para os trabalhos de uma charqueada ou no campo, por exemplo, suas idas à cidade seriam apenas eventuais e teria uma profissão vinculada a tais atividades, como magarefe, boleeiro, sebeiro etc., o que não se verificou, pois trabalhou sempre como chapeleiro e foi mestre em seu ofício.

A data em que se torna livre se situa, provavelmente, entre os anos de 1880 e 1881, pois em 1882 passou a frequentar as aulas noturnas da Biblioteca Pública, exclusivas para pessoas livres. Naquela altura, de acordo com Rodolpho, já estava alfabetizado, "estudando até altas horas da noite, depois de ter mourejado o dia anterior, e pagando professores logo após em que [sic] obteve a liberdade [...], isto depois de 80 ou 81"

(*A Alvorada*, 5 maio 1935). Essas breves frases, além de "teve a desdita de ter nascido escravo" (*ibidem*), são as únicas informações que Rodolpho nos deixou sobre esse assunto.

Existe ainda a possibilidade de que ele tenha constituído um pecúlio próprio e comprado sua liberdade. Contudo, parece evidente que, se fosse esse o caso, Xavier provavelmente teria ele próprio alardeado essa condição de libertado de Antônio, coisa que não fez, utilizando uma expressão neutra, "obteve", em vez de "comprou". O fato de Xavier não ter explicado melhor as condições da libertação de Antônio pode ser entendido de duas formas: ele não sabia disso ou não queria relatar o ocorrido. A primeira possibilidade é pouco provável, e a segunda hipótese nos traz algumas questões sobre o próprio Xavier.

Ele já nasceu liberto, beneficiado pela Lei do Ventre Livre, mas obviamente teve muito contato com a escravidão, pois sua família, seus amigos, enfim, a maioria dos que o cercavam tinha passado por essa experiência. Contudo, ao falar da instituição escravista, condenando-a, ele raras vezes se referiu especificamente a sua cidade, e, quando o fez, foi de forma generalizante, como na seguinte declaração: "A escravidão nem nos cafezais foi tão dura e aviltante como nas senzalas das charqueadas" (*A Alvorada*, 7 ago. 1932). Ao se referir aos "tempos da escravidão", sempre fez comentários sobre eventos, pessoas ou instituições – festas, pretas minas, capoeira, associações –, quase nunca falando sobre a condição dos escravos. Obviamente, devia ter muitos dados sobre a condição escrava que poderiam ser aproveitados em suas crônicas, mas nunca os usou. Por quê?

Aos cronistas devemos aplicar os mesmos cuidados reservados aos depoimentos orais, dado que já são sobejamente conhecidos os mecanismos seletivos da memória. No caso de Rodolpho, por sua relevância e papel dentro da comunidade negra de Pelotas – ele estava praticamente instituindo a história oficial do grupo na cidade –, a sua memória poderia ser classificada como a memória étnica da escravidão. Mas se tratava de uma memória negociada, pois boa parte do grupo negro não queria relembrar suas raízes, algo que foi denunciado pelo próprio Rodolpho.[8]

Dessa forma, a ele podem ser aplicadas as advertências de Raphaël (1980) sobre a questão das memórias de grupos étnicos. Para esse autor, há uma reação dialética entre a memória coletiva e a "bricolagem", entre a imaginação reprodutiva e a imaginação criativa, pois a memória coletiva eleva a imaginação do grupo à das experiências fundadoras, sendo mais uma memória "constituinte" do que uma memória "constituída".

> A narração do fato passado não é o verdadeiro desse fato: o passado é imediata e inevitavelmente reconstruído por aquele que o conta, independentemente do meio social a que ele pertença. Os esquecimentos são tão significativos quanto as lembranças, porque eles testemunham o tra-

balho seletivo da memória, que descarta, mais ou menos inconscientemente, "aquilo que desarranja a imagem que nós fazemos de nós mesmos e de nosso grupo social".

[...]

A história oral deve necessariamente levar em conta o trabalho incessante da memória, que opera uma triagem dentro do passado em função das exigências do presente e que, ao mesmo tempo, inscreve, na paisagem e nos corpos, os mitos e as atitudes que remetem aos valores normativos do grupo. (Raphaël, 1980, p. 131 e 135)[9]

Rodolpho passou a vida toda tentando superar as consequências nefastas da escravidão, pois sua luta, como líder sindical e étnico, foi no sentido de conseguir para o trabalhador condições de existência dignas, com a conquista de direitos sociais. Devido a isso, buscou forjar o futuro dos trabalhadores no presente, apostando na luta sindical, na república e no socialismo, evitando que se relembrassem fatos e situações do período anterior, o que poderia dar ensejo à utilização do passado como desculpa para a falta de ação no presente. É nesse sentido que se deve entender a sua postura diante da situação anterior de Antônio.

Feitas essas considerações, podemos, considerando a hipótese de que tenha se libertado pela compra da alforria, chegar a algumas constatações: a primeira é que seria difícil que uma pessoa jovem conseguisse reunir a quantia necessária, por muito alta. Contudo, Antônio poderia ter constituído um pecúlio com suas economias e, em seguida, conseguido a liberdade por meio do Fundo de Emancipação, criado pelo governo imperial na época. Porém, sendo jovem e solteiro, ele precisaria, para ser contemplado, amealhar uma boa quantia em dinheiro. Se verdadeira, essa hipótese explicaria por que não se encontrou seu nome entre as cartas de alforria, pois, em alguns casos, os libertos pelo Fundo de Emancipação dos municípios não constavam das cartas.[10]

Antônio pode ter contado com o apoio da família para conseguir tal façanha, principalmente de sua mãe, que, no início da década de 1880, já havia se estabelecido na cidade, talvez trabalhando como cozinheira. Também pode ter contado com o apoio dos seus colegas de trabalho, chapeleiros, por meio da realização, entre eles, de uma cotização para que fosse libertado. Há notícias de ações desse tipo em outros locais do país, como, por exemplo, entre os tipógrafos do Rio de Janeiro (Vitorino, 2000). No entanto, se isso realmente aconteceu nesse caso, Xavier certamente mencionaria o fato, por tratar-se de um exemplo claro de solidariedade operária, o que não ocorreu. E esse tipo de mobilização em geral acontecia quando a categoria estava organizada, o que, entre os chapeleiros, só ocorreu alguns anos depois e já com a participação de Antônio. Além disso, sabendo-se que muitos eram os chapeleiros escravizados na cidade, fica difícil entender por que a Antônio, ainda muito jovem e recém-iniciado no serviço, seria facultado esse quase privilégio de ser auxiliado pelos seus pares, ajudando-o a libertar-se, em detrimento de tantos outros.

Uma possibilidade mais concreta diz respeito ao auxílio da Associação Lotérica Beneficente Feliz Esperança, da qual foi sócio e diretor. Essa associação, surgida em 1880 e célebre por institucionalizar práticas informais de apostas em loterias, auxiliou vários dos seus associados ao contribuir com dinheiro para a sua libertação. Sua diretoria contava com diversos indivíduos escravizados, inclusive na presidência, contrariando as determinações legais do Império. Era formada por negros, livres ou escravos, e funcionou, em seus primeiros anos, como uma associação para a realização de apostas, comprando bilhetes de loteria com o dinheiro arrecadado. Talvez isso pareça estranho aos nossos olhos, mas, na década de 1880, bem como na anterior, a aposta em loterias era muito comum entre todas as classes sociais, e os jornais frequentemente traziam notícias sobre prêmios obtidos pelos moradores de Pelotas. As próprias cartas de alforria comprovam que alguns escravos conseguiram ganhar prêmios lotéricos e, assim, assegurar sua libertação.[11]

Dessa forma, a associação participou da compra da liberdade de seu primeiro presidente, Justo José do Pacífico, liberto pelo Fundo de Emancipação do município, e de pelo menos mais três de seus diretores apenas no período compreendido entre 1880 e 1884. Frequentemente, ela associava seus esforços aos do Clube Abolicionista, cada qual entrando com uma contribuição financeira, o que, junto com a poupança do candidato à libertação, garantia o acúmulo do montante exigido pelo dono. Os sócios dessa associação, ao que parece, utilizavam-se de estratégias envolvendo a constituição de poupança individual, a coleta de dinheiro em eventos abolicionistas e até o casamento com já libertos ou indivíduos livres para acelerar sua libertação. Contudo, não sabemos como era o funcionamento interno da entidade, devido à falta de documentos. Moreira (2003) citou uma sociedade de escravos em Porto Alegre cujo esquema de libertação de seus membros consistia na contribuição contínua por parte de um número fechado de participantes, de acordo com uma cota fixa, até a libertação do último sócio. Talvez a Feliz Esperança trabalhasse da mesma forma, ou talvez apenas lidasse com apostas em loterias. A falta de estatutos dificulta o entendimento de seu funcionamento, mas a comparação das nominatas de suas diretorias com as cartas de alforria e notícias dos jornais nos trazem a certeza de que contribuía para a libertação de associados. Um desses associados pode ter sido Antônio, embora, no caso dele, não haja provas disso.

De qualquer forma, pode-se afirmar que, em inícios da década de 1880, Antônio já contava com o *status* de liberto, devendo buscar seus caminhos numa cidade preconceituosa, em que ser negro e ex-escravo só acentuava as desvantagens advindas da condição de indivíduo pobre e operário. Como ponto positivo pode ser citado o importante potencial econômico de Pelotas na época, com o estabelecimento de várias indústrias no local e a consequente demanda de trabalhadores. Do trabalho nessas indústrias dependiam totalmente inúmeros operários, que, assim como Antônio, precisavam sustentar-se por conta própria, da juventude até a velhice, na saúde e na doença, sem nenhum amparo governamental.

Antônio de Oliveira, liberto, aluno da Biblioteca Pública

Na década de 1880 Pelotas passou por um período extremamente agitado, devido à insegurança social e econômica trazida com a perspectiva da abolição da escravatura. Tendo sua economia baseada no charque, a cidade via com apreensão a iminência da abolição, porque ela diminuiria o mercado desse produto e eliminaria a forma tradicional de relacionamento com a mão de obra das charqueadas. Por isso mesmo, a campanha pela libertação dos escravos gerou muitos distúrbios e manifestações na cidade, com a elite sempre sobressaltada com as notícias sobre revoltas nas províncias do Rio de Janeiro e São Paulo, divulgadas por meio dos jornais. Para conjurar esses inconvenientes, os proprietários apostaram no mecanismo dos contratos por tempo de serviço, apresentado como a grande solução para o problema da escravidão. Assim, em 16 de outubro de 1884, realizou-se a "Festa da Emancipação", sendo a cidade declarada livre de escravos pelos mais entusiasmados defensores da ideia, embora, em termos práticos, tenha havido poucas modificações quanto ao tratamento e nível de exigência dos donos/patrões em relação aos trabalhadores escravizados/contratados.

Em termos jurídicos, o número de escravos diminuiu drasticamente (e, com isso, os ex-donos deixaram de pagar o imposto correspondente), para que a quantidade de indivíduos considerados libertos aumentasse. No entanto, esses indivíduos tiveram de sujeitar-se a uma nova situação legal que os obrigava a trabalhar pelo número de anos estipulado em seu contrato, podendo, ainda, ter sua força de trabalho alugada ou vendida a terceiros durante a vigência do contrato. Por outro lado, a nova situação jurídica proibia o uso dos velhos instrumentos de coação, como chicotes, troncos e gargalheiras.

O resultado prático dessas mudanças foi o incremento da deterioração da instituição escravista, pois muitos contratados, considerando-se enganados quanto a sua "liberdade", começaram a apresentar comportamentos ditos "insolentes" pelos seus contratantes, de forma tal que alguns destes preferiram rescindir contratos, abrindo mão de seus direitos sobre os trabalhadores. Vale ressaltar que muitos ex-escravos fugiram, buscando os países platinos, nos quais a escravidão já havia sido abolida há tempos, ou então deslocando-se para cidades próximas e desaparecendo, entre as ruas e os becos, após serem acolhidos por simpatizantes do abolicionismo.

Para os charqueadores, o clima de colapso do escravismo terminou por contaminar até os que juridicamente ainda eram escravos, levando à intensificação das fugas. Por isso, eles começaram a tomar medidas drásticas para atemorizar sua mão de obra e constrangê-la ao trabalho, o que resultou em mais fugas, tendo muitas delas culminado com o assassinato dos fugitivos em locais desertos, na serra ou nos arroios próximos.

A cidade enfrentou, no fim de 1887, uma suposta revolta escrava, terminada, aparentemente, com a vitória dos escravagistas, que conseguiram obter dos abolicionistas a promessa de que velariam pelo cumprimento dos contratos de trabalho (Loner, 2001). Contudo, a realidade das fugas continuou acentuando-se, especialmente a partir de janeiro de 1888, provocando uma grande insegurança em relação ao funcionamento das charqueadas naquela safra, o que ocasionou a redução da quantidade de gado comprada.

Certos grupos de trabalhadores urbanos tentaram apoiar a luta abolicionista de várias formas. Uma delas consistia na libertação de alguns escravos por intermédio de suas associações, outra, mais evidente e pitoresca, envolvia a atuação em clubes carnavalescos, refletida nos carros alegóricos caracterizados por críticas antiescravistas. Esses grupos também participaram de clubes e sociedades abolicionistas e da campanha pública pelo fim da escravidão.

Antônio de Oliveira se fez presente na campanha como membro da diretoria da Feliz Esperança, mas não teve atuação de relevo entre a comunidade negra naquele momento. Isso pode ser explicado pela sua relativa juventude e também pelo fato de que não estava ligado às irmandades católicas de negros. De fato, nessa campanha, as lideranças negras estavam, em sua maioria, vinculadas à Igreja, que, por sua vez, teve papel de destaque entre os setores abolicionistas. Aparentemente, Antônio já corria em raia própria, interessando-se muito pela propaganda republicana, de que falaremos a seguir. Contudo, no início daquela década, ele ainda tinha de aprender a situar-se e agir como um homem livre.

De acordo com Rodolpho, Antônio o teria ensinado a ler, dando início à grande amizade que reuniu esses dois homens ao longo de sua vida. Naqueles anos, Rodolpho e sua mãe moravam na rua São Jerônimo (*A Alvorada*, 6 jun. 1953), em local central hoje, mas que, na época, ficava no início da zona periférica; a região contava então com algumas indústrias e várias casas de trabalhadores. Os irmãos frequentaram conjuntamente as aulas da Biblioteca Pública por um ano. Essas aulas podiam ser frequentadas por qualquer pessoa, desde que livre, de acordo com o princípio de fazer que a educação ficasse ao alcance do povo, por sua identidade com a modernidade e o progresso. Segundo os assentamentos consultados, Antônio começou a assistir às aulas em 15 de maio de 1882, e Rodolpho, um ano depois, em 14 de maio de 1883. Esses assentamentos também se referem ao bom aproveitamento dos estudos mostrado por ambos, figurando entre os mais assíduos e adiantados alunos. Na verdade, não apenas eles mas também muitos outros trabalhadores, negros e brancos, nacionais e imigrantes, frequentaram essas aulas e conseguiram, dessa forma, vencer algumas das desvantagens da pobreza. Naquela época, as aulas noturnas da Biblioteca constituíram um curso básico de preparação para muitos artesãos e operários, incluindo pessoas que depois atuaram como lideranças em vários setores.

Em 1883, matriculou-se também o já citado Justo José do Pacífico, recém-liberto pelo Fundo de Emancipação do município. Para conquistar sua liberdade, constituiu um pecúlio e contou com o auxílio do Clube Abolicionista, que providenciou seu casamento com a ex-escrava Maria Joana (*A Nação*, 22 dez. 1882).[12] Ele foi o primeiro presidente da Sociedade Feliz Esperança, cargo que exerceu em 1881 e 1882, e contou também com o apoio da entidade em sua libertação. Sapateiro de profissão, foi dono de oficina e, em 1888, orador do Centro Cooperador dos Fabricantes de Calçados, associação formada para lutar contra a "tarifa especial" e que está na origem da fundação da Liga Operária. Pacífico foi um dos trabalhadores negros com papel de destaque nos sucessos abolicionistas, pois participou ativamente na coordenação do Centro Ethiópico, entidade de representação dos negros de Pelotas, na campanha abolicionista e na festa comemorativa da abolição, em 1888. É válido salientar que, como ele, vários outros trabalhadores afrodescendentes aproveitaram a oportunidade oferecida pelas aulas da Biblioteca Pública.

Como também eram frequentadas por brancos, alguns imigrantes se matricularam, como Ricardo Pretz e Francisco Cardona dos Santos, que participaram das aulas de português em 1877 e 1878, respectivamente. O primeiro tornou-se artesão e fundador da Sociedade União Operária de Rio Grande (em 1893), e o segundo foi tipógrafo de profissão, tornando-se dono de um jornal literário em Pelotas na década de 1890.

É necessário ressaltar que as ofertas de aulas para pessoas pobres eram muito escassas naquele momento, e que, especialmente em relação aos negros, poucas eram as oportunidades de estudo, o que explica o elevado número de matrículas por parte desses indivíduos na escola da Biblioteca. Lá também estudou outro companheiro de lutas de Antônio, João Baptista Lorena, filho de Maria da Conceição e Abraão. Ingressou no curso em 17 de janeiro de 1882, e provavelmente os dois estudaram na mesma turma. Nessa época com 13 anos, já trabalhava como serralheiro, mas talvez Antônio o tenha encaminhado para o ofício de chapeleiro, profissão que abraçou. Participou de entidades negras, como a Feliz Esperança e a Fraternidade Artística, sendo presidente desta última em 1891 e vice em 1898, mesmo ano em que se fez presente na Comissão de Sindicância da União Operária Internacional, com Baobad como presidente.

Entretanto, a cidade guarda a memória de João Baptista Lorena por outro fato: ele era músico e, nessa condição, foi um dos fundadores da Banda União Democrata, que enfrentou o preconceito racial da época por ter sido fundada por dois músicos negros (Lorena e João Vicente da Silva Santos – outro ex-aluno da Biblioteca Pública) e um branco. Vale destacar que nas bandas musicais a discriminação racial era menor, havendo outras, como a Lyra Pelotense, por exemplo, em que músicos brancos e negros dividiam o mesmo espaço. Contudo, a extrema longevidade da União Democrata, que, iniciada em 1896, persiste até os dias de hoje, tornou sua peculiaridade mais relevante ao longo do tempo. João Baptista também participou de sociedades recreativas, como a carnavalesca e operária Flores do Paraíso, no início do século XX, e, em 1909, ainda participava do Clube José do Patrocínio, entidade provavelmente de representação política da comunidade negra.

E Rodolpho, qual foi a sua história? Ele foi beneficiado pela Lei do Ventre Livre, pois nasceu em 10 de maio de 1873, e acompanhou sua mãe quando ela se libertou. Começou a trabalhar com 12 anos, como aprendiz de pedreiro, ofício no qual permaneceu por dois anos, atuando, em seguida, como vassoureiro, colchoeiro e maleiro. Rodolpho se lembra desses tempos como uma época de profunda crise, de falta de emprego e fome entre os trabalhadores – no período em que trabalhou como vendedor de carne, deslocando-se em uma carroça, logo teve de abandonar o emprego, pois não encontrava compradores. Em 1891, foi incorporado às tropas federalistas e, mais tarde, lutou ao lado dos castilhistas pela conquista de Pelotas. Em suas memórias, narra ter sido forçado a lutar em prol dos federalistas e ter sido voluntário em relação à causa republicana, mas pouco conta sobre isso, o que reflete o desconcerto daqueles que, embora empolgados com o ideal republicano, viram-se perdidos em meio aos conflitos de lideranças que se mantiveram do início da república até o final da guerra civil, em 1895.

Voltando à vida civil depois de quatro anos, aprendeu a produzir chapéus com Baobad, mas, por fim, abraçou o ofício de pedreiro, firmando-se nessa profissão e tornando-se mestre em escaiola. Como liderança sindical, participou da diretoria da União Operária Internacional, em 1898, do Centro Operário 1º de Maio, um ano depois, da União Operária de Pelotas, nas primeiras décadas do século XX, e do Sindicato dos Pedreiros, em 1933 e 1935. Participou também do III Congresso Operário, realizado em Porto Alegre em 1925, e foi colaborador e redator do jornal da Liga Operária, *O Proletário*, em 1926. Além disso, foi um dos líderes da campanha pela implantação das oito horas diárias de trabalho (1911) e comandou movimentos étnicos, como a campanha na cidade pela posse do deputado negro Monteiro Lopes, em 1909, cuja diplomação na Câmara dos Deputados estava ameaçada (*A Alvorada*, 7 jun. 1952). Ainda como liderança étnica, participou de várias ações contra a discriminação racial e pela educação em

Pelotas, incentivando a criação da Frente Negra Pelotense na década de 1930. Socialista, na década de 1930 candidatou-se a deputado pelo Partido Socialista Proletário Brasileiro, sem, no entanto, conseguir eleger-se. Colaborador do jornal *A Alvorada*, foi cronista e comentarista de temas variados, destacando-se especialmente como memorialista e assumindo a tarefa de historiar o passado dos negros e dos operários da cidade. Morreu em fevereiro de 1964.

Antônio de Oliveira, operário chapeleiro

Antônio conseguiu se manter em sua profissão de chapeleiro, apesar da crise, ocupando o posto de mestre-fulista em fábricas da cidade. Ao final da década de 1880, as três fábricas e as várias oficinas de chapéus de Pelotas sofriam com a concorrência imposta pelo contrabando, disseminado na região, e pela importação legal. No fim de 1887, entrou em vigor a chamada "tarifa especial", que permitia importar artigos como chapéus e sapatos com uma tarifa extremamente rebaixada, sob o pretexto do combate ao contrabando. Essa situação praticamente eliminava as chances de colocação dos produtos dos fabricantes locais nos mercados da região, causando, como consequência, desemprego. Assim, iniciou-se a luta contra tal tarifa, que deu origem à organização classista na cidade, a qual mobilizaria operários e patrões, culminando com a criação da Liga Operária.

Em cidades como Pelotas, em que a imigração europeia não foi tão significativa, sendo dirigida às colônias, o trabalhador negro conseguiu seu espaço no ramo artesanal ou fabril, atuando em determinados setores. Contudo, o trabalho como operário estava longe de assegurar condições ao menos razoáveis de subsistência naqueles anos. A dureza da atividade operária levava seu corpo ao limite, já que envolvia atividades árduas e estafantes, sem mínimas condições de higiene, em ambientes insalubres e durante longas horas. Antes da disseminação da eletricidade, a jornada de trabalho tornava-se ainda mais extensa no verão.

Salário baixo traduzia-se em fome, poucas roupas (em local onde o inverno é rigoroso), habitações precárias e falta de recursos para cuidar da saúde. Muitos, por não ganharem o suficiente, alimentavam-se mal, ficando, assim, vulneráveis a várias doenças, como varíola, cólera, dengue e pestes diversas, algumas sazonais, outras endêmicas. As oficinas, em geral instaladas em locais fechados e insalubres, ofereciam as condições ideais para a disseminação da tuberculose, por exemplo, incurável à época. Gill (2007), ao estudar a difusão dessa doença na cidade, estabeleceu um perfil do tuberculoso típico da época: homem, trabalhador, solteiro, negro, jovem e habitante de cortiços – Antônio se enquadrava perfeitamente no perfil. A mesma autora afirmou que essa doença era informalmente chamada de "peste branca", porque matava mais negros do que brancos. Antônio também seria acometido pela tuberculose, mas ela só se manifestou ao raiar do século XX, quando ele já contava com cerca de 40 anos de idade.

Sendo parte importante do cotidiano dos trabalhadores, tanto em Pelotas como em inúmeras outras cidades do Brasil, é natural que os negros, como grupo, tenham se preocupado com a luta por melhores condições de vida, compreendendo que essa luta dependia diretamente da organização das classes trabalhadoras. Antônio também percebeu isso e, já em 1886, envolveu-se na organização de sua categoria, a dos chapeleiros, por meio da formação de uma entidade mutualista: a Associação Beneficente União e Fraternidade dos Operários Chapeleiros. Nessa época, trabalhava como fulista na fábrica Bahman e Cia., e seu cargo na associação era apenas de membro da comissão de contas, mas, na gestão seguinte, tornou-se vice-presidente da entidade (*Correio Mercantil*, 13 maio 1886 e 5 abr. 1887).[13]

Em maio de 1891, essa sociedade, que também se apresentava como "União Operária", começou a discussão sobre a necessidade de reajustes salariais, lançando um manifesto e formando uma comissão, da qual Antônio não constava. Curiosamente, estava envolvido João Tolentino de Souza[14], então membro da Liga Operária e editor do jornal *O Operário*, que parece ter exercido um papel relevante na militância socialista de Antônio.

É provável que os dois já se conhecessem, pois ambos fizeram parte do Clube Republicano no final da década de 1880. Da mesma forma, seus passos devem ter se cruzado dentro da Liga Operária, da qual participavam. Antônio, por sua vez, participou, no começo de 1893, de um grupo reformador constituído dentro da Liga, ao qual estavam associados muitos socialistas pertencentes ao grupo de Tolentino. Após se desligarem dessa entidade, ainda no ano de 1893, eles se congregariam ao redor do jornal socialista *Democracia Social*, que tinha Tolentino entre seus editores e Antônio entre os apoiadores.

No segundo semestre de 1893, Antônio de Oliveira aparece como liderança de sua categoria na greve conjunta que envolveu as três fábricas de chapeus de Pelotas, fazendo parte da comissão de greve dos operários da fábrica Bammann e Maia (*Democracia Social*, 6 ago. 1893). Essa greve foi singular, pois enquanto os operários de duas fábricas paralisaram seus trabalhos, os da terceira seguiram trabalhando, por terem se comprometido a sustentar os grevistas. Não sabemos seus resultados; entretanto, o *Democracia Social* chegou a afirmar que havia boas perspectivas quanto à resolução do conflito (6 ago. 1893).

Antônio de Oliveira, cidadão republicano e socialista

Se já não era fácil ser negro e abolicionista na Pelotas da década de 1880, o fato de ser também republicano complicou ainda mais a vida de Antônio. O clima na cidade ficou especialmente tenso em 1888, levando à criação de uma guarda especial, que passava a noite na sede do Clube Republicano para impedir invasões (*A Alvorada*, 27 ago. 1949). Em seu ativismo político, Antônio tinha a companhia constante de Armando Achylles de Álvares, sendo que os dois se alistaram no clube no mesmo momento.[15] Negro, nascido em 1866, Armando participou da diretoria de várias associações, em algumas delas juntamente com Baobad, como no caso da chapa "reformadora" da Liga Operária (1893). Não conseguimos determinar sua profissão, embora conste como "artista" no registro de sua filiação ao Partido Republicano e "do comércio" nos documentos de sua qualificação como eleitor, ocorrida em 1900. Acompanhou Baobad na sociedade União Operária Internacional e na fundação do Centro Operário 1º de Maio, tendo atuado também no asilo São Benedito, para crianças negras, e como tesoureiro da Feliz Esperança, de 1912 a 1917.

A campanha republicana associava-se àquela da abolição, devido à posição francamente abolicionista dos membros do Partido Republicano. Além disso, o desenvolvimento tardio do partido no estado fez que as duas lutas coincidissem. Antônio era um defensor ferrenho do republicanismo, que era visto como o regime que poderia colocar o Brasil na direção do progresso e proporcionar à população igualdade de direitos e oportunidades.

Nos poucos anos compreendidos entre 1890 e 1893, houve uma grande mobilização dos setores trabalhistas em busca de sua organização e pela participação na vida republicana (Batalha, 2003). Entretanto, logo se iniciou a desilusão com o novo regime, tanto no estado gaúcho quanto no Brasil como um todo, pela quase monopolização do poder pelos grupos oligárquicos, depois da Revolta da Armada e da Revolução Federalista.

No Partido Republicano, Antônio provavelmente travou conhecimento com João Tolentino de Souza e Alberto Ferreira Rodrigues, ambos militantes da causa republicana, mas que divergiriam dos rumos tomados pelo partido rapidamente, desiludidos com a permanência da mesma situação social e econômica e com as lutas intraoligárquicas. Os dois também se associaram à Liga Operária e participaram de sua direção – João Tolentino, marceneiro, como orador, em 1891, e Alberto Rodrigues, jornalista e professor, como secretário da chapa "reformadora", concorrendo à diretoria em 1892. Analisando-se a nominata dessa chapa, é possível constatar a presença de pelo menos três chapeleiros, incluindo Antônio, todos futuras lideranças da greve de 1893.

Desiludidos também com a Liga, que consideravam "tomada pela burguesia", Tolentino e Rodrigues, juntamente com Guilherme Sauter, fundaram, no segundo semestre de 1893, o jornal *Democracia Social*, um dos primeiros periódicos socialistas do estado, que congregou ativistas sindicais convertidos ao socialismo por meio das discussões e estudos realizados em sua redação e oficinas. Antônio passou a fazer parte desse grupo por volta de outubro, pois nesse mês seu nome apareceu entre os membros da equipe encarregada das assinaturas do jornal. É provável que esse período coincida com o final da greve dos chapeleiros. No fim de 1893, a situação na cidade se torna crítica, com o agravamento dos conflitos oligárquicos; no mês de dezembro, o *Democracia Social* é forçado a encerrar suas atividades, pois a luta entre federalistas e castilhistas não deixava espaço para propostas como a do periódico. Soma-se a isso o fato de que os editores estavam sendo processados pelo dono de uma fábrica de calçados, o qual ficara descontente com sua intromissão no que o empresário chamara de "assuntos domésticos", referindo-se à defesa de um operário que havia sido despedido.[16] Nesse momento, o núcleo de socialistas formado ao redor do jornal se dispersa (*Echo Operário*, 23 jan. 1898), buscando evitar a prisão ou a convocação pelas tropas em luta, e as lideranças saem da cidade. Quanto a Baobad, não encontramos registros de sua trajetória durante o período da guerra civil.

A questão da incorporação às tropas durante a guerra constituiu um grave problema para os trabalhadores das cidades do interior. A maioria dos recrutados não partiu para o combate por sua livre vontade, sendo constrangida a isso pelas tropas de um e outro lado, que não hesitavam em entrar em locais de trabalho e até mesmo residências a fim de conseguir "voluntários" para sua guerra fratricida. Desnecessário dizer que os negros eram as principais vítimas dessa prática. A incorporação foi tão extensa que coube às mulheres negras, em 1894, mandar rezar a missa em comemoração ao 13 de maio, em nome de seus irmãos e maridos, que estavam "a serviço da pátria" (*Correio Mercantil*, 11 maio 1894). Ao final da guerra civil, os grupos negros de Rio Grande e Pelotas promoveram solenidades públicas de agradecimento aos generais que negociaram a paz, permitindo que seus homens voltassem para casa.

Antônio tinha 33 ou 34 anos no momento do início da guerra civil, ainda estando, portanto, em condições de lutar. Sabe-se, graças a uma denúncia empresarial feita no decorrer da greve do ano anterior, que alguns chapeleiros chegaram a dormir nas fábricas para evitar sua incorporação às tropas, e Antônio pode ter sido um deles.

Contudo, vale ressaltar que, ao contrário dos editores brancos do jornal, ele nunca desfez sua filiação ao Partido Republicano, sendo lembrado como correligionário quando de sua morte. Assim, também é possível que ele tenha se integrado às tropas. Porém, o mais provável é que a desilusão de Baobad com as lutas internas dos republicanos já tivesse atingido um alto grau, pois percebera que elas não visavam à melhoria da vida do povo, especialmente do povo negro. Esse desapontamento pode ter sido o principal responsável por sua militância socialista no *Democracia Social*. Caso essa hipótese seja verdadeira, Antônio não teria motivo para lutar pelos republicanos, podendo, inclusive, ter se retirado da cidade, talvez tomando o rumo de Porto Alegre, que, por ser a capital do estado, estava menos sujeita à prática da incorporação forçada às tropas. De toda forma, pode-se afirmar que esses anos foram de autorreflexão, pois, quando retorna às atividades de seu ofício, trabalhando na fundação da central sindical e militando novamente na Feliz Esperança, deixa clara sua condição de descendente de africanos por meio de seu novo sobrenome – na verdade, uma designação de origem: Baobad.

Antônio Baobad, liderança étnica

Antônio se tornou Baobad em algum momento entre o final de 1893 e 1897 – quando seu novo nome aparece entre os membros da Comissão Revisora dos Estatutos da Sociedade Feliz Esperança. Ao justificar o fato, Rodolpho ressalta o caráter étnico e consciente dessa escolha: "Assinava-se, então, Antônio de Oliveira – apelido[17] de seu ex-senhor e cujo apelido [sic], não se conformando com ele, foi buscá-lo na flora africana, no gigantesco Baobad" (*A Alvorada*, 5 maio 1935).

Poderíamos destacar também o caráter ideológico dessa escolha: numa sociedade que tentava esquecer a existência, ainda recente, da escravidão e que desprezara e abandonara à própria sorte os negros, ele se assumia como preto e reivindicava suas origens africanas, inventando seu sobrenome. Nessa atitude esteve sozinho, pois não houve, naquela geração, outro afrodescendente em Pelotas que, após a liberdade, tivesse escolhido um sobrenome com alguma referência à África.

Bourdieu (1986) assinala a importância do nome, especialmente do sobrenome familiar como fator balizador de uma espécie de identidade única, imutável e que não contempla as múltiplas e fragmentadas faces que seu portador pode incorporar ao longo de sua vida. Livre dos compromissos e tradições parentais associados ao sobrenome familiar, Antônio desembaraçou-se de um nome que significava uma marca de origem, demonstrando a forma de inserção anterior na sociedade brasileira, e assumiu uma denominação exclusivamente sua, por não ser compartilhada com mais ninguém, nem com sua família, nem com seu círculo de amizades. A nova denominação não dependeu de linhagem; foi uma opção pessoal que merece ser questionada em toda a sua abrangência. No entanto, nossa análise está sujeita aos dados que temos.

Uma questão a ser discutida diz respeito ao motivo que o levou a não usar o sobrenome Ignácio Xavier, de sua mãe e seu irmão, que vinha do dono da família em que nascera, o qual talvez tivesse algum laço de parentesco com ele. Ora, não são necessárias altas doses de psicologia nem muita sensibilidade para entender que esse sobrenome, para Antônio, estaria permanentemente ligado àqueles que o afastaram de sua mãe e irmão(s), rejeitando-o tão completamente a ponto de vendê-lo como uma mercadoria.

E quanto a Baobad? O que realmente significa esse sobrenome? Uma designação tão marcadamente africana logo nos faz pensar em uma possível ligação com as religiões afro-brasileiras. Buscando verificar essa hipótese, procuramos os significados dessa árvore (o baobá) de acordo com as religiões de origem africana. A única relação possível seria com o orixá Iroko, deus do tempo, muito pouco conhecido e cultuado no Brasil, mas presente no candomblé – segundo Leal (1988), é simbolizado pelo poste encontrado no centro dos terreiros. A mesma autora declara que, desde a origem africana, esse orixá é representado pela gameleira-branca. Para outros, entretanto, a árvore associada a esse orixá na África seria o baobá. De qualquer forma, todos concordam que esse orixá, apesar de presente no candomblé, não conta com grande notoriedade no Brasil, sendo mais conhecido na Bahia do que no Rio Grande do Sul.

É difícil acreditar que Antônio tenha buscado nesse orixá a inspiração para a escolha de seu nome, dada a sua trajetória como republicano (incluindo sua atuação na versão positivista do Partido Republicano Rio-grandense) e socialista, pois recebera, em sua formação, fortes influências dessas duas correntes, que tendiam a ver na religião um mal moral e que tinham grande preconceito contra as religiões ditas "primitivas", como eram chamadas as religiões afro-brasileiras naquele tempo. Isso não significa que tal hipótese esteja descartada – houve muitos socialistas que também eram católicos ou espíritas –, apenas que é pouco provável. Digamos apenas que ela não combina com o perfil de Antônio, nem com o grupo do jornal *A Alvorada*, ao qual se filiou ao final de sua vida, de pensamento eminentemente católico.

Tudo indica que a chave para a compreensão de sua atitude esteja na própria evolução das relações entre negros e brancos em curso naquele momento, marcado pela desilusão dos negros com o recrudescimento do preconceito, a continuidade da discriminação e a desigualdade de tratamento e oportunidades na nova sociedade republicana, após a abolição ter despertado a esperança quanto à possibilidade de que todos se tornassem iguais.

Baobad se ressentiu da falta de espaço político e de direitos para os trabalhadores em geral, mas especialmente da discriminação e do preconceito contra os negros, reafirmados pela república. Além disso, muito provavelmente também se surpreendeu com as atitudes ambíguas de indivíduos afrodescendentes em relação à sua herança africana. Então, resolveu assumir-se como preto, descendente de africanos, exigindo que aceitassem também essa faceta de sua identidade.

Vale mencionar aqui que Antônio talvez tivesse contato com o grupo negro de Porto Alegre, no qual se destacou Espiridião Calisto, intelectual e operário negro que denunciou o racismo e o preconceito contra os africanos e afrodescendentes. Isso pode ter acontecido seja por meio de viagem a Porto Alegre, no período da guerra civil, seja por meio de cartas. Encontraram-se poemas de Espiridião em jornais literários pelotenses, além de um artigo seu sobre a discriminação racial, e Antônio tinha acesso a esses jornais, graças ao seu contato com Tolentino e Alberto, também poetas em suas horas vagas, e colaboradores desses periódicos.

Voltemos agora a Rodolpho, que afirmou categoricamente que o nome escolhido por Antônio significava uma volta às suas origens africanas: o *baobad*, ou baobá, no Brasil, corresponde ao *baobab* do português da África, especialmente da região de Moçambique, de onde era originário seu avô. Naquela região, essa árvore gigante e majestosa cumpre muitas funções, como a de guardar água em época de chuva, para que se possa suportar a longa estiagem que costuma ocorrer em seguida. De seus frutos e folhas fazem-se alimentos e também remédios, para diarreia, hipertensão e outros males. O baobá até hoje é considerado como casa das almas, lar dos espíritos, e também está relacionado à permanência no tempo, à continuidade.

Parece-nos relevante o fato de que em seu enterro na Santa Casa, bem como no registro de óbito, o sobrenome de Antônio tenha sido grafado de outra forma – "Baubab", o nome da árvore em português de Moçambique. Transmite-se assim a ideia de que ele queria, cada vez mais, retornar às suas origens, a uma terra ancestral distante, da qual nunca soube muito, mas que sem dúvida o fascinava, tal como a saga do avô, que não conhecera, pois fugira quando sua mãe ainda era criança para lutar na Guerra dos Farrapos. Esse avô mitificou-se na cabeça dos seus netos, o que fica claro na seguinte declaração de Rodolpho: "[...] amante da liberdade, a qual entre nós era tradicional, sendo o pai de nossa mãe, segundo ela contava, moçambique, e que tinha andado na Guerra dos Farrapos, fugindo da casa de seu senhor" (*A Alvorada*, 5 maio 1955).

Provavelmente, a leitura de livros sobre o socialismo também contribuiu para que Antônio decidisse desvencilhar-se do nome que representava exatamente sua inserção no mundo como propriedade de outro homem. Sua atitude significou uma ruptura fundamental com a visão de mundo de seus conterrâneos, inclusive por não ter escolhido um sobrenome cristão. Em seu meio de convívio, não era incomum que ex-escravos trocassem o sobrenome de seus ex-senhores por outros de sua lavra, ora utilizando prenomes como sobrenomes, ora optando por nomes bíblicos (como seu conterrâneo Abraão, que acrescentou a seu nome "Marcos Evangelista", confirmando sua fé católica). Mas a adoção de sobrenomes de origem africana depois da abolição foi algo muito raro. Mesmo aqueles que adotaram nomes como "João Congo" ou "José Monjolo", quando alforriados trataram de adaptar-se aos novos tempos, escolhendo nomes que não lembrassem sua origem escrava e africana.

Como liderança étnica, Baobad teve importante participação na Feliz Esperança, ocupando vários postos de sua direção, inclusive o de presidente, e no jornal *A Alvorada*, embora só tenha atuado nos seus primeiros meses de circulação. Por esses dois caminhos tentou levar avante o combate contra a discriminação privilegiando a instrução e a organização; também buscou coordenar seus esforços com aqueles do restante do proletariado, numa luta que entendia ser comum. Contudo, sabia que os homens de sua cor teriam de passar por uma etapa a mais: a "luta pela elevação social", expressão utilizada à época em referência aos esforços pela conquista de direitos e pela integração do negro na sociedade dos novos tempos republicanos.

Nessa missão, ele teve a companhia constante – ora fraternal, ora conflituosa – de outro militante negro, Pedro Joaquim Domingues, liderança de destaque da Feliz Esperança, sendo várias vezes presidente e outras tantas secretário da associação.[18] Também foi presidente da União dos Culinários, em 1891, e participou de várias diretorias da União Operária Internacional de Pelotas, chegando a ministrar aulas nessa entidade em 1898. Em 1911 fez parte da diretoria do asilo São Benedito, sendo que também se fez presente na Sociedade Beneficente União dos Boleeiros, de 1911 a 1913, pelo menos. Dizia-se socialista, tendo integrado a equipe de colaboradores do jornal *A Alvorada*. A julgar pelas entidades em que atuou, teve de aprender vários ofícios para sobreviver (o de cozinheiro, boleeiro, sapateiro), uma prova de que a situação econômica dos negros em Pelotas no início da república foi marcada pela falta de trabalho e pela grave crise econômica.[19] Domingues tem o perfil dos militantes de toda a vida, que nunca desistem, sempre apoiando, e às vezes até carregando, as entidades de que participam (só admitiu a extinção da União Operária Internacional, por exemplo, em 1909, embora ela tenha sido extinta por volta de 1900). Sua atuação na Feliz Esperança também refletiu tal perfil, pois ele a sustentou em seus longos anos de decadência, que se estenderam da primeira à segunda década do século XX, período em que ele ocupou a presidência quase ininterruptamente, só a deixando nos últimos anos, provavelmente por doença ou morte.

Antônio Baobad, liderança sindical

Um importante passo dado pelo grupo que estamos acompanhando foi a participação na primeira entidade operária nitidamente socialista de Pelotas, a União Operária Internacional (UOI), fundada em dezembro de 1897, sob inspiração de Baobad, seu primeiro presidente. Ela surgiu em contraposição à Liga Operária, composta de patrões e trabalhadores não manuais, a qual nada fazia em prol do operariado de Pelotas, segundo consideravam.

A União Operária, quando de sua fundação, foi saudada pelos militantes de Porto Alegre e de Rio Grande, sendo vista como um avanço no movimento da classe e uma forma de garantir o direcionamento satisfatório da organização proletária para o terreno do socialismo. Temendo que o que havia acontecido com a Liga se repetisse, seus fundadores proibiram a participação de trabalhadores não assalariados. Aparentemente, as intenções dessa agremiação eram muito modestas, o que pode ser comprovado pela leitura de seu manifesto, que demonstra maior preocupação com a fome do que com a mobilização para a luta operária:

> A fome, com seu cortejo sinistro de misérias, bate-nos à porta. Despertai, [...] e vinde filiar-vos à União Operária Internacional, a qual acaba de ser fundada nesta cidade, no dia 12 do corrente, no salão da S. B. Feliz Esperança, por uma fração numerosa da nobre classe a que pertencemos. A União Operária Internacional de Pelotas, constituir-se-á só e exclusivamente de trabalhadores assalariados e terá por fim: promover a união de todos os trabalhadores, não só desta cidade como em todo o município de Pelotas; proteger, em todas as circunstâncias, os seus associados; concorrer para a educação dos filhos dos trabalhadores, por meio de aulas diurnas ou noturnas que a associação procurará criar; finalmente estabelecerá, quando isto lhe for possível, um armazém cooperativo de gêneros de primeira necessidade para fornecer aos membros desta corporação com 10% somente sobre o custo dos referidos gêneros na praça, pondo, assim, os seus associados ao abrigo da exploração do comércio de retalho. (*Opinião Pública*, 21 dez. 1897)

Uma de suas principais propostas diz respeito à proteção do trabalhador como consumidor, por meio da criação de um armazém cooperativo para atenuar os problemas dos operários com a alimentação. Essa é uma proposta que tem a marca de Baobad, que vinha de uma experiência bem-sucedida envolvendo o armazém cooperativo da fábrica em que trabalhou nos anos de 1896 e 1897. Esse armazém não só diminuíra o preço dos gêneros alimentícios para o operariado como também obrigara os demais comerciantes a baixar seus preços (*A Alvorada*, 31 jan. 1953). Esse exemplo deve tê-lo levado a tentar expandir para o operariado de uma forma geral os benefícios conseguidos com essa estratégia.

O manifesto da entidade se preocupa com os problemas mais significativos enfrentados pelo trabalhador negro, propondo a proteção contra as arbitrariedades a que eram sujeitos, a educação para si e seus filhos, a diminuição dos preços dos alimentos. O fato de não mencionar questões como melhoria salarial e das condições de trabalho talvez se explique pela influência do pensamento socialista. Tolentino de Souza, o líder do grupo socialista de Pelotas, sempre apresentou um posicionamento muito ambíguo quanto a greves e outras mobilizações, julgando-as até mesmo improcedentes diante das demissões posteriores e da desorganização que acarretavam ao movimento, ainda que tivessem sucesso. Ele expressara essa opinião já em 1892, quando participou da comissão de chapeleiros, retomando-a mais tarde (1896) em discussões internas na Liga Internacional de Porto Alegre, na qual também atuou. Pode-se imaginar que seu pensamento tenha influenciado todo o grupo, incluindo Antônio.

A atuação pretendida pela União Operária não se resumia a propostas locais. Em todo o estado, depois dos desastres da guerra civil, o operariado tentava retomar sua organização, criando novas associações e partidos e buscando unir-se, com o objetivo de formar uma confederação operária. Pela primeira vez, tentava-se criar entidades compostas apenas de trabalhadores manuais, para evitar a participação dos patrões, que tinha limitado as associações anteriores, fundadas após a proclamação da república. Segundo o periódico *A Gazetinha*, pretendia-se que as associações gaúchas se confederassem sob a direção da Liga Operária Internacional, de Porto Alegre, com tendência socialista. Com esse objetivo, um congresso operário foi marcado para janeiro de 1898, para o qual a União Operária Internacional foi convidada (*A Gazetinha*, 26 dez. 1897). Naturalmente, havia uma correspondência de interesses entre as lideranças porto-alegrenses e pelotenses, suficientemente grande para motivar a criação, também em Pelotas, de uma associação sindical socialista, reforçando o movimento que tentava se estabelecer nos principais polos industriais do estado.

Esse congresso foi considerado o primeiro congresso operário gaúcho com hegemonia socialista. Entre as entidades de Pelotas, só a Liga Operária conseguiu enviar um representante, Giovanni Thomazo Mignoni. As outras associações – a União Operária Internacional, a Feliz Esperança, a Harmonia dos Artistas e a Caixa de Socorros da Fábrica de Chapéus Pelotense – enviaram apenas telegramas de apoio ou cartas, delegando sua representação a conhecidos que moravam na capital ou membros do congresso, devido aos custos da viagem.

A União Operária Internacional era composta predominantemente de negros ou pardos, embora também aceitasse indivíduos de outras etnias. Comparando-se as nominatas de suas duas primeiras diretorias, percebe-se imensa participação de trabalhadores negros em sua composição. Eles somam 86,6% na primeira diretoria e 81% na segunda.[20] A seguir, a nominata da diretoria da União Operária no ano de 1898 (os nomes de trabalhadores negros aparecem em itálico):

Pres. *Antônio Baobad*, vice *Pedro Joaquim Domingues*, 1º sec. *Rodolpho Xavier*, 2º sec. Izaias Baptista Gomes, 1º tesoureiro *Virgilio José da Silva*, 2º tes. [?], 1º procurador *Adão Cardozo Machado*, 2º proc.

Manoel da Silva Vasconcellos. C. Sindicância: *João Baptista Lorena, Guilherme Augusto da Rosa*, José Martins Villar. Comissão de Contas: Lúcio Manoel do Porto, *Rodolpho Baptista, Flor de Liz Leopoldo Xavier, João Achylles, Armando Achylles de Álvares.* (*Opinião Pública*, 11 abr. 1898)

Em relação ao ano de 1899, só encontramos a chapa oficial, composta de:

Pres. *Pedro Joaquim Domingues*, vice *Raphael Ignácio da Silva*, secs. *Boaventura Xavier* e *Manoel da Silva Vasconcellos*, tesoureiros *Maximiano Marques de Amorim* e *José Bastos*, procuradores *Lydio Antunes Soares* e Avelino Francisco de Conceição. C. Contas: *Justo José do Pacífico* (relator), José Luís Pereira, *Lúcio Crespo*. C. Sindicância: *Vitalino da Rosa, Jerônymo Fabiano da Costa, João Baptista Lorena*. Oradores: João Thomaz Mignoni e *Guilherme Augusto da Rosa.* (*Opinião Pública*, 1º abr. 1899)

Esses dados provam que havia um padrão de intensa militância em associações negras e operárias por parte desse grupo. A rede associativa negra os colocava em contato em vários espaços comuns, contribuindo para que, posteriormente, pudessem buscar o apoio de companheiros e conhecidos para "fechar chapas" de diretorias, tanto de associações sindicais como recreativas. Isso ficava mais claro nos momentos de formação de entidades, ou de crise interna, em que ocorria o deslocamento de lideranças de uma sociedade para outra, com o intuito de dar apoio a amigos ou companheiros políticos.

Em relação às entidades surgidas até meados do século XX, não há como separá-las totalmente pela classificação em entidades políticas e recreativas, consideradas as primeiras como um sinônimo de militância consciente e as últimas apenas como associações destinadas ao lazer. Em cidades como Pelotas, Rio Grande e Porto Alegre, essas entidades se complementavam, praticando a troca de lideranças e o auxílio entre si. A sede da Feliz Esperança, por exemplo, foi também o local de origem de várias associações negras, sendo que essa entidade mutualista funcionava como associação matriz de representação dos negros pelotenses.[21]

A quantidade de afrodescendentes também era elevada entre os membros da diretoria de outra associação criada por Baobad, o Centro Operário 1º de Maio. Retirando-se da diretoria da UOI no início do ano de 1899, Baobad participa da criação do Centro Operário em agosto. Dessa vez, não ocupou a presidência, mas ele e Rodolpho aparecem como oradores da sociedade. A quantidade de negros e mulatos nessa diretoria parece ter sido menor (66,5%), mas talvez isso se deva ao fato de só se ter conseguido identificar 12 pessoas, todas afrodescendentes, dentre seus 18 integrantes.

Mas qual o sentido de criar outra associação? Rodolpho afirma que essa associação era composta basicamente de chapeleiros fulistas com quem Baobad quis retomar a organização da categoria. Com ele, retiraram-se da UOI seus amigos e companheiros, como Rodolpho e Armando Achylles de Álvares. Outro nome merece destaque: o de Raul Gomes de Oliveira, que, na Liga, concorreu, juntamente com Antônio, na chapa reformadora, em 1892. Se era também negro, não o sabemos, mas é muito provável que ele e outros elementos não reconhecidos fossem operários chapeleiros, como Rodolpho afirmava.

Acredita-se que a criação do Centro Operário tenha ocorrido em função da perda da confiança na UOI por parte do grupo de Baobad, que os teria levado a desistir dela. Ora, sendo ele o presidente da UOI, essa perda de confiança precisaria ter sido motivada por algo muito sério, pois, como essas associações seguiam um modelo presidencialista, quem controlava a entidade também controlava seu destino e suas ações. Contudo, o presidente nem sempre conseguia controlar o estatuto da entidade, e essa é a suspeita fundamental em relação ao processo de divisão da União Operária Internacional. Vale salientar que as modificações no estatuto, ocorridas antes que a associação completasse um ano, coincidem com o momento da saída de Baobad e seu grupo.

Arriscamos dizer que uma alteração significativa ocorrida na UOI consistiu na aceitação de trabalhadores não manuais, como donos de fábricas e oficinas, em seu seio, o que explica, por exemplo, a presença em sua segunda diretoria de Giovanni Mignoni e Justo José do Pacífico, ambos patrões de pequenos ou médios negócios.[22] Apenas esse fato já bastaria para explicar a retirada de Baobad e seu grupo da associação, pois a admissão de patrões nesse tipo de entidade era uma prática condenada, já que poderia levar ao desvirtuamento de seus fins. A admissão dos patrões era condenada, por exemplo, pela Liga Operária Internacional de Porto Alegre e pelo grupo dos socialistas de Pelotas, que sempre a viram como responsável pelo desvirtuamento da Liga de Pelotas.

Também cabe citar o fato de que Baobad não saiu da UOI no momento das eleições para a segunda diretoria, o que seria lógico se o problema estivesse ligado à disputa de posições dentro da chapa. Portanto, pode-se afirmar, mesmo com os escassos dados de que se dispõe, que a hipótese mais provável é de que ele e seu grupo tenham sido derrotados em sua contestação às alterações no estatuto e que isso tenha motivado sua saída e a consequente criação do Centro Operário 1º de Maio (nome que também designava entidades formadas em Porto Alegre e outras cidades próximas pelo grupo de Tolentino).

Sequer cogitamos que o principal motivo do abandono da UOI por Baobad e seus companheiros tenha sido a preferência por uma organização apenas negra, já que tal conceito diverge completamente do padrão de comportamento desse grupo negro, que sempre lutou pela integração racial. Portanto, não haveria sentido em iniciar um processo de separação por raças ou cores exatamente no meio sindical, ambiente em que sempre houve a admissão de associados de qualquer etnia. Prova disso é que, em 1905, tentou-se novamente formar uma central sindical porque a Liga promovia a discriminação de classe e de cor ao não aceitar operários afrodescendentes ou pobres.

Tanto o Centro Operário como a UOI acabaram não encontrando condições de desenvolvimento e não se firmando no movimento. O primeiro, ao que parece, não chegou a completar um ano, e a segunda transformou-se em uma entidade quase fantasma, subsistindo junto à Feliz Esperança, sem participação no movimento e sustentada por Domingues. Em Porto Alegre também fracassaram todas as entidades criadas pelos socialistas, sendo que no início do século XX já não havia mais sinais delas. Tal como em Pelotas, seu desaparecimento parece ter sido provocado por brigas internas entre o grupo em que atuava Tolentino e o grupo de Xavier da Costa, a maior liderança socialista daqueles anos no Rio Grande do Sul.[23]

Antônio Baobad, velho operário

É provável que, nos primeiros anos do século XX, Baobad tenha sido forçado a deixar sua ocupação de operário, em função da grave doença que o acometeu, a tuberculose – a qual o levaria à morte em pouco tempo. Para sobreviver, montou inicialmente uma pequena banca de frutas, verduras e lenha perto do mercado público (*Opinião Pública*, 4 ago. 1905, e *A Alvorada*, 5 maio 1935), dedicando-se também ao ensino particular das primeiras letras. Nessas época, foi mestre dos irmãos Penny, fundadores do jornal *A Alvorada*. Pouco se sabe dessa etapa de sua vida; sabemos apenas que morava a poucos metros da Feliz Esperança, de cuja diretoria ainda fazia parte, ocupando um posto com menos responsabilidades, pois a doença ia lhe retirando paulatinamente as forças, o que culminou em sua internação hospitalar. Era vizinho de Domingues, proximidade que nos faz pensar que talvez morassem perto da entidade por estarem, ambos, associados a ela.

Segundo Rodolpho, foi Antônio o inspirador da criação do *A Alvorada*, órgão de seus antigos discípulos, os irmãos Penny, que também convidaram o próprio Rodolpho para que integrasse a redação do jornal. Em maio de 1907, Antônio assumiu o cargo de auxiliar de redação, passando a trabalhar junto com Juvenal Augusto da Silva, o redator, e o dono do jornal, Juvenal Penny. Continuava fiel à Feliz Esperança, que faria uma exposição artística em junho, com ele como orador (*A Alvorada*, 26 maio 1907). Contudo, ele faleceu no dia 8 de julho de 1907, recebendo homenagens da comunidade negra e suas associações, que fizeram uma sessão especial em sua memória no dia 15, nos salões da Feliz Esperança. Embora fosse um fluente orador, Rodolpho não discursou na sessão fúnebre, preferindo publicar no jornal, trinta dias após a morte do irmão, uma poesia em sua homenagem (intitulada "Preito fraternal de amizade"), a qual se perdeu com os primeiros números do jornal.[24]

Não apenas no *A Alvorada* foi noticiada sua morte; os jornais locais também deram destaque a seu falecimento, vítima de tuberculose pulmonar. No breve necrológio publicado no jornal oficial da cidade, o *Diário Popular* (ligado ao Partido Republicano Rio-grandense), ressaltou-se sua filiação política, ainda republicana: "Sepultou-se ontem o nosso correligionário, sr. Antônio Baobad, que contava 48 anos de idade [sic]. Era o extinto muito estimado e sócio da Sociedade Feliz Esperança, que conservou seu pavilhão em funeral" (9 jul. 1907).

Seu atestado de óbito diz que faleceu, "de morte natural, Antônio Baubab, sexo masculino, cor branca, com 46 anos de idade, artista", ainda informando que era casado.[25] Ironia das ironias, o início de sua vida foi marcado por um documento oficial – sua inscrição no livro de nascimentos de escravos – que dava a outrem direitos de propriedade sobre ele, por sua condição de negro e escravo. Isso condicionou sua infância e juventude, além de tolher-lhe várias possibilidades na vida adulta, apesar de ter feito do estigma um identificador de sua luta e sua existência, modelando sua vida de acordo com sua condição de negro, operário, sindicalista e socialista. E na hora da morte, único momento em que poderia ser poupado desse fardo, ele se torna um respeitável correligionário do partido dominante, branco e casado.

No domingo que precedeu a morte de Baobad, em pleno inverno, o tempo esteve tormentoso, com um forte vendaval assolando a cidade e destelhando as casas de seus companheiros de "raça" e/ou profissão, que viviam em habitações precárias ou velhos cortiços nas imediações do porto e em outros bairros pobres. Abrigado na casa de sua família, à beira do porto, Baobad deve ter ouvido o rugir da tempestade e sentido o vento frio entrando por entre as frestas da pobre habitação. Porém, dentro da casa, deve ter encontrado muito amparo e carinho em sua última noite, rodeado pela família e amigos e com a consciência limpa e livre de quem lutou o máximo que pôde.

Depois de sua morte, seus companheiros prosseguiram na mesma luta; muitos ainda por dezenas de anos, e outros, sentindo o peso da idade e das desilusões, por menos tempo, sendo substituídos em seguida. Assim, consolidou-se o padrão de estabelecimento de lideranças da classe operária e do grupo negro.

Fizeram parte dessa luta as alianças com outros grupos, como os marginalizados anarquistas, com os quais foi fundada a União Operária de Pelotas, em 1905, novamente em contraposição às políticas discriminatórias da Liga Operária. Enfim, no final de 1912, a Liga Operária fez jus a seu nome, com o florescimento de uma forte cultura libertária em seu seio e a promoção de lutas contra a carestia e a guerra, refletidos nos conflitos operários que culminaram com as greves ocorridas em 1917 e 1919 na cidade.

Rodolpho e vários outros operários negros envolveram-se nesse movimento, participando de sindicatos e lutando sempre pela integração racial e melhoria de vida da comunidade negra e do operariado em geral. Para eles estava claro que, no que dizia respeito aos negros como grupo, a integração social dependia da conquista de melhores condições de vida para os trabalhadores em geral e da luta constante contra a discriminação.

Notas

1. Foram de grande ajuda as discussões em torno do tema dentro do grupo de trabalho Mundos do Trabalho, na IV Jornada Nacional de História do Trabalho (2008), e, em especial, as sugestões da professora Regina Xavier.
2. Edições de 5 de maio de 1935 (p. 2) e de 5 de maio de 1955; "Antônio Baobad" foi o título escolhido para ambas as crônicas.
3. Seu registro está na folha 139, verso, do livro 4 do assentamento de batizados de pessoas escravas da Catedral São Francisco de Paula, em Pelotas.
4. Por um daqueles sortilégios do destino, justamente os sobrenomes do senhor de Eva e do padrinho de Antônio estão grafados de forma difícil de entender. Dentre dezenas de assentamentos constantes do livro, apenas esse foi escrito de forma quase incompreensível. Entretanto, há razoável chance de que os sobrenomes sejam mesmo os indicados, porque, com a consulta de outras fontes, conseguiu-se verificar que os nomes dos senhores de Eva pertenciam à família Ignácio Xavier.
5. Ele aparece como pardo nos livros de internamentos e enterramentos da Santa Casa e como branco na certidão de óbito presente no cartório.
6. No âmbito da difícil arte da pesquisa, atitudes como a da equipe do Arquivo Público do Rio Grande do Sul, que compilou todas as cartas de alforria de cidades do interior gaúcho e as publicou, devem ser saudadas com muita gratidão. A partir daqui, o citado Catálogo das Cartas de Alforria será referido apenas como Catálogo.
7. Veja-se, por exemplo, a carta de alforria coletiva de 7 de setembro de 1884, constante do Catálogo (v. 1, p. 614).
8. "Aqui, como não há entes humanos para caçá-los nas selvas, os descendentes de sangue africano, terceirões e quarteirões, mulatos 'descascados', negam e menosprezam a sua própria origem!" (A Alvorada, 7 ago. 1932). Esse tipo de comentário se repete em várias outras crônicas.
9. Tradução da autora.
10. Isso foi comprovado por meio do cotejamento dos dados fornecidos por jornais da época, que eventualmente mencionavam os nomes dos alforriados pelo Fundo, com as cartas de alforria.
11. Apenas na cidade de Pelotas houve cerca de dez pessoas libertas com o dinheiro ganho por elas ou seus parentes em loterias; pode-se citar, como exemplo, o famoso "prêmio da loteria do Ipiranga", que, em 1881, teve significativa parte destinada a alguns escravos da cidade. Sobre essas e outras estratégias de libertação na cidade, ver: Loner, 2009.
12. Joana foi libertada no mesmo dia e da mesma forma. Como o Fundo de Emancipação dava preferência a pessoas casadas durante o processo de seleção dos beneficiados, é muito provável que o casamento de Pacífico e Joana tenha sido uma estratégia para a obtenção de sua libertação. Significativamente, seus nomes aparecem no início da lista dos manumitidos pelo Fundo.
13. Havia duas diretorias: a diretoria do Conselho, mais honorífica, e a diretoria executiva. Antônio fez parte desta última. Vale destacar que, como ainda usava o sobrenome Oliveira, muito comum, há certa possibilidade de ter sido confundido com algum homônimo. Contudo, há indícios razoáveis apontando para o nosso biografado, como o fato de não se ter achado outra pessoa com o mesmo nome entre os chapeleiros da época, que compunham a associação.

14. Não se sabe se também ele era chapeleiro. Talvez tenha participado apenas como diretor do jornal da Liga, apoiando a luta dos chapeleiros. A informação sobre seu envolvimento consta da edição de 25 de maio de 1891 de *A Pátria*.
15. Antônio foi o 52º filiado e Armando, o 54º, segundo Osório (1922, p. 109).
16. *Correio Mercantil*, 29 nov. 1893, e outras edições, além dos números de novembro e dezembro do próprio *Democracia Social*. Guilherme Sauter assumiu a responsabilidade jurídica pelo que foi noticiado e o caso terminou em maio do ano seguinte, com o ganho de causa por parte do queixoso (*Correio Mercantil*, 18 maio 1894).
17. Apelido, aqui, tem o sentido de sobrenome.
18. Entre 1884 e 1915, teve participação comprovada em 24 diretorias da associação, como presidente, secretário, orador e tesoureiro, número que pode ter sido ainda maior, já que as listas de membros referentes a alguns anos desse intervalo não foram encontradas.
19. Essa crise foi determinada principalmente por dois fatores: a afluência de estrangeiros com profissões urbanas, que vieram para as colônias mas acabaram se fixando nas cidades; e a crise econômica da indústria saladeiril, a qual interrompeu de roldão o desenvolvimento industrial de Pelotas, que passou a caracterizar-se como zona deprimida economicamente.
20. Para a obtenção desses números foram considerados os nomes de diretores de várias associações, os quais foram comparados, já que vários deles se repetiam, verificando-se sua presença na rede associativa negra, composta de várias entidades, inclusive recreativas, sendo algumas exclusivas a negros. Isso não descarta, entretanto, casos eventuais de presença de associados brancos, algo bastante raro.
21. Sobre as associações de Pelotas e Rio Grande, ver: Loner, 2008; sobre as de Porto Alegre, ver: Müller, 2008.
22. Segundo a edição do *Echo Operário* de 7 de novembro de 1897, Mignoni era dono de uma fábrica de sapatos em Pelotas. Quanto a Justo, ele possuía no mínimo uma oficina de sapatos, com empregados, já que fora orador do Centro Cooperador dos Fabricantes de Calçados (substituindo, aliás, o próprio Mignoni).
23. Xavier da Costa, mulato, era tipógrafo e teve uma trajetória peculiar, chegando a ser, inclusive, vereador do Partido Republicano Rio-grandense; ver: Schmidt, 2004.
24. Os dados fornecidos constam das edições de junho e julho de 1953 de *A Alvorada*, que, em sua coluna Coisas do Passado, reproduzia notícias publicadas nos primeiros anos do jornal.
25. Sua certidão de óbito foi expedida pelo cartório da Primeira Zona de Registro Civil de Pelotas e consta do livro C-37, folha 125, número 702. Também foi consultada a edição de 9 de julho de 1907 do *Correio Mercantil*.

Referências bibliográficas

BATALHA, Cláudio. "Formação da classe operária e projetos de identidade coletiva". In: FERREIRA, Jorge; DELGADO, Lucilia (orgs.). *O tempo do liberalismo excludente: da proclamação da República à Revolução de 1930*. Rio de Janeiro: Civilização Brasileira, 2003, p. 161-90 (O Brasil Republicano, v. 1).

BOURDIEU, Pierre. "A ilusão biográfica". In: FERREIRA, Marieta de Moraes; AMADO, Janaina (orgs.). *Usos & abusos da história oral*. Rio de Janeiro: Editora da FGV, 1986, p. 184-91.

_____. *Coisas ditas*. São Paulo: Brasiliense, 1990.

DEUTSCHER, Isaac. *Trótski*. Rio de Janeiro: Civilização Brasileira, 1968, 3 vols.

_____. *Stálin: a história de uma tirania*. Rio de Janeiro: Civilização Brasileira, 1970, 2 vols.

GILL, Lorena. *O mal do século: tuberculose, tuberculosos e políticas de saúde em Pelotas (RS) – 1890-1930*. Pelotas: Educat, 2007.

HOFBAUER, Andreas. *Uma história de branqueamento ou o negro em questão*. São Paulo: Editora Unesp, 2006.

LEAL, Eneida. *Os orixás no Brasil*. Rio de Janeiro: Spala, 1988.

LONER, Beatriz. "A rede associativa negra em Pelotas e Rio Grande". In: SILVA, Gilberto Ferreira da; SANTOS, José Antônio dos; CARNEIRO, Luiz Carlos da Cunha. *RS negro: cartografias sobre a produção do conhecimento*. Porto Alegre: EdiPUCRS, 2008, p. 246-61.

_____. *Construção de classe: operários de Pelotas e Rio Grande (1888-1930)*. Pelotas: Editora da UFPel, 2001.

_____. "De loterias a casamentos: várias estratégias e uma 'Feliz Esperança'". Comunicação apresentada em mesa da Seção Brasil, no XXVIII International Congress of the Latin American Studies Association (Lasa) – Rio de Janeiro, jun. 2009.

Moreira, Paulo. *Os cativos e os homens de bem*. Porto Alegre: EST, 2003.

Müller, Liane. "As contas do meu rosário são balas de artilharia". In: Silva, Gilberto Ferreira da; Santos, José Antônio dos; Carneiro, Luiz Carlos da Cunha. *RS negro: cartografias sobre a produção do conhecimento*. Porto Alegre: EdiPUCRS, 2008, p. 262-71.

Osório, Fernando. *A cidade de Pelotas*. Pelotas: Oficinas do Diário Popular, 1922.

Przeworski, Adam. *Capitalismo e social-democracia*. São Paulo: Companhia das Letras, 1995.

Raphaël, Freddy. "Le travail de la mémoire et les limites de l'histoire orale". *Annales*, v. 35, n. 1, p. 127-45, jan./fev. 1980.

Rio Grande do Sul. SARH. Departamento de Arquivo Público. Documentos da escravidão. *Catálogo Seletivo de Cartas de Liberdade*. v. 1. Porto Alegre: Corag, 2006.

Santos, José Antônio. *Raiou a Alvorada: intelectuais negros e imprensa em Pelotas (1907-1957)*. Pelotas: Editora da UFPel, 2003.

Schmidt, Benito. *Em busca da terra da promissão: a história de dois líderes socialistas*. Porto Alegre: Palmarinca, 2004.

Vitorino, Artur. *Máquinas e operários*. São Paulo: Annablume, 2000.

6 A NOVA NEGRITUDE NO BRASIL – MOVIMENTOS PÓS-ABOLIÇÃO NO CONTEXTO DA DIÁSPORA AFRICANA

Kim D. Butler

O novo negro, título de uma antologia literária publicada em 1925, foi também uma expressão usada para descrever a mudança filosófica da população negra dos Estados Unidos longe dos grilhões perenes da escravidão.[1] Um momento breve e promissor após o final da escravidão e da Guerra de Secessão foi seguido de uma onda brutal de repressão e violência contra as aspirações dos libertos. O linchamento tornou-se um recurso rotineiro para aterrorizar os negros e levá-los à subserviência; centenas de pais brancos instruíam os filhos nos valores do racismo ao transformar esses assassinatos rituais em ocasiões para os passeios em família. Circulavam livremente pelo país cartões-postais com a imagem de corpos mutilados de negros (Allen *et al.*, 2000; Wood e Donaldson, 2008). Os negros que tiveram condições fugiram em massa dos lugares onde eram oprimidos e, em certos casos, foram forçados a ir embora sob ameaça de morte, migrando rumo ao norte para cidades como Chicago, Nova York, Washington e Filadélfia (Loewen, 2005; Jaspen, 2007). Outros saíram em busca de oportunidades no Oeste, acompanhando os mesmos sonhos dos brancos que haviam criado a Aliança dos Agricultores, na qual não se aceitavam negros (Painter, 1977). Em todo o país havia bolsões de bairros onde os negros possuíam bancos e empresas e as instituições sociais floresciam, mas eram visadas e destruídas por brancos rancorosos.

Já na metade do século XIX, os negros buscavam as recentes oportunidades de cursar o ensino superior em faculdades segregadas criadas a fim de formar os libertos para a força de trabalho. A população negra americana, cada vez mais cosmopolita, começou a enfrentar as grandes forças políticas que perpetuavam sua submissão, formando organizações como a National Association for the Advancement of Colored People (NAACP) [Associação Nacional para o Progresso de Pessoas de Cor], a fim de enfrentar os linchamentos, e participando de congressos e conferências pan-africanos que discutiam o futuro do continente. Cerca de 350 mil negros serviram nas Forças

Armadas dos Estados Unidos durante a Segunda Guerra Mundial em unidades segregadas e hesitaram em voltar para o país, onde enfrentariam a mesma discriminação. Com a crescente imigração para o Caribe e as Américas, os afro-americanos começaram a perceber sua luta em um contexto internacional.

Apesar da natureza aparentemente anômala da violência e da animosidade nos Estados Unidos, houve uma semelhança na dinâmica após a abolição no mundo afro-atlântico[2] e uma semelhança correspondente nas reações.[3] Embora tivessem padrões distintos, as questões gerais eram universais. Pessoas de ascendência africana haviam sido introduzidas nas sociedades das Américas com o propósito expresso de criar riqueza para os outros. Não foram consideradas parte da sociedade civil e, portanto, tanto as libertas quanto as escravizadas tiveram de engendrar nova identidade social para si mesmas. Como empregados domésticos, vendedores ambulantes, soldados, artesãos, membros de comunidades religiosas, fundadores de quilombos e de uma miríade de outras maneiras, os descendentes de africanos tornaram-se parte inseparável do tecido social das Américas. O fim da escravidão – individualmente por emancipação e coletivamente com a abolição – impôs às sociedades americanas a definição de parâmetros de integração e cidadania para os afrodescendentes. Não se renunciou facilmente às prerrogativas decorrentes da hierarquia racial. Estas constituíam as restrições implícitas nas leis de abolição que os descendentes de africanos descobririam à medida que tentavam exercer as liberdades que as elites consideravam ameaçadoras. Longe de ser fixos, os espaços sociais das sociedades americanas pós-abolição foram lapidados e relapidados continuamente em um diálogo dinâmico em que tanto as elites quanto o povo desempenharam papel ativo.

Foi nesse contexto que um grupo de jovens com ascendentes nos Estados Unidos e no Caribe declarou o nascimento do "novo negro" e, por extensão, o renascimento assinalado pelo Renascimento do Harlem. Tratou-se de uma afirmação de autodeterminação que ecoou no mundo francófono com o movimento da negritude. Na África, as nacionalidades ancestrais, já arruinadas por guerras, enfrentaram o desafio adicional do colonialismo. Os africanos continentais também foram determinantes na comunidade mundial preocupada com o racismo e o colonialismo, questões que se cristalizaram nas políticas do pan-africanismo. O advento dessas ideologias emergentes tornou-se possível pelo diálogo direto entre os povos de ascendência africana. Se esse processo foi bem documentado no que diz respeito a lugares em que as múltiplas nacionalidades estavam em contato, como Paris, Nova York ou a zona do Canal, a iniciativa de criar novas identidades sociais era evidente por toda a diáspora afro-atlântica. Na condição de sociedades pós-abolição, os antigos regimes escravistas tiveram de lidar com a incorporação à cidadania de pessoas outrora consideradas propriedade. O processo assumiu nova dimensão quando o uso feito por ativistas e intelectuais das tecnologias da comunicação e dos transportes do século XX deu início à nova era, rotulada por Ifeoma Nwankwo de "cosmopolitismo negro". Por meio desses canais, os novos negros mostravam-se cidadãos tanto internacionais como nacionais, ao mesmo tempo que reivindicavam a participação em um mundo negro interligado.

Embora a voz dos brasileiros afrodescendentes raramente faça parte do cânone do pensamento político pós-abolição, eles contribuíram para a redefinição das identidades e dos preceitos dos negros no período subsequente à escravidão. Diante do desafio de definir e defender novas identidades sociais e políticas, os afrodescendentes deram forma a uma articulação do "novo negro" inteiramente brasileira. Fizeram-no não só no contexto nacional, mas também no diálogo com pessoas dos Estados Unidos, do Caribe e da África. No Brasil, o movimento pela autodeterminação foi multifacetado, dando-se prioridade a elementos distintos em locais diferentes.

Em sua manifestação política mais convencional, essas atividades concentraram-se em São Paulo e nos estados vizinhos. Terra da sede da Frente Negra Brasileira (FNB), a cidade de São Paulo foi o berço da primeira organização negra do país, a única que se tornou um partido político constituído. A Frente Negra representou a maturação de várias décadas de atividades organizadas, período durante o qual os paulistanos negros conseguiram articular os diferentes modos de avaliar o seu lugar na sociedade pós-abolição.

Embora a FNB fosse a organização mais conhecida, houve muitas outras de caráter e tamanho diferentes que fizeram parte da vida afro-brasileira na região. As mais antigas entre elas eram as irmandades, com raízes no período colonial. O ramo paulista da Irmandade do Rosário foi fundado em 1711. Ocorreu também a devoção negra a Santa Ifigênia, Santo Estêvão, São Benedito e Nossa Senhora dos Remédios. No início do século XX, organizaram-se diversas entidades negras de recreação e, cada vez mais, de defesa da ampliação de oportunidades para as pessoas de ascendência africana. Muitas consideraram sua luta coletiva e política. Acabaram por articular uma identidade comum como povo "de cor" e, depois, de "negros", as quais se tornaram simultaneamente sua causa conjunta.

Se os afrodescendentes de todos os lugares enfrentaram o questionamento de suas liberdades após a abolição, a natureza de tal questionamento variou conforme as circunstâncias locais. Assim, enquanto a defesa da raça prevaleceu em São Paulo, ela não foi a tese primária do discurso no restante do país. Em Salvador, por exemplo, as elites e as classes populares entraram em conflito por causa do direito à existência das expressões culturais de origem africana. A relação entre as duas lutas é o fato de que as pessoas enfrentaram o questionamento à sua completa liberdade com intervenções frequentemente vitoriosas ao longo do século XX.

Em projeto anterior, examinei por que determinada estratégia prevaleceu em dado momento. Esse tipo de enfoque serviu para entender melhor a história política da diáspora afro-atlântica, na qual os modos de integração constituem eixo central. As pessoas de ascendência africana tiveram de fazer escolhas estratégicas acerca de assimilação, confronto, criação de espaços de refúgio separados etc., quase sempre adotando uma combinação de todos esses caminhos durante a vida toda. Às vezes essas escolhas destacam-se como uma afirmação política coletiva. Assim é a afirmação dos afro-paulistas de sua nova identidade como negros.

Neste capítulo, revejo parte desse trabalho para apurar como as diferentes perspectivas e experiências dos negros nas cidades de São Paulo e Salvador interferiram em sua contribuição para a política negra internacional no início do século XX. A maioria das análises de movimentos como o Renascimento do Harlem, negritude e o pan-africanismo inicial concentra-se no terreno bastante conhecido do seu surgimento intelectual. Em outros lugares e de outros modos, os afrodescendentes juntaram forças e lançaram mão de recursos que lhes permitissem rechaçar os obstáculos em sua marcha contra a escravidão e o colonialismo. Tais iniciativas fazem parte da história política da diáspora afro-atlântica. Sem elas, a história fica incompleta.

A criação da negritude na cidade nova

O fato de que o setor mais atuante do ativismo pós-abolição de São Paulo engendrou um programa político explicitamente racial tem íntima relação com os fatores que cercam o aparecimento de uma comunidade bastante frustrada com a promessa de uma cidade nova, um século novo e uma nova democracia racial. Relativamente subdesenvolvida no período colonial, São Paulo tinha uma pequena população de afrodescendentes antes do século XIX. O cultivo do café, principal produto de exportação da província em meados desse século, desenvolveu-se com forte dependência do trabalho escravo. Em 1874, a população de escravos, de 174.622 pessoas, excedia a da Bahia e a de Pernambuco (Conrad, 1972). Com as restrições ao comércio escravista no Atlântico desde 1850, os que chegavam à região eram sobretudo jovens brasileiros. Pressionados a acabar com a escravidão, os fazendeiros passaram a se afastar do comércio nacional e voltar-se para a imigração subsidiada. As oportunidades para os libertos dependiam grandemente do lugar onde viviam. Nas regiões em que abundava a mão de obra imigrante, era fácil substituir os libertos pelos recém-chegados. Esse modelo persistiu muito tempo depois da abolição, quando o comércio do café chegava ao auge. O percentual de trabalhadores brasileiros na agricultura caiu de 43,9 em 1908 para 28,7 em 1912.[4] Nos lugares de crescimento lento, onde os fazendeiros não conseguiam subsidiar a imigração, os ex-escravos tinham poucas opções que não continuar a trabalhar nas fazendas.

A família Oliveira, de Engenheiro Passos, na província do Rio de Janeiro, foi uma das muitas que tentaram romper o ciclo do trabalho do cultivo mudando-se para São Paulo. Nascida em 1905, Albertina de Oliveira era neta de uma baiana lembrada pela família como "mucama" (babá). A mãe dela permanecera no cafezal como cozinheira da família e dos colonos brasileiros. Albertina tinha 7 anos quando a mãe morreu. Seu pai aceitou o oferecimento da família de adotá-la e só mais tarde descobriu que ela vivia em condições muito parecidas com as da escravidão. A filha dela, Carlota, recordou as histórias da mãe sobre a dureza e a duração do trabalho:

> [...] minha mãe contava que levantava às cinco horas da manhã e trabalhava até uma, duas horas da madrugada. E a casa da fazenda era enorme, e minha mãe tinha que lavar o chão com escovinha, pedacinho por pedacinho, limpando. E ela não tinha nem um colchão para dormir. Ela deitava, estendia os sacos – aqueles sacos de estopa – e se cobria com aquilo.[5]

Enquanto alguns familiares tentaram a sorte no Rio, Albertina acabou casando e mudou-se para São Paulo. Não estavam sozinhos. Logo depois da abolição, apenas 2,7% da população de afrodescendentes de São Paulo vivia na capital. Nas cinco décadas seguintes, esse número aumentou dez vezes. Entre 1890 e 1940, a população negra da cidade de São Paulo cresceu de 10.872 para 108.682 pessoas, passando a constituir cerca de 12,6% dos habitantes.[6]

Na virada para o século XX, São Paulo era, sob todos os aspectos, uma cidade nova. O lucro das exportações de café incitou o crescimento da indústria manufatureira e o rápido desenvolvimento urbano. Os imigrantes que de início haviam sido atraídos por contratos de agricultura agora debandavam para a cidade, acompanhados de uma quantidade considerável de brasileiros com todo tipo de formação, dividindo o sonho de lucrar com a promessa da cidade mais representativa do progresso estampado na bandeira da nova nação.

A cidade caracterizava-se amplamente pela imigração e tinha muitos encraves de europeus, vindos de países como Portugal, Espanha, Itália e Alemanha. Apesar de ser brasileiros, os negros recém-chegados assemelhavam-se aos imigrantes em vários aspectos; na maioria, não haviam nascido na cidade.[7] Além de se entender isso no contexto nacional, pode-se também identificar a movimentação deles como parte da onda de migrações pós-abolição por toda a diáspora afro-atlântica. A mudança de lugar era uma estratégia importante para aumentar as oportunidades de vida em âmbito internacional, regional e municipal. Tem aí uma significação particular o fato de que a experiência da migração e a convergência de diferentes histórias de negros ajudaram a criar condições que fomentaram o aparecimento de uma nova identidade coletiva de "negro".

Nesse aspecto, como a migração para a capital de São Paulo seguiu-se à abolição, as aspirações típicas associadas a esse deslocamento não podem ser separadas das aspirações do liberto. A geração dos anos 1920 e 1930 ainda podia lembrar-se de pais e avós que vivenciaram a escravidão, e parte da sua motivação de mudar-se para São Paulo consistia em deixá-la definitivamente para trás. Aristides Barbosa, integrante da Frente Negra, relembrou como a migração de sua família de uma pequena fazenda para a cidade moldou seus sentimentos:

> Depois mudamos para Mococa, que é cidade. A gente sempre procurando coisas melhores, não? Da cidade de Mococa viemos para cá. [...] Na verdade, essas migrações de gente eram aquela busca do ex-escravo. Porque na verdade quem nasceu em 1921 nasceu apenas umas três décadas depois da escravidão. Então, era aquela procura ainda do assentamento do negro. Tanto é que, quando cheguei a São Paulo, eu trazia da minha casa muito dos anseios do movimento negro. Meu avô, pai da minha mãe, que morreu em 1939 com muito mais de 100 anos, ele tinha sido... foi escravo. Na minha família, sempre [...] passaram para a gente as preocupações, para a gente fazer, procurar, progredir [...].

Os recém-chegados e os moradores antigos ligavam-se por meio da aspiração de sucesso, já que as oportunidades haviam sido ampliadas pela abolição e pela industrialização da capital. Parte dessa aspiração refletia-se nas páginas da incipiente imprensa negra do final do século XIX, em *O Treze de Maio* (1888), *A Patria* (1889), *O Exemplo* (1892) e *A Redenção* (1899) (Gomes, 2005).

No entanto, demorariam a aparecer coletividades negras com orientação política. Como outros novos adventos na cidade, as identidades coletivas afro-brasileiras em São Paulo formaram-se primeiramente conforme o lugar de origem. Pessoas de cidades diversas encontravam-se na capital, oferecendo ajuda em crises financeiras, pessoais e até de saúde. A imigração em si alimentou significativamente a sensibilidade comunitária para o ativismo futuro, sobretudo com a criação de redes de parentesco.

À medida que aumentaram em quantidade, os afro-brasileiros passaram a se concentrar em agrupamentos residenciais ao redor da cidade. Isso ocorreu em parte por discriminação explícita, importante fator na racialização dos paulistanos no que constituiu uma dinâmica partilhada com seus homólogos nos Estados Unidos. Henrique Cunha, colaborador do jornal *O Clarim d'Alvorada*, lembrou o caráter explícito da segregação:

Se o preto também ia procurar uma casa pra alugar, mesmo que ele tivesse condições de pagar ia encontrar dificuldade, porque branco não alugava pra preto. E diziam mesmo – né? – não se aluga pra preto. Botavam no jornal: aluga-se uma casa, não se aluga pra preto.[8]

Bela Vista foi o lugar da primeira aglomeração residencial dos negros. A região do Bexiga, que era de fazenda, fora dividida em pequenos lotes baratos em 1879, e os italianos que lá se assentaram complementavam a renda alugando o porão a famílias negras (Gontier, 1990; Britto, 1986). Esse procedimento persistiu com a rápida expansão da cidade após a inauguração da São Paulo Railway, em 1867. Os habitantes ricos mudaram-se dos bairros centrais, densamente povoados e sujeitos a doenças. As casas grandes de bairros como Barra Funda e Campos Elíseos foram transformadas em casas de cômodos alugados. À medida que os cortiços, abarrotados de gente, espalharam-se pela cidade, foram estigmatizados de imundos e perigosos. Mas essas microcomunidades de negros eram também local de apoio mútuo e refúgio. Ao recordar a Barra Funda, Francisco Branco, morador do bairro por muitos anos, falou de "uma enorme comunidade negra, um vasto quilombo instalado nos porões. Estes, por sua vez, eram ligados e interligados, convertendo-se em complicados labirintos subterrâneos, e para eles os negros se deslocavam, impelidos pela pressão econômica e em busca do apoio da fraternidade de cor" (Silva, 1990).[9]

Nem a atividade política nem a defesa da raça figuravam como metas iniciais das organizações negras de São Paulo, que eram fundamentalmente clubes recreativos, alguns deles surgidos de piqueniques informais e excursões a cidades do interior. Os que viajavam da capital e não tinham família na região passavam a noite em armazéns, onde realizavam desafios musicais divertidos, fazendo os bairros se enfrentarem. Na festa de Pirapora do Bom Jesus, por exemplo, vários bairros de São Paulo foram representados por cantores que se desafiaram com sambas improvisados. Alguns participantes acabaram criando escolas de samba de bairro – entre eles Dionísio Barbosa, do Grupo Carnavalesco Barra Funda (depois rebatizado de Camisa Verde e Branco), Donata Ramos, da Campos Elíseos, e Madrinha Eunice, da Vai-Vai, que também participou da fundação da Lavapés (Britto, 1986). De acordo com a cultura social da capital, os imigrantes formaram associações de suas cidades natais, às quais o acesso de negros era proibido. Essa exclusão contribuiu para a formação de grupos motivados não necessariamente pela raça, mas caracterizados pela participação predominante de afro-brasileiros.

Surgiram clubes de futebol de negros já em 1909. Um artigo de 1931 do jornal *Progresso* lembrou clubes como Diamantinho, Perdizes, S. Paulo e Aliança. Mencionava também o sucesso recente do Piracicabanos da Consolação, formado inteiramente por negros que haviam jogado no 28 de Setembro F. C., de Piracicaba (SP). Um clube, o

Auri Verde, ganhou destaque por ter alguns membros que não eram negros ("este último encontra-se misturado, isto é: café com leite") (*Progresso*, fev. 1931).

Com o tempo criaram-se botequins e festas de samba em residências particulares. Assim como ocorreu no Renascimento do Harlem, as artes constituíram uma plataforma para projetar a nova visão dos negros na vida contemporânea. Os botequins – local de refúgio de uma comunidade predominantemente negra e pobre que não se coadunava com os preceitos da "respeitabilidade" – eram sempre visados pela polícia. A ênfase das associações sociais que se formavam na vestimenta, no comportamento e nos modos "adequados" assinalou seu desejo de diferenciar-se dos bares de cortiço, menos respeitáveis, modelando uma urbanidade negra adaptada à cidade moderna (Seigel, 2009).

Nos primeiros anos do século XX, começou a se formar na cidade de São Paulo uma "classe média" negra metafórica, que se distinguia em princípio por suas aspirações e não pela renda. Ela criou novas formas de associação paralelamente às instituições mais velhas para pessoas de cor. Estas não se excluíam mutuamente – a diretoria das irmandades contava com gente que participava dos jornais e dos clubes (Joviano, 1954; Cuti, 1992; Aguiar, 1940).

As agremiações que se desenvolveram em São Paulo procuravam atender às aspirações de ascensão social. Os jornais passaram a ser um grande provedor de informações sobre acontecimentos sociais, em geral promovidos pelos próprios clubes. Também traziam fofocas, que colaboravam para a sua popularidade. Eles ditavam um mundo em "sociedade" diferente. Não se tratava de uma classe econômica exclusivista, mas de um novo sentido da brasilidade negra definido pela dignidade da cidadania, contrapondo-se à degradação da escravização. A imprensa refletia o discurso corrente em que os descendentes de africanos se examinavam, quase sempre muito criticamente em relação aos outros, a fim de propor uma negritude ideal da modernidade.

As associações sociais, porém, não abordavam todas as frustrações enfrentadas pelos jovens que se haviam empenhado tanto para encontrar oportunidades na cidade florescente. Era particularmente mortificante o fato de que os imigrantes, que viajaram para a província nos mesmos navios usados para transportar escravizados brasileiros[10], estavam superando os negros na nova economia da capital. Cientes de suas muitas contribuições com o país, os paulistas negros preferiram enfatizar sua nacionalidade brasileira a concentrar-se na distante ancestralidade africana.[11]

A experiência de discriminação racial que Henrique Cunha viveu foi o motor para que ele se envolvesse diretamente com *O Clarim d'Alvorada*, a Frente Negra e o Clube Negro de Cultura Social. Ele procurava emprego na praça São Bento com um amigo, quando um conhecido deste apareceu e disse:

"Ah, eu vim procurar um garçom". Ele trabalhava numa pensão, né? Então o rapaz apontou e [indicando Cunha] "olha, aquele rapaz é de Ribeirão Preto, é meu conterrâneo, é um bom garçom". Então ele falou pro rapaz: "Não, mas o dono da pensão disse pra não levar preto". Então aquilo me chocou, né? [E eu disse:] "Puxa, será que então o preto não tem oportunidade nem de trabalhar?" Aí então eu comecei a procurar os movimentos.[12]

Os problemas dos jovens paulistas pouco a pouco apareceram nas páginas dos jornais. O *Bandeirante* publicou um artigo em 1919 lamentando que tanta energia tivesse sido gasta na organização de bailes, quando teria sido mais bem empregada na criação de salvaguardas para a comunidade negra. Jornais como O *Clarim d'Alvorada* (fundado em 1924) começaram a mudar seu enfoque recreativo e literário e adotaram um tom cada vez mais político. Lino Guedes, que publicara *O Getulino* em Campinas, mudou-se para a capital, onde começou a editar com colegas o *Progresso*, em 1928. Tanto *O Clarim d'Alvorada* quanto o *Progresso* tornaram-se palcos para apresentar e discutir os significativos acontecimentos na comunidade negra internacional. Eles continham não só política, mas comentários sobre a presença negra nas artes, nos esportes e na sociedade.

Os escritores dos jornais negros de São Paulo passaram a dialogar diretamente com as ideologias em desenvolvimento do "novo negro", do Renascimento do Harlem e da negritude. Isso resultou em parte de seu contato direto com movimentos e pensadores negros de fora do Brasil, especialmente a Universal Negro Improvement Association and African Communities League (Unia) [Associação Universal para o Progresso do Negro e Liga de Comunidades Africanas], de Marcus Garvey, e Robert Abbott, editor do jornal negro *The Chicago Defender*. Eles não se apropriaram simplesmente dessas ideias. José Correia Leite descreveu o ceticismo a respeito do racialismo explícito de Garvey: "Disseram [...] que eu estava criando um quisto racial, propondo um modelo racista pra cá" (Cuti, 1992). O público de Abbott no Rio e em São Paulo rejeitou sua interpretação errônea de democracia racial e suas recomendações aos brasileiros (Hellwig, 1988). Mesmo assim, as ideias continuaram a circular. Pela seleção de notícias, pelos comentários correlatos e pela abertura do diálogo com os leitores, os jornais negros participaram da identificação e configuração da comunidade negra.[13] Nesse sentido, a imprensa negra de São Paulo foi essencial para a história de jornais como *African Times and Orient Review*, *The Negro World* e *Presence Africaine*. As novas ideologias serviram de contexto quando o movimento negro de São Paulo adotou uma trajetória própria e singular.

Os jornais passaram a expressar o que constituiria a política central do período. Os jornalistas negros se ativeram a seu papel de brasileiros, afirmando sua nacionalidade no contexto da concorrência com os imigrantes. Coerentemente com a adoção dos ideais nacionais, evitaram ser associados com o primitivismo, estivesse ele incorporado aos estereótipos antiafricanos ou ao comportamento de seus compatriotas menos "cultos". Ainda que tenham tirado a ênfase da africanidade, deixaram-se influenciar por fontes internacionais a fim de formar sua noção de negritude. Usaram esses exemplos sobretudo para identificar uma negritude moderna.

As ideologias cuja mudança ecoava na imprensa expressavam-se também pelo ativismo e pela mobilização da comunidade. Na noite de 29 de outubro de 1926, as portas do Teatro Apolo abriram-se para a primeira reunião de um novo tipo de organização em São Paulo. Sob a direção do major Antônio Carlos, de Minas Gerais, um grupo de jovens ligados aos jornais e às associações sociais da cidade juntou-se para fundar o Centro Cívico Palmares. O objetivo primeiro do Palmares era criar uma pequena biblioteca da história e da literatura negra, antiga preocupação da imprensa negra. Sua diretoria contava com cerca de 20 pessoas, e o número de associados, segundo estimativas, era de 100 a 150.

A Palmares era bem diferente das associações puramente recreativas por se concentrar de modo explícito em um programa intelectual, político e histórico afro-brasileiro. Sua inclinação literária inicial ganhou forma com escritores como Jayme de Aguiar, do jornal *O Clarim d'Alvorada*, e Lino Guedes, do *Getulino*. Em 1928, todavia, o Palmares já começara a explorar novos caminhos políticos para promover a causa dos habitantes negros da cidade. Em maio, a associação fez vários anúncios simbólicos aos políticos governantes, nomeando Washington Luís, presidente da república, seu presidente honorário e convidando tanto este quanto o governador da província, Júlio Prestes, à sua sessão especial, que comemoraria o quadragésimo aniversário da abolição. Eles também convidaram o deputado estadual Orlando de Almeida Prado a falar aos associados. O Palmares recorreria a esses políticos para ajudá-los a tentar dessegregar a polícia estadual, no que constitui o primeiro exemplo direto de ativismo político coletivo em favor das causas afro-paulistas.

Fazia tempo que as diretrizes da polícia visavam os centros residenciais e recreativos frequentados por negros, e estes eram maioria nas detenções. Embora houvesse pessoas de cor entre as forças armadas desde a colônia (descobriu-se que diversos policiais do Rio no século XIX haviam sido escravos), a força policial de São Paulo resistia à contratação de negros. O grupo de teatro do Palmares passou a encenar uma peça intitulada "Pretos na Guarda Civil" para conscientizar o público dessa questão, e os líderes do grupo se encontraram tanto com o presidente da república quanto com o governador da província a fim de apresentar suas preocupações. Eles pediram a Orlando de Almeida Prado, que visitara o grupo anteriormente, que denunciasse as práticas discriminatórias à casa legislativa. Com o decreto do governador permitindo a entrada de negros para a polícia, Palmares garantiu sua primeira e significativa vitória.

No entanto, o gosto da vitória durou pouco, pois Palmares sofreu uma série de desafios. Orlando Prado exigiu uma compensação por seus trabalhos, o que alguns associados acharam não ter sido mais que obrigação legislativa do parlamentar; diversos membros saíram da entidade por conta disso. Começou a desaparecer dinheiro, e o grupo entrou em situação deficitária. Seu presidente, Foyes-Gittens, era considerado cada vez mais autocrático, em direta contraposição às metas mais democráticas de associados antagônicos. Alguns destes passaram a divulgar suas preocupações nos jornais *Progresso* e *O Clarim d'Alvorada*. Vicente Ferreira, orador influente e de grande popularidade na comunidade negra, rotulou Palmares de "traidor dos seus objetivos de lutar em nome dos brasileiros negros".

Embora Palmares tenha desfrutado um sucesso breve e restrito, sua importância política foi ainda assim significativa. Diversas figuras de destaque do movimento negro trabalharam juntas no Palmares, experiência que ajudou a politizar jornais antes literários. O grupo de comando que colaborou primeiramente no centro cívico partiu para o planejamento do Congresso da Mocidade Negra, reunião regional para assumir a defesa política da comunidade. O congresso perdeu força, mas o grupo logo voltou a se reunir para ajudar a criar a Frente Negra Brasileira (FNB), em 1931.

A FNB baseou-se na experiência das décadas anteriores para mesclar com sucesso estratégias comprovadas de serviço e organização comunitária (Butler, 1998; Gomes, 2005). Por meio do seu jornal, *A Voz da Raça*, e de um ambicioso programa múltiplo, seus diretores articularam uma visão clara de uma comunidade definida pela fidelidade a "Deus, Pátria, Raça e Família" (o lema no cabeçalho do jornal). Como ocorrera em incursões anteriores pela mobilização e defesa da raça, a FNB enfatizou o direito dos negros como cidadãos brasileiros com base no *éthos* estabelecido da nação. Se esses direitos não estivessem na Constituição, a situação deveria ser corrigida. Embora os ativistas de São Paulo não tomassem para si uma cultura africana compartilhada, com exceção da ascendência e da história comum de escravidão e racismo, eles se identificaram explicitamente com a diáspora africana internacional. Esses traços ideológicos enquadram-se bem na rubrica da filosofia do "novo negro" em toda a diáspora africana do início do século XX.

Apesar de ser tentador enfatizar o escopo nacional da Frente Negra, sua base continuou na região Centro-Sul e mesmo aí representou apenas um segmento da população de afro-paulistas. Alguns afrodescendentes usufruíam ligações pessoais, riqueza e outras prerrogativas sociais que suavizavam o estigma da raça e lhes abriam as portas da ascensão social. Houve outras reações às condições de vida pós-abolição, entre elas a criação de espaços para "negros", que proporcionavam certo escape das frustrações diárias, provocadas pelo racismo onipresente e mesquinho, e da imposição de normas.

Ainda que a defesa coletiva da FNB nos deixe entrever uma linha principal do pensamento político negro, houve muitas vozes da raça distintas.

Uma análise mais ampla da política pós-abolição deve incluir a diversidade tanto dos locais quanto dos tipos de política negra. Como observou Paul Tiyambe Zeleza, as análises históricas das relações África-diáspora do início do século XX privilegiam a política do pan-africanismo. Os paulistas que procuraram enfatizar sua nacionalidade brasileira formaram uma noção moderna de cosmopolitismo negro influenciado por canais da diáspora, mas a África não figurava explicitamente nas representações que eles faziam de si. Em contraposição, o continente foi essencial na luta pelo direito garantido constitucionalmente de liberdade de credo e democratização do espaço público em Salvador. Estudos acadêmicos sobre as ligações transatlânticas da comunidade africana de Salvador documentaram um período de formação de uma comunidade transnacional de meados do século XIX ao começo do século XX. Essas relações afetariam de maneira significativa a localização e a influência política dos afro-baianos tanto na África ocidental quanto no Brasil. Na presente discussão, vale a pena examinar como o mais influente debate de política cultural sofreu profunda interferência das estratégias internacionalistas dos afrodescendentes de Salvador.

Contextualização do movimento em Salvador: cosmopolitismo negro no Atlântico Sul

Mais de uma vez os baianos tiveram oportunidade de apoiar as mesmas iniciativas bem-sucedidas em São Paulo. Em 1932, Marcos Rodrigues dos Santos, representante oficial da FNB, marcou reuniões com algumas organizações negras reconhecidas, na esperança de criar uma filial local. A centenária Sociedade Protetora dos Desvalidos, composta por inteiro de negros operários e candidatos aparentemente bons à missão da FNB, concedeu a ele uma reunião cortês, mas apoio tímido. Santos acabou encontrando uma base de mobilização nos sindicatos, porém viu-se enredado na política local dos mandachuvas políticos. Alguns anos antes, Mário Vasconcelos, identificado por seus contatos paulistas como professor de inglês, começou a traduzir despachos de um jornal da Unia, *The Negro World*, e os enviava para publicação em jornais como *Progresso* e *O Clarim d'Alvorada* (Butler, 1998; Gomes, 2005).[14] Ainda é preciso averiguar se esse material tinha ampla circulação na própria cidade natal de Vasconcelos, Salvador. A dinâmica que dava forma a uma consciência negra internacional, por meio de um diálogo que envolvia lugares como São Paulo, Chicago e Panamá, fez ressoar uma nota um pouco diferente em Salvador.

Enquanto a raça e a origem nacional determinaram limites de integração social em São Paulo, outros parâmetros de etnicidade tiveram destaque no panorama político-social de Salvador. Em meio à população afrodescendente, a nacionalidade africana definia comunidades específicas, assim como a distinção entre indivíduos africanos e nascidos no Brasil. A abolição ocorreu em um momento de transição dessas identidades, quando cada vez mais gente passava da escravidão para a emancipação.

A última grande leva de trabalho escravo na região de São Paulo veio do próprio Brasil. Por outro lado, o último grande grupo a chegar na Bahia foi de africanos das nações do golfo de Benin. Como o ritmo das emancipações aumentou por todo o século XIX, era muito mais provável que os libertos fossem africanos do que os que moravam em São Paulo. A Bahia foi uma das poucas sociedades escravistas que deram oportunidade aos nascidos africanos de voltar para o seu continente. Suas viagens de ida e volta criaram um significado dinâmico e multiétnico do ser africano em Salvador. Alguns libertos obrigados a adaptar seu mundo religioso ao novo ambiente passaram a investir em terrenos consagrados ao culto, criando novos espaços de africanidade. Como já disseram alguns cientistas sociais, essas comunidades religiosas constituídas principalmente de nascidos na África entraram em declínio à medida que eles envelheciam e minguavam. No entanto, os africanos transmitiam à geração dos seus filhos as suas tradições e também, com frequência, as fontes materiais para mantê-las. Além disso, outras pessoas de ascendência diferente podiam agora tornar-se membros de comunidades "africanas" por meio da iniciação. Assim, falar de comunidades africanas na Salvador pós-abolição é falar tanto de etnicidade natal quanto – cada vez mais no século XX adentro – de afiliação seletiva (Butler, 1998).

A africanidade repensada que floresceu na Bahia após a abolição não era apenas a "retenção" do nascido na África – existia uma comunicação frequente e ampla entre Salvador e as cidades litorâneas do Oeste da África. A viagem dos africanos entre a cidade de Salvador, na Bahia, e a costa ocidental africana tornara-se um grande exemplo da criação de uma comunidade transnacional na diáspora africana. Foi notável porque ocorreu logo após o afluxo de africanos no final do século XIX, tão bem descrito na metáfora de Pierre Verger do fluxo e refluxo da onda (Verger, 1987). Também se distingue pelo fato de não ser simplesmente um "retorno", mas sim uma rede em expansão forjada em diversas viagens através do Atlântico, que ajudaram famílias africanas em ambas as costas a usufruir os benefícios sociais e monetários da nova mobilidade.[15] Os que viajaram provocaram enorme impacto naqueles que ficaram.

Os mais conhecidos desses viajantes pertenciam à elite do candomblé da Bahia. Vários babalaôs famosos permaneceram na África ocidental longas temporadas, entre eles vários membros da respeitada família Bamboxe. Uma pesquisa recente afirma que Iyá Nassô, cofundadora do candomblé que ganhou destaque internacional sob a liderança de Mãe Menininha, em meados do século XX, era Francisca da Silva, liberta africana de ascendência ioruba (nagô). Francisca da Silva iniciou nagôs e seus filhos na Bahia, inclusive seus escravos. Entre eles estava Marcelina da Silva, que viajava com Francisca, seu marido Pedro Autran e sua filha Magdalena. Enquanto Francisca e Pedro aparentemente permaneceram na África, Marcelina e seus filhos voltaram para a Bahia. Mais tarde, ela assumiu a liderança do candomblé Ilê Iyá Nassô Oká, conhecido popularmente por Casa Branca do Engenho Velho. Martiniano do Bonfim – cujo conhecimento sobre a África ajudou não só o candomblé baiano como também pesquisadores como Nina Rodrigues – foi levado a Lagos por seu pai quando adolescente. Ele teria iniciação de babalaô antes de voltar para a Bahia. Bonfim, cujo pai era compadre de Marcelina da Silva e Miguel Vieira, tinha laços íntimos com a Casa Branca e depois ajudou Mãe Aninha a implantar os obás de Xangô e o iorubá como língua oficial do Ilê do Axé Opô Afonjá (Castillo e Parés, 2007).[16] Muitas outras pessoas menos famosas também faziam tais viagens, lembradas principalmente por sua função no ensino religioso e cultural, e ainda motivo de prestígio para as famílias capazes de enviar os filhos ao exterior (Castillo e Parés, 2007).

Também é importante ponderar até que ponto o capital cultural e material amealhado com essas viagens pelo Atlântico Sul influenciou as visões de mundo, as identidades e as estratégias socioeconômicas da comunidade afro-baiana. O diálogo com a África tornou-se parte da vida baiana, disseminado pelos trabalhadores do porto e por suas ligações com as diversas redes sociais da cidade (Oliveira, 1988). Cada vez mais livre, essa população de laços próximos com a África tinha recursos para manter certos aspectos da vida sob profunda influência de fontes africanas, construindo desse modo uma cultura popular que às vezes divergia dos ideais europeus da elite republicana.

Uma série de conspirações de escravos na virada do século XIX provocou desconfiança nas línguas e nas práticas culturais africanas, que em seguida foram proscritas. Com o nascimento da república, uma época em que se associava o progresso à ligação com os ideais europeus, a proliferação de africanismos perceptíveis irritou as elites baianas de modo diferente. Sua frustração se exacerbava com o fato de que a antiga capital perdia sua influência política e econômica para os estados do Centro-Sul. A polícia tinha o hábito de invadir as cerimônias religiosas africanas, confiscando objetos rituais e prendendo os praticantes.

Como cidadã na nova república, a comunidade africana de Salvador (refiro-me aí ao novo sentido de africano) começou a se opor às restrições à sua liberdade cultural. Nisso ela não diferia muito dos paulistas, que contestaram sua exclusão e marginalização em outras arenas. Um dos primeiros lugares públicos dessas tensões foi o carnaval da virada do século XX. Pouco depois de o carnaval formalizado começar a substituir as brincadeiras do entrudo nos anos 1880, os afro-baianos seguiram o exemplo de associações como Fantoches de Euterpe, Cruz Vermelha e Inocentes em Progresso, com clubes de carnaval de temática africana. O mais antigo deles, Embaixada Africana, parece ter desfilado pela primeira vez em 1895 com o tema vatapá. Para um público que acolhia calorosamente essa forma mais organizada de carnaval, o Embaixada Africana alcançou popularidade imediata. No ano seguinte, na companhia de um novo grupo, Pândegos da África, o Embaixada Africana desfilou pelas ruas com orixás escoltando a procissão real ao som de agogôs e atabaques. Sem a participação naquele ano tanto do Fantoches de Euterpe como do Cruz Vermelha, os clubes africanos foram o centro das atenções. Por usarem a história cultural como tema, eles adotavam o expressivo vocabulário cotidiano, trocando os motivos europeus por africanos. Apoiando-se em seu rico conhecimento da história cultural africana e em questões contemporâneas, os clubes fizeram frente aos clubes de carnaval de elite com um cânone alternativo em que os africanos eram os personagens principais.

As práticas africanas, todavia, continuavam proscritas. Os desfiles de carnaval sabidamente desobedeciam às normas ao apresentar instrumentos e imagens proibidos. Novos grupos africanos surgiam todos os anos, e o carnaval tomava conta das ruas dos bairros mais do que dos bailes e festas. Em 1898, o prefeito de Salvador baixou um decreto proibindo as barracas de rua durante o carnaval. Entretanto, o que as elites consideravam mais condenável era a comemoração desimpedida das culturas africanas vivas, ao contrário dos desfiles históricos sobre a África mítica. Muito antes das leis que obrigam a incluir a história africana nas escolas brasileiras, os afrodescendentes da Bahia praticavam uma pedagogia das ruas.

Em 1905, os clubes africanos, inclusive o Embaixada Africana, foram banidos por completo do carnaval. Esse não foi o único ataque aos africanismos na Salvador pós-abolição. Em 1890, o arcebispo proibiu a lavagem anual na festa do Nosso Senhor do Bonfim. A Igreja católica também interveio para suspender a procissão da Irmandade da Boa Morte, cujos membros eram associados aos terreiros de candomblé, e substituiu as velhas irmãs africanas por moças brancas. A capoeira já era proibida desde 1821 (Butler, 1998). A polícia dava batidas constantes nos locais sagrados, às vezes prendendo pessoas que ainda estavam em transe espiritual. Essa prática não era exclusividade baiana. Os chefes dos terreiros de Pernambuco relataram o mesmo tipo de assédio, que, na década de 1930, criaria um clima de perseguição (Cavalcante, 1935).

Os policiais eram sempre acusados de abuso contra as classes baixas, e os terreiros eram um alvo particular de Pedro Azevedo Gordilho, comandante da polícia de Salvador de 1920 a 1927. Era uma figura tão intimidadora que, quando o respeitável babalaô Felisberto Sowzer tentou abrir um processo contra ele, não conseguiu encontrar ninguém que entrasse com a ação, "devido ao pânico e ao terror que todos tinham a ele"

(Butler, 1998, p. 204-5). A defesa do candomblé partiu de uma família cujas viagens haviam colaborado muito no fortalecimento de sua prática em Salvador. Felisberto nascera em Lagos, de pais brasileiros, e era neto do babalaô Bamboxe Obitiko, que levou vários familiares para longas estadas no exterior (Castillo e Pares, 2007; Matory, 1999).

Os candomblés reagiram a princípio lançando mão da influência de seus conhecidos. Sabia-se que diversos policiais frequentavam o Gantois, e a imprensa queixava-se de que os candomblés tinham permissão para funcionar com liberdade. Enquanto os candomblés dirigidos por africanos impediam que os brasileiros tivessem a função de ogã, no final do século XIX observadores como Manoel Querino comentavam que a função se tornara um meio de facilitar os alvarás policiais. Além disso, os ogãs forneciam recursos financeiros e representavam os candomblés publicamente.

Um ogã bastante influente era Edison Carneiro, filiado ao terreiro Ilê do Axé Opô Afonjá. Aspirante a acadêmico, Carneiro participara do Primeiro Congresso Afro-Brasileiro, realizado em Recife em 1934, no qual fez uma acusação marxista ao período pós-abolição. Afirmou que o capitalismo havia "proletarizado" os trabalhadores negros, posição não muito diferente da do representante da Frente Negra na Bahia (Carneiro, 1935). Como Marcos Rodrigues dos Santos, Carneiro não ganharia muito impulso com essa argumentação de classe. Ele depois passou a enfatizar a integridade do candomblé como religião e seu direito de existir garantido pela Constituição.[17] Três anos depois, quando organizou o Segundo Congresso Afro-Brasileiro na Bahia, com a ajuda de Mãe Aninha e da comunidade do candomblé, Carneiro convidou Dario de Bittencourt[18] a apresentar um papel que comprovasse as garantias constitucionais que eram recusadas aos candomblés (Bittencourt, 1940). Depois, em 1937, Carneiro colaborou com chefes dos terreiros baianos para a criação da União de Seitas Afro-Brasileiras, organização que defenderia a liberdade de credo dos candomblés.

O ponto relevante aí é que essas intervenções só foram possíveis porque as relações transatlânticas já haviam solidificado o candomblé baiano. Em vez de morrer com os últimos africanos de nascença, os terreiros baianos instituíram tradições, liturgias e procedimentos de sucessão, que dependiam grandemente de informações e bens materiais da África. Não se tratava de objetos concretos de um passado distante, mas sim de parte de um discurso corrente entre duas sociedades em rápida mudança. Além do mais, as rotas transatlânticas haviam reforçado as raízes culturais da população afro-baiana em geral e foram empregadas para delimitar o espaço sociopolítico na cidade de Salvador. Com tais recursos, os afrodescendentes deram novo rumo ao sentido pretendido pelas elites da cidade. Salvador não recriaria a Europa na América. Na segunda metade do século XX, quando os africanos já haviam desaparecido completamente, ela se tornaria afetuosamente a Cidade d'Oxum.

Conclusão

Ao buscar uma análise mais profunda das relações entre a África e sua diáspora na América do Sul, Paul Zeleza observa a importância das circulações políticas, ideológicas, iconográficas e demográficas. Ele lembra, contudo, que "nem todas as circulações e os agentes são iguais nem foram tratados com igualdade" (Zeleza, 2009). As iniciativas coletivas dos afrodescendentes no Brasil pós-abolição mostram enfoques alternativos àquelas circulações e às rotas que elas percorreram.

Em razão do seu engajamento explícito com a raça, o movimento do "novo negro" não é associado de imediato ao Brasil. A articulação da raça feita por brasileiros é frequentemente contestada como ideologia importada (especialmente dos Estados Unidos), incompatível com os valores e a sociedade brasileiras. Ainda assim, os afro-brasileiros passaram a falar de uma "classe" de pessoas de cor e seus desafios específicos, com base em suas experiências no Brasil. Defendo a ideia de que a ideologia e a política centradas na raça originaram-se de circunstâncias históricas e sociais específicas de diversos locais da diáspora africana. Amparadas pelas tecnologias modernas da comunicação e dos transportes, essas tendências de pensamento similares passaram a dialogar na virada do século XX, cada qual usando a experiência internacional dos negros para ajudar a refletir e auxiliar o regional. Jane Nardal, escritora martinicana, disse a Alain Locke em 1927 que *O novo negro* precisava de uma tradução mais que linguística para seus leitores francófonos. Quando estudou na França, ela formulou a teoria do *internationalisme noir* [internacionalismo negro], que compreendia tanto diversidade quanto unidade. Jane considerava a circulação das artes expressivas negras o motor de uma nova noção de identidade negra (embora ela tenha mencionado explicitamente os *spirituals* e o *jazz* dos Estados Unidos, os brasileiros também participavam muito do panorama musical de Paris). "Negros de todas as nacionalidades", escreveu ela, "de costumes e religiões diferentes, percebem vagamente que pertencem, a despeito de tudo mais, a uma mesma e única raça" (*apud* Edwards, 2003). O cosmopolitismo negro talvez constitua a rubrica mais inclusiva para compreender as múltiplas concepções da negritude moderna no início do século XX.

A política de diáspora permite que as pessoas disponham de recursos externos para conseguir uma mudança em seu meio e em outros países. A política de diáspora é representada frequentemente como uma defesa das pátrias ancestrais. Todavia, as estratégias diaspóricas quase sempre (e talvez mais comumente) voltam-se para a melhora das condições locais. Os afrodescendentes de São Paulo e de Salvador criaram novas articulações da cidadania brasileira que ampliaram as fronteiras da participação. Em graus diferentes e de modos diversos, eles procuraram as rotas da diáspora africana para subsidiar seu caminho para uma cidadania mais igualitária.

Em ambos os casos, este capítulo levou em conta as principais expressões do ativismo pós-abolição. Isso não quer dizer que elas sempre sejam as posições mais disseminadas.[19] Mas são úteis na medida em que representam as ideologias coletivas que se traduziram em ação política. Vistas juntas, São Paulo e Salvador constituem contribuições significativas para o diálogo transnacional sobre as políticas raciais e culturais em toda a diáspora afro-atlântica no século XX.

Notas

1. A expressão refere-se à antologia seminal de Locke (1925), ainda que tivesse aparecido antes em vários textos da época, como Pickens (1916), Harrison (1920) e Paris (1920).
2. Uso "afro-atlântico" em referência à parte da diáspora africana dispersa pelo comércio escravista do Atlântico. Sobre os diálogos internacionais do pensamento político negro, veja, por exemplo, James (1998); Kelley (1999); Edwards (2003); Nwankwo (2005).
3. A violência contra os negros ocorreu em outros lugares do mundo afro-atlântico, tais como os massacres na província Oriente, em Cuba (1912), e a repressão à insurreição de Morant Bay, na Jamaica (1865), ambos décadas após a abolição. O presidente Trujillo, da República Dominicana, ordenou um genocídio de haitianos em 1937 com base na diferença racial. Para mais detalhes, confira: Helg (1995); Heuman (1994); Sagás (2000); Vega (1995).
4. Anuário Estatístico, 1908-1912.
5. Carlota de Oliveira Galdino Silva, entrevistada pela autora, São Paulo, 7 out. 1992.
6. Recenseamento Geral da População, 1940, parte 17, tomo 1, 60. Esse número soma as categorias de "prêto" e "pardo".
7. Anuário Estatístico, 1908-1912; Fernandes (1971, p. 17); Bastide e Fernandes (1971, p. 52-4).
8. Henrique Cunha, entrevistado pela autora, São Paulo, 20 jan. 1989.
9. Veja também Fernandes (1971).
10. Muitos navios vindos da Europa que transportavam imigrantes europeus faziam escalas no Nordeste brasileiro para levar escravizados dessa região para o sul do país. Arquivo Público do Estado da Bahia, Livros de Saídas de Passageiros, 1873-1878, p. 51-3.
11. A evolução dessa opção estratégica nos Estados Unidos é analisada em Michael-Bandele (2009).
12. Henrique Cunha, entrevistado pela autora, São Paulo, 20 jan. 1989.
13. Ironicamente, e para o desgosto de um colaborador do jornal *O Clarim*, os afro-americanos que viviam no Brasil preferiram não formar uma comunidade com os afro-brasileiros; promovia-se constantemente a emigração para o Brasil com uma fuga à raça. Ambas as tendências podem ser avaliadas conforme o espectro das reações às condições nos anos 1920 (Seigel, 2009).
14. A referência a Vasconcelos como "professor de inglês" sugere que ele pode ter sido membro da comunidade transatlântica Bahia-África ocidental (Matory, 1999).
15. Turner (1942); Turner (1975); Cunha (1985). Um exemplo do lado africano dessa dinâmica persistente é a comunidade tabom de Acra, Gana. Eles dizem descender de libertos brasileiros que voltaram para a África em meados do século XIX. Em Gana eles se identificavam como um grupo étnico distinto, com uma realeza simbolizada no assentamento, segundo a tradição de Gana. Embora hoje em dia eles não falem português, sua identidade social se reforçou quando o governo brasileiro ajudou a restaurar a Casa Brasil e instalou um museu (Schaumloeffel, 2008).
16. A pesquisa apresentada no artigo de Castillo e Parés indica que Pedro Autran pode ter sido o babá Assiká, mencionado na tradição oral. Veja também Matory (1999); Butler (1998).
17. Coerentemente com o vernáculo da época, o candomblé costumava representar uma autêntica preservação do passado africano.

18. Intelectual negro, professor de direito e defensor dos direitos dos afro-brasileiros, era neto de Aurélio Viríssimo de Bittencourt (ver capítulo 4).
19. Na verdade, já se disse que a defesa das tradições religiosas africanas por ativistas negros durante o século XX distanciou os afro-brasileiros, que afinal se sentiam mais à vontade nas igrejas evangélicas (Burdwick, 2005).

Referências bibliográficas

ALLEN, James et. al. *Without sanctuary – Lynching photography in America*. Santa Fé: Twin Palms, 2000.

AMARAL, Raul Joviano de. *Os pretos do Rosário de São Paulo – Subsídios históricos*. São Paulo: Alarico, 1954.

BASTIDE, Roger; FERNANDES, Florestan. *Brancos e negros em São Paulo*. 3. ed. São Paulo: Companhia Editora Nacional, 1971.

BITTENCOURT, Dario de. "A liberdade religiosa no Brasil – A macumba e o batuque em face da lei". Trabalho apresentado ao 2º Congresso Afro-Brasileiro. *O negro no Brasil*. Rio de Janeiro: Civilização Brasileira, 1940, p. 169-202.

BRASIL. Instituto Nacional de Estatística, Instituto Brasileiro de Geografia e Estatística. Instituto Brasileiro de Estatística e Fundação Instituto Brasileiro de Geografia e Estatística. *Anuário estatístico do Brasil*. Rio de Janeiro, 1912.

BRITTO, Iêda Marques. *Samba na cidade de São Paulo, 1900-1930: Um exercício de resistência cultural*. 1986. Dissertação (Mestrado em Ciências Sociais) – Faculdade de Filosofia, Letras e Ciências Humanas, Universidade de São Paulo, São Paulo.

BURDICK, John. "Why is the black evangelical movement growing in Brazil?". *Journal of Latin American Studies*, v. 37, n. 2, maio 2005, p. 311-32.

BUTLER, Kim D. *Freedoms given, freedoms won – Afro-Brazilians in Post-Abolition São Paulo and Salvador*. Nova Jersey: Rutgers University Press, 1998.

CARNEIRO, Edison. "Situação do negro no Brasil". Trabalho apresentado ao 1º Congresso Afro-Brasileiro. *Estudos Afro-brasileiros*. Rio de Janeiro: Ariel, 1935, 237-41.

CASTILLO, Lisa Earl; PARÉS, Luís Nicolau. "Marcelina da Silva e seu mundo – Novos dados para uma historiografia do candomblé ketu". *Afro-Ásia*, v. 36. 2007, p. 111-51.

CAVALCANTE, Pedro. "As seitas africanas do Recife". Trabalho apresentado ao 1º Congresso Afro-Brasileiro – *Estudos Afro-brasileiros*. Rio de Janeiro: Ariel, 1935, p. 243-57.

CONRAD, Robert. *The destruction of Brazilian slavery, 1850-1888*. Berkeley: University of California Press, 1972.

CUNHA, Manuela Carneiro da. *Negros, estrangeiros – Os escravos libertos e sua volta à África*. São Paulo: Brasiliense, 1985.

CUTI (Luiz Silva) *...E disse o velho militante José Correia Leite*. São Paulo: Secretaria Municipal de Cultura, 1992.

EDWARDS, Brent Hayes. *The practice of diaspora – Literature, translation, and the rise of black internationalism*. Cambridge: Harvard University Press, 2003.

FERNANDES, Florestan. *The negro in Brazilian society*. Nova York: Atheneum, 1971. [Em português: *A integração do negro na sociedade de classes*. São Paulo: Globo, 2008, 2 v.]

GOMES, Flávio. *Negros e política, 1888-1937*. Rio de Janeiro: Zahar, 2005.

GONTIER, Bernard. *Bexiga*. São Paulo: Mundo Impresso, 1990.

HARRISON, Hubert H. *When Africa awakes – The inside story of the stirrings and strivings of the new negro in the Western world*. Nova York: Porro Press, 1920.

HELG, Aline. *Our rightful share – The Afro-Cuban struggle for equality, 1886-1912*. Chapel Hill: University of North Carolina Press, 1995.

HELLWIG, David J. "A new frontier in a racial paradise – Robert S. Abbott's Brazilian dream". *Luso-Brazilian Review*, v. 25, n. 1, 1988, p. 59-67.

HEUMAN, Gad. *"The killing time" – The Morant Bay rebellion in Jamaica*. Knoxville: University of Tennessee Press, 1994.

JAMES, Winston. *Holding aloft the banner of Ethiopia – Caribbean radicalism in early twentieth century America*. Londres: Verso, 1998.

Jaspen, Elliot. *Buried in the bitter waters – The hidden history of racial cleansing in America*. Nova York: Basic Books, 2007.

Kelley, Robin D. G. "But a local phase of a world problem – Black history's global vision, 1883-1950". *Journal of American History*, v. 86, n. 3, dez. 1999, p. 1045-77.

Locke, Alain (org.). *The new negro – An interpretation*. Nova York: A. and C. Boni, 1925.

Loewen, James W. *Sundown towns – A hidden dimension of American racism*. Nova York: New Press, 2005.

Matory, J. Lorand. "The English professors of Brazil – On the diasporic roots of the Yoruba nation". *Comparative Studies of Society and History*, v. 41, n. 1, jan. 1999, p. 72-103.

Michael-Bandele, Mwangaza. *The dissipation of African identity in America, 1790-1840*. 2009. Dissertação (Mestrado em Sociologia), Morgan State University.

Nwankwo, Ifeoma Kiddoe. *Black cosmopolitanism – Racial consciousness and transnational identity in the nineteenth-century Americas*. Filadélfia: University of Pennsylvania Press, 2005.

Oliveira, Maria Inês Côrtes de. *O liberto – O seu mundo e os outros, Salvador 1790-1890*. São Paulo: Corrupio, 1988.

Painter, Nell Irvin. *Exodusters – Black migration to Kansas after Reconstruction*. Nova York: Alfred A. Knopf, 1977.

Parris, Oswald Z. *The nationalism of the new negro*. Newport News: O. Z. Parris, 1920.

Pickens, William. *The new negro – His political, civil, and mental status, and related essays*. Nova York: Negro Universities Press, 1916.

Sagás, Ernesto. *Race and politics in the Dominican Republic*. Tampa: University Press of Florida, 2000.

Schaumloeffel, Marco Aurelio. *Tabom – The Afro-Brazilian community in Ghana*. Bridgetown: Schaumloeffel Editor/Lulu.com, 2008.

Seigel, Nicol. *Uneven encounters – Making race and nation in Brazil and the United States*. Durham: Duke University Press Books, 2009.

Silva, José Carlos Gomes da. *Os suburbanos e a outra face da cidade. Negros em São Paulo: cotidiano, lazer e cidadania (1900-1930)*. 1990. Dissertação (Mestrado em Ciências Sociais) – Instituto de Filosofia e Ciências Humanas, Universidade Estadual de Campinas, Campinas.

Turner, J. Michael. *Les Brésiliens – The impact of former Brazilian slaves upon Dahomey*. 1975. Tese (Doutorado), Boston University.

Turner, Lorenzo D. "Some contacts of Brazilian ex-slaves with Nigeria, West Africa". *Journal of Negro History*, v. 27, n. 1, jan. 1942, p. 55-67.

Vega, Bernardo. *Trujillo y Haiti*. v. 2. 1937-1938. Santo Domingo: Fundación Cultural Dominicana, 1995.

Verger, Pierre. *Fluxo e refluxo do tráfico de escravos entre o golfo do Benin e a Bahia de Todos os Santos dos séculos XVII a XIX*. 3. ed. São Paulo: Corrupio, 1987.

Wood, Amy Louise; Donaldson, Susan V. "Lynching's legacy in American culture". *Mississippi Quarterly*, v. 61, inverno/primavera 2008, p. 5-25.

Zeleza, Paul Tiyambe. "Africa and its diasporas – Remembering South America". *Research in African Literatures*, v. 40, n. 4, inverno 2009, p. 142-64.

7 "O CAMINHO DA VERDADEIRA EMANCIPAÇÃO": A FEDERAÇÃO DOS NEGROS DO BRASIL

Petrônio Domingues

> Minha existência é sombria
> Vivo tão só neste mundo
> Minha amiga é a poesia
> Que não me deixa um segundo.
> Carolina Maria de Jesus (1996, p. 212)

Na manhã do dia 13 de novembro de 1935, José Carlos Rodrigues, secretário da Federação dos Negros do Brasil, dirigiu-se à sede da Delegacia de Ordem Política e Social (Dops)[1] de São Paulo para protocolar um ofício. Talvez ele tenha ficado tenso e apreensivo quando pisou no local de destino, pois o país estava mergulhado num momento político-social delicado, de grandes cataclismos, instabilidades, agitações, e o ativista afro-brasileiro não sabia como seu documento seria visto por parte do mais poderoso órgão de repressão do governo de Getulio Vargas. Declarando-se "patrício admirador" do delegado da Deops, Carlos Rodrigues comunicava no ofício que a Federação dos Negros do Brasil, um "movimento nacionalista da raça negra, estando ainda em vias de sua completa legalização como pessoa jurídica", prestigiaria o comício que seria promovido pelo Partido Socialista Brasileiro no dia 15 de novembro, na praça Olavo Bilac (bairro da Barra Funda). E como achava oportuna a comemoração daquela data, que tinha também "grande significação histórica para a raça negra", enviaria oradores para representar a entidade no comício, "embora jamais tivesse existido qualquer entendimento com o Partido Socialista Brasileiro, quer seja de caráter político ou ideológico, a não ser a oportunidade que agora surge de tornar-se conhecida do povo de São Paulo a Federação dos Negros do Brasil". Ao final do ofício, Carlos Rodrigues prestava ao delegado da Deops as mesuras que a circunstância exigia: "Certo de que V. S. não deixará de acolher esta nossa justa pretensão, de antemão, confesso-me grato".[2]

É interessante notar como essa organização negra, mesmo estando em fase de formação, teve a preocupação de informar às autoridades constituídas suas atividades, suas ligações ou aproximações partidárias, bem como sua orientação ideológica mais ampla, no campo do nacionalismo. Mas, afinal, qual era o contexto quanto à mobilização racial em meados da década de 1930? O que foi a Federação dos Negros do Brasil? Ela realmente não tinha um caráter político? O presente texto não pretende dar respostas definitivas a essas perguntas – mesmo porque o conhecimento histórico é algo incompleto, seletivo e provisório, de modo que não existem respostas definitivas –, mas procurará apresentar elementos para a análise do complexo protagonismo negro na era republicana e informar, de maneira inédita e preliminar, sobre uma organização dos afro-paulistas em meados da década de 1930.

O cenário

No dia 3 de outubro de 1930, tropas de revoltosos gaúchos, sob a chefia do tenente-coronel Góis Monteiro, iniciaram a marcha para o Rio de Janeiro, a capital da República. No Nordeste, os revoltosos locais tomaram a maioria dos estados; a terceira frente, que partiu de Minas Gerais para São Paulo, enfrentou resistência por parte de tropas legalistas. Mas não foi por muito tempo: alguns dias depois, o então presidente Washington Luís foi deposto por uma junta militar formada pelos generais Tasso Fragoso, Menna Barreto, Leite de Castro e pelo almirante Isaías de Noronha. A junta tentou manter-se no poder, até que o líder civil do movimento golpista, Getulio Vargas, depois de uma passagem por São Paulo, onde ocupou o palácio dos Campos Elíseos, sede do governo paulista, entrou de forma triunfal no Rio de Janeiro, no dia 31 de outubro, sendo aclamado por homens e mulheres, soldados, crianças, jovens e idosos.

No calor dos acontecimentos, Vargas registrou em seu diário a atmosfera de júbilo popular que predominou em diversos lugares. Sua comitiva partiu de trem de São Paulo para o Rio de Janeiro por volta das nove horas do dia 30 de outubro. Durante todo o caminho, ele teve de atender ao "povo entusiástico, vibrante. No geral, povo de trabalhadores rurais, operários etc. Flores, discurso, foguetes". Já deitado no trem, por volta das duas horas da madrugada, enquanto escrevia essas linhas em seu diário, ele ouvia, ao passar por uma estação cujo nome ignorava, "o eco de vivas, músicas e foguete. Toda a comitiva admirava-se da vibração do espontâneo entusiasmo do povo paulista". Naquele dia 31, à noite, ele chegou ao Rio, sendo recebido pela Junta Governativa e altas autoridades, na gare. Durante o trajeto da estação da Central ao Catete, escreveu em seu diário: o Rio "recebeu-me com uma manifestação extraordinária de entusiasmo e impressionante número" (Vargas, 1995, p. 20-1).

A capital da República fora tomada por uma grande festa. Às 16 horas do dia 3 de novembro, a Junta Governativa passou o poder a ele, no salão nobre do palácio do Catete, com "muita gente, discursos, abraços, magnésios". Ficava sacramentado, assim, o epílogo do recorte temporal da história do Brasil conhecido como República Velha (1889-1930). Mesmo se tratando de um golpista, que perdera as eleições para presidente meses antes, o chefe do governo provisório encheu o Brasil de esperança quanto a mudanças. Todos – ricos e pobres, patrões e trabalhadores, brancos e negros, sulistas e nordestinos – acreditavam que a República Velha, com sua política oligárquica, práticas de corrupção, fraudes eleitorais, desrespeito à cidadania, havia sido sepultada. Movidos por esse ideário, muitos "homens de cor" passaram a se organizar coletivamente, saindo às ruas e ocupando o espaço público. Convictos de um futuro promissor para o país, declararam seu apoio à "revolução", algo que fica explícito no texto "Federação Nacional da Raça Negra", publicado no jornal da "imprensa negra" *Progresso*, de São Paulo, em sua edição de 30 de novembro de 1930:

> Nesta hora de verdadeira exaltação patriótica, quando todo S. Paulo indistintamente vibra no mais alto e mais puro idealismo de reconstrução da Pátria Brasileira, todos os pretos, na mais típica e característica das manifestações, encontraram-se no "Dia da Bandeira", às 20 horas, na praça da Sé, nas escadarias da Catedral, e aí, sob o estandarte da "Federação Nacional da Raça Negra", que iniciara seus trabalhos naquela data, homenagearam a revolução.
> Durante o comício falaram vários oradores cujas palavras eram constantemente interrompidas por longas salvas de palmas. Nenhuma das grandes figuras da causa vencedora ficou esquecida, sendo posta em relevo a obra de cada um dos chefes do movimento que trouxe uma nova era de esperança aos brasileiros. (p. 5)[3]

Vargas era visto como uma espécie de messias moderno, o grande líder capaz de conduzir o país para um novo momento, caracterizado pela ética, progresso, prosperidade, democracia e ampliação dos direitos de cidadão. Nas ruas, nas esquinas, nos botequins, nos cafés, nas feiras, nas fábricas, nas instituições de ensino, nas repartições públicas e no longínquo interior, não havia criatura que desconhecesse a existência de Vargas. Idolatrado, na maior parte das vezes, fazia-se presente em todas as manifestações. O clima de frenesi social, de unidade nacional, intensificava a palpitação no coração das massas; a expectativa de transformação era geral.

Várias das medidas tomadas por Vargas tinham em vista a centralização política e o fortalecimento do Estado: ele fechou o Congresso, os legislativos estaduais e os partidos políticos. Além disso, nomeou os chefes do movimento tenentista para serem interventores nos estados e aumentou o poder de ação do Estado na economia, criando conselhos técnicos autorizados a interferir em cada ramo da produção (Rose, 2001). Essas e outras medidas de cunho autoritário passaram a ser questionadas por parte de setores de sua base de sustentação, o que modificou, aos poucos, o clima de otimismo, euforia e consenso. As elites paulistas, por exemplo, uniram-se contra Vargas e passaram a reivindicar a reinstalação do estado de legalidade e do regime liberal. Na verdade, a oligarquia paulista estava insatisfeita com o tratamento recebido por parte do "caudilho gaúcho" e queria criar condições que permitissem a sua volta ao poder. No dia 9 de julho de 1932, o estado de São Paulo pegou em armas e se rebelou contra o governo central; porém, depois de três meses, a chamada "Revolução Constitucionalista" foi contida. Se do ponto de vista bélico o país voltou ao clima de paz, o mesmo não se pode dizer dos ânimos político-ideológicos.

Em 15 de julho de 1934, uma nova Constituição foi promulgada, seguindo, em linhas gerais, os princípios liberais. Instituiu-se o voto secreto, que reduziria, mas não eliminaria, o poder dos coronéis; já os analfabetos continuaram sem o direito de votar. Também foi aumentado o poder de intervenção do Estado na economia, na política e nas relações trabalhistas. Por meio de eleições indiretas no Parlamento, Getulio Vargas foi eleito presidente do Brasil por quatro anos. Assim, o regime se institucionalizou; em compensação, pouco se fez para ampliar a participação popular nos rumos do país. Pelo contrário: o período que se seguiu foi de recrudescimento do poder do Estado e controle dos movimentos sociais. A crise econômica, que persistia desde o *crack* da Bolsa de Valores de Nova York, em 1929, estendeu-se ao longo da década de 1930, elevando o desemprego e a carestia e arrochando os salários. Os trabalhadores e as camadas médias urbanas ficaram cada vez mais descontentes com o rebaixamento tanto nos padrões de renda como na qualidade de vida e resolveram protestar por meio de greves, manifestações públicas, atos políticos e movimentos sociais. Quase cinco anos depois da "revolução", as coisas pareciam voltar a ser como antes. Sob olhares de perplexidade e estupefação, o país caminhava para um processo de polarização ideológica.

O cenário político externo – a denominada "conjuntura internacional" – igualmente se refletiu nas lutas internas. Desde os anos de 1920, Benito Mussolini ocupava o posto político máximo na Itália, difundindo as ideias fascistas por todos os rincões da Europa; na década seguinte, Adolf Hitler chegou ao poder na Alemanha, implementando um governo autoritário e ultranacionalista, baseado na ordem, disciplina e hierarquia. Almejando construir um Estado forte, o *Führer* conseguiu tirar o país da crise (do estado de recessão e desemprego) e o recolocou na rota do desenvolvimento social e prosperidade econômica; em contrapartida, debelou a democracia liberal e perseguiu impiedosamente os judeus, os comunistas e todos aqueles que ousassem fazer-lhe oposição. Com base em uma intensa (e eficaz) propaganda de massa, seu governo atraiu milhares de pessoas para o movimento nazista e despertou a admiração de diversos grupos políticos em várias partes do mundo (Paxton, 2007).

No Brasil, as ideias da extrema direita se propagaram a partir da década de 1920, com a fundação de pequenos núcleos políticos, sendo que a principal organização do gênero, a Ação Integralista Brasileira (AIB), foi criada em São Paulo, em 1932, por um grupo de ativistas liderado por Plínio Salgado. Preconizando um "Estado integral", autoritário, nacionalista, antiliberal e anticomunista, a AIB notabilizou-se pelo uso da palavra de ordem "Deus, pátria e família". Sua expansão ocorreu em escala exponencial, mas não foi por acaso. Ao combinar discurso tradicionalista, práticas de intolerância, muita agitação política, manipulação da mística criada e ações de impacto simbólico, perante uma cultura política inclinada às ideias conservadoras, a AIB encontrou um terreno fértil para proliferar, principalmente entre as camadas médias e setores insatisfeitos com o domínio das oligarquias e receosos pelo crescimento do movimento comunista.

No entanto, não foi todo o país que assistiu com simpatia ao crescimento do fascismo à brasileira. Influenciadas pelo triunfo da Revolução Bolchevique na Rússia (em 1917) e impulsionadas pelo Partido Comunista do Brasil (PCB), fundado em 1922, diversas forças políticas democráticas e/ou esquerdistas (ex-tenentes, reformistas, sindicalistas, socialistas e comunistas) unificaram-se, formando a Aliança Nacional Libertadora (ANL), em março de 1935. A estrutura e finalidade da nova organização eram semelhantes às das frentes populares antifascistas e anti-imperialistas existentes na Europa. Procurando frear a expansão da AIB e arvorar-se de polo aglutinador das forças progressistas, a ANL também se preocupou em denunciar os desmandos do governo e as desigualdades sociais, além de reivindicar mudanças estruturais para o país. Seu programa era abrangente e preconizava a suspensão definitiva do pagamento das dívidas do Brasil, a nacionalização das empresas imperialistas, a proteção aos pequenos e médios proprietários de terra, com a entrega de terras dos grandes proprietários aos trabalhadores do campo, a ampliação das liberdades cívicas e a instauração de um governo popular. Rapidamente, os núcleos da ANL – que tinha Luís Carlos Prestes, o "Cavaleiro da Esperança", como presidente de honra – multiplicaram-se. Em cerca de um mês e meio, cinquenta mil pessoas a ela se afiliaram, só na capital da república; mil e quinhentos núcleos foram criados nos quatro cantos do país, e comícios aparatosos e manifestações públicas contagiaram as capitais dos maiores estados. Talvez isso se explique pelo fato de a organização ter realizado um trabalho de penetração nos setores mais populares – para não dizer vulneráveis ou mesmo ávidos por acreditar ser possível construir uma nação mais justa, fraterna e igualitária – sem capitular ante os interesses estrangeiros. Nesse sentido, a retórica nacionalista de fé e esperança da ANL soou como música aos ouvidos de milhares de brasileiros.

Como é facilmente perceptível, o Brasil atravessava uma fase de forte polarização política na década de 1930. As forças políticas da direita gravitavam em torno da AIB; já as forças políticas da esquerda se enfileiravam sob o raio de ação da ANL. Apesar de divergirem em vários aspectos (estrutura administrativa, formas de organização, estratégias ideológicas, táticas políticas, métodos propagandísticos etc.), as duas organizações defendiam um projeto político-ideológico nacionalista, patriótico, de afirmação da soberania nacional (Lauerhass Júnior, 1986). Aliás, o nacionalismo estava em voga, alimentando sonhos e esperanças, mobilizando paixões e inspirando os ideais dos mais diferentes grupos da sociedade civil.

Nesse contexto – de crença na possibilidade de virada do jogo, de expectativa de grandes transformações, de lutas sociais, de articulações (e imensas divisões) políticas e de tomada de uma consciência nacional –, os negros não ficaram indiferentes, nem no anonimato. Pelo contrário, procuraram fazer valer os seus direitos e, principalmente, desempenhar um papel proativo no destino do país. Foi na década de 1930 – mais precisamente em 1931 – que surgiu, em São Paulo, a Frente Negra Brasileira (FNB), considerada a maior organização do gênero das primeiras décadas da era republicana. Atraindo milhares de "pessoas de cor" (algumas estimativas indicam a existência de trinta mil membros), a FNB se expandiu vertiginosamente, abrindo sucursais no interior paulista e em outros estados (como Rio de Janeiro, Minas Gerais, Espírito Santo), além de ter motivado a criação de organizações independentes, porém homônimas, na Bahia, no Rio Grande do Sul e em Pernambuco. Segundo seus estatutos, visava à "elevação moral, intelectual, artística, técnica, profissional e física", bem como à "assistência, proteção e defesa social, jurídica, econômica e do trabalho da Gente Negra" (Butler, 1998; Pinto, 1993).

No campo dos direitos civis, a organização combatia o "preconceito de cor" e denunciava as práticas discriminatórias no mercado de trabalho e na rede educacional, de serviço e de lazer de São Paulo. Para melhorar sua estrutura interna, criou vários departamentos (de instrução e cultura, médico, de imprensa, jurídico-social, esportivo, musical, entre outros). Oferecia à comunidade consultório médico, escola, salão de barbeiro e cabeleireiro e cursos de artes e ofícios e de alfabetização de jovens e adultos. Também contava com caixa beneficente, oficinas de costura e um posto de alistamento eleitoral. Em sua sede ocorriam palestras, festivais de música, apresentações teatrais e recitais de poesia. A FNB acreditava que a "gente negra", além de buscar melhores condições de vida, deveria amar a sua pátria, ter orgulho racial, esposar o caminho da "instrução", ser trabalhadora, valorizar a família, assumir a religião católica e pensar em construir algo para o futuro (Gomes, 2005).

Do ponto de vista do projeto político-ideológico, a organização se aproximava das forças políticas de direita, de viés ultranacionalista. Já nos seus estatutos, ela afirmava ter uma "finalidade rigorosamente brasileira". Defendia um governo forte, centralizado e autoritário (Andrews, 2007). Seu jornal, *A Voz da Raça*, trazia no cabeçalho os termos "Deus, pátria, raça e família", um lema conservador muito similar ao dos integralistas. Arlindo Veiga dos Santos – seu primeiro presidente e uma das principais lideranças afro-paulistas – mantinha intercâmbio com a AIB, declarou publicamente sua admiração pelos movimentos fascista na Itália e nazista na Alemanha e, quando dirigiu a organização, não perdeu a oportunidade de fazer valer o pulso firme – à base da ordem, disciplina, hierarquia – e os métodos antidemocráticos.

Embora o projeto de Arlindo Veiga dos Santos expressasse a posição do grupo hegemônico da FNB, não havia – e nunca houve – um pensamento único entre os afiliados, de modo que as disputas internas floresceram desde o primeiro momento, quando o grupo ligado a *O Clarim d'Alvorada*, um jornal da imprensa negra liderado por José Correia Leite, rompeu com a organização, por não compactuar com a sua identidade com a extrema direita. Das disputas internas resultaram várias defecções, perseguições e expulsões, tanto de indivíduos quanto de grupos. Entre os indivíduos, um dos contendedores foi Isaltino Veiga dos Santos, primeiro secretário-geral da organização e irmão de Arlindo Veiga dos Santos. Depois de acusado de ter desviado recursos da FNB, envolver-se em fatos controversos e ter sua imagem perante os afiliados desgastada, Isaltino foi desligado da organização, em meados de 1933 (Domingues, 2005).

A Federação dos Negros do Brasil

Possivelmente Isaltino Veiga dos Santos tenha ficado muito ressentido por ter sido enxotado da FNB, entidade à qual dedicou seu tempo, suas energias e seus sonhos. Ele não era um ativista qualquer: fora um dos idealizadores, junto com Francisco Costa Santos, da própria FNB, no início do ano de 1931; colaborou na discussão dos estatutos e assumiu o segundo posto mais importante da entidade. Bastante articulado, escrevia frequentemente para *A Voz da Raça* e os jornais da grande imprensa, exaltando a luta dos "frentenegrinos". Tudo isso agora faria parte do passado; o líder negro sabia que a vida continuava, ou seja, não poderia deixar de lado o seu ardor patriótico e a defesa da causa de seus "irmãos de cor".

Depois de um período sem militância orgânica, ele teria ingressado num "movimento político de esquerda muito sério" (Leite, 1992, p. 116). Tudo indica que se tratava da Aliança Nacional Libertadora (ANL). Em mais de um relatório produzido pela Deops de São Paulo nessa época, informava-se que Isaltino Veiga dos Santos "costumava frequentar as reuniões sindicais, principalmente se promovidas pelo Sindicato Unitivo dos Ferroviários da Central do Brasil. Redigiu muitos boletins subversivos os quais foram distribuídos em bairros desta Capital". Em 12 de setembro de 1935, um investigador da Deops falava da necessidade de "acampanhar" aquele líder negro, que já fora uma "figura de prestígio na Frente Negra Brasileira". Dito e feito: a polícia política ficou no seu encalço e, quase dois meses depois, produziu um relatório no qual foi registrada a realização de uma reunião (com a presença de Isaltino) na sede do Sindicato Unitivo dos Ferroviários da Central do Brasil, na rua Domingos de Morais, número 94, com o objetivo de "tratar da campanha para as eleições de deputados classistas.[4]

As informações dessa fase da vida do ex-frentenegrino em questão são contraditórias. Em 22 de agosto de 1935, ele aparecia numa reportagem do jornal de São Paulo *A Platea*, intitulada "O negro brasileiro desperta e fecha os punhos num movimento de protesto", como dirigente do "Grêmio político e social da raça negra Luis Gama", mas pouco, para não dizer quase nada, se sabe de sua participação nessa organização. O que se sabe é que, nessa mesma época, ele passou a discutir com um grupo de negros – entre os quais alguns eram dissidentes da FNB – a necessidade de uma nova agremiação que galvanizasse as aspirações da "gente negra nacional". Foram realizadas algumas reuniões preparatórias, agenciados novos e antigos ativistas, debatidas várias ideias e estratégias de luta, até que, no dia 4 de novembro de 1935, em plenária realizada em São Paulo, foi fundada a Federação dos Negros do Brasil. Em clima de expectativa e otimismo, acreditava-se que, dali em diante, uma nova página do protagonismo negro seria inscrita. Um dia depois, o jornal *A Platea* noticiou a fundação da organização:

> Em reunião realizada por elementos negros foi fundada ontem a Federação Nacional [dos Negros] do Brasil[5], movimento nacionalista da raça negra.
> Nessa mesma reunião de fundação, foram já organizadas as comissões de propaganda, finanças e de redação do manifesto.
> Essa organização, que se ramificará por todo o Brasil, tem por principal escopo desenvolver por todos os meios possíveis a campanha nacionalista, afirmando ser o negro elemento preponderante na vida da nacionalidade.
> Não tem fins políticos, e em tempo algum se filiará a entidades daquele caráter, uma vez que o seu fim é conseguir para o negro uma verdadeira liberdade através do despertar de sua consciência.[6]

Como a finalidade da nova organização era "conseguir para o negro uma verdadeira liberdade através do despertar de sua consciência", declarou-se que ela não tinha "fins políticos", nem planos de se vincular a qualquer agremiação partidária. Seu intuito, portanto, era advogar em nome da "raça negra" nos marcos de um movimento nacionalista, tendo em vista o fato de "ser o negro elemento preponderante na vida da nacionalidade". No que diz respeito à sua área de abrangência, pretendia ramificar-se por todo o Brasil, fortalecendo a luta antirracista e rompendo com a tradição localista do "movimento associativo dos homens de cor". Embora recém-criada, a Federação dos Negros do Brasil já se estruturava administrativamente, com a formação das "comissões de propaganda, finanças e de redação do manifesto", segundo o que foi noticiado um dia após ter vindo a lume; vale ressaltar que, na história, não é raro haver descompasso entre o desejo dos indivíduos e as suas realizações, entre o discurso dos grupos e as suas práticas. Daí a pertinência da indagação: por que Isaltino Veiga dos Santos, um aliancista, optaria por investir na construção de uma nova entidade negra sem fins políticos? De acordo com informações apuradas pela Deops, ele "filiou-se à Aliança Nacional Libertadora [ANL] e logo tratou de arregimentar todos os elementos de cor em torno daquele Partido, organizando, para melhor servir aos seus fins, a Federação dos Negros [do Brasil]".[7] Ora, considerando-se que a ANL foi fechada por Vargas em julho de 1935, com base na Lei de Segurança Nacional – na época apelidada de "Lei Monstro" –, e a Federação dos Negros do Brasil nasceu em novembro, conclui-se que não é exata essa informação. Se Isaltino Veiga dos Santos quis criar uma nova organização afro-brasileira com a intenção de aparelhá-la politicamente, poderia, no limite, tentar aproximar os seus adeptos dos ideais da esquerda, e não propriamente dos da ANL, já extinta.[8]

No início da década de 1930, os relatórios dos agentes secretos da Deops – responsáveis pela observação das pessoas e organizações "suspeitas" – eram assinados com nome próprio, fictício ou não. Depois esses nomes foram aos poucos sendo substituídos por senhas, tornando-se esse uso a norma geral. Dessa maneira garantia-se o sigilo necessário às atividades de investigação. O agente secreto "69" infiltrou-se na reunião de fundação da Federação dos Negros do Brasil e assim iniciou o relatório que produziu para o delegado da Deops: "Em cumprimento às ordens recebidas, comunico-vos que teve lugar ontem, à noite, na sede do P.S.B., à Rua Benjamin Constant, n. 5, uma reunião de homens de cor, Federação Nacional do Brasil, da raça negra".[9] Como era comum em documentos desse tipo, o agente secreto "69" fez um relato detalhado: "A Federação foi fundada, devendo dentro de três dias organizar as suas comissões. É base principal dessa organização não ter cor política de espécie alguma. A reunião, que teve início às 20 horas, terminou às 22,30 horas, nada ocorrendo de anormal. Prosseguirei a fim de apresentar-vos a relação dos nomes dos seus organizadores".[10] É interessante saber que, desde a sua formação, uma entidade do "movimento associativo dos homens de cor"[11] foi vigiada pela Deops, o principal órgão de repressão política do governo de Getulio Vargas.

A Deops/SP foi criada pela Lei n. 2.034, de 30 de dezembro de 1924, momento em que o governador de São Paulo era Carlos de Campos, e o presidente do Brasil era

Arthur Bernardes. Ambos se encontravam enredados em profundas crises e instabilidades, que colocavam em risco seu governo. Parte dessa crise pode ser explicada pela chamada "questão social", vista pelas autoridades governamentais como "caso de polícia". Na época, vários movimentos sociais reivindicatórios dos trabalhadores, com intensas mobilizações grevistas, causavam pesadelos no patronato. A combatividade do anarquismo e do "anarcossindicalismo", a presença dos socialistas e o fortalecimento do movimento comunista, capitaneado pelo PCB, constituíam elementos de grande preocupação para o governo, que respondeu com uma legislação repressiva. Para Maria Aparecida de Aquino (2002, p. 21), é segundo esse contexto que a "criação da Deops/SP em 1924 pode ser explicada como parte do aparato repressivo do Estado, voltado, essencialmente, para a vigilância sobre os considerados 'suspeitos' de desordem política e/ou social". A partir do governo de Vargas, a Deops intensificou e especializou sua atuação, o que resultou no surgimento, em 1933, da "polícia política", termo utilizado tradicionalmente em referência a uma modalidade especial de polícia, responsável por prevenir e coibir reações políticas ameaçadoras, armadas ou não, que comprometessem a ordem e a segurança pública. Um dos alvos da Deops passou a ser o movimento associativo da "gente negra", acusado de ser dotado de um potencial conspiratório e de tentar criar um problema que supostamente não existia no Brasil – o "preconceito de cor" –, algo que poderia desestabilizar o regime, ou seja, o clima de paz social, harmonia racial e unidade nacional.[12]

Pautada pela necessidade de culpabilização dos suspeitos e efetivação de ações arbitrárias como um meio de controle social, a Deops optou por usar os agentes duplos em suas investigações. Na verdade, a tática da espionagem foi uma das diretrizes do modelo de investigação desenvolvido pela Deops no período. Os agentes duplos atuavam disfarçadamente nas organizações, delatando os locais de reunião, os nomes e os cargos dos militantes, as atividades, as campanhas, as diretrizes, as estratégias, os recursos, os aparelhos; enfim, a infiltração permitia que a Deops mapeasse a organização observada. Esse método investigativo era considerado tão eficaz pelo serviço reservado da polícia a ponto de tornar-se comum na corporação o seguinte comentário: "Boa investigação é aquela que se consegue pelos meios da infiltração" (Florindo, 2006, p. 97-8).

Voltando à atuação dos agentes secretos, o "126" cumpriu o que o "69" prometera e, no relatório seguinte, informou o delegado da Deops quanto aos "elementos" que faziam parte da Federação dos Negros do Brasil. Listou 32 componentes[13], mas havia "outros que não consegui apanhar os nomes", declarou.[14] Dentre os listados, merece destaque José Correia Leite, que, depois de seu rompimento com a Frente Negra Brasileira, labutou na construção de uma nova associação, o Clube Negro de Cultura Social. Nascido em julho de 1932 e apresentando uma conotação mais recreativa, o clube oferecia bailes, festivais, apresentações cênicas, declamações poéticas, convescotes e práticas desportivas (Domingues, 2004). Correia Leite era um de seus mais devotados dirigentes, sendo que sua presença simultânea nessa associação e na Federação dos Negros do Brasil indica como os ativistas afro-paulistas eram versáteis e polivalentes, atuando em mais de uma frente de militância. Também é digna de nota a presença feminina na lista dos componentes da nova organização[15], pois sugere uma participação ativa das mulheres no chamado movimento associativo da "população de cor".

Em meados da década de 1930, os regimes de extrema direita iniciaram a escalada expansionista. Entre os fascistas, uma das principais ideias defendidas, em termos de política externa, era o direito da Itália ao seu "espaço vital", o que significava, na verdade, o direito de Mussolini e seus partidários de anexar territórios, tendo em vista o crescimento econômico da Itália e seu fortalecimento na geopolítica internacional. O projeto expansionista do fascismo não ficou apenas no plano das ideias. Partindo da Somália e da Eritreia (colônias italianas na África), Mussolini, após ter ordenado que suas tropas ficassem de prontidão, invadiu a Abissínia (atual Etiópia) sem ao menos enviar uma declaração de guerra, em 3 de outubro de 1935, alegando que o povo desse país era um "rebanho de escravos" que clamava pela liberdade; uma "horda de bárbaros", aos quais era preciso levar os benefícios da civilização. Em clima de consternação e perplexidade, a repercussão da opinião pública foi imediata. A Sociedade das Nações reprovou a postura bélica da Itália e impôs sanções ao país mediterrâneo.

No final daquele ano, a Abissínia passou, então, ao primeiro plano do cenário mundial, sendo convertida no centro da excitação e da indignação internacionais. Um poderoso exército fascista, dotado do material bélico mais moderno e até de gases tóxicos, "era temporariamente detido nas montanhas escarpadas da Abissínia pelo heroísmo de seus defensores, que se achavam relativamente mal armados. Era a reedição da história de Davi lutando contra Golias na maior das guerras coloniais travada em solo africano" (Akpan, 1991, p. 747). O exército da nação africana haveria de ser vencido pouco depois, mas os italianos enfrentariam ainda sangrentos combates antes de ocupar Adis Abeba e derrotar as tropas de Hailé Selassié.

No Brasil, várias organizações da sociedade civil condenaram aquela agressão militar. O periódico *A Platea*, em sua edição de 11 de outubro de 1935, por exemplo, assim se referiu à ofensiva em artigo intitulado "Italianos, negros, brasileiros, homens de todas as raças compareçam ao comício-monstro de domingo": "[...] da mais absurda, da mais condenável, da mais estúpida e da mais injustificável das guerras possivelmente surgidas para infelicidade do mundo". Contrapondo-se à guerra e ao fascismo, as organizações de esquerda promoveram uma campanha de denúncia da invasão da Itália na Abissínia, com palestras, atos públicos, comícios, moções políticas, confecção de panfletos e boletins. Acreditava-se ter chegado o momento de dar um basta à escalada imperialista e militarista do fascismo, para que imperassem os princípios da paz, democracia e liberdade em todo o mundo.

Se os denominados democratas se sensibilizaram com a questão da Abissínia, o que dizer dos afro-brasileiros? No Rio Grande do Sul, a imprensa negra da cidade de Pelotas acompanhou a campanha na África oriental e noticiou regularmente o desenrolar das hostilidades, incentivando os afro-pelotenses a assumirem a causa da Abissínia. Ao pesquisar o posicionamento dos negros que se acantonavam no *A Alvorada* (1907-1965), Alexandre Kohlrausch Marques constatou que os jornalistas responsáveis pelo periódico, preocupados em manter informada a comunidade local a respeito da situação na África oriental, escreveram uma série de "artigos inflamados" (foram mais de vinte artigos publicados de junho a dezembro de 1935), geralmente estampados na primeira página e com títulos garrafais, admoestando os propósitos imperialistas do fascismo italiano em relação à Abissínia (Marques, 2008, p. 10). No Rio de Janeiro, o negro Orlando Ribeiro fez um apelo, por meio da grande imprensa carioca, "a todos os negros no Brasil, para angariar fundos a fim de auxiliar a Etiópia na compra de armamentos, para repelir os invasores do século XX" (p. 171).

Já em São Paulo, setores negros não só se posicionaram diante daqueles acontecimentos como, segundo João Fábio Bertonha, uniram-se aos italianos antifascistas residentes na pauliceia desvairada, participando de cerimônias conjuntas e fazendo reuniões na Liga Lombarda – haveria, inclusive, registros de tentativas por parte de italianos de arregimentar os afro-paulistas para que lutassem contra a guerra fascista. Essa ação conjunta teria irritado o governo italiano, levando-o a manifestar preocupações "paranoicas" (Bertonha, 1999, p. 112-3). Realmente, há documentos que comprovam a participação ombro a ombro de italianos antifascistas e negros nos protestos públicos. "Italianos e negros brasileiros, homens de todas as raças", noticiava o jornal *A Platea*, "comparecerão ao comício-monstro de domingo, em apoio ao clamor internacional contra o saque fascista à Abissínia, o povo de São Paulo lançará o seu veemente e vigoroso protesto à mais injusta, selvagem, covarde e estúpida das guerras de rapina" (p. 112-3). Mas nem sempre os italianos e os negros mantiveram-se aliados em relação ao conflito no continente africano. Aliás, esses dois grupos ficaram na maior parte das vezes em campos opostos em São Paulo, e, para entender o porquê disso, deve-se levar em conta o significado histórico que os negros atribuíam à Abissínia, "as relações entre os dois grupos, a competição/solidariedade entre eles naquele período e outros pontos" (p. 112).

Desde pelo menos o século XIX até meados do século XX, a Abissínia (ou Etiópia, nome pelo qual também era conhecida) significou uma importante referência à África no processo de construção identitária dos afro-brasileiros. Como abrigava uma civilização milenar – detentora de um valioso patrimônio cultural –, além de ser o único país africano que não havia sido ocupado por nenhuma grande potência europeia (durante a chamada "partilha da África"), tornou-se alvo de orgulho e admiração por parte de negros de todo o mundo. A Etiópia e seus imperadores eram rememorados (ou celebrados) amiúde, como uma forma de manter viva a conexão com o continente de origem. Os jornalistas negros do *Progresso*, por exemplo, deram grande destaque para a proclamação de *ras* Tafari como novo imperador do país. A matéria, intitulada "Tafari, o imperador negro da Abissínia", começava informando que *ras* Tafari – "Rei dos Reis" e "Eleito do Senhor", para mencionar "apenas dois dos doze títulos pelos quais é mais conhecido na Europa e na América" –, vinha governando a Etiópia, como regente, há doze anos. Entrementes, "cansado de governar somente em nome" Tafari teria exigido que lhe fossem asseguradas as mesmas prerrogativas de que desfrutava a imperatriz Zauditu. Essa atitude teria criado uma situação interessante na Abissínia, "que é, hoje, o único país do mundo onde o imperador, não sendo casado com a imperatriz, tem direito apenas a metade do trono". Zauditu não se opõs às pretensões de Tafari, por não ter dúvida "quanto às consequências de qualquer atitude contrária às pretensões do regente". A matéria continuava, informando que:

> Tafari, como Zauditu, sua tia, é descendente do rei Salomão e da rainha de Sabá. Após a proclamação do novo imperador, foi publicado um manifesto em todas as línguas oficiais da Etiópia, enumerando os seus tesouros e mostrando que "sobre a terra nenhum poder pode ser comparado ao do Negus da Abissínia, contra quem, pela graça de Deus, pouco vale qualquer dos outros reis ou todos eles reunidos". As festas em regozijo pela coroação prolongaram-se durante sete dias e sete noites. Tafari é muito viajado. Há cerca de dois anos fez uma prolongada excursão pela Europa, tendo impressionado agradavelmente os círculos diplomáticos da Inglaterra, onde foi recebido pelo rei Jorge V. (*Progresso*, 13 jan. 1929, p. 5)

Em 1928, *ras* Tafari assumiu de fato o governo da Etiópia, sendo eleito rei (*negus*). Dois anos mais tarde, após a morte de Zauditu (a imperatriz), tornou-se imperador, sob o nome de Hailé Selassié I ("Poder da Divina Trindade"). Deixando de ser apenas um ícone, ele passou a partir de então a ser cultuado por negros de várias partes do mundo. Na Jamaica, surgiu um movimento religioso, de caráter anticolonialista, denominado rastafarianismo. Seus adeptos acreditavam na divindade do imperador, afirmando que ele era a encarnação terrena de Jah ("Jeová"). Pregavam o retorno à África e viam a Etiópia como a "terra prometida" para os povos negros. Embora o rastafarianismo jamais tenha tido grande expansão em escala transnacional, ele não nasceu no vazio histórico, desprovido de sentidos e significados. Havia uma tradição, entre as comunidades de descendentes de escravos, de fazer alusão à Etiópia nas quadrinhas, nos discursos, nos contos, nos poemas, nas canções, nas prédicas religiosas e mesmo nas manifestações lúdicas.[16] Os negros se apropriaram da Etiópia como um símbolo positivado, atribuindo a ela um valor de ancestralidade, de referência a um passado distante, lendário e mítico, mas pulsante, vivo, que os religava às suas raízes de glória do outro lado do Atlântico. A Etiópia significava, no plano do imaginário, a portentosa pátria-mãe dos africanos; a gramática da africanidade dos negros em diáspora.

Os imigrantes europeus no Brasil tinham dificuldade para entender essas questões; isso quando não alimentavam pruridos etnocêntricos, de superioridade racial. O fato é que, se setores italianos antifascistas chegaram a ocupar o mesmo lado da trincheira que os afro-brasileiros na campanha internacional de "libertação" da nação africana, o mesmo não se pode dizer da comunidade italiana como um todo. No dia 21 de novembro de 1935, o órgão da imprensa *A Platea* publicou uma matéria cujo título era revelador: por causa da guerra, "um italiano e um negro iam se engalfinhando ontem". Por volta das 17 horas do dia 20 de novembro, a redação do jornal recebeu um telefonema em que foi solicitada a presença imediata de um repórter na praça do Correio – na região central da capital paulista –, para que colhesse informações a respeito de uma "demonstração pugilista que ali se realizava". Os contendedores eram um negro e um italiano fascista, sendo que a "quizila" nasceu de uma tempestiva discussão acerca do "assalto a mão armada que Mussolini acaba de desferir à Abissínia".

> O italiano fascista, repetindo uma série de baboseiras que a tômbola conseguiu introduzir-lhe na "cachola", embasbacou de tal maneira que, para não perder de todo, afirmou com uma pose "duceana" que o negro não passava de um boçal, tal qual [sic] os abissínios. Nesta altura o negro abandonou a demagogia e, para não ter mais trabalho, deu-lhe uma valente cabeçada, que o adepto do sigma "deitou". A "justa" chegou mas nada aconteceu, passava pelo local um tenente da Força Pública, que não consentiu na prisão do preto unicamente, e por causa desse inconveniente não ouve prisões. (*A Platea*, 21 nov. 1935)

Para muitos afro-brasileiros, a defesa do povo abissínio tinha um significado especial, sendo empreendida no local de trabalho, de estudo, de moradia, de lazer, enfim, no cotidiano. Em alguns casos, essa defesa era feita com ardor e paixão, resultando em trocas de farpas e brigas de rua.[17] A Federação dos Negros do Brasil não perdeu o bonde da história, cerrando fileiras na campanha movida pelos setores da esquerda democrática[18], sendo que uma de suas iniciativas foi montar o "Comitê Negro", "pela união e pelo despertar da raça negra" a favor da "Etiópia". Em 4 de novembro de 1935, o jornal *A Platea* publicava um convite do agrupamento:

O "Comitê Negro" pela defesa da Etiópia convida a todos os negros de São Paulo a comparecerem à reunião que será realizada hoje, segunda-feira, às 20 horas, à Rua Benjamim Constant, n. 5, a fim de ser discutida a possibilidade da realização de uma grande demonstração pública a ser levada a efeito no próximo dia 11 em local que será previamente anunciado.[19]

A reunião transcorreu num clima antifascista e, depois de muitos discursos impetuosos, palavras de ordem e questões de encaminhamentos, foi deliberada a realização de um comício no dia 11 de novembro. Todavia, na última hora, a "demonstração pública" dos negros foi suspensa. Foi publicada no periódico *A Platea*, sob o título "Federação dos Negros do Brasil", a seguinte nota informativa: "Comunicamos – da secretaria daquela entidade – que o comício antifascista que estava marcado para hoje, às 20 horas, no Largo da Pólvora, por motivos imprevistos surgidos à última hora, fica transferido para o próximo dia 15 do corrente, em local e hora que será previamente anunciado [*sic*]".[20]

Durante a preparação do novo comício, a Federação dos Negros do Brasil investiu na propaganda, convocando os associados, convidando outras organizações da sociedade civil e realizando, no dia 12 de novembro, uma panfletagem no centro de São Paulo, na qual foi distribuído um manifesto. "Negros do Brasil! Intelectuais, trabalhadores, jovens e mulheres!" – assim se iniciava o documento. "É chegado o momento em que mais nenhum negro poderá deixar de participar na luta que se esboça em todo o mundo para a libertação das raças sofredoras e oprimidas, e o negro, incontestavelmente, constitui a maioria desses oprimidos que vivem como párias". Depois de aclamar os negros, com os mais diversos perfis ("intelectuais, trabalhadores, jovens e mulheres"), utilizando uma retórica diaspórica, o manifesto voltava-se ao assunto do momento: "Já ninguém ignora os horrores da guerra de extermínio e de saque que Mussolini tenta contra o último império negro do mundo – a Abissínia –, em proveito de um reduzidíssimo grupo de industriais que, para saciar suas ambições, traz acorrentado na mais cruel das ditaduras o povo trabalhador da Itália". Em seguida, após a denúncia do caráter imperialista dos ataques da Itália ao país africano, o documento apontava a importância de os negros acorrerem a um órgão de proteção e defesa de seus ideais:

> Já é tempo de os negros compreenderem a necessidade imperiosa de uma potente federação de sua raça, para a conquista, de uma maneira mais digna, de suas legítimas aspirações independente da tutela daqueles que são os responsáveis diretos pela situação precária em que se encontram atualmente os que foram os construtores da base econômica deste formidável quadrante geográfico da América do Sul, o Brasil.

No entanto, o órgão de proteção e defesa da "raça" já estava se estruturando, e chamava-se Federação dos Negros do Brasil. Com um discurso voltado diretamente às "pessoas de cor", o manifesto dizia:

> A Federação dos Negros do Brasil é a expressão do vosso sofrimento, ela é a intérprete da vossa dor, ela não compactuará com as organizações que arregimentam o negro para vendê-los [sic] nas eleições! Ela será a sentinela avançada que vigiará todos os falsos líderes que procuram ludibriar os descendentes dessa raça sofredora, e mostrará aos negros o caminho da sua verdadeira emancipação.

A Federação dos Negros do Brasil não só faria que os "descendentes dessa raça sofredora" deixassem de ser manipulados por líderes demagogos ou organizações oportunistas como os iluminaria, guiaria, conduziria ao "caminho da sua verdadeira emancipação". Para tanto, havia a necessidade de o negro assumir, entre outras coisas, a campanha antifascista e de apoio à Abissínia: "Os negros de São Paulo deverão mostrar nos comícios públicos que a Federação patrocinará, através da palavra dos seus oradores, sua repulsa pelo fascismo e pela guerra, mostrando seu espírito de solidariedade aos seus irmãos de outras raças, que neste momento protestam contra o assalto criminoso à indefesa Abissínia". Para finalizar, o manifesto convidava os "negros do Brasil" a participarem do próximo comício, para afirmar "o vosso espírito, que não pode e não deve ser submetido às garras do fascismo que massacra mulheres e crianças no assalto que leva contra a pátria dos negros".[21] Portanto, a Federação dos Negros do Brasil procurou promover uma soma de esforços em prol da campanha pela liberdade da Abissínia. Tal postura se justificava em parte pelo fato de que a "pátria dos negros" era representada por uma mística de resistência, valentia e heroísmo. Para muitos afro-brasileiros, era uma questão de honra lutar a favor da soberania da última nação africana livre do jugo colonial europeu. Para além da referência ancestral, a Abissínia simbolizava liberdade e autodeterminação para os negros de todo o mundo. Considerando-se essa perspectiva, é lícito afirmar que a solidariedade dos ativistas afro-brasileiros tinha um sentido democrático (de aliança com as esquerdas antifascistas) e racial, para não dizer diaspórico.

 A campanha em defesa da Abissínia adquiriu, efetivamente, um caráter transnacional, afrodiaspórico. Em agosto de 1935, um grupo de africanos e de seus descendentes instituiu em Londres a associação International African Friends of Abyssinia, cuja direção contava com por C. L. R. James, de Trinidad e Tobago; P. McD Millard, da Guiana Inglesa; Amy Ashwood Garvey, esposa de Marcus Garvey; Mohammed Said, da Somália; e J. B. Danquah, da Costa do Ouro (na atual Gana). A finalidade da associação era ajudar, por todos os meios ao seu alcance, a "manter a integridade territorial e a independência política da Abissínia" (Akpan, 1991, p. 747). Nos Estados Unidos, muitas comunidades realizaram campanhas financeiras para amparar o "reino africano", e nas grandes cidades foram criadas organizações especiais. Em Nova York, estruturou-se o Conselho Internacional de Amigos da Etiópia, tendo Willis Huggns como secretário executivo. Outras organizações, como a Ajuda Unida à África (mais tarde, Federação Mundial Etíope), também levantaram recursos financeiros tendo em vista o auxílio ao país africano. O jornal da imprensa afro-norte-americana *The Pittsburgh Courier* enviou Joel Augustus Rogers – um correspondente de notícias – para cobrir a guerra. Quando voltou, "ele publicou um folheto, *The real facts about Ethiopia*, e pronunciou palestras para muitos grupos de negros e brancos" (Franklin e Moss Jr., 1989, p. 406-7). Outro órgão da imprensa afro-norte-americana, o *Chicago Defender*, igualmente reportou-se ao conflito, informando aos seus leitores que o Movimento pela Paz da Etiópia, com "quartel-general" em Chicago, reunia quatrocentos mil membros da "raça", com "filiais estabelecidas estrategicamente em todo o país".[22]

A irrupção das hostilidades, que colocou o país africano na primeira página de vários jornais, marcou profundamente os afrodescendentes. Kwame Nkrumah, então estudante de passagem pela Inglaterra, lembra que "ficou estupefato frente aos cartazes que anunciavam 'Mussolini invadiu a Abissínia'". Sentimentos análogos se manifestaram em toda a África. O intelectual nigeriano Nnamdi Azikiwe reservou grande espaço em seus jornais *West African Pilot* e *Comet* à luta da Abissínia. E, depois de algum tempo, em *Renascent Africa*, obra de grande influência que foi qualificada como a "Bíblia dos Africanos", ele "recorda a emoção provocada numa escola típica da Costa do Ouro, quando os alunos souberam que 'soldados negros, ajudados pela mão invisível de Deus, repeliam e frustravam os planos de seus inimigos'" (Akpan, 1991, p. 747). Assim, em diferentes lugares (como nos Estados Unidos, no Canadá, nas Antilhas, na própria África e inclusive na Europa), a população de origem negra sentiu-se ultrajada pela ação da Itália contra uma nação africana (Bertonha, 1999, p. 112) e juntou-se ao coro de protestos em favor da preservação da independência da Abissínia, essa nação tão simbólica e mágica para os povos afrodiaspóricos.

Voltando à Federação dos Negros do Brasil, à medida que a associação ia consolidando sua posição na esfera pública, a vigilância por parte do principal órgão de repressão do governo Vargas tornava-se cada vez mais intensa; no dia 13 de novembro – um dia depois da distribuição do manifesto –, o investigador "39" entregou um relatório ao delegado da Deops que dizia o seguinte: "Relativamente à inclusa ordem de serviço, a fim de apurar quem redigiu e quem imprimiu certos boletins, tenho a vos informar que foi redigido pelo Sr. Isaltino Veiga dos Santos, um dos fundadores da Federação dos Negros do Brasil".[23] Que essa liderança afro-brasileira impulsionava a campanha em defesa da Abissínia não era novidade. Em 22 de agosto de 1935, quando ainda militava no Grêmio Luis Gama e antes da fundação da Federação dos Negros do Brasil, ele concedeu uma entrevista ao jornal *A Platea* (sob o já citado título "O negro brasileiro desperta e fecha os punhos num movimento de protesto"), posicionando-se a respeito da matéria: "É necessário que nós, negros do Brasil, definamos a nossa atitude, para que os abissínios nossos irmãos na cor e na dor saibam que deste outro lado do planeta existe um povo negro que estará com eles nas asperezas do combate com que enfrentarão os imperialistas italianos". Mais uma vez, lançava-se mão de um discurso afrodiaspórico, baseado na ideia da existência de uma unidade de interesses e objetivos entre as populações de origem africana de todo o mundo. No final da entrevista, Isaltino Veiga dos Santos comunicou que o Grêmio Luis Gama convocaria as organizações negras de São Paulo e do Brasil inteiro para que todos, "num só pensamento de solidariedade", atuassem como "um só homem num protesto ativo contra as ameaças de Mussolini, que pretende suprimir do mapa-múndi o último império negro da terra". Assim, antes mesmo da invasão da Abissínia por parte das tropas fascistas, que só ocorreu em 3 de outubro de 1935, Veiga dos Santos já alertava os seus "irmãos de cor" quanto à importância de afiançar apoio ao "último império negro da terra". Talvez as idiossincrasias afrodiaspóricas desse líder negro tenham contribuído para que a Deops decidisse reforçar a vigilância em torno da Federação dos Negros do Brasil. Ao finalizar o relatório relativo à autoria do manifesto, o agente secreto informava: "Os boletins foram distribuídos pela referida Federação, tendo sido impressos na Tipografia Rossolino, à rua Asdrúbal Nascimento, 91".[24] Aqui, a descrição é minuciosa, pois fazia parte da lógica da Deops suspeitar de tudo (e de todos) – daí a necessidade de registrar quaisquer dados obtidos no processo de investigação. As atividades dos agentes do serviço secreto permitiam que a polícia política acompanhasse o movimento das associações e indivíduos. Nada deveria escapar aos seus olhos.

Independentemente da perseguição imposta pela Deops, a Federação dos Negros do Brasil continuou empenhada nos preparativos do comício do dia 15 de novembro. Por intermédio do periódico *A Platea*, sua "comissão de propaganda" fez uma convocação geral:

> A Federação dos Negros do Brasil convida todas as organizações suas aderentes, e todos os negros de São Paulo, a comparecerem ao comício promovido pelo P.S.B. no dia 15 de novembro às 16 horas (no Lgo. Brigadeiro Galvão, próximo à Praça Olavo Bilac), ao qual a Federação dará o seu apoio designando vários oradores negros, que irão falar contra a Guerra de invasão desencadeada pelo fascismo italiano contra nossos irmãos de raça na Abissínia.
> A esse comício, onde os negros irão publicamente patentear a sua repulsa pelo regime de opressão que explora o ódio de raça, como o fascismo na Itália e o hitlerismo na Alemanha, deverão comparecer todos aqueles que sentem os horrores de uma Guerra. E que estão solidários com os negros que, cheios de bravura e brio, lutam para a expulsão dos salteadores famintos que lhes invadem as terras. ("A Federação dos Negros do Brasil", *A Platea*, 15 nov. 1935)

A determinação e tenacidade demonstradas pela Federação dos Negros do Brasil na campanha a favor da democracia e liberdade não passaram despercebidas. Em nota de jornal, o grupo antifascista italiano "Justiça e Liberdade" chegou a lhe prestar saudações ("Italianos e negros confraternizam", *A Platea*, 14 nov. 1935). Porém, determinação e tenacidade não bastavam. Por razões desconhecidas, o comício não atendeu às expectativas dos organizadores.[25] Isaltino Veiga dos Santos ainda "procurou articular a Federação dos Negros do Brasil com as suas congêneres do Rio de Janeiro"[26], mas sua iniciativa também fracassou. E não era para menos: àquela altura dos acontecimentos, o país havia se tornado um barril de pólvora, pronto a explodir à menor centelha ou fagulha.

Depois do fechamento da Aliança Nacional Libertadora, em 11 de julho, as facções mais voluntaristas do PCB decidiram planejar uma insurreição sob o comando de Luís Carlos Prestes, com o auxílio de estrategistas comunistas estrangeiros. As conspirações no mundo subterrâneo foram intensas. O arrojado plano de tomada do poder parecia infalível, mas malogrou. O movimento foi deflagrado no dia 23 de novembro, na cidade de Natal, onde os insurretos chegaram a constituir uma junta governativa. No dia seguinte, o movimento eclodiu em Recife e Olinda e, em 27 de novembro, no Rio de Janeiro, sendo os insurretos, na Escola de Aviação e no Terceiro Regimento de Infantaria, fortemente bombardeados até a rendição final. O fracasso da insurreição – conhecida por Intentona Comunista – deu margem ao estabelecimento, por parte do governo de Vargas, de uma onda de perseguição draconiana aos movimentos sociais. Notícias de abusos policiais não eram raras, falando-se em chacinas, assassinatos, desaparecimentos, tortura de presos, prisões ilegais, empastelamento de jornais e invasão de sindicatos e associações (Rose, 2001). De fato, muitas pessoas (inclusive Prestes) foram presas – políticos, intelectuais, jornalistas, sindicalistas e todos aqueles que fossem vistos como comunistas ou subversivos. As decretações de medidas de exceção se sucederam, passando o país a viver em estado de sítio. Provavelmente, foi nesse clima de caça às bruxas e supressão das liberdades democráticas que a Federação dos Negros do Brasil foi desarticulada. Não foi possível determinar se todos os membros da organização foram presos ou mesmo convocados para depor a respeito de suas atividades, nem identificar o momento exato de sua extinção, mas ao menos se conhece o paradeiro de alguns de seus membros afiliados.

Francisco Juvêncio (motorista), Nicola Monato (encanador), Sebastião Francisco (pedreiro), José Gonzales de Oliveira e Sebastião Ribeiro (eletricistas) foram presos, acusados de realizar "reuniões comunistas clandestinas". Foram "apreendidos com eles boletins da Federação dos Negros do Brasil" (Vianna, 2001). Isaltino Veiga dos Santos, o principal dirigente da organização, optou pelo caminho da semiclandestinidade. Em novembro de 1935, elementos da extinta ANL resolveram fundar a Frente Popular pela Liberdade, no Rio de Janeiro. Mais tarde, ela se constituiu em São Paulo, tendo o seu manifesto inaugural sido assinado por vários dirigentes políticos, entre os quais Isaltino Veiga dos Santos. O manifesto denunciava as mazelas sociais do país, a escalada autoritária do governo, a repressão aos sindicatos e aos movimentos sociais. Contudo, os acontecimentos em Natal, Recife, Olinda e Rio de Janeiro impediram que a Frente Popular pela Liberdade florescesse. Seus integrantes foram caçados e presos pela Deops; Veiga dos Santos foi detido no final de novembro, sob a acusação de "ter desenvolvido atividades de caráter subversivo" (Domingues, 2007a, p. 154).

Já o afiliado José Correia Leite escolheu um caminho menos arriscado. Mesmo sendo um antifascista e simpatizante do ideário da esquerda democrática, preferiu não se engajar em nenhuma organização política. Em contrapartida, continuou sua militância nas lides do associativismo dos "homens de cor" como dirigente do Clube Negro de Cultura Social, onde realizava um trabalho de conscientização dos jovens, promovia atividades culturais e lúdicas e preconizava a elevação moral, intelectual e educacional dos negros.

* * *

A experiência histórica da Federação dos Negros do Brasil revela que, para além da Frente Negra Brasileira, outras agremiações afro-brasileiras procuraram assumir, na década de 1930, um papel proativo no destino da nação, lutando pela ampliação da cidadania, aqui entendida como garantia de direitos civis, políticos e sociais a todos os indivíduos, independentemente de sua condição racial. Ademais, patenteia que não apenas os movimentos sociais dos comunistas, de um lado, e dos integralistas, de outro, tiveram seus passos rastreados pelo órgão de repressão política. O "movimento associativo dos homens de cor" igualmente ficou na "linha do fogo cruzado".

A vigilância constante à qual fora submetida toda a sociedade civil e a importância cada vez maior adquirida pelo aparelho coercitivo evidenciam a disponibilidade da polícia política em responder a um projeto governamental "que não se absteve de aprisionar ou liquidar certas categorias da população" (Cancelli, 1993, p. 26). Por meio da ação policial, o governo almejava demonstrar à sociedade que agia de forma eficiente para garantir a ordem pública, a segurança nacional e a estabilidade social que muitos setores da população, seduzidos pelo sonho autoritário, desejavam.

Pois chegou o momento de responder às indagações formuladas no início deste capítulo. Com personalidade, dinamismo e labor, a Federação dos Negros do Brasil agenciou antigos e novos ativistas na luta contra o "preconceito de cor"; tateou um projeto emancipatório; participou do complexo e efervescente jogo da alta política; estabeleceu alianças com grupos diversos; assumiu embates à luz de uma plataforma nacionalista; e plantou, ambiguamente, a semente de uma consciência pan-africanista. Quanto à declaração do agente secreto, em seu relatório, de que a agremiação "não tinha cor política de espécie alguma", devido ao seu caráter apartidário, justifica-se pela visão da política como sinônimo de militância partidária. É verdade que a Federação dos Negros do Brasil não estabeleceu vínculo orgânico com nenhum partido, mas também é verdade que ela forjou algum nível de aproximação com o Partido Socialista Brasileiro (PSB), ora utilizando sua sede, ora promovendo atividades em conjunto ou mesmo acolhendo indivíduos que militavam em ambas as agremiações.[27] Com efeito, indo além do flerte com o PSB, a federação politizou a questão racial, aliando-se às forças democráticas e progressistas da sociedade civil. Isso não equivale a afirmar que ela era de esquerda, tampouco de direita. Numa conjuntura nacional extremamente polarizada, de disputas políticas acirradas, a federação optou por uma espécie de terceira via, assumindo um projeto político nacionalista no qual a prioridade era a questão racial, preponderando sobre qualquer proposta capitalista ou socialista. Mas aqui cabe uma advertência: havia um limite para o sentimento patriótico, o amor à terra de Cabral, à "comunidade imaginada". Isso veio à tona quando a Abissínia foi invadida pelas tropas militares italianas, em 1935. A entidade "se esqueceu" de suas posições nacionalistas e se enfronhou na campanha contra o fascismo e de solidariedade internacional aos "irmãos" do país africano. Portanto, a defesa dos negros devia vir antes (ou estar acima) de qualquer coloração político-ideológica. Para muitos militantes, a Guerra da Etiópia, como também foi chamada pela imprensa, tratava-se de uma guerra contra a "raça negra", o que exigia, necessariamente, o protesto dos descendentes de africanos do mundo todo – dos Estados Unidos, do Caribe, da Europa e mesmo do Brasil.

Vale salientar que, longe de ter sido uma exclusividade da Federação dos Negros do Brasil, essa maneira de conceber a mobilização racial era compartilhada, em maior ou menor grau, por outras organizações do gênero, como a Aliança Cooperativa dos Homens Pretos do Brasil – que, por sinal, também teve suas atividades devassadas pela Deops[28] –, a Federação Paulista dos Homens de Cor[29], a Liga Humanitária dos Homens de Cor[30], o Clube 13 de Maio dos Homens Pretos[31], o Clube Negro de Cultural Social[32], a União Negra Brasileira – entidade continuadora da Frente Negra Brasileira após sua extinção em 1937[33] – e, até mesmo, o Sindicato do Operariado Negro, uma organização cujos objetivos precípuos baseavam-se "na defesa dos interesses dos operários negros, em face das leis do trabalho".[34] Diante dessa multiplicidade de atores e agências afro-brasileiras, com posturas, trajetórias e perspectivas distintas, é escusado consignar que o "movimento associativo dos homens de cor", na década de 1930, era heterogêneo, plástico, mutante, plural, uma arena aberta de conflitos, onde diferentes projetos de organização dos descendentes da diáspora africana e de embates contra o "preconceito de cor" se confrontavam em situações específicas, gerando aproximações, alianças e afastamentos.

Isso não permite que se suponha que o movimento ficava à deriva ou era desconexo, pois o nacionalismo e a política de raça conferiam-lhe uma lógica interna, um eixo norteador. As alianças e as composições políticas (com a esquerda, a direita ou o centro) não eram pautadas por princípios ou dogmas, tratando-se de incursões táticas, circunstanciais, provisórias, elaboradas e reelaboradas conforme as experiências acumuladas, as correlações de forças vigentes e as expectativas de ganhos (reais ou simbólicos). As entidades negras negociavam formas de organização, áreas de atuação, métodos de luta, instrumentos retóricos, pontos da plataforma política etc., mas não abriam mão das margens de autodeterminação, da capacidade de fazer escolhas e do projeto "redentor", assentado amiúde no binômio "raça-nação".

Mesmo que sob formatos diversos, esse binômio irrigou os debates políticos do período, seja entre aqueles que exaltavam a nação por meio de inúmeros símbolos patrióticos (como certos intelectuais), seja entre os defensores de projetos visando a uma revolução de esquerda (como os membros da ANL) ou de direita (como os da AIB). A "população de cor" não ficou imune a esse imaginário ufanista: a própria Federação dos Negros do Brasil proclamava-se um "movimento nacionalista da raça negra". Como os elementos dessa "raça" teriam sido os construtores "deste formidável quadrante geográfico da América do Sul", passando a servi-lo como filhos, seriam os autênticos representantes da nação, os mais brasileiros dentre todos os outros habitantes, e por isso labutar a favor dos negros significava, automaticamente, um gesto de apreço pela pátria; consequentemente, o progresso do negro representaria o progresso da nação.

Não se trata aqui de sentenciar os ativistas dessa agremiação, classificando sua postura como "certa" ou "errada", mas de procurar entendê-los com base em suas experiências, tradições e cultura política específicas, as quais eram definidas e redefinidas tanto internamente como em contato com outros grupos sociais. É tarefa do pesquisador, portanto, buscar desvendar a política racial na perspectiva dos atores dessa história, e não na dos observadores contemporâneos. Os movimentos sociais afrodiaspóricos não conseguiram impor a seus militantes uma identidade fixa, essencial, fundada na cosmovisão associada à pureza racial. Várias questões complexas, ambivalentes e paradoxais fizeram parte desse enredo – como as questões de nação, classe e das relações de gênero. Por isso, as políticas raciais devem ser desnaturalizadas e apreendidas em sua dimensão histórica, em vez de analisadas segundo características previamente definidas (Gilroy, 2001; Hall, 2003).

De acordo com a historiografia tradicional, os negros no pós-abolição constituíam uma massa quase anônima e sem voz; o "movimento associativo dos homens de cor" era qualificado de alienado, mas não se abordava a trajetória das organizações. As narrativas eram esquemáticas, condensadas, comprimidas, enlatadas; fatos deixavam de ser mencionados, assim como certas décadas eram praticamente omitidas. Isso denota o desconhecimento de muitos pesquisadores ou sua falta de habilidade em compreender o contexto das ideias e escolhas. Ora, os negros contavam com identidade, vontade, metas conscientes e noções de cidadania. A história, por sua vez, é plural e multifacetada, regida por tensões, ambiguidades e contradições. Todavia, conforme assinala Edward Thompson (2001), é "composta de episódios e, se não podemos adentrá-los, não podemos adentrar a história absolutamente. Isto tem sido sempre inconveniente para os esquemáticos" (p. 133). Com a aplicação dessa assertiva ao caso brasileiro, torna-se plausível afirmar que a historiografia nativa tradicional tendeu a produzir generalizações referentes aos negros no pós-abolição, razão pela qual negligenciou vários episódios animados no rés do chão por pessoas de carne e osso, de coração pulsante e mente engenhosa, pessoas cujas ações transitavam num campo de possibilidades constrangido por questões objetivas e subjetivas. "A história real", continua Thompson, "revelar-se-á somente depois de pesquisa muito árdua e não irá aparecer ao estalar de dedos esquemáticos" (p. 135).

Erigida com o propósito de pleitear a ampliação da cidadania – e, consequentemente, o aumento do poder do negro – nos marcos da democracia, do nacionalismo e da liberdade, a Federação dos Negros do Brasil não passou da fase de estruturação administrativa, organização interna e consolidação das diretrizes programáticas. Vida efêmera, de fato. Porém, foi o suficiente para expressar o nada desprezível poder de barganha dos afro-brasileiros na década de 1930, o qual causou calafrios nos arapongas dos órgãos de repressão do governo Vargas. Tal organização, embora tenha sido abortada na fase embrionária, envolveu personagens, tramas e narrativas que precisam ser apurados, elucidados e problematizados. Este texto, portanto, deve ser concebido como um ponto de partida – e não de chegada – de mais um capítulo do protagonismo negro no Brasil.

Notas

1. Doravante, esse órgão de repressão vai ser aludido pela sigla Deops em lugar de Dops, como ficou conhecido, principalmente durante o regime militar (1964-1985). A sigla Deops refere-se à designação que recebeu pela legislação que alterou sua estruturação (decreto n. 5.080, de 26 de junho de 1931), por meio da qual passou a denominar-se Delegacia Especializada de Ordem Política e Social.
2. Oficio de José Carlos Rodrigues ao ilustríssimo senhor doutor delegado da Ordem Política e Social, de 13 de novembro de 1935. Prontuário 40.509 (Federação dos Negros do Brasil), Deops/SP, Arquivo Público do Estado de São Paulo (Aesp).
3. Sobre a "imprensa negra", ver: Domingues (2008), especialmente o capítulo "Os jornais dos filhos e netos de escravos (1889-1930)", p. 19-58.
4. Ficha de atividades político-sociais de Isaltino Veiga dos Santos. Prontuário 2.018 (Isaltino Veiga dos Santos), Deops/SP, Aesp.
5. Era comum haver alguma confusão na hora de se referir à Federação dos Negros do Brasil. Às vezes, a entidade era chamada de "Federação Nacional dos Negros do Brasil" ou "Federação Nacional do Brasil, da raça negra".
6. "Federação Nacional dos Negros do Brasil". *A Platea*, São Paulo, 5 nov. 1935. Prontuário 40.509 (Federação dos Negros do Brasil), Deops/SP, Aesp.

7. Ofício ao senhor superintendente de Ordem Política e Social, de 11 de fevereiro de 1936. Prontuário 2.018 (Isaltino Veiga dos Santos), Deops/SP, Aesp.
8. É comum a explicação segundo a qual a ANL continuou existindo na ilegalidade depois de seu fechamento oficial, em julho de 1935 (ver, por exemplo, Rose, 2001, p. 87). No entanto, essa explicação não procede, pois, conforme argumenta Francisco Carlos Pereira Cascardo (2007), "o PCB, com sua organização clandestina intocada, se apossou da sigla extinta [ANL], e passou a pronunciar-se por meio dela, numa tentativa de fazer crer que a atividade política revolucionária que pregava não era originária de [Luís Carlos] Prestes ou do partido, mas, sim, continuação da ANL". Portanto, a "inadequada expressão – ANL na ilegalidade –, largamente empregada por muitos historiadores [...], serviu para encobrir a identidade do PCB. A exploração política do nome da ANL apresentava grande utilidade para o PCB, para angariar a simpatia daqueles que se inclinavam politicamente a ela, bem como para evitar a rejeição dos que eram contrários ao partido" (p. 477-8).
9. Como o título do relatório é "Reunião da Federação dos Negros do Brasil", não há dúvida de que o agente policial, nesse instante, confundiu-se ao citar o nome da entidade, referindo-se a ela como "Federação Nacional do Brasil, da raça negra".
10. Relatório do inspetor "69" – Seção de Investigações – ao ilustríssimo senhor doutor delegado de Ordem Política, de 5 de novembro de 1935. Prontuário 40.509 (Federação dos Negros do Brasil), Deops/SP, Aesp.
11. A expressão "movimento associativo" foi utilizada pelo jornal *Progresso* para designar, a partir de 23 de junho de 1929, uma coluna especializada em noticiar os projetos, as iniciativas e as atividades desenvolvidas pelas associações e pelos clubes dos afro-paulistas. Já "homens de cor" foi uma expressão adotada por muitos negros na época para autoidentificar-se. "Movimento associativo". *Progresso*, São Paulo, 23 jun. 1929, p. 5.
12. Em mais de um documento produzido pela Deops, os "elementos da Federação dos Negros do Brasil" são definidos como "suspeitos". Relatório do investigador "240" ao ilustríssimo senhor doutor delegado adjunto, de 7 de março de 1938. Prontuário 1.538 (Frente Negra Brasileira), Deops/SP, Aesp.
13. Eis os ativistas negros que foram listados: Benedicto Sodré, Estefânio Benedicto, Eustacchio de Almeida, Manoel da Rosa Mina, Estella Silva de Miranda, Antonio de Almeida Prado, Sinval Neves, José de Almeida, Milton de Castro Santos, Benedicta Augusta de Almeida, Maria Augusta de Almeida, Darcy Maria de Almeida, Dulce dos Santos, Benedicto Nazareth da Silva, Isaltino B. Veiga dos Santos, Israel de Castro, José Carlos Rodrigues, Manoel Antonio dos Santos, José Correia Leite, Sebastião de Oliveira, Oscar de Barros Leite, José Ignácio do Rosário, Sebastião da Silva, José Leite Cordeiro, Filena Veiga dos Santos, José da Silva, Antonio de Souza, Manoel de Almeida, Antonio José de Almeida, Benedicto dos Santos Aguiar, Manoel Esteves dos Santos e Henrique Dias de Almeida.
14. Relatório do inspetor "126" – Seção de Investigações – ao ilustríssimo senhor doutor delegado de Ordem Política, de 9 de novembro de 1935. Prontuário 40.509 (Federação dos Negros do Brasil), Deops/SP, Aesp.
15. O agente secreto listou seis mulheres no universo dos 32 componentes identificados da Federação dos Negros do Brasil. Mas, como o próprio agente relatou, essa listagem é incompleta, podendo, assim, ter havido outras mulheres negras na organização.
16. A historiadora Wlamyra Albuquerque (2009) mostra como, na Bahia da virada do século XIX para o XX, essa tradição foi atualizada em sua versão lúdica: a Etiópia fez parte do repertório, dos símbolos e das alegorias dos clubes carnavalescos de negros. Nos festejos de Momo de 1897, por exemplo, a Embaixada Africana trouxe o rei etíope Menelik como tema principal do desfile. Aludido como o "Vitorioso Negus dos Negus", seu retrato caricatural foi registrado em panfleto distribuído pelo clube. Nos anos seguintes, a Etiópia de Menelik continuou a ser tema de grupos como a Tribu dos Inocentes, que informou em seu panfleto que levaria para o carnaval não os "tistanados naturaes", mas "os temidos gênios que imperam na África, rica e cobiçada pela força de sua magia, fazendo pasmo às demais partes da orbe que presentemente tremem entregues, como vós, às loucuras imponderáveis desta festa sem par" (p. 215).
17. Em livro de memórias, José Correia Leite (1992) lembrou como a atitude beligerante do fascismo em solo etíope teve desdobramentos no dia a dia de São Paulo, provocando certa animosidade entre negros e italianos. "Na época", afirmou Leite, "o meio negro em São Paulo estava chateado com a colônia italiana, que andava cheia de si por causa da atitude do Mussolini de invadir a Abissínia, estupidamente, para demonstrar

força. Foi escolher justamente um país que não estava preparado para enfrentar as suas tropas. Os italianos aqui ficaram todos cheios de si. E nós sabíamos daquela covardia toda. E diziam que eles tinham ido para lá levar a civilização. Que civilização eles podiam levar para um país milenar? A Abissínia tinha tradição e civilização, não estava precisando. É que tudo não passava de desculpa para uma demonstração de força do fascismo italiano" (p. 135-6).

18. Em 1937, Fernando Lacerda escreveu um artigo no periódico *La Correspondance Internationale* (a versão francesa do órgão de comunicação da Internacional Comunista), apontando o caráter democrático do movimento antifascista no Brasil: "Nosso povo, tradicionalmente amigo da democracia e da paz, não poderia compreender 'democratas' brasileiros que se ligam ou tecem elogios aos fascistas alemães, italianos e japoneses, invasores da Abissínia, da Espanha e da China, covardes assassinos de crianças e mulheres de Guernica e de Almeria e outras cidades espanholas, os piores inimigos da democracia e da paz, os fautores sangrentos e selvagens da 'guerra total'!" *Apud* Carone, 1982, p. 198.

19. "Pela união e pelo despertar da raça negra". *A Platea*, São Paulo, 4 nov. 1935. Prontuário 40.509 (Federação dos Negros do Brasil), Deops/SP, Aesp.

20. "Federação dos Negros do Brasil". *A Platea*, São Paulo, 11 nov. 1935. Prontuário 40.509 (Federação dos Negros do Brasil), Deops/SP, Aesp.

21. "Manifesto da Federação dos Negros do Brasil". Prontuário 40.509 (Federação dos Negros do Brasil), Deops/SP, Aesp.

22. "Nation stirred over move to colonize race in Africa". *Chicago Defender*, Chicago, 7 mar. 1936, p. 1. Sobre a cobertura da guerra ítalo-abissínia pelo *Chicago Defender*, ver também: "Panorama of world news". *Chicago Defender*, Chicago, 11 abr. 1936, p. 24. Tradução do trecho feita pelo autor deste capítulo.

23. Relatório do inspetor "39" – Seção de Investigações – ao ilustríssimo senhor doutor delegado de Ordem Política, de 13 de novembro de 1935. Prontuário 40.509 (Federação dos Negros do Brasil), Deops/SP, Aesp.

24. Relatório do inspetor "39" – Seção de Investigações – ao ilustríssimo senhor doutor delegado de Ordem Política, de 13 de novembro de 1935. Prontuário 40.509 (Federação dos Negros do Brasil), Deops/SP, Aesp.

25. De acordo com Ricardo Figueiredo de Castro (2007), "a simpatia e até a adesão que alguns setores da sociedade paulista tinham pela AIB; a penetração que o fascismo havia conseguido junto à comunidade italiana paulista, entre outros motivos, limitavam o poder ofensivo do antifascismo nessa conjuntura, ainda mais quando patrocinado pelas esquerdas. Estas não tinham que disputar espaço político apenas com a direita integralista, mas também preservar sua existência contra as constantes ondas de repressão política oriundas das polícias políticas" (p. 448).

26. Relatório do investigador "240" ao ilustríssimo senhor doutor delegado adjunto, de 7 de março de 1938. Prontuário 1.538 (Frente Negra Brasileira), Deops/SP, Aesp.

27. Segundo Ricardo de Castro (2007), "a seção paulista do Partido Socialista Brasileiro foi organizada em janeiro de 1933. Em janeiro do ano seguinte, um congresso escolheu uma nova direção, que lhe deu uma identidade política mais claramente socialista" (p. 449).

28. Eis o conteúdo de parte do relatório produzido por um investigador da Deops: "De acordo com ordens recebidas, fomos ontem assistir à reunião da Aliança Cooperativa dos Homens Pretos do Brasil, que teve lugar à Rua Alameda Barros, n. 141, às vinte e uma horas". Relatório apresentado ao senhor doutor delegado de Ordem Social, em 19 de junho de 1937. Prontuário 47.906 (Aliança Cooperativa dos Homens Pretos do Brasil), Deops/SP, Aesp.

29. Em 1932, o jornal *Diário de São Paulo* informou sobre as comemorações do 13 de maio promovidas pela Federação Paulista dos Homens de Cor. "As comemorações de 13 de maio de Campinas". *Diário de São Paulo*, São Paulo, 15 maio 1932, p. 5. No ano seguinte, o periódico ofereceu espaço para que a agremiação convocasse a todos para a mesma efeméride: "A Federação Paulista de Homens de Cor promoverá, no dia 13 de maio próximo, solenes festividades como comemoração à data que lembra a emancipação dos escravos. Às 8 horas daquele dia fará celebrar solene missa no altar-mor da igreja de São Benedito, em sufrágio aos abolicionistas falecidos, sendo celebrante o padre Fortunato Mantovani. Durante o dia conservará aberta a sede social para visita e recepção oficial dos diretores, associados e comissões dos grêmios confederados. À noite haverá sessão comemorativa da grande data, ocasião em que falarão diversos oradores já inscritos". "Federa-

ção Paulista de Homens de Cor". *Diário de São Paulo*, São Paulo, 12 maio 1933, p. 10. Dois dias depois, a agremiação voltou a ser notícia: "A Federação de Homens de Cor comemorou condignamente a data de hoje, realizando sessões solenes na sua sede social, onde se fizeram ouvir vários oradores que dissertaram sobre a emancipação dos escravos. Pela manhã, houve alvorada e missa na igreja de São Benedito em sufrágio dos abolicionistas mortos, havendo também uma romaria bastante concorrida ao cemitério da Saudade". "13 de maio". *Diário de São Paulo*, São Paulo, 14 maio 1933, p. 9.

30. Em 1933, a eleição e posse da nova diretoria da agremiação foram noticiadas pela grande imprensa: "Em assembleia geral ordinária realizada em 17 do corrente, foi eleita e empossada a seguinte diretoria da Liga Humanitária dos Homens de Cor: presidente, João José de Paula; vice-presidente, Armando Gomes; secretários, João Camillo de Oliveira e Arthur A. Camargo; tesoureiros, Benedicto Barnabé Pompeu e Oscar Aragão, e procurador-geral, Idalino Pereira". "Liga Humanitária dos Homens de Cor". *Diário de São Paulo*, São Paulo, 21 dez. 1933, p. 4.

31. Sobre essa organização, ver: "Foi inaugurada domingo a herma a Luiz Gama". *Diário de São Paulo*, São Paulo, 24 nov. 1931, p. 14.

32. Ver: *Diário de São Paulo*, São Paulo, 12 maio 1933 (p. 11), 14 maio 1933 (p. 1), 16 maio 1933 (p. 9); *Evolução: Revista dos Homens Pretos de São Paulo*, São Paulo, 13 maio 1933. Ver também: *Cultura* (que se autodenominava "a primeira e única revista negra em São Paulo"), São Paulo, jan. 1934.

33. Sobre essas duas agremiações, o investigador "240" da Deops produziu o seguinte relato: "Frente Negra Brasileira: era um fruto da Revolução de 1930, que sempre prestigiou a figura do Sr. Dr. Getulio Vargas, não tendo, por isso, se ligado ao movimento de 1932, em São Paulo, o que lhe custou até perseguições por parte de políticos que fizeram o aludido movimento armado. União Negra Brasileira: extinta a Frente Negra Brasileira, em virtude do decreto-lei que proibiu a existência de partidos políticos no país, alguns associados seus resolveram fundar uma associação de fundo caritativo-cultural-patriótico (aliás era esse o grande ideal da F.N.B.), colocando em sua diretoria os Srs. Raul Amaral, Marcos Rangel, Abercio Pereira Barbosa, Mário da Silva Júnior, Rubens Ribeiro Costa etc., brasileiros, amigos da ordem e elevadamente patriotas". Relatório do investigador "240" ao ilustríssimo senhor doutor delegado adjunto, de 7 de março de 1938. Prontuário 1.538 (Frente Negra Brasileira), Deops/SP, Aesp.

34. "Sindicato do Operariado Negro". *Diário de São Paulo*, São Paulo, 3 nov. 1932, p. 2. Ver também: "Sindicato do Operariado Negro". *Diário de São Paulo*, São Paulo, 9 nov. 1932, p. 8. É interessante saber que, no âmbito do movimento operário, os afro-paulistas chegaram a fundar, na década de 1930, uma organização sindical específica, tendo em vista uma plataforma de ação que aliasse as identidades de "raça e classe", ou seja, que conjugasse as lutas a favor dos trabalhadores e contra o "preconceito de cor". Sua estruturação ocorreu no início de 1931, sendo noticiada pela grande imprensa: "Os organizadores do Sindicato do Proletariado Negro de São Paulo, amanhã, às 20 horas e meia, vão realizar mais uma sessão a fim de, entre outros assuntos de grandes interesses da raça negra, escolher os membros de sua diretoria. Estão sendo convidados a comparecer todos os pretos de São Paulo". "Sindicato do Proletariado Negro". *Diário de São Paulo*, São Paulo, 22 jan. 1933, p. 4.

Referências bibliográficas

AKPAN, Monday B. "A Etiópia e a Libéria, 1914-1935: dois Estados africanos independentes na era colonial". In: BOAHEN, Albert Adu (coord.). *História geral da África*. São Paulo: Ática/ Unesco, v. 7, 1991, p. 717-49.

ALBUQUERQUE, Wlamyra R. de. *O jogo da dissimulação: abolição e cidadania negra no Brasil*. São Paulo: Companhia das Letras, 2009.

ANDERSON, Benedict. *Comunidades imaginadas: reflexões sobre a origem e a difusão do nacionalismo*. São Paulo: Companhia das Letras, 2008.

ANDREWS, George Reid. *América Afro-latina (1800-2000)*. São Carlos: EdUFSCar, 2007.

AQUINO, Maria Aparecida de. "Deops/SP: visita ao centro da mentalidade autoritária". In: AQUINO, Maria Aparecida de; MATTOS, Marco Aurélio Vannucchi Leme de; MORAES, Maria Blassioli de; SWENSSON JR., Walter Cruz.

A constância do olhar vigilante: a preocupação com o crime político – famílias 10 e 20. São Paulo: Aesp/ Imesp, 2002, p. 17-43.

BERTONHA, João Fábio. *Sob a sombra de Mussolini: os italianos de São Paulo e a luta contra o fascismo, 1919-1945*. São Paulo: Annablume, 1999.

BUTLER, Kim D. *Freedoms given, freedoms won: Afro-Brazilians in post-abolition São Paulo and Salvador*. New Brunswick: Rutgers University Press, 1998.

CANCELLI, Elizabeth. *O mundo da violência: a polícia da era Vargas*. Brasília: Editora Universidade de Brasília, 1993.

CARONE, Edgard. *O PCB (1922-1943)*. São Paulo: Difel, v. 1, 1982.

CASCARDO, Francisco Carlos Pereira. "A Aliança Nacional Libertadora: novas abordagens". In: FERREIRA, Jorge; REIS, Daniel Aarão (orgs.). *A formação das tradições (1889-1945)*. Rio de Janeiro: Civilização Brasileira, 2007, p. 453-91 (As Esquerdas no Brasil, v. 1).

CASTRO, Ricardo Figueiredo de. "A Frente Única Antifascista (1933-1934)". In: FERREIRA, Jorge; REIS, Daniel Aarão (orgs.). *A formação das tradições (1889-1945)*. Rio de Janeiro: Civilização Brasileira, 2007, p. 429-51 (As Esquerdas no Brasil, v. 1).

DOMINGUES, Petrônio. *A insurgência de ébano: a história da Frente Negra Brasileira*. 2005. Tese (Doutorado em História) – Faculdade de Filosofia, Letras e Ciências Humanas, Universidade de São Paulo, São Paulo.

_____. *A nova abolição*. São Paulo: Selo Negro, 2008.

_____. "'Constantemente derrubo lágrimas': o drama de uma liderança negra no cárcere do governo Vargas". *Topoi*, Rio de Janeiro, v. 8, n. 14, p. 146-71, jan./jun. 2007a.

_____. "Movimento negro brasileiro: alguns apontamentos históricos". *Tempo*, Rio de Janeiro, v. 12, n. 23, p. 113-35, 2007b.

_____. "Paladinos da liberdade: a experiência do Clube Negro de Cultura Social em São Paulo (1932-1938)". *Revista de História*, São Paulo, n. 150, p. 57-80, jul. 2004.

FLORINDO, Marcos Tarcísio. *O serviço reservado da Delegacia de Ordem Política e Social de São Paulo na era Vargas*. São Paulo: Editora Unesp, 2006.

FRANKLIN, John Hope; MOSS JR., Alfred A. *Da escravidão à liberdade: a história do negro americano*. Rio de Janeiro: Nórdica, 1989.

GILROY, Paul. *O Atlântico negro: modernidade e dupla consciência*. São Paulo: Editora 34, 2001.

GOMES, Flávio. *Negros e política (1888-1937)*. Rio de Janeiro: Jorge Zahar, 2005.

HALL, Stuart. *Da diáspora: identidades e mediações culturais*. Belo Horizonte/ Brasília: Editora UFMG/ Unesco, 2003.

JESUS, Carolina Maria de. *Antologia pessoal*. Rio de Janeiro: Editora UFRJ, 1996.

LAUERHASS JÚNIOR, Ludwig. *Getulio Vargas e o triunfo do nacionalismo brasileiro*. Belo Horizonte/ São Paulo: Itatiaia/ Edusp, 1986.

LEITE, José Correia. *E disse o velho militante José Correia Leite: depoimentos e artigos*. Organizado por Cuti. São Paulo: Secretaria Municipal de Cultura, 1992.

LESSER, Jeffrey. *A negociação da identidade nacional: imigrantes, minorias e a luta pela etnicidade no Brasil*. São Paulo: Editora Unesp, 2001.

MARQUES, Alexandre Kohlrausch. "A questão ítalo-abissínia": os significados atribuídos à invasão italiana à Etiópia, em 1935, pela intelectualidade gaúcha. 2008. Dissertação (Mestrado em História) – Instituto de Filosofia e Ciências Humanas, Universidade Federal do Rio Grande do Sul, Porto Alegre, Rio Grande do Sul.

PAXTON, Robert. *A anatomia do fascismo*. São Paulo: Paz e Terra, 2007.

PINTO, Regina Pahim. *O movimento negro em São Paulo: luta e identidade*. 1993. Tese (Doutorado em Antropologia) – Faculdade de Filosofia, Letras e Ciências Humanas, Universidade de São Paulo, São Paulo.

ROSE, R. S. *Uma das coisas esquecidas: Getulio Vargas e controle social no Brasil (1930-1954)*. São Paulo: Companhia das Letras, 2001.

THOMPSON, Edward P. *As peculiaridades dos ingleses e outros artigos*. Organizado por Antonio Luigi Negro e Sergio Silva. Campinas: Editora da Unicamp, 2001.

VARGAS, Getulio. *Diário*. São Paulo/ Rio de Janeiro: Siciliano/ Fundação Getulio Vargas, v. 1, 1995.

VIANNA, Marly de A. G. "As rebeliões de novembro de 1935". *Novos Rumos*, São Paulo, v. 16, n. 34, p. 1-40, 2001.

8 MOVIMENTOS SOCIAIS NEGROS NA ERA VARGAS

MICHAEL MITCHELL

Quando ocorrem mudanças complexas em instituições econômicas, políticas e sociais em uma sociedade multirracial, surgem novas formas de ressentimento social e criam-se novas técnicas de controle e de ampliação do poder. Sob tais pressões, as manifestações de consciência racial surgidas nas etapas anteriores do desenvolvimento dão lugar a novas formas de expressão racial (Shibutani e Kwan, 1965). O objetivo deste capítulo é analisar as novas formas de consciência racial que ocorreram durante um período de intensa transformação social, política e econômica no Brasil. Daremos atenção especial ao desenvolvimento do caráter das associações voluntárias em São Paulo a partir de 1915, quando elas surgiram, até 1964, quando as organizações de massa foram abafadas pela ditadura militar.

A abolição da escravatura em 1888 marca uma virada histórica na transformação da sociedade brasileira. A abolição não só deu fim à longa luta contra a escravidão como marcou o início de um período de ampla mudança institucional e estrutural. Por exemplo, o poder político que se concentrara nas mãos da monarquia antes da abolição dispersou-se pelas elites regionais, que concorriam entre si pelo controle das novas instituições governamentais instauradas após a dissolução da monarquia, em 1889. Na área econômica, a longa prosperidade do café, juntamente com a imigração europeia, de proporções extraordinárias, contribuiu intensamente para o incipiente processo de industrialização. E pequenos grupos operários e de classe média começaram a expressar seus interesses, acrescentando um novo componente às questões sociais e políticas (Bello, 1966; Dean, 1969; Morse, 1958; Freyre, 1970).

A transformação vivenciada pela sociedade brasileira logo após a abolição teve um efeito profundamente negativo sobre os afro-brasileiros, particularmente os de São Paulo, onde se situava o vórtice da mudança. De um ponto de vista estritamente demográfico, a comunidade afro-brasileira de São Paulo sofreu drástica redução numérica, devida sobretudo à enorme imigração europeia. Por exemplo, entre 1886 e 1893, a população branca nativa quase duplicou (de 24.249 para 44.748 habitantes) e o número de imigrantes aumentou quase seis vezes (de 12.085 para 70.978), mas a população afro-brasileira teve um crescimento de menos de 50% (de 10.275 para 14.559) (Fernandes, 1971, p. 30).

Enquanto os europeus chegavam a São Paulo em número recorde, ex-escravizados lançavam mão de sua liberdade e migravam para a cidade. Exercendo seu direito de trabalhar para quem quisessem e de ir para onde desejassem, trocaram a lavoura pela cidade de São Paulo. No entanto, pelo fato de lhes faltar qualificação, eles encontraram um meio urbano tão hostil em certos aspectos quanto a dura lavoura que haviam deixado para trás. Na cidade, a vida dos afro-brasileiros entrou em grave desorganização social. Florestan Fernandes (1971, p. 84), ao caracterizar esse período pós-abolição, afirma que "[...] o desemprego, o alcoolismo, o abandono do menor, dos velhos e dos dependentes, a vagabundagem, a prostituição, as doenças e a criminalidade constituem problemas sociais de inegável importância na história cultural dessa população". O grau de empobrecimento em que os afro-brasileiros mergulharam após a abolição levou até os mais ardentes abolicionistas a questionar se seu empenho não teria resultado em um terrível engodo (Morse, 1953; Toplin, 1972; Fernandes, 1971).[1]

Como se a imensa desorganização social e a perda da posição no contingente populacional não bastassem para negar aos afro-brasileiros seu direito ao poder, eles também se viram diante de novos mecanismos sociais que reforçaram sua exclusão da sociedade após a abolição. Os brasileiros negros passaram a ser considerados, na consciência da sociedade dominante, manchas vergonhosas no caráter nacional. Desse modo, o novo liberto enfrentou formas flagrantes de discriminação racial que visavam impedi-lo de assumir uma posição de igualdade na sociedade brasileira. Escolas particulares e seminários, por exemplo, foram fechados a todos, menos aos brancos, ao mesmo tempo que a polícia intimidava constantemente os negros, sem se importar com a devida conduta.

Ainda que a discriminação racial nunca tenha adquirido força de lei nesse ou nos períodos subsequentes da história brasileira, altos funcionários do governo da era pós-abolição praticaram-na de uma maneira que tinha o efeito de sanção legal. Por exemplo, o barão do Rio Branco, ministro das Relações Exteriores, proibiu a nomeação de negros para postos diplomáticos no exterior por temer que os aliados europeus interpretassem o fato como indicação de que o Brasil se tornara uma nação de mestiços inferiores (Freyre, 1970). Do mesmo modo, os atos do presidente Manuel de Campos Salles (1898-1902) sobre a seleção da tripulação naval reforçaram a discriminação em uma instituição em que essa prática era mesmo pronunciada (Freyre, 1970; Skidmore, 1974).

A tentativa de praticar a discriminação ocorreu também nas casas legislativas. Em mais de uma ocasião foram apresentados no Congresso projetos de lei que limitavam a imigração de negros para o Brasil a fim de "resguardar o interesse nacional" (Skidmore, 1974).

Com poucos instrumentos para combater as consequências desastrosas do seu êxodo rural, da imigração europeia e das novas formas de discriminação racial, os afro-brasileiros de São Paulo assumiram a missão de recriar em seu meio alguma espécie de coesão social, como os escravizados haviam feito anteriormente. Em São Paulo, tentaram construir essa coesão por meio de diversos tipos de associações voluntárias, cujo objetivo comum era promover a necessária solidariedade racial e, portanto, conter uma eventual queda em sua posição na sociedade.

Diversos fatores contribuíram para o estabelecimento de associações voluntárias entre os negros de São Paulo. O processo de mudança para a cidade, se tinha em geral um efeito adverso nos afro-brasileiros, facilitou o desenvolvimento da vida da comunidade negra em associações (Bicudo, 1947; Moreira, 1956). Além do mais, o ambiente urbano de São Paulo levou os negros a conviver com movimentos diversos que ressaltavam a importância do esforço de organização. Nos movimentos operários, os negros observaram o uso de técnicas de protesto político para exprimir afrontas sociais, ao passo que do movimento de uma elite intelectual jovem, que começava a redescobrir e glorificar a contribuição africana para a cultura brasileira, os negros ganharam um novo sentido de sua dignidade e valor coletivo (Moreira e Leite, s/d).

Associações raciais e políticas (1915-1941)

As associações raciais criadas pelos negros em São Paulo para veicular uma ação política coletiva eram de vários tipos: 1) agremiações sociais e recreativas com organização flexível, que denunciavam publicamente as afrontas de um modo mais ou menos espontâneo; 2) associações bastante organizadas cujo propósito era expressar as injustiças e as aspirações raciais com persistência; e 3) uma imprensa negra, que divulgava as afrontas e as aspirações raciais em nome da comunidade afro-brasileira de São Paulo.

As primeiras associações raciais de São Paulo de que se tem notícia começaram por volta de 1915. Eram essencialmente clubes sociais e recreativos formados por grupos pequenos para se protegerem das influências negativas do ambiente social. A rede de interações dessas agremiações raramente ultrapassava os bairros em que se localizavam, e elas não tinham nem recursos nem tendência para participar de atividades políticas coletivas.[2] Entretanto, essas primeiras associações funcionaram como centros para reunir e discutir experiências raciais comuns (Moreira e Leite, s/d). Ainda em 1918, por exemplo, o jornal de uma associação publicou queixas de alguns de seus membros a respeito de casos de discriminação na cidade (*O Alfinete*, set. 1918). Com o tempo surgiriam diferentes organizações políticas dessas agremiações.

No final da década de 1920, a vida em associações dos negros de São Paulo crescera a ponto de apoiar as iniciativas de protesto de uma entidade contra a discriminação racial. Em 1928, membros do Centro Cívico Palmares, preocupados com as práticas discriminatórias da polícia estadual, reclamaram com vários deputados. Um deles, Orlando de Almeida Prado, respondeu pessoalmente e foi induzido a discursar na Assembleia Legislativa condenando os procedimentos policiais.[3]

Esse primeiro protesto, no entanto, não foi bem-sucedido. Prado não só não conseguiu reverter as práticas discriminatórias como voltou ao Centro Cívico Palmares para exigir uma compensação por seu esforço. Criou-se um cisma na associação sobre se Prado teria apenas cumprido seu dever legislativo ou se o Palmares realmente estava em dívida com ele. A divisão acabou levando muitos membros a deixar o Palmares em vez de satisfazer Prado, e depois disso a entidade perdeu o apoio que lhe permitira fazer seu primeiro protesto racial.[4]

As associações sociais e recreativas pioneiras proporcionaram mais que um ímpeto para experiências no campo do protesto político: formaram também o ambiente criativo para mais um componente no desenvolvimento da consciência racial. Algumas dessas agremiações mantinham jornais próprios de pequeno porte, que circulavam no âmbito dos clubes sociais e nos bairros onde eles se localizavam. Esses órgãos, como as associações que os financiavam, tinham ambições modestas e não visavam de início ser mais que divulgadores de fofocas e fonte de informação sobre os assuntos do clube (Bastide, 1972). Todavia, não podiam deixar de estampar as afrontas raciais denunciadas pelos sócios do clube em seu meio.

Na década de 1920, o caráter da imprensa negra de São Paulo começou a mudar por causa do trabalho pioneiro de vários escritores negros jovens da cidade de Campinas. Lino Guedes, Benedito Florêncio e outros, depois de ganharem alguma experiência jornalística em um tabloide controlado por um dos chefes políticos de Campinas, aventuraram-se na criação de um jornal próprio, chamado *O Getulino*, que se dedicaria exclusivamente à discussão de questões raciais.[5] Guedes e Florêncio tiveram sucesso na empreitada e decidiram mudar-se para São Paulo, a fim de tirar proveito de um público maior. São Paulo, no entanto, mostrou-se menos receptiva ao projeto deles, e *O Getulino* não conseguiu tornar-se o grande veículo de propaganda racial que seus autores haviam vislumbrado.

Entretanto, a ideia de criar um fórum de discussão de questões raciais era suficientemente valiosa para que outros fizessem uma segunda tentativa de levá-la a bom termo. Assim, em 1925, Jayme de Aguiar e José Correia Leite, que nos anos anteriores tinham comandado um pequeno jornal que circulava nos clubes sociais, transformaram seu empreendimento de passatempo em fórum aberto sobre assuntos raciais.[6]

Apesar de sua modesta infraestrutura de produção (os tipos eram montados na casa de Correia Leite e enviados a uma empresa particular para impressão) e de sua pequena circulação (cerca de mil exemplares por mês), o jornal, *O Clarim d'Alvorada*, atraiu um público leitor variado e constante. Segundo Correia Leite, "o Clarim chegava às mãos de bispos, negros de destaque, empregadas domésticas e pequenos criminosos. Alguns destes vieram a mim para reclamar que não haviam recebido a última edição"[7]. *O Clarim* até amealhou certa fama internacional, como comprova o cartão de felicitações de Robert Abbott, editor do *Chicago Defender*, elogiando Correia Leite e Aguiar por seu empenho.[8]

De 1925 a 1931, com seus numerosos ensaios sobre a situação dos negros, *O Clarim d'Alvorada* desempenhou um papel pioneiro na ampliação da consciência política e racial dos afro-brasileiros na cidade. Todavia, em retrospecto, os fundadores d'*O Clarim* acreditam que as maiores conquistas do jornal encontram-se no âmbito do ativismo social. Correia Leite recordou que um dos êxitos mais notáveis d'*O Clarim* foi sua campanha editorial a respeito da discriminação contra os negros em um orfanato de igreja na cidade de Botucatu, no interior do estado de São Paulo. A campanha do jornal conseguiu forçar o bispo da cidade a acabar com a discriminação em todos os locais eclesiásticos sob sua responsabilidade.[9] O ativismo social d'*O Clarim d'Alvorada* também inspirou outros a envolver-se na articulação de desagravos raciais coletivos. Pessoas como Vicente Ferreira, Arlindo Veiga dos Santos, Henrique Cunha e Raul Amaral – que assumiriam depois postos de destaque nas associações políticas negras de São Paulo – tinham proximidade com os editores d'*O Clarim* e desfrutavam seu apoio nesses primeiros anos.[10]

A menção ao Centro Cívico Palmares e a'*O Clarim d'Alvorada* é importante não só por eles terem conseguido melhorar a condição dos negros, mas também por seu sucesso na ampliação da atividade coletiva destes. A despeito dos resultados, a ação do Centro Cívico Palmares comprovou a possibilidade de usar o protesto social como método de expressão racial coletiva. Além disso, o funcionamento contínuo d'*O Clarim d'Alvorada*, de 1925 a 1931, demonstrou que existia um público negro considerável receptivo ao esforço feito exclusivamente para expressar questões raciais e capaz de apoiá-lo.

Em 1930, começaram a se desenrolar certos acontecimentos políticos que tiveram impacto significativo na vida social dos negros em São Paulo. Nesse ano, Getulio Vargas fez uma campanha bem-sucedida contra o domínio político das velhas elites rurais brasileiras. Após uma breve insurreição armada, a campanha de Vargas culminou na sua nomeação para presidente do Brasil. Em seguida, ele passou a desmantelar as máquinas políticas regionais em que se apoiava o poder das elites tradicionais. Foi motivo de longa comemoração o extermínio do Partido Republicano Paulista, considerado pelos negros o baluarte da classe aristocrática dos antigos escravocratas (Moreira e Leite, s/d; Fernandes, 1965). A vitória de Vargas rendeu-lhe a admiração de todos os que viviam sob o domínio daquelas famílias poderosas, entre os quais se destacavam os afro-brasileiros. Os negros de São Paulo manifestaram seu apreço por Vargas prometendo publicamente apoio ao Clube 3 de Outubro, o braço mais militante do movimento político do presidente.[11]

No início da década de 1930, a experiência conquistada por *O Clarim d'Alvorada* e pelo Centro Cívico Palmares, juntamente com os acontecimentos políticos mencionados, propiciou estímulo psicológico para a criação de uma das mais conhecidas organizações raciais brasileiras, a Frente Negra Brasileira. A FNB foi concebida como federação, com o fim de coordenar as atividades (como a construção e a manutenção de bibliotecas de bairro e aulas de alfabetização de adultos e de serviços domésticos) então executadas separadamente pelas associações existentes. Contudo, representantes do Centro Cívico Palmares e d'*O Clarim d'Alvorada* apresentaram, nas primeiras reuniões da Frente Negra, a ideia de que essa organização também se tornasse instrumento de protesto social. Quando a Frente foi fundada, em setembro de 1931, ambos os elementos faziam parte do estatuto: seu objetivo primário era dar continuidade à promoção social, lançando mão do protesto social para promover a causa da comunidade afro-brasileira (Moreira e Leite, s/d).[12]

A tentativa inicial de simplesmente criar um órgão unificador das associações negras logo se transformou em um movimento de massa. Em questão de meses, a Frente atraiu uma quantidade extraordinária de associados: 6 mil em São Paulo e 2 mil em Santos. Anteriormente, organizações parecidas haviam obtido no máximo cinquenta a cem sócios, mas, em função da oratória de pessoas como Vicente Ferreira, Arlindo Veiga dos Santos e Alberto Orlando, que encontraram na Frente um fórum para pregar suas homilias favoritas a respeito do orgulho e da solidariedade racial, uma quantidade sem precedentes de afro-brasileiros apoiou a organização.[13]

A transformação da Frente em movimento de massa teve um efeito radical na psicologia de seus seguidores e lançou a organização na arena do protesto. A primeira incursão foi desencadeada pelas queixas de membros a respeito da discriminação feita por proprietários de rinques de patinação na cidade. Alguns membros, animados com o entusiasmo das primeiras reuniões da Frente, ameaçaram destruir os rinques para dar um tom dramático à sua ira. Porém, Arlindo Veiga dos Santos, que fora eleito presidente da FNB, aconselhou os associados a prestar queixa ao chefe de polícia de São Paulo, major Cordeiro de Farias. O próprio Santos alertou o major de que, se aquelas casas não fossem fechadas, a Frente não poderia ser responsabilizada pelos atos de seus membros. O chefe de polícia concordou e ordenou aos donos dos rinques que as portas fossem abertas aos negros; em caso contrário, os estabelecimentos seriam interditados pela polícia.[14]

A Frente manteve sua linha de protesto ao apoiar Cristovam Brasil – regente de banda na polícia, cuja promoção fora recusada por causa de sua cor – e investigar as queixas contra empregadores levadas à sua atenção por empregadas domésticas.[15]

Esses casos de protesto racial serviram para dramatizar, perante a massa de associados, o poder de mobilização coletiva para a reparação das afrontas raciais. Mas havia ainda outro benefício. Mesmo quando não se envolvia em protestos coletivos, a liderança da Frente visava aquilo que ela achava ser uma função vital da organização, ou seja, a ampliação da consciência racial. Pode-se imaginar a importância de estimular a consciência racial na FNB pela posição que o proselitismo assumiu na estrutura de sua vida social.

As atividades principais da Frente ocorriam na domingueira, um encontro que durava o domingo inteiro. Uma parte dela era reservada a discursos sobre temas raciais, elemento persistente nas primeiras reuniões. Os depoimentos de antigos membros da Frente atestam o impacto prolongado que a domingueira teve nos participantes. Uma pessoa declarou que por toda a vida preferira comprar de feirantes negros por causa da campanha "compre de negros" iniciada em uma domingueira. Outra testemunha lembrou que os discursos nos encontros de domingo também ajudaram a acabar com a sensação de inferioridade que afligia muitos negros. Esse depoente declarou que

> as domingueiras deram a nós, negros simples, a oportunidade de ver à nossa frente negros inteligentes e eloquentes. Os oradores nos transmitiam uma sensação de orgulho e nos faziam perceber que nossa pobreza e sofrimento não era porque fôssemos uma raça inferior. Naquela época, muitos de nós não tínhamos confiança em nós mesmos por sermos negros. Os discursos nas domingueiras nos mudaram para melhor.[16]

As apresentações retóricas nas domingueiras criavam um estímulo para a ação coletiva que os líderes da Frente apreciavam muito. Para a FNB, o método mais certeiro para atingir esse objetivo, de acordo com alguns, era envolver os associados na política eleitoral.[17] Achava-se que a FNB estaria, desse modo, em condições de influenciar ações em políticas específicas que atingiam os afro-brasileiros, como a restrição à imigração europeia e o fim da discriminação em todos os órgãos do governo. Em 1933, a Frente deu o primeiro passo na política eleitoral ao lançar a candidatura de seu presidente, Arlindo Veiga dos Santos, à Câmara Municipal de São Paulo.[18] Ainda que a candidatura tenha fracassado, provocou novo ímpeto dentro da Frente para que ela fosse registrada como partido político, objetivo atingido em 1936.[19]

A Frente Negra Brasileira e o modelo do partido de massa

Não se deve exagerar o alcance da atuação pretendida pela FNB no campo eleitoral. Na realidade, ela pode ser mais bem categorizada segundo o que o cientista político francês Maurice Duverger chamou, na forma clássica, de partido de massa. De acordo com Duverger, o partido de massa é aquele cuja estratégia de contestação do poder político fundamenta-se na característica dos seus membros. Os partidos de massa, diferentemente dos partidos de prévias dos Estados Unidos ou dos partidos de quadros comunistas, obtêm poder por sua capacidade de conseguir exclusivamente da massa de membros que os compõem os recursos e os votos para as campanhas eleitorais. Como o partido de massa mantém-se exclusivamente com contribuições de seus membros, ele precisa determinar metas e patrocinar programas que digam respeito aos interesses dos membros quando não há eleições. Portanto, os partidos de massa devem promover atividades educativas, recreativas, sociais e outras que fomentem o senso de comunidade dentro da organização (Duverger, 1963). Nesse sentido, a Frente Negra Brasileira corresponde ao modelo. Ela proporcionou alguns serviços auxiliares e atividades não diretamente relacionados com questões eleitorais, os quais mantiveram seus membros ativos no dia a dia. A Frente organizou competições atléticas, um serviço de emprego de domésticas, aulas de economia doméstica, de música e de alfabetização de adultos, uma clínica dentária e até manteve uma escola primária para filhos dos membros, reconhecida pelo estado.

A FNB condizia de outras maneiras com o modelo de partido de massa de Duverger. O cientista francês afirmou que uma das principais atividades do partido de massa era uma reunião habitual com "oradores do partido [que iam] falar de problemas com os membros. Eles [faziam] um esforço louvável para garantir um lugar adequado à discussão da doutrina e de questões gerais nessas reuniões" (Duverger, 1963). É digna de nota a grande semelhança entre as domingueiras, em que os líderes faziam apelos ao orgulho e à solidariedade racial, e o partido de massa descrito pelo cientista político. A Frente também se inseria no modelo de Duverger quanto à estrutura de liderança. Tinha organização hierárquica e foi comandada, na maioria das ocasiões, por um presidente, um secretário-geral e um conselho deliberativo, todos os quais tomavam decisões importantes a respeito do funcionamento da entidade.

Em outros aspectos, todavia, a Frente não correspondia perfeitamente ao modelo de partido de massa. Por exemplo, cada uma de cerca de 20 representações distribuídas pelo país tinha autonomia virtual em seus assuntos internos e liberdade para fazer alianças com qualquer grupo que satisfizesse as necessidades da seção. Um exemplo extremo dessa autonomia foram as alianças formadas pelas representações de São Paulo e de Santos. A FNB de São Paulo tendia a colaborar com grupos nacionalistas antimarxistas, enquanto a FNB de Santos colaborava com o Partido Socialista.[20]

Além disso, ao contrário dos partidos de massa, que ressaltavam a importância de desenvolver lideranças naturais em suas fileiras, o problema de organização mais persistente da FNB era o recrutamento da liderança. Os líderes eram escolhidos conforme a intensidade de sua lealdade à Frente e nomeados pelo presidente, pelo secretário-geral e por membros permanentes do conselho tanto para o conselho deliberativo quanto para comissões especiais. Esse método de seleção de líderes tendia para a exclusão de muitos indivíduos que tinham fortes qualidades de liderança e convicções profundas acerca do caráter da Frente. As controvérsias sobre a índole essencial da FNB eram motivo de especial rivalidade entre os líderes. Alguns entendiam que a Frente era fundamentalmente uma organização de promoção social, enquanto outros a viam como organização política. Enfim, a incapacidade dos líderes da Frente de conciliar essas correntes de opinião provocou a redução gradativa do apoio dado a ela.

Um exemplo disso foi o caso vivido por José Correia Leite, cuja equipe em *O Clarim d'Alvorada* recebeu o convite de tocar um jornal negro sob a égide da FNB. Correia Leite levantou o primeiro desafio à liderança da Frente ao chamar a atenção para o fato de que Arlindo Veiga dos Santos havia, em certa ocasião, endossado publicamente o programa do Partido Integralista Brasileiro, fascista, dando assim a impressão de que seu ponto de vista representava o de todos os membros da Frente. Quando Correia Leite se manifestou contra Santos por deixar que a FNB fosse vinculada àquele partido, alguns interpretaram sua atitude como sinal de deslealdade. Vários dos mais ardentes membros da Frente ajustaram contas com Leite saqueando sua casa. Esse incidente, que teve cobertura dos jornais de São Paulo, resultou em considerável perda de prestígio para a FNB (Moreira Leite, s/d).[21]

O problema da rivalidade entre os líderes cresceu também por causa de acontecimentos políticos no Brasil durante os anos 1930. Um deles foi o fracassado levante militar do Estado de São Paulo contra o governo nacional de Getulio Vargas. A revolta dividiu a Frente Negra Brasileira em partidários do movimento paulista e seguidores de Vargas. Ainda que uma quantidade considerável de membros da Frente tenha aderido ao movimento de São Paulo, a liderança da Frente decidiu expulsá-los e, suspendendo suas atividades, declarou-se neutra durante o conflito.[22] Durante seus sete anos de existência (1931-1938), parte dos quais alcunhada de União Negra Brasileira, a FNB sofreu várias disputas entre facções, algumas das quais resultaram na criação de associações adversárias. Sem dúvida o decreto de Getulio Vargas que dissolveu os partidos políticos no Brasil em 1937 foi um golpe quase fatal para a Frente. Até 1938 seus líderes tentaram mantê-la. A FBN, no entanto, caiu vítima das rivalidades que a atormentavam desde o início. A seção de São Paulo, geralmente tida como central, cindiu-se em três pequenas associações de bairro autônomas.[23] Pouco sobrara daquela FNB dos primeiros anos quando seus líderes finalmente fecharam as portas em 1938, coincidindo com o cinquentenário da abolição da escravatura.[24]

Organizações políticas negras pós-FNB

Em seus sete anos de existência, a Frente converteu-se em um modelo que outras organizações políticas negras imitariam. As que surgiram em São Paulo nas décadas de 1940 e 1950 tinham muito em comum com a FNB. Essas entidades eram, na maioria, associações voluntárias de vários fins, criadas essencialmente para fomentar o progresso social das massas. Gradativamente, assumiram atividades que tentavam aumentar a participação dos afro-brasileiros na cidade e no país. No entanto, nenhuma delas atingiu o grau de mobilização de massa da Frente Negra Brasileira dos primórdios. Primeiro, o número de entidades cresceu bastante, o que diminuiu a necessidade e o atrativo de formar uma organização única e abrangente como a Frente. Segundo, as disputas constantes de lideranças dentro da FNB tornaram os negros de São Paulo, sobretudo aqueles que haviam participado diretamente da Frente, incomodados com uma organização que pretendesse falar em nome de todos os afro-brasileiros. E, terceiro, em meados da década de 1940, os negros começaram a migrar do centro da cidade de São Paulo para a periferia, assim dispersando uma população que se concentrava nos bairros tradicionais da Bela Vista (Bexiga), Liberdade e Campos Elísios. Isso tornou a mobilização mais difícil.[25]

Diversos exemplos mostram que continuaram a surgir organizações políticas negras nos anos 40 e 50. Um deles é o da Associação José do Patrocínio, fundada em 1941. Essa entidade assumiu várias das funções assistenciais da antiga Frente Negra. Proporcionou aulas de alfabetização, conduziu um pequeno serviço de empregos e ofereceu atividades recreativas a seus membros, na maioria empregadas domésticas. A Patrocínio dedicava uma atenção especial à publicação de anúncios classificados à procura de empregadas domésticas com exigências raciais. A organização contestava esse costume, e seu empenho levou um conceituado sociólogo a realizar um estudo sistematizado que concluiu que a reclamação era válida (Nogueira, 1942).

A Associação José do Patrocínio também era um instrumento de endosso de candidaturas eleitorais. Por meio de sua subdivisão chamada Movimento Afro-Brasileiro de Educação e Cultura (Mabec), ela atuava como comissão de triagem, composta de figuras notáveis da comunidade afro-brasileira paulista, que aprovavam os candidatos a eleições que mostrassem ter um forte comprometimento com as causas dos negros. Embora tenha habilitado muitos candidatos a diversas eleições em meados dos anos 1950, a Mabec logo foi extinta por causa da natureza elitista de seu procedimento.[26] A Patrocínio, no entanto, sobreviveu sem a Mabec até o final dessa década.

Outra entidade que tipifica o caráter das agremiações políticas negras na cidade de São Paulo é a Associação de Negros Brasileiros (ANB). Fundada em 1945 por remanescentes da liderança da Frente Negra, a ANB organizava várias atividades assistenciais e continuou o trabalho de divulgação do ponto de vista afro-brasileiro a respeito de questões políticas e sociais por meio de seu jornal, *Alvorada*, editado por José Correia Leite.

A ANB talvez tenha sido a mais sofisticada entidade política surgida na época, sofisticação que se evidencia no documento que a fez nascer. Chamado "Manifesto em defesa da democracia", o documento é uma manifestação extraordinária dos sentimentos políticos da comunidade negra de São Paulo. Nele se desdobra uma visão clara não só da ditadura de Vargas, que então chegava ao fim, mas também dos acontecimentos políticos transformadores que precederam a restauração da democracia liberal no Brasil, em 1945. Esses acontecimentos foram vistos sob um prisma bastante racial, demonstrando concretamente a polêmica afirmação de que a consciência racial era como uma lente através da qual os negros interpretavam as grandes forças políticas nacionais. Como o documento ilustra com muita clareza esse particular, boa parte dele é reproduzida aqui. Diz ele:

> Os abaixo-assinados, negros brasileiros residentes em S. Paulo, considerando que o regime implantado no Brasil pela chamada Constituição de 10 de novembro de 1937 instituiu, entre outras numerosas medidas reacionárias e reconhecidamente fascistas, a proibição de funcionamento dos partidos políticos, a censura à palavra escrita e falada e o término da liberdade de associação e reunião; considerando que o estabelecimento de tais medidas, conspurcando e desmoralizando a tradição democrática nacional contribuiu, de maneira direta e altamente prejudicial para a vida social, cultural, e econômica do negro brasileiro...
> Considerando que os negros combateram no passado a escravidão através de revoltas, de insurreições e mesmo do estabelecimento de uma república democrática e antirracista como foi a de Palmares, onde o traço de união entre os que nela viviam não era a cor, mas sim a opressão sofrida dos governos então vigentes...
> Considerando que o negro brasileiro, sempre sacrificado, deve mais uma vez realizar um grande esforço no sentido de procurar destruir nos homens brancos do Brasil, guardadas as poucas exceções, o preconceito de cor e a seleção racial que inglória e injustamente eles nutrem contra o negro...

Resolvem fundar uma associação que reúna os negros residentes em São Paulo; essa associação terá por finalidade pleitear o direito de livre reunião e associação, de liberdade da palavra escrita e falada; bater-se pelo levantamento social, cultural e econômico do negro [...] pleitear os direitos das leis trabalhistas para os empregados domésticos e para o trabalhador rural; combater pela anistia incondicional dos presos por crimes políticos e conexos [...] [e pela] abolição das seleções de cor nas escolas militares e na diplomacia [...]; [exigir] legislação penal especial para empresas ou pessoas que pretendam exercer essa seleção [...]; reconhecer o direito de greve [...]; pleitear cursos de alfabetização obrigatórios em todo o país, assim como a gratuidade do ensino primário, secundário, superior e profissional em todo o território nacional [...]; reestabelecer o jornal *O Clarim D'Alvorada*, que durante cerca de 20 anos circulou entre os negros de Brasil [...]

[assinado por] José Correia Leite, Francisco Lucrécio, Raul J. Amaral, Fernando Goes [e outros].[27]

O "Manifesto em defesa da democracia" apresenta uma interpretação racial sem precedentes do ambiente político no Brasil em 1945. Sua oposição à ditadura de Vargas, que caiu em dezembro desse ano, oito meses após a publicação do manifesto, e sua defesa da restauração das liberdades civis são declaradas inequivocamente. Sem dúvida, a restrição dessas liberdades era entendida como prejudicial ao empenho dos negros de aumentar seu poder e dar forma política à expressão de sua consciência racial. O documento, ao se referir às insurreições e revoltas dos escravos afro-brasileiros, também revela um senso de continuidade histórica em relação ao desenrolar da ação política negra.

A Associação de Negros Brasileiros assumiu então o trabalho exposto no "Manifesto em defesa da democracia", e o fez durante vários anos por meio de seu jornal, o *Alvorada*. Contudo, a ANB acabou fundindo-se com a Associação José do Patrocínio, mais popular, cujas atividades e metas se assemelhavam às dela. Deve-se mencionar outras associações negras que assimilaram as características de entidade voluntária e veículo político como a ANB e a Associação José de Patrocínio. Entre as mais memoráveis estão a Legião Negra Brasileira, composta de veteranos da revolução paulista de 1932, o Clube Jabaquara, constituído por membros da antiga Frente Negra, e a Associação Cultural do Negro. Esta última tentou incorporar uma geração mais jovem de ativistas, como Geraldo Campos, que foi seu presidente durante boa parte da curta existência da entidade, assim como o poeta Oswaldo Camargo. Depois de florescer como organização negra importante no final da década de 1950, acabou dissolvida em 1963, pouco antes do golpe militar de 1964.

Durante os anos 1950, a contestação política manifestou-se em São Paulo de outro modo. Eram formas de contestação provenientes das escolas de samba de São Paulo.

Ficaram conhecidas pelo termo genérico de *levas*. As levas eram grupos pequenos, semissecretos, que surgiram de meados para o fim dos anos 50 e constituíam a liderança informal das escolas de samba dos bairros operários da cidade. As levas supervisionavam as atividades cotidianas das escolas de samba, controlavam a disciplina e às vezes participavam de atividades ilícitas do jogo e do tráfico de maconha.

As levas também provocavam frequentemente confrontos raciais por diversão e para experimentar a valentia dos membros. Eles juntavam-se em lugares públicos para provocar os transeuntes e a polícia, que os membros da leva abominavam. Os participantes das levas que demonstrassem ousadia nesses confrontos esperavam ser reconhecidos como líderes. Desnecessário dizer, as levas eram consideradas no máximo um incômodo para a população, quando não bandos errantes, e foram alvo de repressão sistemática da polícia.[28]

Posfácio

Passaram-se quase oito décadas desde que apareceram na cidade de São Paulo os primeiros indícios de mobilização em massa de afro-brasileiros. No decorrer desse período, o universo de movimentos negros cresceu consideravelmente. Percebe-se essa expansão ao comparar a durabilidade dos movimentos negros de então e de hoje. A longevidade da Frente Negra, por exemplo, foi ofuscada pela do Movimento Negro Unificado em cerca de 25 anos. Enquanto a Frente Negra se encerrou após sete anos de atividade, o MNU, desde sua fundação, em 1977, continua a exercer influência considerável na vida política dos negros. Além dos movimentos negros propriamente ditos, a presença dos afro-brasileiros se intensificou na política no Brasil. Atualmente, dois órgãos do governo federal, a Secretaria Especial de Políticas de Promoção da Igualdade Racial (Seppir) e a Fundação Palmares, criada por pressão de movimentos negros, deram aval oficial às aspirações dos afro-brasileiros. Além disso, organizações não governamentais associadas a entidades negras, como Educafro, Geledés, Ceert e outras, executam funções parecidas com as da Frente Negra, com êxito muito maior e capacidade de administração mais apurada.

Este breve mapeamento do ampliado universo político dos negros no Brasil levanta estas importantes perguntas: Que correlações podem ser feitas entre a época da Frente Negra e o século XXI? Qual é o elemento unificador dos movimentos afro-brasileiros através de longos intervalos de tempo?

O clássico retrato da classe operária inglesa feito por Edward Palmer Thompson é um ponto de partida para responder a essas perguntas. Thompson apontou a necessidade de empregar uma visão ampla para compreender a evolução da consciência política em um grupo cuja existência foi sufocada por forças dominantes na sociedade. Como ele afirmou, "a classe operária não surgiu como o sol, em um horário determinado" (Thompson, 1965 [1963], p. 9).[29] Em outras palavras, grupos marginalizados não aparecem de repente, de um modo constante, de acordo com leis físicas ou sociológicas. Segundo Thompson, para entender um grupo como a classe operária inglesa (ou os afrodescendentes), que se situa à margem do poder, deve-se saber defini-lo do ponto de vista histórico. Para que um grupo se considere dotado de um senso de consciência coletiva, ele precisa dar-se conta de que detém um monte de experiências reunidas ao longo do tempo, com as quais a coletividade passa a perceber um interesse comum e tem um sentido de experiência compartilhada. Ele passa a dividir uma herança coletiva de luta. A visão de Thompson serve muito bem para explicar a empreitada em questão neste capítulo.

Aqui, fizemos uma tentativa de alinhavar uma trajetória de luta política que derivou primeiramente de grupos recreativos e sociais de São Paulo e chegou a uma organização explicitamente política, a Frente Negra Brasileira. Nosso estudo sobre o surgimento da Frente Negra e suas encarnações subsequentes procurou determinar e documentar os pontos de partida do caminho que a consciência política dos afro-brasileiros percorreria mais de meio século e mais adiante.

Este capítulo concentra-se em um momento histórico específico. Durante a era Vargas, a consciência negra revelou-se como consciência política quando estava praticamente formada. Os afro-brasileiros puseram tal consciência em prática na conjuntura da revolução política que se desenrolava à sua frente. Por intermédio da Frente Negra, eles insistiram em que a revolução de Vargas não poderia ser definida como tal enquanto não desse espaço para a asserção política dos negros.

Os movimentos sociais negros de São Paulo demonstraram ter forças verdadeiras que integram seu legado de conscientização, transmitido por eles a sucessivas gerações. Esses movimentos fizeram a atividade coletiva dos negros sair da relativa obscuridade das associações recreativas para criar organizações cujos líderes exigiram que as preocupações dos afro-brasileiros se juntassem às forças maiores exercidas na nação para produzir uma mudança fundamental. Os líderes afro-brasileiros, mesmo quando jovens, apresentaram uma capacidade extraordinária de avaliar essas forças para descobrir como dar a elas um feitio racial. Os chefes da FNB perceberam com sagacidade que a revolução de Vargas assinalava o fim da República Velha e seus resquícios do chicote da escravidão e declararam apoio ao movimento de 3 de outubro. Os fundadores da Frente Negra entenderam que a revolução de Vargas abriria novas possibilidades de ação coletiva e protesto para os afro-brasileiros (Fernandes, 1971).

Sem dúvida houve equívocos nesse período crucial da mobilização política dos negros. A Frente Negra foi vitimada pela incoerência ideológica da era Vargas. A FNB fragmentou-se em facções que mostravam claramente a influência do fascismo, de um lado, e da profunda hostilidade a ela, de outro. Tal era a diversidade ideológica dentro do movimento negro que ele até acolheu manifestações favoráveis à restauração da monarquia e ao socialismo. As divisões ocasionadas por essa incoerência ideológica mostraram-se fatais para a Frente Negra e provocaram fissuras das quais ela nunca se recuperou. Pode-se atribuir o seu fim tanto ao desgaste ocasionado por divergências entre suas lideranças quanto, enfim, à ordem de Vargas durante o Estado Novo de dissolvê-la, assim como todas as outras formas de mobilização de massa.

Apesar das tentativas fracassadas durante os anos 1930, os remanescentes da Frente mais uma vez aproveitaram uma oportunidade de chamar a atenção para si em um momento de mudança. Líderes da Frente reconciliados escreveram em 1945 o "Manifesto em defesa da democracia", que inseriu as reivindicações dos afro-brasileiros no período de transição para a democracia, em curso nos últimos dias do Estado Novo. O manifesto remodelou o movimento nacional de um modo que tornou as preocupações dos negros vitais para o sucesso daquele movimento maior. O documento também evidenciou a capacidade da comunidade negra de prever o tipo de ambiente que propiciaria espaço para uma ação política autônoma em nome da comunidade negra.

Mais de 40 anos depois da criação da Frente Negra Brasileira, ouviram-se ecos retumbantes desses primeiros momentos de cálculos estratégicos durante o processo do regime de transição. Em 1978, um grupo de então jovens afro-brasileiros organizou com contundência e coragem um dos primeiros protestos públicos significativos contra o regime militar da época. O protesto reuniu milhares ao redor do Teatro Municipal de São Paulo, em um acontecimento que uma vez mais vinculou as preocupações dos afro-brasileiros às forças nacionais que exigiam o fim da ditadura. Os negros dessa geração mais recente viram, como os da mais antiga, que existia um elo vital substancial entre a luta contra a discriminação racial, especificamente, e o movimento pela transição para a democracia. O paralelo entre esse acontecimento que marcou a fundação do Movimento Negro Unificado e o lançamento do "Manifesto em defesa da democracia" é inegável. Do mesmo modo, a Marcha Zumbi trouxe à atenção nacional a exigência de políticas de ação afirmativa. O então presidente Fernando Henrique Cardoso deu crédito à questão e a definiu como componente da ampliação da democracia que se consolidava em seu governo.

Como observou E. P. Thompson, uma classe social simplesmente não nasce pronta de fatores estruturais, mas de experiências provenientes de relações da distribuição desigual de poder. Contudo, uma classe social, como a do proletariado ou a dos negros, deve encontrar recursos para manter a mobilidade de sua luta pelo poder em uma situação de relações de poder desiguais, que necessariamente produz avanços e fracassos.

É a trajetória histórica ou a tradição de luta que propicia a primeira semente para garantir a continuidade em uma luta prolongada de tal natureza.

Este capítulo teve a intenção de documentar um pilar essencial da tradição negra de luta no Brasil.

Notas

1. Os intelectuais negros brasileiros também reconheceram a desorganização social generalizada enfrentada pelos afro-brasileiros depois da abolição. Veja um resumo da opinião deles em Bastide (1972).
2. Entre as mais conhecidas associações desse tipo no período estavam a Sociedade Beneficente 13 de Maio, o Grêmio Recreativo Kosmos, a Federação dos Homens de Cor e a Sociedade Beneficente Amigos da Pátria. As duas últimas são tidas como as primeiras associações raciais voluntárias de São Paulo que procuraram fazer alianças com políticos estaduais. Contudo, sua atividade política não passou de "peregrinações aos gabinetes dos políticos", e sua posição na vida social da comunidade afro-brasileira na época não foi considerada significativa. Moreira e Leite (s/d, p. 4-5); veja também Fernandes (1965, v. 2, p. 32). Richard Morse (1953, p. 300) também relaciona algumas das mais destacadas associações negras da época, entre elas o Centro Independente Bom Retiro, o Clube de Dança 15 de Novembro e o Clube Recreativo São Paulo.
3. O discurso de Prado foi publicado em *A Gazeta*, 5 ago. 1928. Sobre esse caso, ver também o Capítulo 3 desta coletânea.
4. Entrevista com Henrique Cunha, ex-membro do Centro Cívico Palmares, São Paulo, 1972. Todas as entrevistas citadas neste capítulo foram concedidas a este autor. Veja também Moreira e Leite (s/d, p. 7-8) e Fernandes (1965, p. 14). O relato de Fernandes a respeito desse protesto difere bastante do nosso.
5. Entrevista com Jaime de Aguiar, São Paulo, 1972. Veja também Fernandes (1965, p. 11).
6. Entrevista com Jaime de Aguiar, São Paulo, 1972.
7. Entrevista com José Correia Leite, São Paulo, 1972.
8. Idem.
9. Idem.
10. Idem.
11. Arlindo Veiga dos Santos, "Manifesto aos irmãos negros", 4 maio 1932.
12. Veja também a declaração feita por Isaltino Veiga dos Santos no *Diário de São Paulo*, 10 set. 1934.
13. O número de associados foi tirado do *Diário de Santos*, 20 dez. 1931. A oratória comovente era a principal atração dos primeiros encontros da FNB. Uma notícia de jornal da época divulgou o primeiro encontro da seguinte maneira: "A reunião de ontem foi presidida pelo professor Arlindo Veiga dos Santos, que descreveu brevemente os objetivos da organização. Ao professor Veiga dos Santos seguiu-se Alberto Orlando, que, em discurso magnífico, analisou o papel desempenhado pelo negro na história do Brasil. Quando Orlando terminou, Veiga dos Santos tomou a palavra e voltou a falar do programa da Frente. O professor Santos declarou que essa reunião era um clamor de ajuda transmitido a todos os negros para que se unissem ao grupo da sua raça não com espírito de hostilidade, mas sim de modo que estivessem prontos para lutar corajosamente, como soldados, tendo em vista uma participação mais honrosa nos assuntos da nação. O professor Santos foi seguido de vários outros oradores, que aplaudiram muito suas afirmações". *Diário de São Paulo*, 17 set. 1931.
14. *Diário de São Paulo*, 17 dez. 1931; entrevista com Arlindo Veiga dos Santos e com Raul J. Amaral, São Paulo, 1970.
15. *Folha da Noite*, 8 abr. 1932.
16. Entrevista com João Mariano Oliveira, São Paulo, 1972.
17. Entrevista com Francisco Lucrécio e com Raul J. Amaral, São Paulo, jul. 1970.
18. Santos anunciou sua candidatura em termos inequívocos: "Concorrerei com o compromisso de defender um estado em que todos os interesses sejam representados, inclusive os da grande massa de negros abandonados por um regime que tolera a exploração humana e o desperdício dos nossos recursos naturais". *Correio de São Paulo*, 1º maio 1933.

19. Entrevista com Francisco Lucrécio, São Paulo, 1970.
20. Veja *O Tempo*, 15 dez. 1932, e *A Gazeta*, 12 jan. 1933.
21. Veja também *Folha da Manhã*, 22 mar. 1932; *Diário Nacional*, 22 mar. 1932; Fernandes, 1965.
22. Entrevista com João Mariano Oliveira, ex-membro da FNB e da Legião Negra Brasileira, regimento de negros na Revolução Constitucionalista de São Paulo, São Paulo, 1972.
23. Entrevista com João Mariano Oliveira, São Paulo, 1972.
24. Entrevista com Raul J. Amaral, São Paulo, 1972.
25. Idem.
26. Idem.
27. José Correia Leite *et. al*, "Manifesto em defesa da democracia", 5 abr. 1945, publicado no *Jornal de São Paulo*, 13 abr. 1945.
28. Entrevista com Antônio Juarez, ex-membro de uma leva, São Paulo, 1972.
29. Ver também Steinberg (1991, p. 173-97).

Referências bibliográficas

BASTIDE, Roger. "A imprensa negra de São Paulo". São Paulo: Escola de Comunicação e Artes, Universidade de São Paulo, 1972.

BELLO, José Maria. *A history of modern Brazil – 1889-1964*. Stanford: Stanford University Press, 1966.

BICUDO, Virgínia Leone. "Atitudes raciais de pretos e mulatos em São Paulo", *Sociologia*, v. 9 n. 3, 1947.

CORREIA LEITE, José *et. al*. "Manifesto em defesa da democracia", *Jornal de São Paulo*, 13 abr. 1945.

DEAN, Warren. *The industrialization of São Paulo*. Austin: University of Texas Press, 1969.

DUVERGER, Maurice. *Political parties*. Nova York: John Wiley & Sons, 1963.

FERNANDES, Florestan. *A integração do negro na sociedade de classes*. São Paulo: Dominus, 1965. [Integração do negro na sociedade de classes, 2 v. São Paulo: Globo, 5. ed., 2008.]

_____. *The negro in Brazilian society*. Nova York: Columbia University Press, 1971. [Integração do negro na sociedade de classes, 2 v. São Paulo: Globo, 5. ed., 2008.]

Freyre, Gilberto. *Order and progress*. Nova York: Alfred Knopf, 1970. [Ordem e progresso. São Paulo: Global, 2004.]

MOREIRA, Renato Jardim. "Brancos em bailes de negros". *Anhembi*, n. 24, out. 1956.

MOREIRA, Renato Jardim; LEITE, José Correia. "Movimentos negros em São Paulo". São Paulo: original inédito, sem data.

MORSE, Richard. "The negro in São Paulo, Brazil". *Journal of Negro History*, v. 38, n. 3, jul. 1953.

_____. *From community to metropolis*. Gainseville: University of Florida Press, 1958.

NOGUEIRA, Oracy. "Atitude desfavorável de alguns anunciantes de São Paulo em relação aos empregados de cor". *Sociologia*, v. 4, n. 4, 1942.

SANTOS, Arlindo Veiga dos. "Manifesto aos irmãos negros", panfleto avulso, 4 maio 1932.

SHIBUTANI, Tomatsu; KWAN, Kian. *Ethnic stratification*. Nova York: Macmillan, 1965.

SKIDMORE, Thomas. *Black into white – Race and nationality in Brazilian thought*. Londres: Oxford University Press, 1974. [Preto no branco – Raça e nacionalidade no pensamento brasileiro. São Paulo: Paz e Terra, 1989.]

STEINBERG, Marc W. "The re-making of the English working class?". *Theory and Society*, v. 20 n. 2, abr. 1991.

THOMPSON, E. P. *The making of the English working class*. Londres: Victor Gollancz, 1965 [1963].

TOPLIN, Robert Brent. *The abolition of slavery in Brazil*. Nova York: Atheneum Press, 1972.

9 SONHOS, CONQUISTAS E DESENCANTOS: EXCERTOS DA VIDA DE ANTONIETA DE BARROS

Karla Leonora Dahse Nunes[1]

Nos idos de 1907, na bucólica cidade de Florianópolis, uma menina negra com cerca de 6 anos – batizada com o nome de Antonieta de Barros – caminha com a mãe, seguindo seu destino de criança pobre, até o rio da Bulha[2], onde comumente as lavadeiras, como sua progenitora, desempenhavam suas atividades pela manhã. Sobre o que conversavam durante o trajeto? A menina brincava? Sorria? Seus dois irmãos a acompanhavam? Quem carregava a trouxa contendo as roupas dos clientes? Por quanto tempo ficavam naquele local?

Jamais saberemos tais respostas... Mas pelos jornais descobrimos que essa menina, advinda de família humilde e alfabetizada graças à abnegação materna, viria a falecer em março de 1952, aos 51 anos de idade, sendo seu enterro acompanhado por centenas de pessoas de todas as origens e classes sociais. Tanto os membros da elite florianopolitana como os mais humildes cidadãos ostentavam lágrimas de consternação, rendendo-lhe homenagens e acenando ao seu corpo inerte.

Os jornais de Florianópolis noticiaram o falecimento de Antonieta de Barros associando ao seu nome um elenco de adjetivos ligados aos seus feitos, evidenciando a singularidade de sua trajetória. Foram usadas expressões como 'mestra-vocação", "grande mestra", "prestigiosa correligionária", "jornalista insigne e vibrante", termos empregados, inclusive, pelos jornais que até então lhe faziam oposição devido à sua militância política, o que nos faz pensar que, se granjeou inimigos, estes a respeitaram, calando-se diante de seu derradeiro momento. Nas páginas do jornal *O Estado* foi feito o seguinte registro:

> A capital do Estado foi ontem abalada com a dolorosa notícia do falecimento da Exma. Sra. Antonieta de Barros, que dias antes fora internada no Hospital de Caridade [...]. A notícia de imediato se propalou por toda a cidade, provocando a maior consternação [...]. Dona Antonieta,

nestes últimos anos, vinha prestando a O ESTADO o concurso de sua pena magnífica, sob o pseudônimo de Maria Da Ilha. A sua morte, inesperada e prematura, foi recebida, por isso, em nossa redação com lágrimas. E o seu desaparecimento, em verdade, cobre de pesar todos os nossos círculos sociais [...]. Além da pensadora culta e talentosa, da jornalista insigne e vibrante, da mestra-vocação, era ainda um coração grande e magnânimo, como poucos sensível ao sofrimento do próximo [...]. Chorando a sua morte, podemos dizer todos: Desapareceu uma grande catarinense. (*O Estado*, Florianópolis, 29 mar. 1952)

Segundo a nota, *todos*, incluindo os mais diversos segmentos sociais, choram o desaparecimento de uma *grande catarinense*. Esse "todos" é muito significativo, pois indica uma suposta transcendência de preconceitos ligados a visão política, condição étnica, origem social, sexo. Poderíamos interpretar o uso da palavra "todos" como evidência de unanimidade em relação a Antonieta? Mas como isso seria possível num tempo em que os espaços e funções públicas eram, via de regra, eminentemente ocupados pelos homens? Como uma mulher negra, advinda de uma camada social menos favorecida, conquistou prestígio no círculo do poder catarinense?

Antonieta foi professora nos colégios mais tradicionais, reservados à elite catarinense; jornalista, escrevendo, com o uso de pseudônimo, para os principais jornais florianopolitanos; e deputada, em uma época em que às mulheres, e principalmente às mulheres negras, não eram delegados papéis políticos de comando. Assim, apesar de todas as adversidades, nossa personagem não só circulou pelo meio político como também participou ativamente de decisões políticas, o que nos provoca estranhamento. Afinal, como ela teria conseguido vencer os preconceitos relativos a sexo, etnia e classe social? Teria seu "coração grande e magnânimo" conquistado realmente toda a cidade? Ou teria sido a notícia da morte a responsável por provocar o desaparecimento de tais preconceitos?

Como professora, Antonieta de Barros transcendeu os limites da sala de aula e estendeu sua atuação às letras e à política durante as décadas de 1920, 1930 e 1940, em Florianópolis, destacando-se e surpreendendo pelo seu pioneirismo, sobretudo na política. Foi eleita deputada estadual em 1934, já no primeiro pleito após ter-se concedido o direito de voto às mulheres brasileiras.[3] Diga-se, porém, que somente as mulheres alfabetizadas[4] podiam votar e ser eleitas. Eleita em Santa Catarina, estado que ainda hoje usa sua população de prevalência branca, de origem europeia, como expediente turístico, foi a única mulher negra a ascender e a ocupar cadeira como legisladora na Assembleia Legislativa – e por dois mandatos, visto que fora novamente eleita em 1947.

Não se misturando com sua vida pública e ficando alheia àquilo que registrou em seus escritos publicados nos jornais, a vida íntima e pessoal de Antonieta não foi comentada. É, pois, um imenso ponto de interrogação. Não se casou, não teve filhos, não sabemos de seus amores – se os teve –, nem sabemos de suas dores e ressentimentos. Sobre sua vida para além da militância política e atuação como professora sabemos somente o que quis que soubéssemos ou permitiu que inferíssemos com a leitura de suas crônicas, que, reunidas, foram dispostas em livro (*Farrapos de ideias*).[5] Ao escrevê-las, afirmou não ter aspirações literárias. A obra parece não ter obedecido aos rigores estéticos da literatura da época; tratava-se de uma coletânea de crônicas sobre os mais diversos assuntos (de orientação educacional, moral e religiosa à política). Na introdução, a autora escreve, justificando-se, possivelmente, aos atentos e severos críticos: "É simples, muito simples, a razão de ser deste livro. Se não fora um instante de grande entusiasmo de fraternidade, em que o coração se coloca mais alto do que a cabeça, este livro não existiria. E não existiria porque os meus Farrapos, eu os fiz para que tivessem a vida breve, diminuta, exígua e quase despercebida de cada número de jornal [...]".

Simples. Essa poderia ser, talvez, a melhor palavra para definir a vida de Antonieta, que teve uma existência breve, mas não diminuta nem exígua. Sua existência poderia ter passado despercebida não fossem seus escritos, feitos – curiosa e justamente como a própria Antonieta os explicou – para serem findos, descartáveis, como os jornais. Tais escritos, contudo, salvaram-na do esquecimento absoluto, uma vez que nos proporcionaram acessá-la e percebê-la grandiosa. Em sua simplicidade conquistaram, sem alarde, campos de atuação amplos com seus significados.

Na década de 1930, época em que o livro foi editado, Antonieta vivia o que penso ter sido sua fase áurea. Estava nitidamente *encantada*, empenhando-se para conquistar espaços e ascensão profissional. Por meio de suas crônicas, a percebemos feliz, exultante, e não era para menos... Apesar de ter sido uma menina de parcas condições financeiras, nascida na ilha de Florianópolis em 11 de julho de 1901 e habituada às muitas idas e vindas na companhia de sua mãe (dona Catarina de Barros), que lavava roupas no rio da Bulha para sustentar, além dela, os irmãos Leonor e Cristiniano, ela vencia resistências. Assim, nesse período, escreveu sobre desencantos como quem apenas os observa mantendo certa distância, sem vivenciá-los, sem experimentá-los, mas também sem deles desviar o olhar. Em novembro de 1931, Antonieta de Barros escreveu:

> À margem da vida, que é luta, trabalho, conquista, existem os indiferentes. Vencidos? Não. Desencantados. As terríveis soalheiras dos desenganos emurcheceram-lhes, crestaram-lhes os sonhos; os desejos de conquista foram destruídos pela inexplicável força do desconhecido [...]. Os desencantados... Farrapos de seres abandonados voluntariamente aos solavancos da sorte...
> (*República*, Florianópolis, 15 nov. 1931)

Os indiferentes, aqueles que, para nossa personagem, estavam "à margem da vida" – a qual, com seus 30 anos, definia como "luta, trabalho, conquista" –, não estavam vencidos, e sim "desencantados". Os sonhos dos "indiferentes" enfraqueceram, secaram, provavelmente devido aos desenganos e soalheiras do cotidiano, que os tornaram "desencantados", desiludidos, deixando-os "abandonados [...] aos solavancos da sorte". Ela parecia compreender as prováveis causas de seus desencantos, as "terríveis soalheiras" dos desenganos dos indiferentes. Quantas soalheiras não teria ela própria enfrentado?

Não estava alheia a eles, percebia-os, observava-os, mas estava eufórica demais para deixar-se, àquela época, tocar pelos desencantados. De acordo com o que indicam seus escritos, ela estava no ponto alto de seus dias, aproveitando a exuberância de sua vida, provavelmente não tendo, ainda, seus desejos de conquista contidos nem "destruídos pela inexplicável força do desconhecido". Ao conseguir trabalhar, travar lutas, Antonieta de Barros experimentou a sensação de vitória e, dessa forma, conquistou algo que, até hoje, não foi possível a nenhuma outra mulher negra catarinense: eleger-se deputada estadual.

Há muitas formas pelas quais poderíamos pensar a vida de nossa personagem; contudo, neste texto, optei por apresentá-la sob a perspectiva da concretização de sonhos, percebendo-a na amplitude de suas conquistas e no amargor de seus desencantos. Busquei tais percepções nas crônicas que escreveu para os principais jornais de Florianópolis, durante 24 anos ininterruptos (de 1928 a 1952), sob o singelo e significativo pseudônimo de *Maria da Ilha*.[6] Vale mencionar que optei por essa abordagem a fim de destacar o mágico e o trágico que toda vida humana comporta. A seguir, apresento os três tópicos que guiaram a produção deste texto: 1) os sonhos de Antonieta referentes à ascensão como professora e suas observações sobre os principais acontecimentos, sobretudo na década de 1930; 2) o encanto com a política, seu ingresso como aliada/militante no Partido Liberal Catarinense (PLC) e, posteriormente, na década de 1940, no Partido Social-Democrático (PSD), que representava a oligarquia da família Ramos[7]; 3) seu desencanto quando teve de militar na oposição, ao final dos anos de 1940 e início da década de 1950, quando assumiu o governo do estado o senhor Irineu Bornhausen, da União Democrática Nacional (UDN), partido político opositor do PSD. Irineu representava o grupo que rivalizava com os Ramos, de quem nossa personagem era significativamente próxima.

Sobre os sonhos...

Antonieta de Barros, talvez por acalentar sonhos e não permitir que fossem "crestados", parecia otimista e decidida a contrariar o que o destino costumava reservar a pessoas advindas de camadas sociais menos abastadas. Sobre o tema, escreveu a uma amiga em setembro de 1930, no jornal *A Semana*, dizendo-lhe: "Os pessimistas são os eternos vencidos na vida. E eu, para não sê-lo, aboli o Destino e a Fatalidade. Ambos são a tábua de salvação daqueles que temo e combato. Combato porque todo mal tem de e deve ser combatido, e a melhor profilaxia é a morte do Destino e da Fatalidade".

Assim, profilaticamente abolindo (ou driblando) o "destino" e a "fatalidade", conseguiu formar-se no magistério em 1921. É interessante referir que o magistério, naquele período, além de ser um dos poucos cursos que permitiam o ingresso feminino, proporcionava às mulheres, sobretudo as das classes mais privilegiadas, a possibilidade de circular no espaço público de forma socialmente aceita. Para Antonieta, contudo, poder atuar como professora significava a realização de um sonho, além de um meio de sobrevivência.

Sobre seu ingresso no magistério, várias vezes manifestou-se acerca dos sacrifícios feitos e das dificuldades e privações enfrentadas para que pudesse concluí-lo. Por ocasião de sua formatura, escreveu uma oração a qual intitulou "De joelhos". Nela, o percurso trilhado durante o magistério é retratado como uma escalada em que o ápice, a grande conquista, residia na formatura; ao alcançá-lo, provavelmente não quis sucumbir às queixas e à dificuldade da empreitada, atendo-se ao seguinte rogo:

[...] põe-me na alma os cânticos dulçorosos *dos que chegaram ao Sinai dos seus sonhos* [...]. Bem hajas Tu, Senhor, que na Tua infinita bondade me fizeste Mestra! Diante de Ti, de joelhos, o meu coração, pela graça da Tua escolha! Mestra, Senhor! Bendito sejas! [...] Que eu tenha, Senhor, a mansidão dos fortes, e a intrepidez dos que querem vencer! (Ilha, 1971, p. 16, grifo da autora)[8]

Antonieta de Barros queria intrepidez e mansuetude para vencer. Exercer o magistério significava vencer, mas para tal precisava ser intrépida, isso é, destemida, corajosa, ousada, mas também branda. O que a palavra "vencer" pressupõe? E por que, para exercer o magistério, a intrepidez era necessária? Se a formatura representava a chegada ao "Sinai dos seus sonhos", já não havia vencido? O que mais desejava vencer com intrepidez? Os preconceitos?

Da data de sua formatura em diante, verifica-se certa aproximação às elites locais. Assim, num primeiro momento Antonieta se estabeleceu como professora e proprietária de uma escola que permaneceu em pleno funcionamento por 42 anos (até o ano de 1964), mesmo após seu falecimento. O Curso Primário Antonieta de Barros manteve-se ativo graças também à sua irmã, Leonor de Barros, igualmente professora.

Concomitantemente às atividades na escola, Antonieta foi membro e atuou como secretária do Centro Catarinense de Letras, que congregou personagens, tidos como "ilustres", não só das letras catarinenses como também da política. Sobre a criação do Centro Catarinense de Letras, é interessante observar que ele representou uma força opositora à já existente Academia Catarinense de Letras, que, segundo discussões realizadas às páginas dos jornais da época, restringia sobremaneira a participação de escritores por ela considerados como "poetas menores". A Academia Catarinense de Letras evitou o máximo que pôde admitir escritores negros em seus quadros (Corrêa, 1997), enquanto o Centro Catarinense de Letras procurou incorporá-los, dizendo-se uma instituição democrática, embora fosse tão elitista quanto a Academia. Isso porque escrever, naquele período, era algo reservado aos membros da elite, com raras exceções. Desse modo, além de Antonieta de Barros, o Centro contou com nomes como Ildefonso Juvenal[9] (que, assim como Antonieta, foi um de seus fundadores) e o poeta Trajano Margarida.[10] Com essas admissões, o Centro Catarinense de Letras pretendia ser visto como "democrático".[11]

Carlos Humberto Corrêa (1997, p. 167), ao analisar os meandros que levaram à fundação do Centro Catarinense de Letras como uma força opositora à situação de marasmo cultural imposta pela Academia Catarinense de Letras (que restringia a participação de escritores), cita uma briga, registrada nas páginas da revista *Terra*, que pode ilustrar a maneira pela qual se davam as manifestações racistas na sociedade de então. À época, Othon Gama d'Eça, articulista, escreveu um texto em que lamentava que a poesia em Santa Catarina fosse "um amontoado de chatices ignobilmente rimadas" (Corrêa, *op. cit.*). Ildefonso Juvenal escrevia poemas e também era um dos redatores da revista *A Semana*, sendo que, como se sabe, era negro. Ele discordou de Gama d'Eça e comentou que outros poetas, além dos citados por d'Eça no artigo escrito para a revista *Terra*, poderiam ter sido lembrados e reverenciados. Altino Flores, amigo de Gama d'Eça, entendendo que este estava sendo "atacado", resolveu sair em sua defesa e escreveu um violento artigo, intitulado "À sombra de Cruz e Sousa", contra Ildefonso Juvenal, expressando pensamentos e sentimentos que provavelmente eram comuns entre pessoas de seu círculo social. A repercussão do conteúdo desse artigo, vale lembrar, foi acompanhada por Antonieta. Como o teria recebido?

Disse Altino Flores às páginas da citada revista:

> Cruz e Sousa foi um bem e foi um mal para as letras catarinenses: foi um bem porque, dando-nos versos admiráveis, tornou o nome de nosso Estado conhecidíssimo entre os demais; foi um mal porque, por ser negro, despertou em todos os negros de Santa Catarina, que acompanham a evolução literária do Brasil pelo texto dos almanaques, a veleidade de poetas. Ildefonso, por exemplo, é um destes... Ildefonso é bronco, iletrado, vaidoso; embora se cubra do verniz da modéstia, não tem o mínimo sentimento do que seja o ritmo poético e ignora todas as condi-

ções de prosa artística. Desconhecendo a técnica do verso e as leis sintáticas que condicionam a integridade estrutural do período na prosa portuguesa, não pôde, por isso, até hoje, fazer coisa que prestasse. E não o poderá nunca [...]. (*Terra*, Florianópolis, ano 1, n. 17, 24 out. 1920, *apud* Corrêa, 1997, p. 167)

Pelo que se depreende da leitura, Cruz e Sousa foi um "bem" porque deu prestígio ao estado de Santa Catarina. Foi um "mal" porque abriu possibilidades para os demais negros, neles despertando "a veleidade de poetas". Num primeiro plano, o alvo principal desse artigo era Ildefonso Juvenal; porém, ao afirmar que o poeta era "um destes", Flores estendia suas críticas aos demais negros, sobretudo os que manifestavam pretensões literárias.

Se Altino Flores manifestou-se de tal forma, não é difícil inferir que outros membros da elite letrada também o tenham feito, talvez de maneira menos incisiva, mais velada. De qualquer modo, não é possível deixar de pensar que na ordem social instituída pela elite branca não poderia haver destaque para os negros. Podemos então concluir que, para furar aquele cerco e conseguir manter-se em tão exasperado meio, os negros tiveram de enfrentar a fúria ou conquistar a complacência dos "instauradores da ordem". Em ambas as hipóteses é provável que tenham tido de usar de intrepidez.

É curioso pensar nas ações de Antonieta como parte de estratégias[12] para manter-se nesse meio, e, mais que isso, sobreviver a ele, apesar de a probabilidade para tal ser diminuta. Usando esse recurso estratégico, ela não apenas circulou nas altas rodas como se aliou aos próceres da oligarquia Ramos, sem jamais confrontá-los – pelo menos não explicitamente. Assim, demonstrando ter, além de intrepidez, competência, manejou com habilidade as peças do tabuleiro do feroz jogo do poder. Quanto isso lhe teria custado?

Em 1933, escreveu: "Não se entra para a luta trazendo somente um amontoado desordenado de sonhos e o desejo de realizá-los. É preciso que se queira a sua concretização e que se saiba querê-la. Para tanto, porém, se necessita de arma. Toda ação requer instrumento. E o instrumento máximo da vida é a instrução" (*República*, 29 out. 1933). Ao que parece, ela usou sua instrução como uma *arma* para lutar. Sabia o que queria e também conhecia os instrumentos necessários para atingir seus objetivos.

Nas crônicas escritas para os mais diversos jornais da cidade de Florianópolis percebe-se, num primeiro momento, um idealismo quase utópico expresso pela crença na possibilidade de redimir e regenerar o mundo por meio da educação formal. É a sua fase otimista. Maria da Ilha, a escritora de crônicas jornalísticas, era, eminentemente, uma educadora imbuída de ideais cristãos e, ao mesmo tempo, uma militante política sob a influência de ideais liberais.

Como escritora não infringiu abertamente nenhuma regra da sociedade de então, atuou rigorosamente de acordo com as prescrições e expectativas sociais associadas ao seu papel profissional e à sua condição feminina, e é exatamente por esse comportamento que a vejo como uma estrategista. Era observada e seguida com atenção; agiu em consonância com as regras justamente porque ela própria, uma mulher negra no círculo do poder, já as quebrara de outra forma. Por si só ela já era destoante; no passo ela já era o descompasso. Aproveitando-se de uma brecha, saiu da margem em direção ao centro. Manter-se ali era o desafio. Por ver a educação como um meio pelo qual outros como ela também poderiam vencer, com seus escritos provavelmente acreditava estar cooperando para uma organização social em que fosse possível a cada ser, graças à orientação educacional, ocupar uma posição para tornar-se útil *na* e *para a* sociedade. Em suas palavras,

> As criaturas, a quem assiste o direito e o dever intangíveis do trabalho, necessitam para viver, no sentido humano da palavra, de cultura. Não basta a alfabetização. É preciso que se torne acessível, a todas as criaturas, a escalada deslumbradora. [...] Sem cultura não se consegue a independência moral, apanágio de todos os que são genuinamente livres, senhores da sua consciência, conhecedores do seu valor, integralizados na sua individualidade. [...] É preciso avançar, alcançar a montanha, galgá-la.[13]

A ideia da escalada de uma montanha a acompanhava; era uma constante em seus escritos. Contudo, a escalada de tal montanha, ao que parece, não era acessível a todos. A senha para o acesso à escalada era a "cultura", palavra que usava como sinônimo de "instrução" ou, ainda, "educação". Por meio da educação poderia ser conquistada a independência moral, apanágio dos genuinamente livres. Estaria ela mesma enquadrada na categoria dos genuinamente livres?

Antonieta tinha um ideal e desejava que outros também o tivessem. Sentia-se forte. Lecionando, escrevendo, participando de associações, opinando, enfim, atuando ela se tornou cada vez mais visível naquela sociedade que tendia a invisibilizar os negros. Curiosamente, ela parecia estar à vontade e entre seus pares, falando-lhes e sendo ouvida. Estava embevecida, deslumbrada. Nos jornais, além de suas crônicas, também foram publicadas propagandas da sua escola, o que pode ser entendido como uma manifestação do prestígio que alcançou: "Curso Primário Antonieta de Barros – externato fundado em 1922. Acha-se aberta a matrícula para os quatro anos do curso todos os dias úteis das 10 às 12 horas" (*República*, 7 fev. 1934).

Além de usar seus escritos para destacar a importância do cuidado especial em relação à qualidade da educação formal, sobretudo a pública, também chamou a atenção para a necessidade de valorização salarial dos professores e união da categoria. Em crônica intitulada "Bilhete sem sê-lo"[14], escrita por ocasião da nomeação de Luiz Sanches Bezerra da Trindade como diretor da Instrução Pública de Santa Catarina, disse-lhe, em tom de reivindicação (e demonstrando certa intimidade):

> Diretor: Acabo de ler o *Boletim do Professor*, órgão do centro do Professorado Paulista, e lembrei-me do seu nome. Não adivinha a causa? É que agora, quando o temos à frente do nosso departamento de Instrução, não lhe seria difícil prestar ao Magistério o grande serviço de dar vida a uma sociedade de professores, entre nós. Em nosso Estado, todos os que trabalham sob sua esclarecida direção representam energias, inteligências insuladas. Não há aproximação nenhuma. Os professores não se conhecem, nem mesmo intelectualmente. Cada um vive por e para si, num egoísmo deplorável. [...] E, enquanto todas as classes, atualmente, procuram unificar-se; enquanto o magistério das outras unidades do Brasil procura o engrandecimento do trabalho e da classe, agrupando-se sob uma mesma bandeira, aqui, entre nós, o professor continua a ser, infelizmente, EU. E, se não se vive num deserto de homens e de ideias, a indiferença ou repulsão que parece existir entre os membros do Magistério dá margem a que assim se pense. [...] Não lhe parece facilmente preenchível esta lacuna? A vida só merece ser vivida pelas coisas belas que deixamos no caminho. Faça este ato de infinita beleza: ensine os professores a se conhecerem e a se darem fraternalmente as mãos! Falo-lhe assim porque lhe conheço as ideias progressistas e confio como todos os que bateram palmas pelo justíssimo ato de sua ascensão nos muitos frutos que o Magistério e a infância hão de colher, do seu grande amor à causa do ensino em nossa terra. Com admiração, Maria da Ilha. (*República*, 20 jan. 1934)

O professor Trindade viera de São Paulo a convite de Nereu Ramos, então governador do estado de Santa Catarina, com o objetivo de assessorá-lo na organização de um currículo para o sistema educacional catarinense, uma vez que já o teria feito em seu estado de origem. Antonieta de Barros, por certo, já o conhecia pessoalmente, daí a adoção do tom de conversa informal ao se dirigir ao detentor de cargo equivalente ao atual secretário de Educação. Não apurei, em minhas pesquisas, o desfecho de tal reivindicação, para verificar se houve por parte do diretor da Instrução algum movimento no sentido de unir o magistério catarinense. Preferi concentrar-me na familiaridade da personagem com relação ao círculo do poder e também em sua visão idealista, sua preocupação e compromisso com a educação e com a organização da "classe". Vale ressaltar, ainda, sua consciência quanto ao que ocorria no país em termos educacionais e políticos.

Conquistas...

Antes de ir para Florianópolis, a mãe de Antonieta de Barros, dona Catarina de Barros, trabalhara como empregada doméstica em Lages (cidade do planalto catarinense), na residência do coronel Vidal Ramos, pai de Nereu Ramos, que, por sua vez, tornou-se amigo íntimo de Antonieta. Comenta-se que, por conhecer a inteligência e determinação de Antonieta de Barros, o coronel teria ajudado a custear seus estudos. Não nos é possível determinar quanto há de especulação no que diz respeito a essa relação de amizade, mas o fato é que, caso não tivesse mérito e competência, Antonieta, mesmo mantendo tais laços com a família Ramos, não teria conseguido se conservar no círculo do poder político catarinense por tanto tempo.

Em 1932, como já mencionado anteriormente, por decreto do então presidente Getulio Vargas, concedeu-se às mulheres brasileiras o direito ao voto, mas essa concessão ainda precisaria ser garantida pela Constituição federal. Por isso, quando da convocação da Assembleia Constituinte Nacional, mobilizaram-se as mulheres de todo o Brasil em torno da manutenção e extensão de seus direitos. Foi uma luta árdua, já que a maioria dos 252 constituintes era contrária a tais anseios femininos. Conforme o texto constitucional de 1934, poderiam votar todos os brasileiros alfabetizados, maiores de 18 anos. Às mulheres o voto era facultativo, bem como aos homens com mais de 60 anos. Mesmo com toda a luta empreendida pelas sufragistas, a obrigatoriedade do voto feminino só veio com a Constituição de 1946, sendo que, na Constituição de 1934, ficou estabelecido que somente as mulheres com funções públicas remuneradas eram obrigadas a votar – às demais o voto continuava sendo facultativo. Inteirada dos últimos acontecimentos, sobre o decreto de 1932 e a intensa repercussão que ele causou, Antonieta declarou: "Não compreendemos, mesmo, a grita levantada contra a porta aberta ao sexo fraco pelo direito do voto. E isto porque, diga-se entre parênteses, Mulher na política, em nosso país, sempre as houve. Não há novidade pois, a não ser que abandonam os bastidores para se apresentarem em público" (*República*, 17 jul. 1932).

Algumas mulheres nas principais capitais brasileiras pareciam dispostas a "abandonar os bastidores" e apresentar-se em público, porém, aparentemente votar não constituía um anseio da maioria das brasileiras (ao menos segundo os jornais por mim pesquisados, lembrando que esses jornais quase sempre representavam a visão masculina acerca do tema tratado), nem da maioria das mulheres de Florianópolis.[15]

As representantes femininas que se apresentaram como candidatas à Constituinte Nacional foram: Bertha Lutz, deputada federal pelo Rio de Janeiro, e Carlota Pereira de Queiroz, também deputada, mas por São Paulo. Carlota foi eleita como constituinte e Bertha como primeira suplente. A despeito dos comentários publicados nos jornais referindo-se à "derrota do feminismo"[16], por não ter contado com o apoio das mulheres por quem lutava, Antonieta de Barros assim manifestou sua opinião:

> Na derrota feminina nas eleições para a Constituinte, não vimos a maldade das mulheres para com as mulheres, mas simplesmente o que temíamos – a falta de independência moral em que, sempre, se acorrentou o sexo fraco. Os frutos da rotina não se despedaçam com simples golpes da audácia. São precisas marteladas infinitas, dissabores sem conta, para que se vislumbre um raio de luz em tão intensa treva. (*República*, 3 set. 1933)

Para além daquilo que está explicitamente declarado, pode-se perceber uma tentativa de contradizer ou quem sabe mesmo desnaturalizar um discurso e uma ideia recorrentes de que as mulheres não se apoiam mutuamente. Antonieta, muito sutilmente, diz não ver "maldade das mulheres para com as mulheres", mas evidencia na forma de agir feminina marcas das correntes que as prendiam, já que as ações femininas estavam condicionadas a fatores históricos. Penso que nossa personagem estava absolutamente cônscia das dificuldades enfrentadas pelas mulheres ao tentarem adentrar no quase sempre turbulento campo da política. Para que tais dificuldades pudessem ser vencidas, precisaria haver uma adesão mais efetiva das mulheres; entretanto, enquanto estas se mantivessem "acorrentadas" aos frutos da rotina, não seria possível vencer, uma vez que tais frutos "não se despedaçam com simples golpes de audácia". Ou seja: nem sempre só com intrepidez se vencem lutas.

Para um grande número de mulheres, o afastamento da política – tida como "coisa para homem" – representava um fato "natural". Mas Antonieta parecia saber que tal afastamento devia-se a fatores culturais. A aparente ausência feminina nos grandes centros de decisões, nos fóruns de representatividade político-social, como a Câmara de Vereadores, Assembleia Legislativa, Congresso Nacional, era, à época (e ainda é hoje), muito reveladora. Como a política era vista como um território masculino, a possibilidade de uma mulher votar ou ser eleita gerava controvérsias, pois contrariava a ordem que se queria natural das coisas.

Aparentemente inspirado por ideias progressistas e/ou populistas, e quem sabe até motivado pelas discussões pró-sufrágio feminino que aconteciam na capital, as quais acompanhou como constituinte em 1933, Nereu Ramos apresentou ao Partido Liberal Catarinense, para uma futura candidatura, o nome de Antonieta de Barros, já àquela altura dos acontecimentos reconhecida como educadora. Dessa forma, Antonieta foi apresentada ao eleitorado catarinense como *lídima expressão de inteligência feminina*.

Oficializada a candidatura, surge nas páginas dos jornais uma exultante Antonieta, participando de comícios e circulando pelo estado em campanha. No entanto, justamente nessa época sua mãe faleceu. O jornal *República* noticiou o falecimento no dia 15 de julho de 1934, três meses antes do pleito. Após a nota de falecimento, nenhum comentário a respeito foi feito, sequer citou-se a causa da morte. Pela leitura dos jornais é possível supor que tenha sido um período sofrido para Antonieta, mas apenas isso, nada mais. Ela não comentou o ocorrido em suas crônicas. Simplesmente seguiu intrépida em sua escalada.

Nas notas publicadas nos jornais, para além dos adjetivos com os quais era qualificada, é possível pressupor determinada resistência ao nome de nossa protagonista, o que fica claro em frases como: "Eleitora! Tens em Antonieta de Barros a nossa candidata, o símbolo da Mulher Catarinense, queiram ou não os aristocratas de ontem" (*Correio do Estado*, Florianópolis, 13 out. 1934).

Com a caracterização de Antonieta como "símbolo da Mulher Catarinense", é provável que se tenha buscado estender a todas as mulheres catarinenses as qualidades da candidata, prestando-lhes uma homenagem para que houvesse uma retribuição no momento da votação. Aqui vale registrar quão fascinante e instigante é a ideia de uma mulher negra como símbolo da mulher catarinense. Ao mencionar a oposição dos "aristocratas de ontem", a nota evidencia algo que pode ser facilmente deduzido: havia restrições ao nome de Antonieta, mas elas não ficaram registradas explicitamente nas páginas dos jornais de então.

O Partido Liberal Catarinense apostava no eleitorado feminino e buscava chamar sua atenção para o fato de ter sido o único partido a indicar o nome de uma mulher à Assembleia. O discurso era apelativo:

> Chamada a dar nas urnas a sua opinião livre com o mesmo direito de cidadania conferido ao homem, a nobre Mulher catarinense só estará representada na próxima Assembleia Estadual, entre os deputados eleitos pelo Partido Liberal Catarinense [...] Antonieta de Barros, professora das de maior prestígio entre as suas colegas, que também lhe sufragam o nome, figura como lídima e fiel intérprete do sentir e do pensar femininos em Santa Catarina, na chapa do Partido Liberal – única organização partidária que assim presta homenagens à cultura e a nobreza de sentimentos da Mulher Catarinense. Votar, pois, na Chapa Liberal é defender as reivindicações femininas, é elevar mais alto que ao simples dever de opinar – ao direito de ser eleita – a Mulher de Santa Catarina. (*República*, 14 out. 1934)

As reivindicações femininas estariam, supostamente, sendo atendidas e defendidas pelo Partido Liberal, o que nos leva a crer na existência prévia de reivindicações por parte das mulheres não só em relação ao direito de votar como também de serem representadas por uma candidata. Discursos inflamados, entusiasmados, pululavam às páginas dos jornais. Professoras, operários, trabalhadores, todos estavam sendo convocados a votar. Os jornais, cada qual defendendo os ideais de seu partido mantenedor, acompanharam não só as caravanas como também, posteriormente, a contagem dos votos. Vale destacar que os números publicados em geral variavam de jornal para jornal.

O entusiasmo marcou as eleições de 1934; o clima parecia de euforia total. A contagem dos votos foi demorada; enfim, Antonieta somou 35.484 votos, mas acabou como primeira suplente. Mesmo assim, assumiu o mandato juntamente com os demais deputados eleitos, pois o deputado Leônidas Coelho de Souza não tomara posse, por ter sido nomeado por Aristiliano Ramos (então interventor do estado) para o cargo de prefeito provisório do município de Caçador. Percebe-se aí um possível arranjo político articulado por Nereu Ramos para que Antonieta pudesse legislar.

Após sua eleição, comentou-se o seguinte: "Antonieta de Barros está eleita Deputada à Assembleia Constituinte Estadual. A sua inclusão na chapa pelo Partido Liberal Catarinense foi, incontestavelmente, a maior conquista até hoje assinalada pelo feminismo em nossa terra [...]" (*A Gazeta*, Florianópolis, 3 abr. 1935). Considerada, portanto, protagonista da "maior conquista até hoje assinalada pelo feminismo em nossa terra", uma vez mais deparamos com Antonieta em plena escalada.

Aos deputados eleitos em 1934 caberia a escolha do novo governador. O nome de Aristiliano Ramos parecia ser consenso, até que Nereu Ramos resolveu também apresentar-se como candidato, gerando surpresa e uma divisão de forças dentro do Partido Liberal Catarinense. O furor foi geral, e nos jornais inúmeras vozes manifestaram-se, tentando explicar à população como ocorreram a candidatura de Nereu para governador e o consequente racha. De forma geral, Nereu não era bem-aceito entre seus pares à época. Antonieta de Barros, no entanto, inabalável, manteve-se ao seu lado. Quando a campanha foi deflagrada, ela manifestou-se da seguinte forma:

> Há nomes que valem por uma bandeira, por um programma, pelas mais soberbas realizações, pelas mais justas conquistas. Assim o é o de Nerêu Ramos, o tribuno vibrante, o maior catarinense do momento. Não há quem lhe negue a cultura invulgar, correndo paralela com a honestidade ímpar [...] e se os grandes homens podem oferecer como penhor das suas ações de amanhã a sua vida pública de ontem, a vitória de Nerêu Ramos assegurará a Santa Catharina os dias que, de fato, merece viver. (*A Gazeta*, 28 abr. 1935)

Com tantos adjetivos observa-se que, indiscutivelmente, Antonieta de Barros e Nereu Ramos estiveram ligados não apenas por laços políticos, mas também por fortes laços de amizade. Antonieta chegara à política conduzida pelas hábeis mãos de Nereu Ramos, e a este se manteve fiel, mesmo quando a situação se tornou desfavorável a ele.

Depois de tumultos e desafetos, noticiou-se, em letras garrafais: "Nereu Ramos venceu!" E, vencendo Nereu, consequentemente venceu também Antonieta.

Acerca da conduta de Antonieta como parlamentar em sua primeira legislatura, pouco pude constatar além do fato de que a existência de uma mulher na Assembleia Legislativa incomodava sobremaneira os adversários políticos do Partido Liberal Catarinense. Abertamente contrário à administração de Nereu Ramos, o jornal *Dia e Noite*, sob administração e direção de Menezes Filho, publicou em 1937 um texto intitulado "Fato virgem em nossa história":

> Observou-se anteontem, na Assembleia Legislativa, um fato curioso, virgem na história de Santa Catarina: aquela casa presidida por uma mulher. É que, ausentes os Srs. Altamiro Guimarães e Rogério Vieira, assumiu a presidência a Sra. Antonieta de Barros. O fato não pode passar em branca nuvem. Pelo contrário. Merece ser estereotipado em letras bem visíveis para que a posteridade o conheça e o julgue [...]. (*Dia e Noite*, Florianópolis, 21 jul. 1937)

Ausentes o governador Nereu Ramos, por motivo de viagem, e Altamiro Guimarães, então presidente da Assembleia, assumiu o governo Rogério Vieira, que era o segundo presidente; contudo, também este teve de ausentar-se, aparentemente em razão de doença. Antonieta era a primeira secretária e, assim, assumiu a presidência da casa, ocorrência que, na opinião dos opositores, denotava a "bagunça" institucionalizada do governo. Essa situação acabou gerando indignação por parte desses opositores, que não admitiam que o cargo máximo da Assembleia fosse assumido por uma mulher, fato que merecia ser "estereotipado em letras bem visíveis para que a posteridade" o conhecesse e o julgasse. Hoje vemos o fato como um exemplo das inúmeras dificuldades que as mulheres tiveram de transpor para que pudessem adentrar outros espaços além do doméstico.

No final do ano de 1937, por ato (golpe) do presidente Getulio Vargas, foram dissolvidas as Assembleias Legislativas, a Câmara e o Senado federais. Nereu Ramos foi então nomeado interventor e permaneceu no cargo até 1945. Antonieta de Barros, por sua vez, reassumiu suas atividades como professora, sendo indicada para integrar o quadro docente do colégio Coração de Jesus. Nele permaneceu até o ano de 1945, lecionando as disciplinas de português e psicologia.

Em 1947 aconteceram novas eleições. Nessa ocasião, os componentes da Assembleia Legislativa tiveram também funções constituintes. Antonieta concorreu às eleições novamente, mas terminou como segunda suplente, retornando à Assembleia somente em 1948, sem participar, portanto, da redação da Constituição estadual. Para o governo do estado foi eleito Aderbal Ramos da Silva, dando continuidade ao poder da oligarquia Ramos. Os membros do Partido Liberal Catarinense passaram a integrar os quadros do Partido Social-Democrático (PSD), e os maiores opositores do governo à época eram os representantes da União Democrática Nacional (UDN), então liderada por Irineu Bornhausen.

Ao assumir pela segunda vez o cargo de deputada, Antonieta fez o seguinte discurso:

> Senhor Presidente: Pela segunda vez o eleitorado livre da minha terra me conduz a este recinto. Venho dum setor onde o trabalho é um sacerdócio, onde esquecidos de nós mesmos procuramos construir um mundo melhor [...]. Deixei, Sr. Presidente, a seara harmoniosa da escola, onde não há ódios, onde o amor é o princípio e o fim, onde todo trabalho é construtivo para responder presente à chamada de meu Partido [...]. Mas, se assim procedi, é porque assim creio que, nesta Casa, como na Escola, acima dos Partidos, sem distinção de credos, a preocupação máxima, a preocupação única, é Santa Catarina! Santa Catarina por si mesma! Santa Catarina dentro do Brasil! [...][17]

Com esse discurso, Antonieta estaria delimitando territórios, espaços de atuação, e também dizendo a que viera. Ao definir a escola como uma seara harmoniosa, ela aparentemente procurou contrapô-la ao campo da política, caracterizado por um ambiente conflituoso. Assim, ao dizer que no ambiente da escola "não há ódios", "o amor é o princípio e o fim", é provável que, indo além da idealização dessa instituição, estivesse se referindo aos ódios que na Assembleia encontraria. Nesse mesmo discurso, ela também enfatizou que ali estava porque para lá fora conduzida pelo eleitorado livre – fora eleita, e não indicada. Respondera "presente" à chamada de seu partido, um sinal de fidelidade, abnegação. Contudo, sua preocupação estaria voltada para o estado, porque "acima dos Partidos, sem distinção de credos, a preocupação máxima, a preocupação única, é Santa Catarina!" Acredito que, ao proferir tal discurso, sentia-se como se estivesse ensinando lições aos deputados. O ano era 1948. Restava-lhe pouco a viver, mas disso ela não sabia.

Em seu segundo mandato, Antonieta deixou claro que legislaria quase exclusivamente em defesa dos interesses do magistério, o qual considerava uma missão, um sacerdócio. Empreendeu, de forma incisiva e impassível, projetos em defesa da educação. Alguns deles se tornaram leis, como, por exemplo: o ingresso por concurso no cargo de diretor e inspetor de grupo escolar; o concurso de ingresso e remoção ligado ao magistério; a possibilidade de os professores particulares inscreverem-se no Montepio dos Funcionários Públicos; a adesão de Santa Catarina à proposta de tornar o Dia do Professor (15 de outubro) feriado nacional; a regulação da concessão de bolsas escolares para os cursos superiores, técnicos e normais. Justificando este último projeto, ela disse, em entrevista concedida ao jornal *O Estado:* "Regulando-a, o nosso principal objetivo foi aproveitar as inteligências e vocações que as condições financeiras impossibilitam de avançar e realizar" (11 set. 1948).

Assim, podemos pensar que seu segundo mandato foi repleto de êxitos, o que também se deveu ao fato de que o PSD estava em maioria na Assembleia Legislativa, tornando a aprovação de tais projetos menos penosa. Nos anos seguintes, uma série de acontecimentos culminaria com o coma diabético que silenciou a voz de Antonieta no dia 28 de março de 1952.

Desencantos...

Em 1951 foi eleito ao Executivo estadual o senhor Irineu Bornhausen, representante da UDN, partido que se opunha aos projetos políticos do PSD. Um de seus primeiros atos foi a anulação do concurso de ingresso e remoção ligado ao magistério. Isso feriu Antonieta, que, indignada, fez o seguinte comentário:

> [...] li, numa das folhas da terra, a notícia da anulação do Concurso de Ingresso e Remoção ao Magistério. Dentro de mim, uma névoa de tristeza e mágoa foi crescendo, crescendo e se adensando, até dominar, por completo, todo o meu mundo interior. Era a simpatia devida à professora que ainda não morreu em mim, aos colegas, cujo caminho um decreto governamental fechou [...]. Que triste despertar! (*O Estado*, 13 mar. 1951)

Além de ter ficado ressentida pela anulação do mencionado concurso, o qual ela pessoalmente havia se empenhado em elaborar e fazer aprovar na Assembleia, certamente também doía-lhe a perda do poder que ocupara durante tantos anos juntamente com a oligarquia dos Ramos. A partir de então, ela deixa de se caracterizar pelo otimismo. Outra Antonieta, tocada, enfim, pelo desencanto, dá mostras de sua existência.

Antonieta aposentou-se por tempo de serviço, mas continuou como titular da cadeira de português do colégio Dias Velho. Em certa ocasião, ao retornar de uma viagem de férias, constatou que seu nome não constava mais entre os examinadores das bancas de segunda época. Havia sido dispensada sem prévio aviso. Em portaria que data de 24 de fevereiro de 1951, é possível encontrar o motivo: "O Secretário dos Negócios do Interior e Justiça do Estado de Santa Catarina resolve dispensar Antonieta de Barros da função de Professor de Português do Colégio Estadual Dias Velho da cidade de Florianópolis, visto ter sido aposentada por Decreto de 10 de janeiro de 1951".

A exoneração deve ter implicado, além de um tremendo desgaste emocional, uma supressão financeira. Já não havia a quem recorrer, seus pares não estavam mais no poder. Escreveu, então, que "morriam-lhe as esperanças", e que era tomada pelo desencanto dia após dia:

> Passando pela vida, um infinito de criaturas caminha de mãos limpas do sangue do próximo. É o respeito ao preceito cristão, no sentido material. Todavia, nem só a matéria sucumbe. Nem só o corpo é susceptível de sofrer o ataque e morrer. Matam-se esperanças, matam-se sonhos, matam-se ideais. E nem por não haver sangue deixa de haver crime e crime inominável [...]. Sofremos a grande decepção, ao ler a fala do Governo ao Poder Legislativo, no capítulo referente ao Ensino. Lá está escrito textualmente: "a situação do ensino público é desoladora". Tão grande foi o desencanto que pensamos que houvesse, na expressão julgadora, as artimanhas de um infeliz [...]. (*O Estado*, 29 abr. 1951)

Antonieta dizia sentir-se ferida na alma. A causa de seu sofrimento, conforme fez constar em suas crônicas, eram as palavras do governo atual, que, após constatar que a situação do ensino era desoladora, teria negado a competência e a habilidade não só do governo anterior para cuidar de tal causa mas também de todo o professorado catarinense. Nossa personagem tomou as dores de tais críticas para si e com isso amargurou-se. Agora ela estava na posição daqueles a quem antes observava. À margem da vida política, suas opiniões já não contavam. Estaria vencida? Não. Ainda não. Mas desencantando-se. Talvez as terríveis soalheiras dos desenganos começassem agora a emurchecê-la, mas não ao ponto de calá-la. Ainda não. Mas esgotavam-se seus dias, a morte se avizinhava...

Apesar de sua exoneração datar do mês de fevereiro de 1951, curiosamente apenas em novembro daquele mesmo ano é que Antonieta se manifestou por meio de uma crônica sobre o ocorrido, levando-nos a inferir que remoera a questão por todos aqueles meses, sem, contudo, superá-la: "Colocando-se num partidarismo estreito e doentio, os homens que nos governam mal subiram ao poder e enveredaram pelas vielas estreitas e sombrias das perseguições [...]" (*O Estado*, 11 nov. 1951).

Revelava seu abatimento a cada crônica, a cada resposta que acreditava estar dando aos governistas; ressentia-se, estiolava-se. A leitura das crônicas publicadas entre o final do ano de 1951 e início do ano de 1952 possibilita a observação da amargura que se apossava de nossa personagem diante de atos do governador que entendia como "maldosos". Talvez estivesse sendo difícil demais para Antonieta situar-se na oposição, excluída do círculo de poder, onde estivera durante tantos anos; talvez ela não conseguisse mais reconhecer o lugar e lidar com a dor dos excluídos. Ou quem sabe estivesse sendo muito custoso assumir sua condição de aposentada. Viveu para os alunos, para os eleitores, para os leitores, nos quais inspirou-se para, por meio de seus escritos e talvez até de sua própria vida, desenvolver toda uma retórica professoral, didática política e o manejo das letras. Por conta da aposentadoria, faltavam-lhe os alunos. No meio político, faltavam-lhe os pares. Restavam-lhe os leitores, mas isso bastaria?

Nesse ínterim, houve, ainda, um desentendimento entre Antonieta e o então deputado pela UDN, posteriormente considerado um dos mais renomados historiadores catarinenses, Oswaldo Rodrigues Cabral. Ao fazer críticas ao governo nas crônicas publicadas no jornal *O Estado*, é muito provável que Antonieta tenha criado certa polêmica e mal-estar. Em resposta a tais críticas, o citado deputado teria afirmado, em sessão na Assembleia Legislativa, que aquilo que a professora Antonieta de Barros fazia às páginas dos jornais era "intriga barata de senzala".

A frase foi então usada como epígrafe em uma crônica de Antonieta intitulada "Resposta":

> Tencionávamos hoje continuar nossas considerações despretensiosas acerca da fala governamental ao Legislativo, no capítulo referente à Educação. Todavia, porque o nobre Deputado nos apanhou as ideias esfarrapadas (segundo expressão sua) e as levou para a Assembleia, tivemos de alterar os nossos propósitos [...]. Da peça – monumental e admirável, por certo, como são todos os trabalhos do ilustrado tribuno e historiador – apenas nos contaram a frase final e conceitos depreciativos sobre os nossos pobres Farrapos [...]. Rimos. É tudo tão pueril que achamos graça. E, pensamentos distantes, perguntamos aos amigos: Mas onde foi isto? Na Alemanha de Hitler ou nos Estados Unidos? (*O Estado*, 6 maio 1951)

Antonieta disse achar graça da ousadia do deputado, mas, ao que tudo indica, naquela altura de sua existência a graça parecia não mais constar em seu dicionário pessoal. Tornara-se austera, e suas crônicas passaram a ser mais extensas e intensas. Nessa resposta a Cabral, ela fez uma reflexão, ainda que de forma muito rápida, sobre sua etnia. Até a referida data não o havia feito, pelo menos não nos jornais. Curioso observar que, durante sua militância em partido da situação, tal assunto não fora abordado. Na oposição, a política a colocou diante de sua etnia, obrigando-a a manifestar-se. Continuando sua longa crônica, Antonieta escreveu:

> [...] não houve intriga, nem barata, nem cara. Foi mero engano de Sua Excelência. A nossa palavra não tem preço. A chave de ouro com que fechou o seu monumental discurso não nos ofendeu. A ofensa viria e nós a repeliríamos se vislumbrássemos que quis chamar-nos de branca [...] as considerações em torno da situação do ensino público foram ditadas pelo coração de uma negra brasileira que se orgulha de sê-lo, que nunca se pintou de outra cor, que nasceu, trabalhou e viveu nesta terra e que bendiz a Mãe, a santa Mãe, também negra, que a educou, ensi-

nando-a a ter liberdade interior, para compreender e lastimar a tortura dos pobres escravos que vivem acorrentados, no mundo infinitamente pequeno das cousas infinitamente pequeninas e insignificantes [...] (Não voltaremos ao assunto). (*O Estado*, 6 maio 1951)

Antonieta disse orgulhar-se de ser negra e falou de sua mãe, da educação recebida. Manifestou sua crença de que os escravos, naquele momento, acorrentavam-se no "mundo infinitamente pequeno das cousas infinitamente pequeninas e insignificantes", mas dava mostras de que ela também se acorrentava a tais "cousas infinitamente pequeninas", talvez sem aperceber-se. No ímpeto de repeli-las as aproximara. Terminou sua crônica com uma significativa frase, com a qual imaginou poder encerrar o assunto. Mas já não havia como encerrá-lo. A palavra havia sido proferida e, tal qual uma lança, não mais era possível impedir o seu curso.

Durante praticamente todo o ano de 1951, as crônicas de Antonieta foram marcadas por críticas ao governo de Irineu Bornhausen, que, ao assumir seu mandato, teria dito em discurso que durante os quatro anos em que ficaria à frente do Executivo reinaria em Santa Catarina uma era de "paz, harmonia e justiça". Essas três palavras permeariam os escritos de Antonieta a partir de então. Ela as repeliria com hábil escárnio, colocando-as à prova. Mas, ao fazê-lo, colocava-se à prova também. A política é um jogo de forças, bem o sabemos, e as suas pareciam estar esgotadas.

Antonieta não tolerava a ação governamental de Bornhausen, talvez porque – ou também porque – o então governador fosse um declarado inimigo político de Nereu Ramos:

Há oito meses, Santa Catarina vive a era da PAZ, HARMONIA E JUSTIÇA. Olhar um pouco o que vai ficando nos dias vividos é convite irresistível que nos faz esta manhã cinzenta e fria. O desvirtuamento do conceito das palavras é impressionante! O contraste entre as promessas e a sua concretização é de pasmar. A admirável pregação dos candidatos de ontem, que deixou tanta gente feliz, e a ação com que brindam hoje, é magnífico exercício de frases erradas, para a realidade corrigir [...] o funcionalismo público, a quem foi prometido aumento de vencimentos, inexplicavelmente, por um sortilégio de miopia governamental, diminuiu tanto que ficou reduzido à Magistratura [...]. Como é difícil compreender, neste 1951, o sentimento das palavras, dos homens da situação diante da realidade dos fatos [...] em linguagem udenista aquilo significa isto? (*O Estado*, 21 out. 1951)

Lentamente, desfaziam-se os atos do governo anterior, e isso irritava Antonieta profundamente. Ela parecia nutrir a ilusão de que, nos governos em que a oligarquia Ramos esteve no comando, todos esses problemas foram suprimidos ou mesmo não existiram, sendo, esses sim, governos marcados pela justiça e harmonia. Entretanto, a política dos adversários a consumiu. Demonstrando extremada melancolia, passou a vigiar atentamente as manobras do governo para compará-las com os atos de Nereu Ramos enquanto atuou como governador, enaltecendo-o sobremaneira. Sua última crônica escrita para o jornal *O Estado* data de 17 de fevereiro de 1952. Pela última vez, pouco antes de ser surpreendida pelo coma diabético que lhe tirou a vida quando contava com apenas 51 anos, manifestou por escrito sua indignação contra a ação governista, que, naquela ocasião, havia anunciado um concurso de ingresso para o provimento do cargo de professor:

> A lei que estabeleceu este Concurso vem do Governo Constitucional de Nereu Ramos, que foi quem a sugeriu à então Deputada Antonieta de Barros, a fim de premiar o esforço dos Normalistas, evitar-lhes a humilhação de ter que esmolar o que lhes era de direito e dar à capacidade a prioridade que deve ocupar dentro da vida. Desconheceriam os situacionistas esta verdade?

Antonieta interpretou as ações dos situacionistas como *mentiras*, as quais deveriam ser contrapostas às *verdades* dos governos de Nereu Ramos e Aderbal Ramos da Silva, a quem, em suas crônicas, não se cansava de reverenciar. Naquele ponto, ela não estava conseguindo lidar com as situações que se apresentavam. Depois de superada a infância e a adolescência difíceis, de privações financeiras, de sacrifícios para poder completar seus estudos, inserira-se no círculo do poder político e social de Florianópolis, lá permanecendo por bastante tempo. O magistério, ao mesmo tempo que lhe consumiu as energias, também lhe conferiu prestígio e reconhecimento. Seus ideais pessoais foram defendidos até sua morte. Por meio dos jornais, quer com seus escritos, quer sendo notícia, ela esteve presente no cotidiano florianopolitano por mais de vinte anos. Apesar de não ter empunhado abertamente outras bandeiras que não a da educação, sua vida representou, talvez muito mais que seus textos, a quebra de estereótipos ligados a sexo e etnia. Li e reli dezenas de vezes os escritos de Antonieta de Barros. Procurei sentidos para sua escrita e para sua existência. Mas nem sempre as palavras ou mesmo a vida têm um sentido. E também há os silêncios e seus significados. Às vezes há tantos que não nos é possível segui-los ou entendê-los. Desse modo, desenvolver este texto foi algo complexo, já que seguramente, como escreveu Antonieta, "a arte de dizer é, entre as demais, a mais difícil" (*República*, 23 abr. 1933).

Afinal, como afirma Eni Orlandi (1997), as palavras são múltiplas, mas os silêncios também o são. O silêncio é a parte real do discurso, pois, em vez de pensarmos no silêncio como falta, podemos pensar na linguagem como excesso. A linguagem é conjugação significante da existência e é produzida pelo homem para domesticar a significação. Assim, talvez os silêncios de Antonieta sobre sua etnia, por exemplo, e os silêncios da história sobre Antonieta[18] tenham mais a dizer que seus discursos, sendo que, como historiadores, nos cabe também pensar sobre sua significação como produtores de sentido. Que significado terá tido a existência de Antonieta de Barros?

Notas

1. Para compor este texto, vali-me de partes da dissertação por mim apresentada ao Programa de Pós-graduação em História da Universidade Federal de Santa Catarina (UFSC), em 2001. Ver: Nunes, 2001.
2. O rio da Bulha localiza-se na avenida Hercílio Luz, que hoje é parte do centro da cidade. Em seu entorno, no passado (final do século XIX e início do XX), residiam os trabalhadores mais humildes, que foram empurrados para outros locais, devido aos projetos sanitaristas de cunho civilizador.
3. A novidade do voto feminino ocorreu por meio do Código Eleitoral Provisório, instituído pelo decreto n. 21.076, de 24 de fevereiro de 1932, o qual, por sua vez, foi assinado pelo então presidente Getulio Vargas. Concedeu-se nacionalmente o direito de voto às mulheres, estabelecendo-se, também, o voto secreto e a redução da idade mínima dos eleitores de 21 para 18 anos. A "concessão" do voto às mulheres foi uma conquista das feministas só tornada possível após anos de árduas lutas e de difíceis – às vezes impossíveis – diálogos. Não obstante, em dez estados brasileiros, antes mesmo da Revolução de 30 o voto feminino já havia sido conquistado. Dentre esses estados destacaram-se Minas Gerais, Rio de Janeiro e Rio Grande do Norte, que, em 1927, implantou a novidade com sucesso, tendo o fato gerado ampla repercussão nacional e internacional.
4. Vale ressaltar que, no Brasil de então, os alfabetizados correspondiam a apenas cerca de 10% da população, sendo que entre os analfabetos havia, incontestavelmente, um maior número de mulheres e negros. Desse modo, pode-se deduzir que o índice de mulheres negras alfabetizadas àquela época era muito reduzido.
5. *Farrapos de ideias* é o título do livro que Antonieta de Barros publicou em 1937, o qual é uma coletânea de crônicas escritas para os jornais de Florianópolis, com destaque para *República* e *O Estado*. O título usado foi o mesmo das epígrafes nos jornais. O livro foi reeditado em 1971 e 2001. A primeira edição teve como objetivo angariar fundos para a construção de uma escola, então chamada de "Preventório" (e hoje, Educandário Santa Catarina), que se destinaria a abrigar crianças com pais internados na Colônia Santa Tereza, por serem portadores de hanseníase. A segunda edição do livro, de 1971, serviu como uma póstuma homenagem prestada por Leonor de Barros à irmã no ano em que completaria 70 anos. A terceira edição foi lançada em julho de 2001, durante as comemorações alusivas ao centenário de nascimento de Antonieta de Barros, promovidas pela Assembleia Legislativa de Santa Catarina. Os volumes dessa última edição foram destinados às bibliotecas das escolas públicas catarinenses.
6. O primeiro jornal para o qual Antonieta escreveu foi a *Folha Acadêmica*. Em seguida, escreveu para os seguintes jornais: *A Semana* (do qual, erroneamente, afirma-se ter sido uma das fundadoras), *A Pátria*, *Correio do Estado* (dirigido à época por Flávio Bortoluzzi Souza e gerenciado por Jaime Arruda Ramos), *O Idealista*, *República* e *O Estado* (então dirigido por Altino Flores), todos editados em Florianópolis e, convém notar, vinculados politicamente ao Partido Social Democrático (PSD) e, consequentemente, à família Ramos.
7. Os Ramos eram oligarcas que detinham o poder sobre a região constituída pela cidade de Lages e seu entorno (Planalto Serrano), e os Konders e Bornhausens, *grosso modo*, oligarcas que representavam o Vale do Itajaí.
8. A apropriação dos valores cristãos ligados, sobretudo, à crença católica é marca característica dos escritos de Antonieta de Barros. Certamente, a incorporação desses valores lhe propiciou a abertura de espaços na área profissional, por exemplo, já que lecionou num dos colégios mais tradicionais de Florianópolis, o Coração de Jesus, reservado quase exclusivamente às moças da elite catarinense. Vale destacar que o colégio Coração de Jesus foi fundado em 25 de janeiro de 1898, pela Congregação das Irmãs da Divina Providência, mantendo-se em pleno funcionamento até hoje.
9. Ildefonso Juvenal é considerado o primeiro negro catarinense a se formar num curso superior no estado (Farmácia). Foi escritor de ficção, teatrólogo, historiador e jornalista, além de oficial da Polícia Militar do Estado de Santa Catarina. Nasceu em Desterro (atual Florianópolis), em 10 de abril de 1894.

10. Trajano Margarida nasceu em Desterro, em 16 de janeiro de 1889. Chamado de "poeta do povo", devido à sua despreocupada simplicidade, deixou vasta produção esparsa em jornais, além de uma série de livretos.
11. Talvez esse termo tenha sido usado à época como um sinônimo de "moderno". O Centro estaria, dessa forma, tentando apresentar-se como uma instituição progressista, compatível com os "novos tempos". Para tal, teria buscado evidenciar o contraste com a Academia, associando-a ao rol das coisas velhas, retrógradas.
12. Faço uso desse termo de acordo com a perspectiva apresentada por Michel de Certeau, para quem a estratégia seria o cálculo das relações de força que tornam possível a um sujeito querer e poder postular um lugar capaz de ser circunscrito como "próprio" e, portanto, capaz de servir de base a uma gestão (Certeau, 1994, p. 45-7).
13. Ilha, 1971, p. 21-3. Esse texto também foi publicado no jornal *República* (Florianópolis, 13 maio 1933).
14. Às vezes, como no caso de "Bilhete sem sê-lo", os escritos públicos de Antonieta de Barros dirigiam-se diretamente a um interlocutor específico, quase como uma carta aberta, mas com tons pessoais, dando a conhecer a todos seu conteúdo e a intimidade de suas palavras. Encontrei dois desses "bilhetes" nas páginas do jornal *República*, ambos publicados em 1934. O primeiro é o exemplo apresentado, dirigido ao professor Luiz Sanches Bezerra da Trindade; o segundo, a dona Leopoldina d'Ávila, aparentemente sua colega de profissão.
15. Ver: Pedro, 1994, p. 106.
16. Interessante observar como se confundia o movimento feminista com o nome de Bertha Lutz, como se esta fosse a encarnação de tal movimento.
17. Esse discurso encontra-se na segunda edição do livro *Farrapos de ideias* (Ilha, 1971, p. 215-6).
18. Consta que na Assembleia Legislativa do Estado de Santa Catarina, pelo menos até o ano de 2001, quando foi programada uma comemoração alusiva ao centenário de nascimento de Antonieta de Barros por iniciativa da então deputada Ideli Salvatti, não havia registros nem imagens que fizessem menção à passagem de nossa personagem por aquela casa.

Referências bibliográficas

CERTEAU, Michel de. *A invenção do cotidiano: artes de fazer*. Petrópolis: Vozes, v. 1, 1994.

CORRÊA, Carlos Humberto. *História da cultura catarinense: o estado e as ideias*. Florianópolis: Editora UFSC, v. 1, 1997.

ILHA, Maria da. *Farrapos de ideias*. 2. ed. Florianópolis: Editora do Autor, 1971.

NUNES, Karla Leonora Dahse. *Antonieta de Barros: uma história*. 2001. Dissertação (Mestrado em História) – Departamento de História, Universidade Federal de Santa Catarina, Florianópolis, Santa Catarina.

ORLANDI, Eni Puccinelli. *As formas do silêncio: no movimento dos sentidos*. Campinas: Editora da Unicamp, 1997.

PEDRO, Joana Maria. *Mulheres honestas e mulheres faladas: uma questão de classe*. Florianópolis: Editora UFSC, 1994.

10 DEBATES E REFLEXÕES DE UMA REDE: A CONSTRUÇÃO DA UNIÃO DOS HOMENS DE COR[1]

Joselina da Silva

A trajetória da União dos Homens de Cor (UHC) pode ser utilizada como um novo paradigma, em substituição àquele cristalizado na literatura sobre o tema dos movimentos sociais negros. A experiência de rede no que concerne aos afro-brasileiros tem sido comumente retratada em dois momentos: nos anos 1930, por meio da Frente Negra Brasileira, e na década de 1970, com a referência ao Movimento Negro Unificado (MNU). Portanto, o estudo da trajetória da UHC (surgida em 1943) é uma forma de expandir essa visão. A leitura de alguns de seus documentos nos leva a crer que sua existência tenha contribuído significativamente para a construção de uma mentalidade antirracista no Brasil.

Vale lembrarmos aqui a ocorrência de uma intensa articulação do movimento negro organizado no período posterior a 1945 (Silva, 2007; Nascimento, 2003b). A ação de algumas lideranças e as demandas por elas expressas nos jornais publicados pelos afro-brasileiros testemunhavam uma pulsante veia organizativa dos negros nessa época. Analisar a experiência da UHC, desse modo, leva-nos a constatar que, embora as ações nas cidades do Rio de Janeiro e de São Paulo tenham sido as mais estudadas até o momento, houve organizações negras com representação e atividades nas cinco regiões do país no período que se seguiu à Segunda Guerra Mundial. Nosso objetivo com este texto é apresentar a UHC, contextualizando-a em relação ao "Renascimento Negro" (Moura, 1994) dos anos 1940 e 1950.

A União dos Homens de Cor (UHC) se ramificou e se transformou numa rede estruturada, fazendo-se atuante em 11 estados da federação, no final dos anos 1940. Tratava-se de uma teia presente em pequenas, médias e grandes cidades das cinco regiões brasileiras (Silva, 2005). O grupo, segundo Costa Pinto (1952) – que, participando dos estudos do Projeto Unesco, analisou apenas a sucursal da capital federal –, estaria mais voltado às necessidades mais imediatas da população. Tal perfil teria atraído para seus quadros membros de uma classe social distinta daquela que se organizava no âmbito do Teatro Experimental do Negro (TEN). Nossa reflexão procurou evitar um olhar comparativo entre as duas organizações. A UHC, quando analisada detidamente, toma contornos que a distanciam das conclusões celebradas na literatura acadêmica, como mostraremos mais adiante.

A primeira parte deste texto se voltará para os aspectos que circundaram o surgimento do grupo. Em seguida, proporemos o delineamento da estrutura da rede da UHC, com base no estatuto redigido por seus fundadores.[2] Depois, analisaremos suas ações, as parcerias estabelecidas pela rede e a conexão com as demais atividades desenvolvidas pelo movimento social negro mais amplo. De forma menos exaustiva, destacaremos as falas de alguns dos líderes da UHC. Vale ressaltar que a expansão da rede contribuiu para a constituição de outros grupos, com nomes semelhantes e ações próximas, os quais denominamos "os herdeiros da UHC".

A fundação da UHC (ou Uagacê)

O jornal *União*, publicado pela União dos Homens de Cor, apresentou em 1948 uma extensa lista de cargos e nomes de diretores do grupo, distribuídos entre dez estados da federação:[3] Minas Gerais, Santa Catarina, Bahia, Maranhão, Ceará, Rio Grande do Sul, São Paulo, Espírito Santo, Piauí e Paraná (*União*, Curitiba, ano II, n. 75, 27 mar. 1948). Alguns anos antes, mais precisamente em janeiro de 1943, o diretor do jornal, o farmacêutico e industrial João Cabral Alves, juntou-se a outro farmacêutico, Aristides José Pereira (secretário-geral), ao advogado Armando Hipólito dos Santos (inspetor-geral), ao também advogado João Pereira de Almeida (departamento jurídico), à dona de casa Bianca Maria Papay (tesoureira nacional), ao médico Cesário Coimbra (departamento de saúde e educação) e ao funcionário público Euclides Padilha (comissão de finanças). Surgia, assim, a UHC.

Sua rápida expansão deveu-se essencialmente a dois fatores. O primeiro refere-se ao momento de expressiva articulação do movimento social negro brasileiro, em que congressos, encontros e jornais negros ganhavam notoriedade nos meios sociais do país (Silva, 2007; Nascimento, 2003b; Nascimento, 1982). A segunda razão está ligada à figura de João Cabral Alves – seu fundador –, uma liderança no estado onde se originou o grupo. Cabral, com seu carisma e espírito organizativo, viajou pessoalmente a várias localidades no estado do Rio Grande do Sul, buscando coordenar a ação nos diferentes municípios. Assim, a organização valeu-se, além do engajamento de seu fundador, de um candente momento de discussão, reflexões e ações dos afro-brasileiros para conseguir se estruturar de forma tão célere.

A rede da UHC sustentava-se numa estrutura constituída por diretorias estaduais e municipais. Os cargos de chefia eram o de presidente ou chefe municipal, secretário, tesoureiro, inspetor-geral, chefe do departamento de saúde, de educação e conselheiro. O grupo diretivo nacional se diferenciava pela presença de um advogado que atuava como consultor jurídico. Tratava-se, portanto, de uma organização de mulheres e homens negros com uma coordenação central. Sua presença era marcada pela constituição de sucursais, debates na imprensa local, publicação de jornal próprio, caravanas de doação de roupas e alimentos, serviços de saúde, aulas de alfabetização, ações de voluntariado e participação em campanhas eleitorais, sendo essas apenas algumas de suas atividades mais notórias.

Havia uma constante comunicação entre os líderes, que se mantinha por meio de cartas, da publicação do jornal e de visitas. Seu informativo, o jornal *União*, era publicado em diferentes localidades, o que se dava após contato com as coordenações estaduais e a nacional, como rezava o artigo 100 do estatuto: "A União dos Homens de Cor, pelo seu Presidente, não é responsável por nenhuma publicação em boletins, manifestos ou jornais do País que não tenha o visto de seu Presidente Nacional". O periódico atuava como carta aberta, sendo utilizado para coordenar a rede e disseminar as decisões centrais. Um exemplo do uso da publicação como documento normativo foi a indicação para que as diretorias buscassem "incluir senhoras e senhoritas nas diretorias em cargos de responsabilidade" (*União*, Curitiba, ano II, n. 75, 27 mar. 1948, p. 4).

Outro ponto a realçar o seu protagonismo é a notoriedade que a rede emprestava às lideranças negras locais, em cidades de portes variados, ajudando-as a serem vistas e ouvidas em lugares que ultrapassavam os limites de sua região geográfica. Os interessados em ingressar na organização preenchiam formulários e informavam dados particulares de sua vida. A visibilidade que logrou alcançar nos estados em que atuou fez que as mulheres e homens negros mais bem-sucedidos aderissem à rede, tornando-se membros.

Podemos citar vários nomes com esse perfil, dentre eles o de João Cabral Alves (Rio Grande do Sul), o criador da rede, que passou a integrar a comitiva de Getulio Vargas quando de sua campanha para a presidência, no início dos anos 1950. Também se pode citar o nome de Sofia Campos Teixeira (São Paulo), diretora do departamento feminino da diretoria municipal de São Paulo, que, ao integrar-se à rede, já vinha de um ativismo afro-brasileiro ao lado de uma militância partidária. Ela era reconhecida líder sindical, tendo se candidatado, nas eleições de 1950, à vaga de deputada federal. Seu nome consta da lista dos signatários do "Manifesto à nação", elaborado pelos participantes da Convenção Nacional do Negro de 1945.

Ainda podemos citar o doutor Heleno da Silveira, capitão do Exército e professor catedrático da Faculdade de Medicina do Paraná que dirigia o departamento de saúde da seção daquele estado. Outra reconhecida liderança afro-brasileira que, ao unir-se à rede, proporcionou-lhe mais visibilidade foi José Bernardo da Silva (Rio de Janeiro), um dos líderes no Distrito Federal. Após a fundação da entidade, ele foi eleito deputado estadual pelo Partido Trabalhista Brasileiro (PTB) por três mandatos, iniciando o primeiro deles em 1954. Também foi membro da Comissão de Constituição e Justiça da Assembleia Legislativa, embora não fosse advogado. Era um homem de imprensa, tendo atuado nos jornais *O Estado* – por 16 anos – e *A Tribuna*. Sua voz se fez ouvir por meio dos microfones da Rádio Difusora Fluminense. Em 1926, criou, em Niterói, o Centro Espiritualista Jesus no Himalaia, que segue ainda hoje com suas atividades de benemerência, mesmo após sua morte, em 1963.

Destarte, a UHC valia-se da estrutura política já estabelecida nos locais compreendidos em sua área de atuação. E contava com deputados, médicos, advogados, jornalistas e diversos homens negros com visibilidade social e política como membros, os quais tinham na rede um sustentáculo. Ao mesmo tempo, auxiliavam a Uagacê na expansão dos seus tentáculos.

> Queremos ter homens de cor Ministros de Estado, Senadores, Deputados, Prefeitos, Juízes, Diplomatas [...]. Estamos arregimentando os intelectuais negros, os portadores de diplomas superiores, a fim de nos ajudarem. A presença entre nós desses médicos, advogados, professores, engenheiros, dentistas, assistentes sociais serviria ainda como incentivo aos estudantes de cor em seus possíveis complexos [...]. (*Quilombo*, Rio de Janeiro, n. 3, jun. 1949, p. 8)

Um desses partícipes, o presidente da UHC do Paraná em 1948, doutor Nilton Oliveira Condessa, era advogado, jornalista e professor da Faculdade de Ciências Econômicas do Estado. O médico baiano e deputado estadual, radicado em Londrina, Justiniano Clímaco da Silva também era membro da organização (*União*, Florianópolis, 1948). Outro membro ilustre era o doutor Antenor Pompílio dos Santos, vereador em Curitiba em 1948 pelo Partido Social-Democrático (PSD).

Uma das edições do jornal *União* estampou a foto do doutor João Estevam dos Santos, acompanhada do seguinte texto:

> Por ato do Sr. Governador do Estado, acaba de ser designado para servir junto à Chefatura da Polícia desta capital o Sr. João Estevam dos Santos, distinto inspetor estadual de nossa Sociedade, seção Paraná, [...] que é elemento afeito às cooperações a bem do seu estado, tem ocupado vários cargos de responsabilidade não só no Paraná, como no país, sendo natural de Paranaguá. É diplomado pela Escola Normal de Direito e Superior de Agricultura do Paraná. (*União*, Florianópolis,1948).

A divulgação do desempenho profissional dos líderes da organização – nesse caso, o inspetor-geral do grupo –, realçando, por exemplo, as láureas por eles recebidas da autoridade máxima dos respectivos estados, contribuía para o objetivo de mostrar o grupo como sendo constituído por afro-brasileiros em ascensão social. Havia como que um devotamento à missão de tornar mais conhecida a existência de afro-brasileiros nas diversas casas legislativas. Assim, a publicação de fotos – que não deixava dúvidas a respeito do pertencimento étnico dos homenageados – era complementada com denodo por pequenos informes enaltecedores, como no exemplo a seguir:

> Dr. Justiniano Clímaco da Silva, baiano de nascimento, mas paranaense de coração, é um dos deputados estaduais que formam [sic] condignamente ao lado de todos os empreendimentos do governo do Exmo. Governador Moysés Lupion. Radicado em Londrina, de longa data impôs-se no conceito público por suas excelsas qualidades de médico fulgurante e pelas virtudes que acrisolam seu caráter [...]. Nas lides jornalísticas é acatado e respeitado, pois como verdadeiro bandeirante proporcionou ao povo londrinense oportunidade feliz para ter a sua própria imprensa, fundando e dirigindo ali o *Paraná Jornal*. *(União de Santa Catarina, 1948, p. 4)*

A expansão da Uagacê não apenas atingia as capitais, mas também o interior. Em 1948, por exemplo, o senhor José Bernardo da Silva, à época denominado de "benfeitor presidente" da recém-fundada sucursal do Distrito Federal (UHC/DF), fez a seguinte declaração sobre a ramificação da rede na cidade:

> Basta assinalar a existência, em pleno funcionamento, dos diretórios da Tijuca, dirigido por Eustáquio Correia Chagas, com cerca de oitocentos sócios inscritos; da Muda, dirigido pelo aplaudido compositor popular Sinval Silva, com mais duzentos inscritos; e de Benfica, sob minha responsabilidade e secretariado pela Srta. Idaleta de Melo, também com mais duzentos sócios. Creio ser um coeficiente bastante recomendável para um trabalho de apenas dois meses e pouco. Em breve funcionará também nosso diretório do Morro da Mangueira. (Nascimento, 2003a, p. 42)

A primeira diretoria da UHC/DF possuía a seguinte composição: José Pompílio da Hora[4], presidente; doutor Célio Chaves, vice-presidente; Antonio Troizio Filho, primeiro secretário; Joviano Severino de Melo, inspetor-geral; Eustáquio Correia Chagas, tesoureiro. A disposição geográfica dos diretórios em bairros de classes sociais tão díspares – como apontado na citação apresentada – demonstra que a organização do grupo independia do nível socioeconômico dos futuros participantes.

Dentre os vários diretórios, o de São Benedito foi o que mais se notabilizou, sobretudo por intermédio da figura de seu presidente, o senhor Joviano Severino de Melo.

Seu nome se fazia presente com frequência na imprensa de grande circulação da época, o que garantia que suas opiniões, demandas e denúncias sobre as relações raciais no país se tornassem públicas.

> A propósito da entrevista que o Sr. Guerreiro Ramos concedeu à *Vanguarda* de 13 do corrente, fomos procurados pelo Sr. Joviano Severino de Melo, presidente do Diretório de São Benedito, da União dos Homens de Cor do Distrito Federal, que nos declarou o seguinte: [...] É que o senhor Guerreiro Ramos, que é professor sociólogo, no dia 13 de maio do corrente ano, quando da inauguração do Congresso do Negro realizado sob a direção do Teatro Experimental do Negro, confessou publicamente nunca ter sentido o preconceito de cor [...]. Ao contrário da fundação do Instituto Nacional do Negro, Senhor Guerreiro [...] deveria, isto sim, criar cursos para divulgar os direitos do homem, tomando por base a parte da filosofia que trata igualmente os costumes na sociedade, sem preconceito de cor, ainda praticado no Brasil. (*Diário Trabalhista*, Rio de Janeiro, ano IV, n. 1.100, 23 set. 1949, p. 1-2)[5]

Ocorria, então, uma troca de interesses: a UHC desenvolvia-se por meio de sua aproximação com representantes de grupos e líderes locais; esses indivíduos, por sua vez, ganhavam destaque perante suas bases mais próximas pelo pertencimento a um grupo de alcance nacional. Assim, a União dos Homens de Cor conquistava lideranças já consolidadas e contribuía para o surgimento de outras tantas. Pautada nessa estratégia é que a organização logrou expandir-se tão velozmente, desde o seu registro estatutário, em 1943, em Porto Alegre.

Objetivos e planejamentos: olhares sobre o estatuto

Dando prosseguimento ao exame do perfil dessa rede, ainda pouco estudada, faremos agora uma breve análise sobre o seu documento delineador. O estatuto da UHC segue o formato dos documentos da época, sendo dividido em sete seções equivalentes a capítulos. Houve uma edição registrada em cartório e outra distribuída entre os ativistas. Após uma comparação entre as duas versões, pode-se notar uma disposição diferenciada na última, que proporciona uma divisão em quinze seções (embora os mesmos assuntos fossem abordados), listadas a seguir:

> Das finalidades, da divisão do país para fins administrativos, dos deveres, da diretoria, da beneficência social, das finanças, da educação física, da diversão e esportes, das penalidades, da assistência social na campanha e interior do país, do acatamento às leis do país, das comunicações, dos compromissos sociais por empréstimos, dos cargos remunerados, das disposições gerais.

O livreto, pelo seu formato mais semelhante ao de um manual, leva-nos a crer que fora produzido para que os sócios e interessados pudessem acessar e ler o estatuto com mais facilidade. Um olhar atento sobre ambos os documentos nos permite observar a exclusão no oficial (o do cartório) de uma série de parágrafos os quais poderíamos classificar como mais contundentemente críticos. Numa entrevista concedida ao jornal *Quilombo* em 1949, Joviano Severino de Melo declarou o seguinte sobre a UHC/DF: "Pretendemos modificar os Estatutos da União dos Homens de Cor dos Estados Unidos do Brasil, porque foram feitos durante o regime ditatorial em Porto Alegre em 1943. Vamos enquadrar o Novo Estatuto dentro das normas democráticas" (Nascimento, 2003a, p. 42).

Essa afirmação nos ajuda a perceber a diferença entre os dois textos. Com a abertura do regime – após a ditadura varguista –, o grupo reelaborara a sua carta diretiva, permitindo-se aduzir comentários críticos sobre a sociedade em geral. Em meio aos artigos inseridos no livreto e ausentes no estatuto registrado em cartório, temos o de número 102, que aparece na seção das disposições gerais: "A União dos Homens de Cor dos Estados Unidos do Brasil, a juízo da convenção nacional, poderá ser transformada em partido político, nos moldes da legislação do país, se, para a perfeita execução dos estatutos e para que se consigam as reivindicações mínimas dos seus associados, tal medida se tornar necessária".

Sua finalidade era tentar fazer que lideranças da rede da UHC fossem eleitas nos pleitos municipais e estaduais. A inclusão desse artigo dava aos associados a liberdade não apenas de estabelecerem parcerias político-partidárias como também de se candidatarem em diferentes pleitos. Além disso, proporcionava à UHC a oportunidade de, fazendo uso de uma rede já consolidada em estados-chave da federação, transformar-se no primeiro partido negro do país.

A União dos Homens de Cor dos Estados Unidos do Brasil tinha como um de seus objetivos (expressos no primeiro artigo do estatuto, na seção das finalidades): "elevar o nível econômico e intelectual das pessoas de cor em todo o território nacional, para torná-las aptas a ingressarem na vida social e administrativa do país, em todos os setores de suas atividades". Desde a formulação do seu primeiro estatuto, percebem-se indicações precisas de que ambicionava se transformar numa teia nacional de mulheres e homens negros, estimulados a buscar poder econômico e político:

> A UHC (Uagacê), como é comumente conhecida a nossa instituição, está se desenvolvendo grandemente em todo o país, sendo de notar-se que nos Estados de norte a sul é infindável o número de seus associados, que se eleva a vários milhões. A título de divulgação, daremos a seguir os nomes dos integrantes da direção nacional e de alguns estados para conhecimento dos

interessados e como homenagem singela, mas expressiva, de admiração pelo muito que estes homens fizeram em benefício da sociedade. (*União*, Curitiba, ano II, n. 75, 27 mar. de 1948, p. 4)

Ao parágrafo apresentado na citação anterior seguiu-se a listagem nominal dos diretores das capitais, acompanhada da definição de seus respectivos cargos nos dez estados.[6] Com base na lista nominal apresentada no jornal *União*, podemos concluir que havia cerca de noventa membros em cargos diretivos, de norte a sul do país. Cada capital possuía uma diretoria executiva com, em média, nove representantes. A sede nacional, em Porto Alegre, recebia a convenção anual, no dia 13 de maio, com a participação dos representantes eleitos nos seus respectivos estados.

A última página do livreto conta com uma seção intitulada "Nossas reivindicações" (que não aparece no estatuto original), onde cinco demandas foram listadas:

> Nossas Reivindicações
>
> 1ª – Que se torne matéria de lei, na forma de crime punível de leso-patriotismo, o preconceito de cor ou de raça; 2ª – Que as punibilidades, nas bases dos preceitos acima, se estendam a todas as empresas de caráter particular ou público, bem como sociedades civis e instituições de qualquer natureza; 3ª – Enquanto não for tornado gratuito o ensino em todos os graus, sejam admitidos brasileiros de cor como pensionistas do Estado em todos os estabelecimentos de ensino superior do país, inclusive estabelecimentos militares; 4ª – Isenção de impostos e taxas, tanto federal como estadual ou municipal, a todo brasileiro de cor que desejar se estabelecer com qualquer ramo comercial, industrial ou agrícola com capital inferior a dez mil cruzeiros.

Os quatro primeiros itens são praticamente os mesmos do "Manifesto à nação", proposto pela Convenção Nacional do Negro Brasileiro (São Paulo, 1945, e Rio de Janeiro, 1946). A única mudança está na quantia a ser utilizada como parâmetro – a que se refere no quarto item – para a isenção de taxas e impostos. Enquanto o documento apresentado na convenção refere-se a 20 mil cruzeiros (Nascimento, 2003b), o livreto da UHC estabelece o valor de dez mil cruzeiros. Há, por outro lado, um item totalmente novo:

> 5ª – Doação absolutamente grátis, a todos os brasileiros de cor e seus descendentes, de lotes coloniais ou suburbanos, de formas que, com essa medida, seja reparada a injustiça feita aos homens de cor do Brasil, os quais, desde a escravidão, nunca receberam do governo ao menos um pedaço de terra onde pudessem construir uma pequena casinha.

Tal reivindicação representava, em realidade, o desencadear de uma campanha pela reparação e por ações compensatórias envolvendo bens agrários. Além disso, ela se estendia "a todos os brasileiros de cor e seus descendentes", já que a UHC possuía, desde os seus primórdios, em 1943 – como anteriormente referido –, o objetivo de tornar-se uma rede com representatividade nacional, o que fica claro na seguinte declaração: "É adotada, para fins de administração, a mesma divisão política e administrativa do país, sendo: Todo o território Nacional com um Presidente Nacional; Os Estados com um Presidente de Estado; Os Municípios com um Chefe Municipal; Os Distritos com um Chefe Distrital; Os Inspetores de Zonas nos Distritos".

A preocupação com a saúde, observada nas divisões das diretorias (nas três esferas), levou à formulação de um modelo de previdência privada, para garantir "assistência médica a todos os membros da União" (*Quilombo*, ano I, n. 1, dez. 1948, p. 3), sendo atendidos por profissionais especializados pertencentes à UHC; em cada município deveria haver um médico, ou cirurgião-dentista, disponível para o atendimento dos membros da entidade. O estatuto, no entanto, deixa claro que esses voluntários deveriam "receber honorários correspondentes aos serviços prestados".

Havia também uma diretoria voltada à área da educação. Logo, o estatuto não poderia deixar de atentar para esse aspecto. O artigo 61 (página 4) declarava o seguinte: "O chefe do departamento organizará a assistência e orientação geral, a fim de que os interessados em estudos superiores possam terminar seus estudos à custa da União". Esse objetivo ainda se mantinha vivo cinco anos mais tarde, quando João Cabral Alves declarou ao jornal *Quilombo*, publicado pelo Teatro Experimental do Negro (TEN): "A UHC tem por finalidades manter moços e moças em cursos superiores, concedendo-lhes roupa, alimentação etc. para que possam concluir os estudos [...]. E ampla campanha de alfabetização, de forma que, dentro de 10 anos, não exista um único homem de cor que não saiba ler" (*Quilombo*, ano I, n. 1, dez. 1948, p. 3).

A análise do estatuto também nos leva a perceber que havia uma constante interlocução entre os integrantes da rede e os indivíduos envolvidos no movimento negro de uma forma geral. Ou seja, a UHC e seus líderes eram integrantes da articulação dos negros organizados no período aqui abordado.

Ações e estratégias desenvolvidas

Segundo Costa Pinto (1952), a UHC/DF seria mais voltada às ações de benemerência, principalmente devido à sua associação com o Centro Espiritualista Jesus no Himalaia, cujo diretor era a segunda pessoa na hierarquia da entidade. O discurso público apresentado pelo grupo na capital do país era concordante com a teoria do referido autor: "A UHC aponta como solução para o negro a assistência social, como meio de atender aos seus problemas imediatos de miséria econômica e social" (Costa Pinto,

1952, p. 261). Vale destacar que havia uma sintonia entre o ativismo antirracista e a fé espiritualista: "A União não tem caráter racial [...]. E para isto usamos da máxima predileta de São Benedito: 'A Fé nos guia, [...] ilumina, purifica salva e cura. Enfim, onde ela falta, falta tudo, absolutamente tudo'" (Melo, 1949, p. 1).

A Uagacê dedicou-se também ao atendimento dos negros em geral – e não apenas daqueles associados a ela – no que dizia respeito a problemas mais imediatos e visíveis ligados às mudanças sociais e educacionais, como comprova este relato do senhor Wilson Nascimento Pinheiro, filho do senhor Manuel Rodrigues Pinheiro Neto, coordenador regional de Passo Fundo nos anos 1950:

> Houve um momento em Passo Fundo em que se desenvolveu uma leptospirose, uma epidemia muito grande [...]. Era uma doença totalmente desconhecida [...]. Havia um preto velho que fazia uma xaropada [...]. Os voluntários da UHC trabalhavam concomitantemente com ele fazendo aquela xaropada em panelões para toda a região, não só para Passo Fundo [...]. Foi um trabalho voluntário induzido dentro dos Homens de Cor, já que eles tinham afinidade com aquele senhor. Se não me engano, ele tinha oitenta e poucos anos. E ele tinha a sabedoria, o conhecimento que, de forma precária, ocasional ou não, parece que resolveu o problema de aproximadamente cem pessoas, e para o qual a medicina naquele momento não tinha uma solução em curto prazo.[7]

Ações diversas, como forma de questionar as autoridades estabelecidas ou os diversos poderes econômicos e sociais, além de fazer-lhes demandas, eram desenvolvidas. As iniciativas eram exercidas com diferentes estratégias, que incluíam as correspondências (cartas e telegramas endereçados à imprensa e aos poderes constituídos localmente), manifestos públicos, produção de panfletos, entrevistas aos jornais de grande circulação e apoio às realizações culturais organizadas pelos afro-brasileiros. Atividades alusivas às datas simbólicas para a luta antirracista (como o 13 de maio e o aniversário da Declaração dos Direitos Humanos) também compunham o elenco de atos coordenados pelo grupo.

> Coincidindo o dia 4 do corrente com o primeiro aniversário da Declaração Universal dos Direitos do Homem, proclamado pela Organização das Nações Unidas, a data será comemorada pelos negros brasileiros com uma missa solene, tendo para isso a concordância do Cardeal Dom Jaime de Barros Câmara. A cerimônia religiosa será realizada na Igreja de Nossa Senhora do Rosário, sob o patrocínio do povo carioca e por intermédio da União dos Homens de Cor, diretoria de São Benedito. ("São Benedito e Santa Efigênia", *Diário Trabalhista*, 1º dez. 1949)

Um ou mais desses artifícios eram utilizados sempre que os líderes tomavam conhecimento de manifestações de discriminação racial ou percebiam a possibilidade de ocorrência de algum fato capaz de influenciar negativamente a vida da população afro-brasileira. Nesse sentido, José Bernardo da Silva, presidente da UHC/DF nos anos 1960, declarou:

> Assim que Getulio Vargas fora eleito Presidente da República, estivemos com Sua Excelência expondo-lhe as aspirações da UHC e pedindo o seu apoio. Queríamos que Vargas nos facilitasse os meios necessários para fundarmos escolas até mesmo profissionais e órgãos assistenciais em benefício dos pretos e pardos atirados à margem da sociedade e sofrendo mais que os brancos [...]. Nada de positivo resultou dessa entrevista. A documentação que entregamos ao então Presidente da República não sabemos que destino tomou. (*Jornal do Centro Espiritualista Jesus no Himalaia*, Niterói, maio 1962, p. 3)

Essa mesma visita também foi mencionada por Costa Pinto (1952). O autor afirmou que, além do pedido feito ao presidente de apoio econômico-financeiro para melhoria da qualificação educacional e profissional da população negra, outros objetivos motivaram a audiência. Dentre eles, destacaram-se: o agradecimento pela sanção da Lei Afonso Arinos; o protesto pela não inclusão de figuras negras nos cartazes oficiais produzidos em comemoração ao 1º de maio, e também pela ausência de negros nos quadros diplomáticos brasileiros e na delegação brasileira participante da mais recente Assembleia da Organização das Nações Unidas (ONU), em Paris; a demanda referente à indicação de um ministro de Estado que fosse negro, de modo a provar a inexistência de racismo no âmbito governamental, e à inclusão de negros nas propagandas oficiais.

Os líderes buscavam diferentes formas de manter a visibilidade da UHC diante da opinião pública. Assim, o fundador da rede, João Alves Cabral, quase dez anos após a fundação do grupo, seguia com suas técnicas de marketing. Um exemplo disso foi sua visita a Passo Fundo, junto com a comitiva de Getulio Vargas, no início dos anos 1950. O senhor Manuel Rodrigues Pinheiro Neto – respeitado dono de posto de gasolina e o primeiro motorista de praça local – aderiu à rede, vindo a ser uma importante liderança. Dessa forma foi estabelecido um dos núcleos da organização.

> João Alves Cabral veio a Passo Fundo, aproveitando a oportunidade, e tirou proveito político da chegada de Getulio Vargas a Passo Fundo. O Getulio Vargas retornou ao Rio, ao Palácio do Catete, e ele permaneceu. Ele conseguiu conglomerar na única emissora de rádio que tinha naquela época [...] todos nós de cor, aproximadamente 180 participantes. Foi elaborado um documento que [dizia que] Passo Fundo teria a UHC [...]. Lembro que naquela oportunidade a

prefeitura chegou a ceder um terreno até de grandes proporções, tipo de 40 × 60, para que ali fosse constituído o escritório regional da UHC.[8]

Sendo um dos objetivos da UHC, segundo seu estatuto, o "combate a todo tipo de discriminação racial", outra tática adotada foi promover movimentos que dessem visibilidade à causa e servissem como formas de denúncia pública de situações de racismo e discriminação racial. Costa Pinto (1952) refere-se, por exemplo, à visita feita por um dos coordenadores à firma norte-americana Sydney Ross em companhia da imprensa, com o intuito de exigir um ato de desagravo por parte do gerente, que negara emprego a uma mulher negra. O fato foi acompanhado de denúncias na mídia (impressa e radiofônica) e envio de correspondência ao referido funcionário (Pinto, 1952). A discriminação racial no mercado de trabalho era uma das principais causas de ações de denúncia do grupo e protestos dos líderes.

> Como evitar o abuso que se verifica na Holerith, Cia. Telefônica Brasileira e outras empresas estrangeiras, que não aceitam nos seus serviços negros, negras e assemelhados? Creio na necessidade de uma lei rigorosa, dando corpo e feição prática ao postulado de igualdade assegurado nos parágrafos 1º e 2º do artigo 141 da Constituição. (Melo, 1949, p. 1-2)

A rede procurava se robustecer por meio de um diálogo intenso desenvolvido em diferentes eventos nacionais relacionados. Seus coordenadores estiveram presentes tanto na Conferência Nacional do Negro (1949) como no I Congresso do Negro Brasileiro (1950). Essa participação, no entanto, nem sempre se deu de forma serena. Costa Pinto (1952) mencionou algumas críticas feitas por José Bernardo da Silva, da UHC/DF, em relação ao I Congresso do Negro Brasileiro. O líder fluminense via o encontro, com seu formato acadêmico, como algo sem alcance prático para os afro-brasileiros.[9] Em seu entender, as metas capazes de propiciar a resolução dos problemas vividos pelos afrodescendentes seriam as seguintes:

> 1. Combate a toda e qualquer discriminação racial; 2. amparo material, cultural e moral ao negro de qualquer nacionalidade, condição social, crença política ou religiosa, e a qualquer membro dos demais grupos étnicos desde que não sejam inimigos dos negros; 3. fundação de escolas, postos médico-assistenciais, pequenas cooperativas de víveres, roupas e calçados nas favelas, nos sertões e nos litorais; 4. criação de grupos educacionais sob a orientação de competentes educadores sociais escolhidos pela sua elevação cultural e seus princípios humanitários e cristãos; 5. incrementar e difundir a alfabetização das crianças, adolescentes e adultos do étnico afro-brasileiro, a começar pelo âmbito familiar; 6. providenciar sobre a criação de um órgão econômico capaz de financiar devidamente os empreendimentos indicados. (Pinto, 1952, p. 302)

O senhor José Bernardo postulava a ampliação de um programa de amparo social que em muito se assemelhava ao trabalho já desenvolvido por ele no Centro Espiritualista Jesus no Himalaia, fundado em 1926. Os itens 4 e 5, que se referem à intervenção social na área da educação, dando o último atenção especial à alfabetização de adultos e crianças, já eram preconizados em ambos os estatutos redigidos em Porto Alegre anos antes: "Será procedida a alfabetização total da União. Todo membro da Uagacê que souber ler deverá contribuir para a alfabetização total da União, ensinando pelo menos uma pessoa analfabeta".[10]

Em relação aos suportes econômicos necessários à implementação de tais medidas, José Bernardo da Silva recomendava que deveriam ser conseguidos "sem o auxílio do que anda por aí com o nome de Estado Nacional" (Pinto, 1952, p. 262). Em sua visão, o planejamento poderia ser inteiramente executado sem a interferência do governo federal. Suas propostas apoiavam-se num plano de sustentabilidade elaborado pelos iniciadores da rede, anos antes.

O racismo brasileiro acabou ganhando visibilidade internacional com a participação da UHC no Conselho das Organizações Não Governamentais ligado ao escritório da Organização das Nações Unidas para a Educação, a Ciência e a Cultura (Unesco) no Rio de Janeiro. Na ausência de instrumentos legais aos quais pudessem recorrer – a Lei Afonso Arinos ainda não havia sido sancionada –, a Declaração Universal dos Direitos Humanos, recém-publicada pela ONU, passou a servir de parâmetro para os membros daquela rede. Em relação a isso, o presidente da UHC/DF, durante mesa-redonda intitulada "Há um problema do negro no Brasil?" e realizada no I Congresso do Negro Brasileiro (agosto de 1950), declarou o seguinte:

> [...] fundamos a União dos Homens de Cor, com foro nesta Capital da República, dentro dos princípios democráticos estabelecidos na Constituição Federal e na Declaração Universal dos Direitos Humanos proclamada pelas Organizações das Nações Unidas, em 10 de dezembro de 1948. Constituiu-se esta sociedade de fins sociais e cívicos, conciliando a liberdade de iniciativa com a valorização da família negra, denominada União dos Homens de Cor, para dar oportunidade de iniciativa a pretos, pardos e brancos, sem preconceito de cor, de acordo com os direitos básicos do indivíduo na sociedade moderna, consubstanciada na Declaração Universal dos Direitos, iguais e individuais. (Nascimento, 1982, p. 228)

A UHC/DF mantinha viva a chama do debate a respeito do racismo e da discriminação racial, garantindo assim a construção de uma massa crítica sobre o tema. As análises não favoráveis à organização eram respondidas por intermédio dos jornais da cidade, que eram transformados em tribunas e espaços publicitários:

> Negros, pardos e brancos constituem os grupos étnicos da nossa nacionalidade. No Brasil, nem o branco apenas deve mandar, instruir-se e educar-se melhormente, nem gozar dos direitos constitucionais da nossa Carta Magna como grupo privilegiado, nem o negro ou pardo tampouco. Se três são as raízes de nossa formação étnica, direitos e deveres iguais todos são obrigados a tê-los e cumpri-los. Disto não se afastará a União dos Homens de Cor na sua luta contra aqueles que desejam ver este ou aquele dos três grupos predominante sobre os outros [...]. Há quem julgue que a União pretende dar ao grupo afro-brasileiro, ao negro, finalmente essa predominância. Aos que afirmam por maldade, combateremos e chamá-los-emos de confusionistas a serviço do racismo. (Silva, 1950, p. 7)

A mestiçagem era comumente usada como pretexto para impedir o desenvolvimento de qualquer movimentação que buscasse construir reivindicações para os afro-brasileiros, algo contrariado pelo discurso da UHC. Ou seja: exatamente pela existência de três raças formadoras é que os negros deveriam poder contar com mais direitos, uma vez que, até aquele momento, os brancos haviam sido os detentores de todas as vantagens e benesses. Paralelamente, desenvolvia-se a estratégia midiática de difusão do nome da organização, que pode ser notada na seguinte matéria, de um importante periódico da capital do país, sobre uma sessão na Câmara dos Vereadores:

> A questão racial foi assunto que empolgou a transcrição dos anais. Um manifesto da União dos Homens de Cor do Brasil, protestando contra o preconceito de cor existente no Brasil, à margem da própria lei básica do país, que não permite as discriminações. Isso serviu de ensejo para que vários vereadores ocupassem a tribuna. O vereador Magalhães Júnior, dizendo-se descendente de negros, protestou contra essa discriminação velada e sub-reptícia que se nota no seio da sociedade brasileira, que se nota a ponto de eliminar o negro das escolas e, até mesmo, de determinados serviços do Estado, qual seja o Ministério das Relações Exteriores. ("Empolgada a Câmara Municipal com a questão racial", 1951, p. 2)

Note-se que, por iniciativa do grupo, o tema amplia seus contornos, indo além do discurso dos afro-brasileiros. Os líderes mantinham vivo no meio político e na grande imprensa o tema das tensões raciais na sociedade brasileira, para que ficasse ao alcance da opinião pública. No trecho citado, é possível verificar um reflexo dessa estratégia: um homem público, membro de uma família tradicional do país (o vereador Magalhães Júnior), empunhando a bandeira da denúncia do cerceamento do ingresso dos afro-brasileiros nas escolas e no âmbito da diplomacia.

No período que se seguiu ao fim do Estado Novo, as conferências nacionais do movimento social negro tinham como um de seus objetivos trazer a público a sinergia

– nem sempre sem tensão – entre ativistas e acadêmicos. Também atentando para essa interação, os jornais editados pelos diversos grupos procuravam atualizar os ativistas por meio de uma literatura sobre raça, incluindo aquela produzida além das fronteiras nacionais. Nesse sentido (o de buscar informações que pudessem subsidiar as análises e reflexões dos ativistas), diversas foram as atividades coordenadas pelo movimento em que reconhecidos acadêmicos se fizeram presentes com suas contribuições. Roger Bastide, Edison Carneiro, Florestan Fernandes, Costa Pinto, Guerreiro Ramos e Thales de Azevedo são alguns dos nomes que com certa frequência integraram as listas das autoridades participantes dessas atividades (Silva, 2007; Nascimento, 2003a; Nascimento, 2003b).

O I Congresso do Negro Brasileiro, em 1950, foi um dos eventos fortemente marcados pela presença desses ilustres teóricos. Esse ambiente, em que ativismo e academia – embora mantidos em campos distintos – muitas vezes se tornaram complementares, propiciou a manifestação de apreciações críticas por parte dos membros da UHC a respeito dos estudos sobre raça disponíveis naquele momento: "A UHC, por intermédio do seu presidente, faz apelo para que seja abandonada a ideia geral que é a falta de cultura que caracteriza o desajustamento do negro na sociedade brasileira. Nós temos negros de valor [...]. Isto demonstra ao mundo que não há raça superior em face das raças judaicas e negras, as mais perseguidas no mundo" (Silva, 1947, p. 1).

Havia uma atualização em relação ao fluxo de discussões acadêmicas e científicas da época, graças às reflexões pioneiras que provocavam. Um dos líderes da UHC do Distrito Federal, em declaração à imprensa, referiu-se, por exemplo, a Gobineau, deixando transparecer certa familiaridade com os textos e autores clássicos associados ao tema das relações de raça no mundo: "Nós da União dos Homens de Cor temos sido combatidos no nosso sonho humanístico de vermos os pretos e pardos do Brasil dignificados pela cultura, educação e moral [...]. Uns nos combatem por não saberem dos nossos reais intuitos, outros fazem isto por adotarem as ideias de Gobineau, um dos pais do racismo" (*União*, Curitiba, out. 1950).

Além de suas publicações específicas – o jornal *União* de Curitiba e o *Himalaia* de Niterói, por exemplo –, os diários de grande circulação também eram utilizados pela entidade para a divulgação das críticas que aqueciam o debate sobre o racismo na sociedade brasileira. Grande parte do diálogo com a opinião pública caracterizava-se pela tentativa de evitar que a seus membros fosse atribuída a pecha de racistas. A preocupação em definir os objetivos da rede podia ser observada em muitas das páginas dos grandes jornais:

> Dirão: "Mas a UHC bate-se mais pelos negros e pardos do que pelos brancos" [...]. É o que parece. Nós, os dirigentes desse movimento antirracista e nacional, gostaríamos de trabalhar com método e objetivamente. Ao vermos que, dos grupos étnicos de que se constitui a nação brasi-

leira, o dos negros e seus familiares é o que mais sofre toda a espécie de desajustamentos econômicos e morais, nosso dever não podia ser outro senão o de atacar as causas desses desajustamentos nas suas raízes mestras. Verificando que todo mal-estar comum aos afro-brasileiros é produto da péssima organização social e do excesso de consideração e segurança que certos grupos de brancos de mentalidade escravagista cultivam, colocamo-nos ao lado dos negros e seus familiares, sem esquecermos os brancos que esses mesmos grupos exploram e tiranizam. Essa atitude nossa não foi tomada de afogadilho. Estudamos, perquirimos, observamos antes de adotá-la. (Silva, 1950, p. 7)

Notamos, então, que parceria era a palavra-chave para aqueles líderes. Cada pequeno grupo de coordenadores (nos diversos níveis) buscava desenvolver ações que pudessem ter apoio de autoridades, políticos e setores representativos da sociedade. A UHC fazia política com os políticos, cultura com os culturalistas, notícia com os jornalistas, debates com os intelectuais, além de doar alimentos aos necessitados. Tratava-se de uma rede de múltiplas faces que, por essa razão, atraía muitos, em diferentes lugares, sendo muito relevante para a construção de um contínuo debate, envolvendo a opinião pública, sobre o racismo ou discriminação racial no Brasil, um assunto tabu.

Os herdeiros da UHC e os grupos assemelhados

A rede da UHC inspirou a criação de novos grupos, que, com nomes semelhantes, adotaram o mesmo modelo e formato da predecessora. Repetiu-se a divisão em departamentos – saúde, educação, jurídico etc. As atividades desenvolvidas eram: assistência jurídica, comemorações em datas festivas, empreendimento de processos em defesa dos sócios, busca de visibilidade na imprensa, ações para a atração de afro-brasileiros proeminentes, entre outras. Incluía-se nesse rol a organização de concursos de beleza, aos moldes dos clubes sociais da época.

Serão aqui analisados três desses novos grupos: a União Cultural Brasileira dos Homens de Cor (UCBHC), de Duque de Caxias; a União Cultural dos Homens de Cor (UCHC), do Rio de Janeiro; e a União Catarinense dos Homens de Cor (UCHC), de Blumenau.

União Cultural Brasileira dos Homens de Cor

A cidade de Duque de Caxias, no Rio de Janeiro, ocupou um lugar de destaque na imprensa nacional a partir do final dos anos 1940, por contar com um célebre habitante: o pai de santo Joãozinho da Gomeia. Joãozinho, um homem negro, baiano, estabeleceu-se ali em 1946 (Silva, 2003), quando já era uma celebridade em Salvador, onde era conhecido como João da Pedra Preta. Jorge Amado (2000, p. 11) o considerava o líder do candomblé "mais espetacular" da Bahia. No Distrito Federal, sua fama foi consolidada por intermédio do jornal *Diário Trabalhista*, nos anos 1950.

Morava no bairro Copacabana, na região metropolitana da Baixada Fluminense (Lemos, 1980; Peralta, 2000; Carneiro, 1954; Silva, 2003). Sua figura pública contribuiu para que as manifestações de religiosidade afro-brasileira fossem vistas com ares menos preconceituosos. A construção da imagem de João da Pedra Preta (ou Joãozinho da Gomeia) correspondeu a um fenômeno espetacular, tendo a difusão da cultura afrodescendente no imaginário social da época fortalecido o movimento de resistência associado a essa população.

É nesse ambiente que a União Cultural Brasileira dos Homens de Cor é criada, em Duque de Caxias, no ano de 1949, três anos antes da pesquisa que Costa Pinto realizaria como parte do Projeto Unesco (Souza, 2004). A gestão de 1954 contou com a seguinte diretoria:

> Tenente Ambrosino de Almeida do Nascimento e Dr. João Alvarenga de Oliveira, presidentes de honra; Dr. José Rogério dos Santos, vice-presidente; Prof. Theodorico dos Santos Araújo, secretário-geral; Edson Carlos Rodrigues, primeiro secretário; Antonio Rodrigues, segundo secretário; Aristides de Carvalho Chaves, primeiro tesoureiro; Prof. Manuel Floriano dos Santos, segundo tesoureiro; João Virgílio de Oliveira, primeiro bibliotecário; José Mendes, segundo bibliotecário; Dr. Walter Joaquim Barbosa, procurador-geral (Lemos, 1980, p. 78).

As festas foram práticas costumeiras durante diferentes décadas, caracterizando-se como eventos de congraçamento e de construção de uma identidade negra. Assim foram, por exemplo, os bailes da Frente Negra, de São Paulo, sob a organização das Rosas Negras (Cuti e Leite, 1992), as danças nos clubes sociais negros, notadamente no Sul e Sudeste, e as efemérides, além dos concursos de beleza promovidos pelo TEN. A esse respeito, nos fala Souza (2004): "A União Cultural Brasileira dos Homens de Cor de Caxias (UCBHC) [...] organizava festejos, almoços, comemorações nos dias da família negra e datas consideradas importantes, promovia atividades culturais que dessem visibilidade ao artista negro, movia processos em defesa dos associados, realizava concursos de beleza etc." (p. 30). Quanto a estes últimos, registrou-se que, em 1954, uma de suas candidatas foi eleita com um total de 4.521 votos (Lemos, 1980; Souza, 2004).

A sede da entidade ficava no centro de Duque de Caxias, havendo mais dois escritórios: um localizava-se em Parada Angélica e o outro em Tinguá, no município de Nova Iguaçu.

União Cultural dos Homens de Cor

O grupo foi formado pela dissidência da UHC/DF. Denominou-se União Cultural dos Homens de Cor (UCHC), sendo fundado e dirigido pelo professor secundário José Pompílio da Hora, candidato a vereador nas eleições de 1950 e primeiro presidente da UHC/DF. Sobre tal grupo, Costa Pinto (1952) declarou o seguinte:

> Em certo sentido, a natureza dos cursos abertos pela União Cultural deu causa a certa desilusão para alguns elementos negros que dela esperavam outra espécie de atividade orientadora, de nível mais elevado [...]. A verdade, porém, é que – deliberadamente ou não – a União Cultural, com seus cursos que pôs em funcionamento, não deixou de demonstrar certa dose de autocrítica e realismo em face das necessidades do meio e suas possibilidades de atuar dentro dele. (p. 306)

Em 1950, durante a realização do I Congresso do Negro Brasileiro, Joviano Severino de Melo aproveitou a ocasião para informar que "a União Cultural dos Homens de Cor, com sede na Rua do Resende, 125, recebe aos sábados brancos, pardos e negros, sem ferir, portanto, o próprio patrimônio nacional, isto é: o homem brasileiro" (Nascimento, 1982, p. 232).

O estudioso Thales de Azevedo, em seu trabalho para o Projeto Unesco (que teve como fontes de informação os grandes jornais da capital baiana), reproduziu notícia referente à visita de um dos membros da União Cultural dos Homens de Cor, do Distrito Federal, à cidade de Salvador:

> Encontrando-se entre nós, onde veio em visita à família e amigos, o Sr. Eloy de Freitas Guimarães, secretário-geral da União Cultural dos Homens de Cor [...]. Depois de referir-se à boa divulgação que está tendo a União, de maneira a ser considerada como um movimento nacional, o Sr. Eloy Guimarães declara que até na ONU a associação dos homens de cor já tem representantes, nas pessoas do seu delegado, Dr. José Pompílio da Hora, bacharel em Direito pela Universidade de Nápoles, advogado e professor de Grego e Latim no Rio de Janeiro, e ele próprio, ambos eleitos por sufrágio de seus companheiros de diretoria e assembleia geral [...]. Disse-nos [...] que, além de interesses ligados àquela associação, um dos motivos que o trouxeram à Bahia foi o semanário *Redenção* (*A Tarde*, Salvador, ano XXXIX, n. 132/22, 8 fev. 1951, p. 8)

A União Cultural dos Homens de Cor era uma das poucas organizações negras, no período, com sede própria. O grupo ofereceu cursos de alfabetização e outros voltados para a capacitação de empregadas domésticas, com temas como culinária e corte e costura. De acordo com Costa Pinto (1952), nessa época muitas empregadas domésticas almejavam adquirir uma máquina de costura (Singer), movidas pelo sonho de ascensão social. O autor também informa que os referidos cursos eram muito populares, sendo oferecidos em quase todos os bairros do Rio de Janeiro.

União Catarinense dos Homens de Cor[11]

A figura pública do cantor e radialista Avandié Inácio de Oliveira, o Príncipe Negro, criador da União Catarinense dos Homens de Cor (UCHC), foi de fulcral importância para a difusão do nome e imagem da entidade, fundada em Blumenau, em 1962. Mineiro de Uberaba, mudou-se para a cidade catarinense em 1961, após uma visita ao local, e logo iniciou a constituição da UCHC. Plurais foram as atividades realizadas pela organização, incluindo congressos, palestras e conferências. A programação também contava com discursos e apresentações de autoridades políticas, eclesiais e militares das cidades nas quais Avandié realizava seus eventos.

A certa altura, a UCHC passou a ser referida como "Uchic", uma forma de pronunciar a sigla que nomeava a instituição. Tal denominação contribuiu para a atração dos negros da cidade, já que "era *chic* ser membro da UCHC". Posteriormente, os integrantes do grupo começaram a denominar-se de uchiquianos, e a letra i foi incorporada à sigla, que se transformou em Uchic (União Cultural dos Homens de Cor do Interior e Capital). Assim, construiu-se uma identidade que, além de racial, era também de classe.

A instituição buscou realizar atividades que atraíssem grandes públicos, sendo a figura do coordenador essencial para sua divulgação nos municípios em que teriam lugar. Entre essas atividades estavam os concursos de beleza, que se iniciaram sob os seus auspícios em Blumenau, em 1961[12], e se espraiaram por diversas cidades, tais como Itajaí, Tijucas, Florianópolis, Criciúma, Laguna, Araranguá, Jaraguá do Sul, Araquari, Rio do Sul, Ituporanga, Lages, São Joaquim, Porto União e Capivari de Baixo.[13]

Quando do primeiro aniversário de fundação da entidade, o panfleto de divulgação do evento comemorativo trazia um convite para um baile de confraternização. A frase "Sem preconceitos raciais" ocupava lugar de destaque no impresso, sendo complementada pelo seguinte texto:

> Avandié de Oliveira não criou a mulata, mas lançou o concurso Miss Mulata [...] que recebeu todo o apoio das autoridades e comunidade de Blumenau [...]. O concurso estendeu-se por 22 cidades catarinenses, com retumbante êxito. Assim, o Príncipe Negro fez surgir do anonimato 22 belíssimas mulatas para a admiração do povo catarinense. (*Jornal de Santa Catarina*, Blumenau, 27 ago. 1988)

Esses dados nos dão uma ideia aproximada da extensão da rede associada à instituição. Em 1967, a UCHC foi responsável pela organização do Congresso do Negro, ocorrido no teatro Álvaro de Carvalho, em Florianópolis. Entre as autoridades presentes estava Ivo Silveira, um dos ex-governadores do estado. O grupo também procurou manter um estreito relacionamento com países africanos e seus representantes em Brasília. Esse relacionamento permitiu que a organização – representada por seu idealizador, Avandié Inácio de Oliveira, o Príncipe Negro – recepcionasse delegações africanas em três ocasiões distintas: a do Senegal em 1965, a da Nigéria em 1980 e a do Togo em 1982. A respeito da última visita, assim se pronunciou o *Jornal de Santa Catarina*:

> Em 1982, diplomatas da República do Togo, uma ex-colônia alemã no litoral da África, mais precisamente no Golfo do Benin, visitaram Blumenau. Estiveram representando a República do Togo Dr. Kami Soule e Dr. Kwamo Gahfa. Ocasião em que efetuaram exposição daquele país irmão, além de conferência na Fundação Regional de Blumenau. (27 e 28 mar. 1988)

Sendo Blumenau uma cidade cuja narrativa de fundação reporta-se principalmente à colonização alemã, o articulista aproveita para relacionar o país africano à cidade, com base em um suposto parentesco pautado por uma colonização realizada pelo mesmo país europeu.[14] Desse modo, cria-se uma fraternidade baseada nos exploradores, e não nos explorados.

O ano do centenário da abolição (1988) foi marcado em Blumenau pelas comemorações dos 26 anos da UCHC, que tiveram grande destaque na imprensa local. Por ocasião de tais comemorações, as cidades de Brusque, Itajaí e Blumenau receberam o embaixador da República do Togo, doutor Adjaburbu Nana. Durante sua estada, que se prolongou por seis dias, o diplomata teve a constante companhia de Avandié de Oliveira, que se transformara numa espécie de garoto-propaganda da organização. Essa prática de incentivar a vinda de autoridades africanas caracterizou a UCHC desde os primeiros tempos. Prova disso é que, apenas três anos após a constituição do grupo, as cidades de Joinville e Pomerode – por iniciativa da UCHC e seu fundador – foram visitadas pelo senegalês doutor Arri Senghor.

Diante da dificuldade inicial para atrair os negros locais para sua causa, o Príncipe Negro fez uso, principalmente, de duas estratégias: a primeira era de cunho moral; a segunda visava à elevação do orgulho racial dos negros da cidade e de seu entorno. Num dos fôlderes produzidos pelo grupo, além de enumerar os objetivos da organização, dispondo-os como em um estatuto, o coordenador apelava aos sentimentos de solidariedade dos afrodescendentes:

Lembrem-se distintos que a união da qual necessitamos não é apenas artificial ou lendária, mas uma união sólida e firme, cheia de boa vontade e trabalho [...]. Lembra-te de uma coisa: O que fizeste até agora em benefício desta família de cor? [...] Criaste alguma escola para alfabetizar os pequeninos de cor? Ocupaste sempre que foi possível alguns microfones de emissoras ou palco perante multidões de pessoas para falar bem de sua raça? Escreveste sempre artigos e mais artigos dignos, lógicos e consoantes a bem dos seus irmãos de cor? [...] Não é com danças, gingas e requebros que se eleva a dignidade de uma raça nos meios sociais [...]. Associe-se conosco e ajude-nos a buscar assim dias melhores que virão tirados do nosso esforço.[15]

O empenho no sentido de conclamar as mulheres e homens negros a se unirem a um grupo organizado transparece em grande parte dos documentos produzidos pelas lideranças negras da época. O diferencial do caso apresentado é o tom quase pastoral assumido pelo Príncipe Negro em sua convocação. O autor não só convida a população afrodescendente a se associar à organização como se coloca como um exemplo a ser seguido. Enfim, vale registrar que o grupo publicava o jornal *O Colored*, com tiragem de dois mil exemplares, cujo noticiário era mais voltado para o cotidiano dos negros no continente africano.

Pensares conclusivos

Nos anos que se seguiram ao final da Segunda Guerra Mundial, houve uma espécie de insurgência dos africanos e seus descendentes em diferentes localidades, com destaque para os conflitos raciais nos Estados Unidos e a luta pela independência nos países africanos (Fredrickson, 1997). Paralelamente, crescia uma forma organizada de luta contra o racismo que, inspirada nos ensinamentos de Mahatma Gandhi, ganhou as ruas dos Estados Unidos e África do Sul.[16] Diante do trauma deixado pela guerra, a ideia do protesto por meio da resistência pacífica passou a ser largamente aceita.

Em território nacional, o novo momento político e econômico de redemocratização que se seguiu à ditadura de Vargas estimulou o aparecimento de manifestações negras de diversas naturezas (Silva, 2007). As ideias de Sartre – presentes em seu *Orfeu negro* – e as de Richard Wright, entre outros, expressas na revista *Présence Africaine*, chegavam aos nossos líderes afro-brasileiros por diversas vias, sendo uma delas o jornal *Quilombo*, criado pelo Teatro Experimental do Negro. Outro divulgador de iniciativas internacionais foi o jornal *Alvorada*, publicado pela Associação do Negro Brasileiro, de São Paulo (Silva, 2003), que acompanhou a trajetória dos negros estadunidenses. Esse contexto pode haver propiciado a constituição e expansão de uma rede nos moldes da UHC.

Apesar da relevante atuação da UHC, ela foi praticamente esquecida pela literatura acadêmica voltada à analise dos movimentos sociais negros.[17] Há uma recorrente periodização que se inicia com os jornais negros dos anos 1920, passando à Frente Negra (São Paulo), fundada na década de 1930, e depois ao Teatro Experimental do Negro (Rio de Janeiro), criado em meados dos anos 1940 (Winant, 1994; Hanchard, 1994; Andrews, 1991). Então, a maioria dos trabalhos prossegue com a abordagem do Movimento Negro Unificado (MNU), estabelecido na década de 1970. Em que pesem o seu expressivo número (Silva, 2007; Nascimento, 2003b) e as diversas ações por elas implementadas, as organizações negras dos anos pós-Vargas acabaram tendo sua trajetória invisibilizada na historiografia relativa aos movimentos sociais no Brasil. Assim, acreditamos na premente necessidade do desenvolvimento de mais estudos e pesquisas a respeito, em âmbito nacional, nas capitais e nas cidades de menor porte.

Vale destacar que inúmeras das informações constantes neste texto mantêm-se há décadas em estantes recônditas de bibliotecas públicas, cartórios, gavetas domésticas, arquivos de ferro e microfilmagens de coleções pessoais. Mas, acima de tudo, repousam na memória dos remanescentes da época, ou de seus filhos políticos e/ou biológicos. Durante minha pesquisa para o doutorado (2001-2005), fui a bibliotecas nos estados do Rio de Janeiro, Paraná, Santa Catarina e Rio Grande do Sul à procura de publicações específicas sobre as organizações da época, e quase sempre era encaminhada à pessoa responsável pela "pasta dos negros". Em geral tratava-se de uma abarrotada pasta de papelão, fechada por um elástico em vias de ceder ao peso de sua tarefa e do tempo, com vários recortes de jornais colados em folhas amarelecidas.

Daí a preocupação em inserir, neste texto, um número expressivo de falas dos partícipes do movimento retratado. Pretendeu-se, portanto, trazer ao debate as observações, reflexões e denúncias elaboradas por lideranças negras no período posterior ao Estado Novo, notadamente aquelas produzidas no âmbito da UHC (ou Uagacê).

Notas

1. Este texto é um extrato – com várias inserções e adendos – da tese de doutorado intitulada *União dos Homens de Cor (UHC): uma rede do movimento social negro, após o Estado Novo* (Silva, 2005), orientada pela professora doutora Myrian Sepúlveda dos Santos. Vale destacar que várias reflexões sobre o grupo e seus líderes não constantes da tese foram aqui aduzidas.
2. O estatuto foi publicado em duas versões. A primeira, de janeiro de 1943, foi registrada no Cartório de Registro Civil das Pessoas Jurídicas da Cidade de Porto Alegre. A segunda, datada de 1946, foi impressa num livreto, cujo formato corresponde a um quarto do ofício, e, apesar de supostamente ter sido registrada no mesmo cartório, apresenta um número de registro infinitamente inferior. A versão oficial – aquela que adquirimos em cartório – foi registrada sob o número 42.391, e o livreto refere-se ao número 684.
3. Note-se que a representação do Distrito Federal foi inaugurada em março de 1949, e por isso não fazia parte da lista publicada naquele periódico.
4. Posteriormente, José Pompílio da Hora se afastaria desse grupo inicial e criaria a União Cultural dos Homens de Cor, com sede na rua do Resende, no centro do Rio de Janeiro.
5. Esse debate na imprensa ocorreu em consequência das discussões provocadas por Joviano Severino de Melo durante o referido congresso, quando questionou publicamente as ideias e conceitos emitidos por Guerreiro Ramos. A respeito, ver: Nascimento, 1982, p. 218.

6. *"Minas Gerais:* Presidente: Carlos dos Anjos Andrada; Secretário-Geral: Dr. Maximiano de Araújo; Tesoureiro: Sezefredo Mafredine; Inspetor-Geral: Ildefonso Marques; Chefe do Departamento de Educação e Saúde: Dr. Antonio Miranda; Conselheiros Diretores: Dr. Átila de França, Constantino Luiz de Almeida e Vicentino de Alencar./ *Santa Catarina:* Presidente: Dr. Francisco Isabel; Secretário-Geral: Manoel Alves dos Santos; Tesoureiro: Antônio de Mello e Silva; Inspetor Estadual: Tenente Martiniano de Alencar; Chefe do Departamento de Saúde: Dr. Estanislau Ferreira Nunes; Conselheiros Diretores: Tenente Bento Maravialhas, Constantino Menegoto e Dr. Paulino de Mattos. / *Ceará:* Presidente: Dr. Josefino Santa Helena; Secretário-Geral: Manoel José Dias; Tesoureiro: Percival Mendes de Almeida; Inspetor-Geral: Minervino Ricardo de Freitas; Chefe do Departamento de Educação e Saúde: Dr. Antonio Gonzaga; Conselheiros Diretores: Dr. Linoval Martins, Capitão Manoelito Gutierrez e Sra. Dorvalina Ribas./ *Maranhão:* Presidente: Antonio Alves dos Santos; Secretário-Geral: Laudelino Rodrigues Doria; Tesoureiro: Angelino Bustamante; Inspetor-Geral: Aurelino José da Silva; Chefe do Departamento de Educação e Saúde: Dr. Francelino Moraes; Conselheiros Diretores: Professora Leonilda Mendes, Luiz Fonseca e Ricardo Mathias dos Anjos./ *Bahia:* Presidente: Petronildo Mattos; Secretário-Geral: Leovegildo Francisco de Almeida; Tesoureira: Dra. Leonor de Freitas; Inspetor-Geral: Nereu da Silva Pinto; Chefe do Departamento de Educação e Saúde: Dr. Antonio Rodrigues de Almeida; Conselheiros Diretores: Tenente Aldo de Paiva, Rivadávia de Alencar e Ricardo Alves de Lima e Silva./ *Espírito Santo:* Presidente: Dr. Marcelino Fialho; Secretário-Geral: Juvêncio de Alencar; Tesoureiro: Petronilho Rezende dos Santos; Inspetor-Geral: Santiago Bittencourt; Chefe do Departamento de Saúde: Dr. Martinho Mendes; Conselheiros Diretores: Professora Maria de Assunção, Jardelino Cunha e Adalgiso de Sant'Ana. / *Piauí:* Presidente: Antenor Miranda Filho; Secretário-Geral: Jocelino Bittencourt; Tesoureiro: Acelino Rodrigues; Inspetor-Geral: Luiz Ventura Alves; Chefe do Departamento de Saúde: Dr. Luiz Botelho de Moura; Conselheiros Diretores: Setembrino Rodrigues Alves, Joaquim Bento dos Anjos e Marcelino Antonio dos Santos. / *São Paulo:* Presidente: Geraldo Campos de Oliveira; Secretário-Geral: Allan Foyes Crittens; Tesoureiro: Geralcino Souza; Inspetor Estadual: Benedito Custódio; Chefe do Departamento de Educação Física: Professor Benedito Santos; Consultor Jurídico: Dr. Salatiel de Campos; Chefe do Departamento Feminino: Professora Sofia de Campos Teixeira; Conselheiros Diretores: Dr. Raul Joviano do Amaral, Dr. Abelcio Souza e Professor Luiz Lobato./ *Rio Grande do Sul:* Presidente Nacional/ Secretário-Geral: Dr. João Cabral Alves; Secretário-Geral: Sr. Aristides José Pereira; Tesoureira Nacional: Sra. Bianca Maria Papay; Inspetor Estadual: Hipólito dos Santos; Chefe do Departamento de Educação e Saúde: Dr. Cesário Coimbra; Consultor Jurídico: Dr. João Pereira de Almeida; Comissão de Finanças: Sr. Euclides Padilha. *Paraná:* Presidente: Dr. Milton de Oliveira Condessa; Secretário-Geral: Prof. João Cândido Mendes; Tesoureiro: Maximiano Gomes da Silva; Inspetor Estadual: Dr. João Estevam dos Santos; Consultor Jurídico: Dr. Antonio C. Biscaia; Conselheiros Diretores: Teórico Martins, Cel. João Gomes da Silva, Anselmo Alves da Luz; Conselho Dep. de Educação e Saúde: Dr. Heleno da Silveira; Chefe Especial de Organização: Tenente Levino Medeiros."
7. Entrevista dada, em maio de 2005, à senhora Francisca (ou Chica, coordenadora do Movimento Negro de Passo Fundo e da Associação Cultural de Mulheres Negras de Porto Alegre – Acmun), que mui gentilmente colaborou para a pesquisa que deu origem a este texto.
8. Entrevista concedida pelo senhor Wilson Nascimento Pinheiro, em maio de 2004, à senhora Francisca (Chica), de Passo Fundo.
9. A esse respeito, ver: Nascimento, 1982.
10. Extrato do artigo 60, seção "Do serviço de educação e saúde", do estatuto da UHC.
11. Agradecemos aqui à senhora Sueli Petry, do Arquivo Histórico José Ferreira da Silva, de Blumenau, que facilitou nosso acesso, para a realização desta pesquisa, a diversos documentos, tais como jornais, panfletos, ofícios, convites, estatutos e cartas.
12. A vencedora do primeiro concurso foi Janete Rodrigues.
13. Dados extraídos do prospecto de divulgação do "Concurso Individual Cultural Estadual Miss Mulata de Santa Catarina", realizado em 1962.
14. Note-se que, apesar da presença em seu território de alguns missionários alemães no século XIX, a história de colonização e opressão do Togo associa-se essencialmente à França, e não à Alemanha.
15. Texto extraído de prospecto de divulgação da UCHC, assinado por Avandié de Oliveira, o Príncipe Negro.

16. É nesse período que surge, na Bahia (1949) e no Rio de Janeiro (1950), o afoxé Filhos de Gandhy.
17. Constituem exceções as obras de Nascimento (2003b) e Pinto (1952).

Referências bibliográficas

AMADO, Jorge. *Bahia de Todos os Santos: guia de ruas e mistérios*. 41. tir. Rio de Janeiro: Record, 2000.

ANDREWS, George Reid. *Blacks and whites in São Paulo, Brazil: 1888-1988*. Madison: The University of Wisconsin Press, 1991.

CARNEIRO, Edison. *Candomblés da Bahia*. Rio de Janeiro: Andes, 1954.

CUTI; LEITE, José Correia. *... E disse o velho militante José Correia Leite*. São Paulo: Secretaria Municipal de Cultura, 1992.

DIÁRIO TRABALHISTA. Rio de Janeiro, ano V, n. 1.207, 28 jan. 1950.

"EMPOLGADA a Câmara Municipal com a questão racial". *Diário Trabalhista*, Rio de Janeiro, ano VI, n. 1.626, 20 jun. 1951.

FREDRICKSON, George M. *The comparative imagination: on the history of racism, nationalism, and social movements*. Berkeley: University of California Press, 1997.

HANCHARD, Michael George. *Orpheus and power: the movimento negro of Rio de Janeiro and São Paulo, Brazil, 1945-1988*. Princeton: Princeton University Press, 1994.

LEMOS, Silbert dos Santos. *Os donos da cidade*. Duque de Caxias: Caxias Recortes, 1980.

MELO, Joviano Severino de. "Curso para divulgação do homem, ao invés do Instituto Nacional do Negro". *Diário Trabalhista*, Rio de Janeiro, ano IV, n. 1.100, 23 set. 1949.

MOURA, Clóvis. *Dialética radical do Brasil negro*. São Paulo: Anita, 1994.

NASCIMENTO, Abdias do. *O negro revoltado*. 2. ed. Rio de Janeiro: Nova Fronteira, 1982.

_____. *O quilombismo*. Brasília: Fundação Palmares, 2002.

_____ (dir.). *Quilombo: vida, problemas e aspirações do negro*. São Paulo: Fundação de Amparo à Pesquisa/ Editora 34, 2003a (edição fac-similar).

NASCIMENTO, Elisa Larkin. *O sortilégio da cor: identidade, raça e gênero no Brasil*. São Paulo: Selo Negro, 2003b.

_____. *Pan-africanismo na América do Sul: emergência de uma rebelião negra*. Petrópolis: Vozes, 1981.

PERALTA, Antônio Carlos Lopes. *Um vento de fogo: João da Gomeia – um homem em tempo*. 2000. Dissertação (Mestrado em História) – Universidade Severino Sombra, Vassouras, Rio de Janeiro.

PINTO, Luiz de Aguiar Costa. *O negro no Rio de Janeiro*. São Paulo: Companhia Editora Nacional, 1952.

"SÃO Benedito e Santa Efigênia: as solenidades religiosas programadas para a data". *Diário Trabalhista*, Rio de Janeiro, ano IV, n. 1.157, 1º dez. 1949.

SILVA, José Bernardo da. "A União dos Homens de Cor esclarece e adverte". *Diário Trabalhista*, Rio de Janeiro, ano V, n. 1.385, 30 ago. 1950.

SILVA, Joselina da. "A União dos Homens de Cor: aspectos do movimento negro dos anos 40 e 50". *Estudos Afro-Asiáticos*, Rio de Janeiro, ano 25, v. 2, p. 215-36, maio/jul. 2003.

_____. "Elites negras organizadas no Rio de Janeiro: os movimentos sociais no Projeto Unesco". *Estudos Afro-Asiáticos*, Rio de Janeiro, v. 1/2/3, p. 69-96, 2007.

_____. *União dos Homens de Cor (UHC): uma rede do movimento social negro, após o Estado Novo*. 2005. Tese (Doutorado em Ciências Sociais) – Instituto de Filosofia e Ciências Humanas, Universidade do Estado do Rio de Janeiro, Rio de Janeiro.

SILVA, J.; MAIA, M. M. A. "'Ao cair dos búzios': conselhos do pai Joãozinho da Gomeia, num jornal dos anos quarenta". *Faces da Academia*, Dourados, v. 1, p. 25-35, 2007.

SILVA, Vagner Gonçalves da; LODY, Raul. "Joãozinho da Gomeia: o lúdico e o sagrado na exaltação do candomblé". In: SILVA, Vagner Gonçalves da (org.). *Caminhos da alma: memória afro-brasileira*. São Paulo: Selo Negro, 2002, p. 153-81.

SOUZA, Marilúcia dos Santos. "O debate étnico e a União dos Homens de Cor de D. de Caxias". *Pilares da História*, Duque de Caxias, v. 1, p. 10-5, 2004.

WINANT, Howard. *Racial conditions: politic, theory, comparisons*. Minnesota: University of Minnesota Press, 1994.

11 SOLANO TRINDADE E AS MARCAS DO SEU TEMPO

Maria do Carmo Gregório

Quando iniciamos nossa pesquisa em março de 2003, visando elaborar a dissertação de conclusão do mestrado (Gregório, 2005), a ideia era acompanhar o pensamento de um brasileiro negro que viveu e escreveu poesias durante o período de sistematização da representação nacional de um Brasil mestiço. No decorrer da pesquisa, realizamos a leitura de obras com temática racial da literatura nacional produzidas entre as décadas de 1930 e 1970. O cruzamento dessas leituras com diversas fontes de pesquisa nos permitiu estabelecer conexões entre as vozes fragmentadas de militantes e intelectuais negros do período.

Encontramos em Francisco Solano Trindade, além de um poeta que versava sobre a negritude, relacionando-a com o contexto das classes sociais, um protagonista do movimento negro da década de 1930, que dialogou com outros intelectuais contemporâneos preocupados com a questão racial brasileira. Nesse processo, interpretou os pressupostos teóricos da reflexão acerca da temática racial do seu tempo e registrou as suas conclusões em forma de poesia. Decidimos, então, apresentar uma interpretação de sua trajetória militante e os possíveis diálogos estabelecidos na formulação do seu pensamento.

Dividimos a trajetória do poeta e teatrólogo em três fases, das quais a primeira diz respeito aos primeiros momentos de sua vida e formação. Francisco Solano Trindade nasceu no bairro São José, no Recife, Pernambuco, em 24 de julho de 1908. Era filho de Manuel Abílio Pompílio da Trindade e de Emerência Maria de Jesus Trindade (Trindade, 1999a). Estudou no colégio Agnes Americano, onde fez o curso de teatro. Foi aluno ouvinte do Seminário Evangélico do Norte durante três anos. Em 1934, entrou para a Academia do Comércio do Recife. No ano seguinte, casou-se com Margarida Trindade, com quem teve quatro filhos: Raquel Trindade Souza, Godiva Solano Trindade da Rocha, Liberto Solano Trindade e Francisco Solano Trindade. Sua esposa era adepta do culto presbiteriano; sob sua influência, ele se tornou presbiteriano e assumiu a função de diácono, passando a viver uma fase mística ("Poesia negra...", 1961). O rompimento com a Igreja presbiteriana ocorreu em 1938, devido à pouca preocupação dispensada pela instituição religiosa às questões sociais.

A segunda fase teve início ainda na década de 1930, por meio da sua participação no debate racial brasileiro e busca pela promoção da inserção do negro[1] na sociedade brasileira. Sua atuação, num primeiro momento, esteve ligada à Frente Negra Pernambucana (Oliveira, 1957) e, posteriormente, ao Centro de Cultura Afro-brasileiro. Foi por intermédio do Centro de Cultura Afro-brasileiro (fundado no Recife em 24 de março de 1936) que, a partir de 1942, Solano Trindade passou a atuar no Rio de Janeiro, então a capital federal, onde deu continuidade a sua militância social e política e onde possivelmente ocorreu a sua inserção no Partido Comunista Brasileiro.

Nessa fase, o ano de 1944 marcou a trajetória do poeta: ele publicou o seu primeiro livro (Trindade, 1944), sofreu sua primeira prisão política[2] e o Centro de Cultura da capital federal foi indiciado pelo Departamento de Ordem Política e Social (Dops).[3] Solano Trindade assistiu à emergência de um novo tipo de reflexão sobre as relações raciais brasileiras, ligado à criação do Teatro Experimental do Negro (TEN). Nesse período, sua luta e reflexão haviam se ampliado. As suas produções poéticas enfatizavam a exploração de classe e as conexões entre a classe operária e a opressão racial, com base na identidade negra. Em seus espaços de militância, defendeu o direito à diversidade negra como parte da cultura brasileira. Foi dentro de uma cultura afro-brasileira que ele formulou a sua mensagem revolucionária.

Na terceira fase, destacamos a fundação do Teatro Popular Brasileiro (TPB), criado por Solano em 1950, no Rio de Janeiro, tendo como cofundadores Edison Carneiro e Margarida Trindade ("As dificuldades do TPB", 1958). Tratava-se de um teatro folclórico. Pode-se relacionar a sua fundação à criação da Comissão Nacional de Folclore, instituição ligada ao Instituto Brasileiro de Educação, Ciência e Cultura (Ibecc), fundado conforme orientação da convenção internacional que definiu a existência da Organização das Nações Unidas para a Educação, as Ciências e a Cultura (Unesco), em 1946 (Vilhena, 1997, p. 94). O Teatro Popular Brasileiro atuaria como um dos elos de um movimento de revitalização do folclore promovido pela citada comissão, cuja função era encorajar as atividades folclóricas, estabelecer o contato entre os folcloristas e despertar o amor pelo cultivo do folclore (p. 98). Em 1957, Solano Trindade decide fixar residência em São Paulo, para lá levando o Teatro Popular Brasileiro.

A construção da presente narrativa, baseada na trajetória militante de Francisco Solano Trindade, só foi possível por ter tido como ponto de partida os relatos orais de seus familiares e contemporâneos.[4] As informações oferecidas foram delineando os passos e espaços de que a pesquisa deveria se ocupar. Porém, uma interpretação do desenho da sua trajetória de vida, a partir da década de 1930, também pôde ser construída com base nos diálogos e reflexões realizados com os intelectuais fundadores do Centro de Cultura Afro-brasileiro[5] e na interação com as análises sociais produzidas por intelectuais preocupados com as relações raciais do período, que marcaram profundamente sua opção de vida a seguir.

Neste texto, registramos algumas apreciações de intelectuais contemporâneos sobre sua poesia e, em seguida, uma interpretação de sua produção sobre as relações raciais brasileiras, presentes em seus três livros publicados (para tanto, selecionamos alguns poemas). Os livros publicados por Solano Trindade foram: *Poemas d'uma vida simples* (1944); *Seis tempos de poesias* (1958); e *Cantares ao meu povo* (1961). O interesse por sua poesia está vinculado ao registro do cenário histórico onde ele encontrou inspiração. "A poesia de Solano Trindade achava-se plena de compromisso pessoal, sendo uma projeção do ego do autor" (Brookshaw, 1978, p. 34); sua obra representa um meio de acesso às formulações sobre ele mesmo e sobre a sociedade em que viveu. Os livros que escreveu encontram-se guardados na Biblioteca Nacional, no Rio de Janeiro, onde Solano viveu entre 1942 e 1957. Foi na então capital federal que o poeta publicou seu primeiro livro e sofreu suas prisões políticas.[6] Também lá fundou o Teatro Popular Brasileiro[7], que obteve maior repercussão em Embu das Artes, em São Paulo.

Toda a produção poética de Francisco Solano Trindade foi reunida em uma publicação organizada por sua filha Raquel Trindade em 1999, reeditada em 2008. Nessa publicação, a sua produção foi distribuída entre quatro itens: poemas sobre o negro, poemas de cunho político-social, poemas de amor e poemas sobre a vida do poeta. Sua biografia, marcada pela paixão pelas mulheres, por uma identidade racial e social compartilhada com os negros e com as classes populares e pelo compromisso com a defesa do que convencionou chamar de tradições culturais do seu povo, está registrada em sua poesia. Vale ressaltar que o compromisso com as tradições culturais estava presente também na produção e encenação de seus espetáculos folclóricos.

Solano Trindade se forjou como poeta negro no diálogo com os fundadores do Centro de Cultura Afro-brasileiro.[8] Tal centro constituiu um desdobramento da mobilização implementada pela Frente Negra Brasileira (Maués, 1997; Oliveira, 2002). A instituição do Recife apresentou um diferencial em relação a sua similar paulistana. Além de defender a integração do negro na sociedade brasileira, reivindicava o direito a uma identidade cultural, baseada nos valores de uma cultura classificada como afro-brasileira. Segundo Solano Trindade, a instituição surgiu da necessidade de ampliar as possibilidades de atuação da Frente Negra Pernambucana. Seus fundadores pretendiam, como intelectuais, ser porta-vozes dos afro-brasileiros e realizar um trabalho científico que possibilitasse encontrar uma solução para a marginalização sofrida por seu grupo social. Para esses intelectuais, mudar a situação do negro significava contribuir para a melhoria das condições do país.

No contexto da "festa da inteligência" em benefício da poesia de Solano Trindade, que marcou a saída do poeta do Recife rumo ao Rio de Janeiro, encontramos o discurso de Vicente Lima (1940). Nesse discurso, o escritor pernambucano apresenta a poesia negra de Solano Trindade como fruto do "rumo traçado por meia dúzia de intelectuais, que procuravam uma afirmação do negro na cultura brasileira, estudando-o como fator preponderante na formação da nacionalidade brasileira" (Lima, 1940, p. 15). O grupo de intelectuais citado pelo autor seria constituído pelos fundadores do Centro de Cultura Afro-brasileiro.

No discurso de Vicente Lima, a celebração não é construída em torno do "mulato" como representante da nação brasileira, mas da valorização de uma mestiçagem cultural. O deslocamento para a mestiçagem biológica feito em seu discurso pressupõe um negro já mestiço no continente africano, antes de chegar ao Novo Mundo, e por isso contemplado na definição de uma nação mestiça. Vicente Lima nos fez distinguir diferentes interpretações acerca dos conceitos de afro-brasileiro e de mestiçagem. O que se entendia como um projeto de uma nação homogênea possibilitou diferentes interpretações e elaborações teóricas.

O escritor considera que a mestiçagem é a afirmação radical de que não é possível pensar na existência de uma raça pura entre as raças de nossa composição nacional. O português que veio para o Brasil já seria mestiço, graças ao contato com os mouros, assim como os negros, pelo contato entre diferentes raças do continente africano: "As raças colonizadoras já eram mestiças" (Lima, 1940, p. 18), o que, para o escritor, justificaria o grande movimento cultural implementado pelos intelectuais de 1930. Seria preciso que o mestiço brasileiro tivesse orgulho de suas tradições brasileiramente mestiças: indo-europeia, afroindígena e afro-europeia.

Solano Trindade e a poesia afro-brasileira

Nas apreciações dos intelectuais contemporâneos que se pronunciaram sobre sua obra, destaca-se quase sempre a ideia do negro poeta. Paulo Armando associou-o a Langston Hughes (América do Norte) e a Nicolas Guillén (Cuba). O jornalista, assim como já havia feito o escritor Vicente Lima, em 1940, ressaltou a diferença entre Solano Trindade e outros poetas negros que atuaram antes dele, especialmente Luiz Gama, Castro Alves e Cruz e Sousa. Para Paulo Armando, Solano Trindade seria de fato um poeta negro: "No seu canto tem que estar a imensa dor de seus irmãos de raça e não apenas suas dorzinhas pessoais. Sua poesia tem que ser essencialmente social" (Trindade, 1944, p. 9; 1999b, p. 27).

A relação com poetas da América do Norte e de Cuba também é enfatizada por Arthur Ramos (Trindade, 1999b, p. 34). Porém, o antropólogo e médico alagoano destaca uma distinção: nas poesias negras da América Latina, a "casta" se confunde com a "classe". A observação feita por Arthur Ramos estava associada a uma preocupação que caracterizou parte da literatura do período sobre as relações raciais brasileiras, referente à tentativa de apresentar um contexto nacional em que vigorava a harmonia racial, com a atribuição das mazelas vividas pelos negros e mestiços a uma questão de estratificação social.

A apreciação de Roger Bastide sobre os poemas de Solano Trindade surge em publicação do próprio poeta (Trindade, 1944, p. 14). Em carta enviada ao poeta, o sociólogo afirmou que os poemas de Solano misturavam Xangô e Marx (Brookshaw, 1983, p. 186), considerando sua produção como a inauguração de uma nova rota de poesias no Brasil. Além disso, destacou a limitação do vocabulário e do ritmo, afirmando que aquilo que para alguns aparece como defeito causa em outros, indivíduos que veem a poesia como mensagem, uma impressão contrária, possibilitando uma rápida compreensão dos poemas e uma ação eficaz. Assim, a poesia de Solano seria uma "síntese entre o passado e o futuro; uma arma, um toque de clarim, um despertar das energias, levando aos corações o combate por um mundo melhor" (Trindade, 1999, p. 30-1). Bastide também declarou que o progresso não deveria destruir o que havia de grande e lírico na cultura trazida da África, devendo essa cultura tornar-se uma herança comum a todos.

Em uma leitura mais recente da produção poética de Solano Trindade, o autor David Brookshaw (1978, p. 33-5) destaca em sua obra o tema da liberdade. Para ele, Solano fez uma escolha e rompeu com o mundo burguês e com a moralidade do homem branco, que exigia um "comportamento virtuoso" para a integração e ascensão do negro na sociedade brasileira. O poeta atingiu o auge de sua conscientização política na década de 1940, por meio da sua aproximação política e ideológica com o projeto marxista de sociedade, o que o levou a identificar-se com todos os oprimidos, independentemente da cor da pele. A opção cultural de Solano Trindade o faria revitalizar os traços culturais afro-brasileiros.

Segundo o autor, a concepção de amor de Solano estava vinculada à sensualidade, que funcionava como inspiração para a criação poética, uma experiência contínua e variada. Devido à sua ideologia política, ele se considerava cosmopolita e não aceitava a ideia tradicional de casamento. Em sua poesia, incorporou o ritmo dos tambores, o samba e as manifestações religiosas afro-brasileiras. A experiência sensorial dos tambores teria a mesma função do ato sexual; a vitalidade que ambos transmitiam seria a sua fonte de inspiração poética. "Xangô", na sua poesia, representaria a cultura negra, o meio artístico escolhido por ele para denunciar a opressão existente no Brasil e em qualquer parte do mundo. Sua produção artística funcionaria como um veículo de transmissão da sua mensagem revolucionária.

A adesão de Solano Trindade a uma política revolucionária significou a negação e a rejeição a uma promessa frustrada de emancipação aos negros e mestiços, presente nas contradições da sociedade burguesa (Spitzer, 2001, p. 193-223). O poeta associou a derrubada das estruturas hierárquicas e o fim das ideologias excludentes à possibilidade de rompimento com a marginalização e exclusão social do negro e de sua plena integração, com base nos valores da sociedade comunista.

Solano Trindade: negro e trabalhador

No contexto da reflexão de seu tempo[9] encontramos a identidade negra de Solano Trindade, construída de acordo com a representação nacional da mestiçagem. Trata-se de uma identidade ambígua, pois, apesar de estar centrada na definição de um Brasil mestiço, relaciona-se com um amadurecimento cultural e político em que a cor de pele é tida como demarcadora de um espaço de identidade étnica e social.

> A minha mãe
> Foi operária cigarreira
> Da Fábrica Caxias
> Nascida de índio
> E africano
>
> Meu pai
> Foi sapateiro
> Especialista em Luís XV
> Nasceu de branco e africano
> Sabia falar em nagô
>
> Meu pai era preto
> Minha mãe era preta
> Todos em casa são pretos
> (Trindade, 1999b, p. 126)

No início da vida adulta de Solano Trindade, passados quarenta anos do fim do regime servil, o que se percebia era que o fato histórico de 1888 não desencadeara uma mudança significativa na hierarquia social no que dizia respeito aos afro-brasileiros como grupo social. Solano logo descobriu a barreira da cor, ou seja, a preterição em favor de indivíduos brancos ou com pele mais clara. A cor de sua pele demarcava o seu lugar naquela sociedade. Ele era "preto". O que significaria, então, ser "preto" para Solano Trindade?

A conclusão do poeta sobre a sua cor de pele associa-se a uma questão posteriormente aprofundada por Oracy Nogueira (1998), acerca do preconceito de marca no Brasil. O mestiço, independentemente da cor de sua pele, não deixa de ser descendente dos antigos escravos. A rígida estrutura social presente no país impunha barreiras que impediam, de um modo geral, alterações na hierarquia social ou na posição de classe. E mesmo entre os de mesma classe social impunha-se a barreira da cor. O negro estava sujeito ao preconceito de classe e, dentro e fora de sua classe, ao preconceito de cor, ou seja, a um tipo de humilhação de que os brancos de sua classe social estavam isentos.

Oracy Nogueira examinou os padrões de relação entre pretos e brancos vigentes no município de Itapetininga, em São Paulo, ao longo de três séculos, combinando dados históricos e estatísticos com etnografia e observação direta. Concluiu que, no Brasil, vigora um preconceito racial de marca ligado à ideia de preterição do portador de caracteres negroides em relação aos indivíduos brancos ou de aparência menos negroide.

Portanto, não existiria no Brasil um preconceito de raça como nos Estados Unidos, onde a ascendência negra identifica racialmente o indivíduo. Aqui, o preconceito estaria na pigmentação da pele, sendo denominado por Nogueira de preconceito de marca ou de cor. Na análise do autor, ação e representação caminham juntas no que concerne ao preconceito racial, integrando aspectos diversos da vida do indivíduo: econômico, político, ideológico etc.

Ser preto significou para Solano uma identificação com os negros e com os pobres que, no período, era vista como sinal de "inferioridade cultural"[10], caracterizada pelo "misticismo" e pela "superstição" e representando o oposto da ciência, símbolo de modernidade e do progresso. Os traços da "inferioridade cultural do brasileiro" na língua que o antigo escravo "estropeou"[11] seriam marcantes, assim como na religiosidade, devido ao sincretismo religioso, com a permanência de forte influência do culto aos orixás. A arte e a literatura teriam como marcas o primitivismo, o folclore, o caráter romântico das classes populares, ou seja, o inverso daquilo que constituiria a chamada "cultura civilizada". Formulada no contexto de uma sociedade que passou a se definir como afro-brasileira, a cor "preta" de Solano Trindade proporcionou sua identificação com o continente africano.

> Sou Negro
> meus avós foram queimados
> pelo sol da África
> minh'alma recebeu o batismo dos tambores
> atabaques, gonguês e agogôs.
> (Trindade, 1999b, p. 48)

Sua visão e percepção de mundo foram construídas como desdobramentos de uma "experiência africana imaginária" (Appiah, 1997) e da experiência histórico-social de ser negro, a qual inclui o confronto entre culturas de povos distintos. Tais experiências influenciaram sua ação política e, em especial, sua poesia.

Em 1944, no Rio de Janeiro, Solano Trindade lançou o seu primeiro livro; a publicação sugere um profundo investimento pessoal, já que não foi produzida por uma editora. O exemplar consultado foi doado pelo autor à Biblioteca Nacional (vários exemplares da obra foram recolhidos na época de sua prisão). Classificado como a fase da poesia social, o momento de publicação de *Poemas d'uma vida simples* refere-se a um período da história nacional em que o poeta sentiu na pele o autoritarismo da ditadura do Estado Novo e a insegurança generalizada causada pela Segunda Guerra Mundial. Os seus anseios pessoais, e aqueles que ele julgava serem os do grupo social em que estava inserido, determinariam a composição de suas poesias.

> Blues! Swings! Sambas! Frevos! Macumbas! Jongos!
> Ritmos de angústia e de protestos,
> Estão ferindo os meus ouvidos!...
> [...]
> América teu nome é um poema de libertação
> É o mundo que libertará o mundo [...]
> (Trindade, 1999b, p. 91)

A "esperança" apresentada na poesia de Solano Trindade pode ser atribuída ao período iniciado em 1944, de expectativa em relação ao fim da grande guerra. A América Latina foi palco de uma onda de democratização, de tendências políticas esquerdistas e de forte militância trabalhista. Esses acontecimentos não chegaram a constituir um divisor de águas na história da região, mas, por todo o continente, caíam ditadores, mobilizavam-se forças populares, realizavam-se eleições com níveis de participação relativamente elevados. O período ofereceu certas vantagens para o crescimento da esquerda marxista, ligada aos diferentes partidos comunistas espalhados pela América

Latina (Bethell e Roxborough, 1996). Para Solano, o negro representava a classe trabalhadora. Assim, uma mudança na situação vivida pelo negro nas Américas estaria vinculada a uma mudança na situação dos trabalhadores.

No "Poema autobiográfico" (Trindade, 1999b, p.160), Solano retrata a imutabilidade econômica como uma herança transmitida, no caso de negros e trabalhadores, de pais para filhos. Nesse período, os estudiosos da questão racial brasileira, apesar das evidências contundentes e de uma forte associação entre cor e posição social, minimizaram a discriminação racial e seus efeitos sobre a mobilidade social do negro (Hansenbalg, 1979). Solano, que era negro e trabalhador, elaborava suas poesias com base em sua experiência pessoal e sua identidade social, o que atribuía à sua produção um caráter particular, já que ela refletia um ponto de vista divergente em relação às análises de seus contemporâneos.

Em outro poema, intitulado "Conversa" (Trindade, 1999b, p. 49), o negro é mostrado como "agente" na sociedade brasileira, inclusive durante o processo da escravidão. Em sua poesia como um todo, Solano desenvolve a ideia de ação negra, e não de passividade. A palavra "gente", associada a "agente", recobra a humanidade e oferece ao negro uma noção de coletividade, ligada a uma classe social que possuía um passado em comum. O título do poema sugere o diálogo com o passado, uma história contada, promovendo no presente a solidariedade com o sofrimento dos antepassados. Trata-se de um poema democrático, no qual há lugar para o negro trabalhador dos canaviais, para as negras que serviram na casa-grande e para o negro malandro que gostava de "terreiro", "sambas" e "mulatas".

Ainda em seu primeiro livro, *Poemas d'uma vida simples*, Solano, atacando a causa da situação vivida pelos negros na sociedade brasileira, desenvolve uma crítica ao conceito de civilização que caracterizou o negro como algo incompreensível, assustador, uma ameaça que precisava ser controlada, enfim, o outro. Ao desenvolver essa crítica, o poeta constrói um canto épico negro de valorização a Palmares:

> Eu canto aos Palmares
> sem inveja de Virgílio, de Homero
> e de Camões
> porque o meu canto
> é o grito de uma raça
> em plena luta pela liberdade!
> (Trindade, 1999b, p. 39-44)

Segundo o poeta, que negou os padrões vigentes na civilização, por ele associados à tirania, ao sadismo e à opressão, a grandeza da fé e da civilização residiria na liberdade.

Foi isso que impulsionou os palmarinos, impulsionou a ele próprio e, por meio de sua poesia, impulsionaria outros negros a redimir a raça dos antepassados de forma digna, "resgatando" Zumbi, "rei justo e companheiro", um "herói cheio de glórias". Essa busca dos "heróis negros", tão recorrente no movimento negro da década de 1980, principalmente no período do centenário da abolição, com a construção de referências para o fortalecimento da identidade negra, já estava presente na obra de Solano na década de 1940. Na produção de Arthur Ramos, o episódio de Palmares também aparece como um "fato" curioso, um exemplo da capacidade do negro para a civilização. Edison Carneiro, nessa mesma época, publica um livro dedicado ao estudo do Quilombo dos Palmares.

Na produção de Solano Trindade desse período, fica subentendido que a situação vivida pelos negros na sociedade brasileira seria uma sobrevivência ao passado servil. Era um conceito recorrente nas obras dos intelectuais da época. O desenvolvimento desse conceito culminaria com uma posterior ruptura no pensamento de Solano, explicitada em sua publicação *Seis tempos de poesias*, de 1958, que registra a descrença na integração do negro em uma sociedade de base capitalista.

As necessidades da população, a falta de perspectivas e o autoritarismo do poder instituído foram temas abordados por meio da metáfora do trem da Leopoldina em seu poema "Tem gente com fome". Esse poema foi escrito com base na experiência diária de Solano, que, em 1943, passou a residir em Duque de Caxias e a trabalhar na Praia Vermelha.

> Trem sujo da Leopoldina,
> Correndo correndo,
> Parece dizer:
> Tem gente com fome,
> Tem gente com fome,
> Tem gente com fome...
> (Trindade, 1999b, p. 87)

O poeta fez esse percurso por doze anos, e suas viagens o inspiraram nessa produção. Os versos de "Tem gente com fome" foram traduzidos para o alemão, o tcheco e outros idiomas, celebrizando-se. Solano não gostava do trem da Leopoldina: "Foi de tanto ver e sentir que nasceu a inspiração" ("Poesia negra...", 1961). Em relação à poesia, ele afirma que houve pouca produção poética.

A incerteza em relação ao futuro causada pela guerra é retratada no poema "Mulher barriguda", que traz uma indagação sem respostas quanto às perspectivas da criança prestes a nascer. Liberto Trindade, o terceiro filho do poeta, recebeu esse nome por ter nascido após o fim da guerra. Assim, é possível que as indagações do poema revelem, além da insegurança coletiva, a preocupação de Solano com o futuro dos próprios filhos.

Outro tema presente na publicação é a liberdade, expressa por meio da defesa do respeito à diversidade biológica, cultural, política e religiosa do ser humano. A opção de Solano, registrada em diversas poesias, no que diz respeito à religião foi negar a existência de Deus, o que não o impediu de defender, em "Batucada", o direito de culto das religiões de origem africana. Em sua obra, a liberdade conta também com um sentido de esperança, como no poema "Amanhã será melhor"; essa crença seria algo recorrente na vida do trabalhador, que todos os dias, pela manhã, ia para os campos, fábricas, hospitais, cadeias, circulando por zonas miseráveis e construindo a vida, o mundo, para, ao anoitecer, retornar ao desconforto do lar. Ainda em relação à liberdade, o desejo de conquistá-la aparece no poema "Convocação", em que os "camaradas" são convocados para o combate contra o fascismo, mesmo sem a certeza do retorno dos campos de guerra. Em "Abençam Dindinha Lua", a liberdade é essencial para a vida, assim como o "pão e a farinha" (Bernd, 1987, p. 91).

O lançamento do seu livro *Seis tempos de poesias*, em 1958, foi anunciado no *Correio Paulista* como uma comemoração aos seus 50 anos. A publicação revela mudanças na sua reflexão sobre a questão racial brasileira, que passara a ser conjugada com sua militância política.[12] A sua orientação política, baseada na utopia marxista, ampliou sua identificação com todos os oprimidos. A esperança de integração do negro na ordem social estabelecida foi substituída pela necessidade da sua superação, ou seja, tratava-se de vislumbrar uma transformação estrutural da sociedade capitalista, que havia provado a sua incapacidade quanto ao cumprimento das promessas de igualdade e deveria ser substituída por uma nova ordem social. Esse novo panorama culminaria com uma sociedade sem classes sociais e o consequente fim da exploração do homem. O objetivo de Solano Trindade não era encontrar o lugar do negro na sociedade brasileira, e sim trabalhar pelo fim da sociedade capitalista, o que garantiria aos marginalizados um espaço social. Uma luta racial particularizada não mais faria sentido.

Também em seu livro *Seis tempos de poesias* pode-se observar a permanência nas suas formulações da afirmação e da defesa da preponderância da cultura negra na cultura brasileira e americana. Solano não negava a existência do preconceito e da discriminação, e os combateu juntamente com outras questões no âmbito de uma luta universal, uma luta em defesa da cultura popular, na qual estava inserida a massa negra, constituindo o "lugar" onde a revolução deveria ser organizada e fomentada. A luta e as esperanças de Solano superaram as fronteiras nacionais e a delimitação racial. Suas reivindicações étnicas faziam parte de uma luta por justiça mais ampla, contra todas as formas de opressão.

Em 1961, o poeta contou ao jornal *Diário da Noite*, em reportagem realizada em virtude do lançamento do seu livro *Cantares ao meu povo*, que escrevia poesia desde 1929. Sua poesia passou por várias fases. Primeiro, os versos românticos, próprios da adolescência, que falavam principalmente das mulheres bonitas do Recife. O poeta se apaixonou por uma delas, Margarida Trindade, que era presbiteriana, e, para acompanhar a sua amada, tornou-se também presbiteriano. Em seguida, "de crente passou a diácono, citava trechos bíblicos com facilidade, voltado principalmente para Pedro, Tiago e João Evangelista. Foi uma fase mística" ("Poesia negra...", 1961). Os seus poemas de fundo religioso foram publicados na revista protestante *XV de Novembro*, de Garanhuns. Essa fase, vivida ainda no Recife, ficou registrada no nome de sua primeira filha, um nome bíblico: Raquel Trindade.

Posteriormente, em 1936, iniciou-se uma nova fase em sua vida: após o envolvimento com o movimento negro, passou a escrever poesias negras. Segundo Solano, "a própria declamação deve ser diferente na poesia negra. Deve ser ritmada, livre da preocupação ocidental do termo estético" ("Poesia negra...", 1961). Em 1940, começou a fase da poesia social, já em um momento de maturidade, e, como consequência de todo esse processo, "veio o propósito de fazer poesia sem obedecer a nenhuma escola e sem as preocupações estéticas além do conteúdo que trouxesse uma mensagem" ("Poesia negra...", 1961). E a escolha do nome de sua segunda filha também foi influenciada pelo momento vivido por ele: Godiva Trindade.[13]

No livro lançado em 1961 (*Cantares ao meu povo*), havia "amor e certo misticismo, meio abandonado na poesia folclórica". É interessante ressaltar que, nesse período, Solano Trindade estava vivendo um de seus melhores momentos com o Teatro Popular Brasileiro, em São Paulo, após uma fase de turbulências e muita dificuldade financeira. A publicação de *Cantares ao meu povo* teve um significado especial para o poeta; ele havia perdido um de seus originais "numa viagem por mar ao Rio Grande do Sul. O outro, esqueceu-o ao visitar a redação de um jornal carioca". "Por isso a edição, agora, representa muito para mim" ("Poesia negra...", 1961).

Deste livro destaco um poema ("Bolinhas de gude") em que a questão racial fica subentendida na análise social da "bolinha de gude" (Trindade, 1999b, p. 116). Trata-se de um poema que, diferentemente dos outros publicados por Solano, refere-se a um negro delinquente, fruto dos desajustes sociais, do abandono da infância. Com esse poema, Solano levou sua reflexão racial ao interior dos mecanismos mais complexos de funcionamento da sociedade brasileira. No texto não há vestígios de sobrevivência da sociedade servil. Permanece, porém, uma identificação de classe e raça. "Jorginho", protagonista do poema, é fruto da sociedade que criou novos mecanismos, materiais e simbólicos, para justificar a subordinação de uma parcela considerável da população brasileira, onde estava inserido o grupo racial com o qual o poeta se identificava: o dos negros e pobres.

A poesia negra de Solano Trindade resultou de um projeto construído na década de 1930, visando à defesa de uma identidade negra e da "preponderância" da cultura negra no âmbito de uma cultura afro-brasileira. Quando o poeta percebeu que o preconceito e a discriminação racial estavam associados a mecanismos sociais mais complexos da sociedade capitalista, deu-se conta de que não bastava combater as "sobrevivências" ao passado servil. A construção da autoestima do negro brasileiro e de referências positivas em relação ao passado e ao presente foi uma constante em sua poesia. Para Solano, deveriam ocorrer mudanças estruturais que contemplassem os negros em todas as suas dimensões de humanidade.

Na década de 1950, com as pesquisas promovidas pela Unesco (Maio, 1997), o paradigma de análise da sociedade brasileira, pautado por seu aspecto cultural – sendo até então ressaltadas as relações raciais harmônicas –, foi questionado com base em uma vasta documentação que revelava a existência do preconceito e da discriminação racial no Brasil. Diversas críticas aos representantes do movimento folclórico foram desenvolvidas, em especial por Roger Bastide (1974) e Florestan Fernandes (1955, 1972a, 1972b), que acreditavam que os folcloristas não levavam em consideração a "dimensão sociológica do folclore", mantendo-se fiéis à formulação de uma identidade nacional baseada apenas no plano cultural, com a defesa da ideia da integração das três raças como "originadora" da sociedade brasileira. O movimento folclórico representaria, dessa forma, a continuidade do paradigma questionado pela geração dos anos 1950.

Foi dentro do movimento folclórico que nasceu a parceria de Solano Trindade com Edison Carneiro para a criação do Teatro Popular Brasileiro, possivelmente com base no projeto de revitalização dos folguedos do segundo. O teatro teria como função atender a uma demanda social do movimento folclórico promovido pela Comissão Nacional de Folclore (CNFL). A solução para tal demanda veio de um projeto antigo de Solano – presente inclusive no programa do Centro de Cultura Afro-brasileiro, fundado em 1936 – envolvendo o teatro social.

O corpo de artistas do Teatro Popular Brasileiro contou com pessoas selecionadas nos morros, rodas de samba e terreiros de macumba do Rio de Janeiro. Solano afirmava "gostar de ir à fonte buscar os seus artistas" ("As dificuldades do TPB", 1958). Assim, o TPB formava artistas provenientes das camadas de baixa renda, por meio de cursos de interpretação, dicção e dança. Essa característica afirmava o compromisso de classe social de seu fundador. Para ele, a representação da "cultura popular" possibilitaria a construção de uma nova consciência, um elo entre o seu "lugar social" e a sociedade mais ampla.

A inserção de Solano Trindade no movimento folclórico significou a possibilidade de uma reelaboração de seu passado no bairro São José, no Recife, que, segundo o poeta, contava com inúmeros grupos folclóricos ("As dificuldades do TPB", 1958); por meio do teatro, seu passado podia ser constantemente revivido e recriado. O pai, Manuel Abílio, teve importante papel na relação de Solano com o folclore regional: além de seu envolvimento com as religiões afro-brasileiras, nos dias de folga participava do pastoril e do bumba meu boi.

As lembranças que Solano tinha do Recife estavam envolvidas no folclore da cidade. A considerável quantidade de poemas produzidos sobre o tema, tratando principalmente da cultura de origem africana, comprova o comprometimento pessoal do poeta, e não apenas como alguém que coleta dados considerados interessantes, curiosos ou artísticos. Assim, Solano estaria reconstruindo seu passado segundo as novas exigências do presente, sendo a principal delas preservar as "tradições culturais do seu povo". Ele era um homem do interior, e, apesar de estar há mais de dez anos afastado do Recife, suas concepções acerca da cultura popular estavam estreitamente ligadas às suas raízes, às suas origens. Sua obra ainda incorporaria a cultura popular carioca presente nas rodas de samba e nos terreiros de macumba, mas sem perder o sentido de "busca do tempo perdido", o apego ao passado no Recife. Foi por intermédio do Teatro Popular Brasileiro que Solano Trindade reafirmou a sua adesão a uma cultura mestiça desenvolvida ainda na década de 1930, reforçando o seu propósito de defesa de uma cultura popular na qual estava inserida a população negra. Essa atuação constituiria uma forma de embelezar a simplicidade da vida.

Em 26 de outubro de 1970, os jornais (Góes, 1970; Vicente, 1970) noticiaram a doença e internação de Solano em um asilo, em Itapecerica da Serra. Caracterizaram o teatrólogo como "pai e criador" do movimento artístico de Embu, que se tornara um núcleo cultural de "pintores primitivistas" com renome internacional. Solano também foi referido como o "artista que mais lutou pelo reconhecimento dos artistas autodidatas", um "artista do povo", "poeta do povo" e "homem do povo", que deu destaque para o negro em suas diferentes atividades.

A sua adesão ao movimento folclórico brasileiro comprova que ele se manteve fiel à cultura mestiça, o "lugar" onde formulou a sua identidade negra. As mudanças sociais desejadas deveriam ser construídas no âmbito da cultura popular, nesse espaço comum que seria o substrato de uma identidade nacional contraditoriamente cara aos comunistas brasileiros do período. Com as críticas ao movimento folclórico, a atuação de Solano Trindade no teatro foi por algum tempo considerada ultrapassada, por basear-se na subordinação da cultura negra no Brasil a uma cultura mestiça (Vilhena, 1997). De acordo com essa visão, o folclore reforçaria certos traços da ordem tradicional, impedindo a plena integração cultural do negro. As produções dos folcloristas teriam um caráter mais descritivo que interpretativo. Rotulados de conservadores, os folcloristas foram abandonados pela intelectualidade e pelas lideranças de esquerda, e o termo "folclore" ganhou um peso pejorativo na definição do universo popular. Releituras do movimento folclórico levam ao reconhecimento da riqueza da cultura brasileira e da importância do trabalho com representantes da cultura popular, colocando em cena as pessoas pobres, discriminadas socialmente pela cor da pele, pelo local de moradia, pelo modo de ser e vestir-se, pela pretensa criminalidade e pela desvalorização de suas manifestações culturais.

Segundo algumas críticas, Solano Trindade, por sua opção política, teria relegado a segundo plano o debate racial brasileiro. Vale ressaltar que ele atuou e se inseriu em múltiplos espaços ao mesmo tempo. Seus dilemas estavam relacionados à sua identidade como afro-brasileiro, que foi conjugada com sua militância política. Sua produção poética apresenta originalidade justamente por representar esse indivíduo fragmentado e múltiplo. O caráter militante de sua poesia não excluiu temas como a beleza das mulheres e as lembranças de infância e da terra natal, o que proporcionou uma dimensão literária mais ampla à sua obra. Além disso, sua identidade comunista o afastou de uma visão racial particularizada.

A integração do negro na sociedade brasileira e a busca da igualdade social foram causas que mobilizaram intelectuais e militantes, negros e brancos, na década de 1940; no entanto, os caminhos de mobilização e conscientização da massa negra divergiram largamente, dependendo da orientação ideológica e política desses intelectuais e militantes. Assim sendo, apesar de haver unidade no que dizia respeito à causa defendida, as identidades políticas explicitadas eram múltiplas e divergentes. A crítica construída em relação às reflexões raciais de Solano Trindade fundamentou-se em leituras políticas – socialistas, liberais, integralistas –, e não em um suposto discurso racial negro politicamente neutro.

Notas

1. O termo "negro" adquiriu vários significados no decorrer do tempo; a respeito, ver: Maggie, 1996.
2. Fundo Polícias Políticas do Rio de Janeiro. Pasta geral 24, 1944, Arquivo Público do Estado do Rio de Janeiro.
3. *Ibidem*.
4. Entrevistas concedidas à autora deste capítulo por Raquel Trindade e Godiva Trindade, Maytê Ferreira da Silva, Newton Menezes e Guilherme Perez, Rio de Janeiro, 2003. Ver também: Trindade, 1988.
5. Com destaque para Miguel Barros, intelectual, pintor primitivista e escritor negro natural de Pelotas, Rio Grande do Sul, que, em 1937, lançou o livro *Xangô*, cuja segunda edição data de junho de 1950 (Lima, 1940).
6. Fundo Polícias Políticas do Rio de Janeiro, Arquivo Público do Estado do Rio de Janeiro.

7. Acervo digitalizado do Centro Nacional do Folclore (http://www.museudofolclore.com.br/).
8. Ramos, 1971; Prontuário n. 2.127 (Francisco Solano Trindade), 9 de dezembro de 1944, Fundo Polícias Políticas do Rio de Janeiro, Arquivo Público do Estado do Rio de Janeiro.
9. Além da mobilização implementada pela Frente Negra Brasileira, na década de 1930, podemos destacar nesse período a realização dos Congressos Afro-brasileiros. Ver: *Estudos afro-brasileiros*, 1935; Freyre, 1937.
10. Afirmação recorrente nas publicações de Arthur Ramos e Edison Carneiro.
11. Termo usado por Edison Carneiro em "As reflexões sobre a situação do negro no Brasil" (*Estudos afro-brasileiros*, 1935, p. 237-41).
12. Antes desse período, Solano Trindade fizera uma turnê por países comunistas da Europa com o Teatro Popular Brasileiro.
13. O nome Godiva está associado a Lady Godiva, que, segundo a lenda, era uma virtuosa e caridosa mulher da nobreza inglesa do século XI, ao contrário de seu marido, o conde de Mércia, um tirano que impunha pesados tributos ao povo. Godiva protestava publicamente contra os excessivos impostos cobrados por seu marido.

Referências bibliográficas

APPIAH, Kwame Anthony. *Na casa de meu pai: a África na filosofia da cultura*. Rio de Janeiro: Contraponto, 1997.

ARMANDO, Paulo. "Eis um grande poeta negro". In: TRINDADE, Francisco Solano. *O poeta do povo*. São Paulo: Cantos e Prantos, 1999, p. 27.

"As dificuldades do TPB". *Folha da Manhã*, São Paulo, 18 set. 1958. Disponível em: <http://www.museudofolclore.com.br/>. Acesso em: 4 ago. 2011.

BASTIDE, Roger. *As Américas negras: as civilizações africanas no Novo Mundo*. São Paulo: Difel, 1974.

BERND, Zilá. *Negritude e literatura na América Latina*. Porto Alegre: Mercado Aberto, 1987.

BETHELL, Leslie; ROXBOROUGH, Ian (orgs.). *A América Latina entre a Segunda Guerra Mundial e a Guerra Fria*. São Paulo: Paz e Terra, 1996.

BROOKSHAW, David. *Raça e cor na Literatura Brasileira*. Porto Alegre: Mercado Aberto, 1983.

_____. "Quatro poetas negros brasileiros". *Estudos Afro-Asiáticos*, Rio de Janeiro, n. 2, p. 30-43, maio/ago. 1978.

ESTUDOS afro-brasileiros: trabalhos apresentados ao 1º Congresso Afro-brasileiro realizado no Recife em 1934. Rio de Janeiro: Ariel, 1935.

FERNANDES, Florestan. "Congadas e batuques em Sorocaba". In: _____. *O negro no mundo dos brancos*. São Paulo: Difel, 1972a, p. 239-55.

_____. "Cor e estrutura social em mudança". In: BASTIDE, Roger; FERNANDES, Florestan. *Relações raciais entre negros e brancos em São Paulo*. São Paulo: Anhembi, 1955, p. 67-122.

_____. "Representações coletivas sobre o negro: o negro na tradição oral". In: _____. *O negro no mundo dos brancos*. São Paulo: Difel, 1972b, p. 201-16.

FREYRE, Gilberto (org.). *Novos estudos afro-brasileiros: trabalhos apresentados ao 1º Congresso Afro-brasileiro do Recife*. Rio de Janeiro: Civilização Brasileira, t. 2, 1937.

GÓES, Fernando. "Em tom de conversa: mutirão para Solano". *Diário da Noite*, São Paulo, 27 out. 1970. Disponível em: <http://www.museudofolclore.com.br/>. Acesso em: 4 ago. 2011.

GREGÓRIO, Maria do Carmo. *Solano Trindade: raça e classe, poesia e teatro na trajetória de um afro-brasileiro*. 2005. Dissertação (Mestrado em História Social) – Instituto de Filosofia e Ciências Sociais, Universidade Federal do Rio de Janeiro, Rio de Janeiro.

HANSENBALG, Carlos. *Discriminação e desigualdades raciais no Brasil*. Rio de Janeiro: Graal, 1979.

LIMA, Vicente. *Os poemas negros de Solano Trindade*. Recife: Oficinas Gráficas "Diário da Manhã", 1940.

MAGGIE, Yvonne. "'Aqueles a quem foi negada a cor do dia': as categorias cor e raça na cultura brasileira". In: MAIO, Marcos Chor; SANTOS, Ricardo Ventura (orgs.). *Raça, ciência e sociedade*. Rio de Janeiro: Fiocruz/CCBB, 1996, p. 225-34.

MAIO, Marcos Chor. *A história do Projeto Unesco: estudos raciais e ciências sociais no Brasil*. 1997. Tese (Doutorado em Ciência Política) – Instituto Universitário de Pesquisas do Rio de Janeiro, Universidade Candido Mendes, Rio de Janeiro.

MAUÉS, Maria Angélica Motta. *Negro sobre negro: a questão racial no pensamento das elites negras brasileiras*. 1997. Tese (Doutorado em Sociologia) – Instituto Universitário de Pesquisas do Rio de Janeiro, Universidade Candido Mendes, Rio de Janeiro.

NOGUEIRA, Oracy. *Preconceito de marca, preconceito de cor: relações raciais em Itapetininga*. São Paulo: Edusp, 1998.

OLIVEIRA, C. de. "Esqueço às vezes que vou completar cinquenta anos". *Correio Paulistano*, São Paulo, 27 out. 1957. Disponível em: <http://www.museudofolclore.com.br/>. Acesso em: 4 ago. 2004.

OLIVEIRA, Laiana Lannes de. *A Frente Negra Brasileira: política e questão racial nos anos 1930*. 2002. Dissertação (Mestrado em História Política) – Instituto de Filosofia e Ciências Sociais, Universidade do Estado do Rio de Janeiro, Rio de Janeiro.

"POESIA negra, social e mística no livro de Solano Trindade". *Diário da Noite*, São Paulo, 6 out. 1961. Disponível em: <http://www.museudofolclore.com.br/>. Acesso em: 4 ago. 2011.

RAMOS, Arthur. *O negro na civilização brasileira*. Rio de Janeiro: Casa do Estudante do Brasil, 1971.

SPITZER, Leo. *Vidas de entremeio: assimilação e marginalização na Áustria, no Brasil e na África Ocidental – 1780-1945*. Rio de Janeiro: Eduerj, 2001.

TRINDADE, Francisco Solano. *O poeta do povo*. São Paulo: Cantos e Prantos, 1999b.

_____. *O poeta do povo*. São Paulo: Ediouro, 2008.

_____. *Poemas d'uma vida simples*. Rio de Janeiro, 1944.

TRINDADE, Margarida. "Margarida Trindade: depoimentos sobre o poeta". Entrevistadora: Eva Alice Pereira de Souza. Rio de Janeiro: Centro Cultural Solano Trindade, 1988 (mimeo.).

TRINDADE, Raquel. "Dados biográficos". In: TRINDADE, Francisco Solano. *O poeta do povo*. São Paulo: Cantos e Prantos, 1999a, p. 15-36.

VICENTE, Serafim. "Solano Trindade, excelente poeta, folclorista e animador do movimento artístico do Embu (SP), será homenageado e ajudado por um grupo de intelectuais paulistas". *Diário do Grande ABC*, Santo André, 21 nov. 1970. Disponível em: <http://www.museudofolclore.com.br/>. Acesso em: 4 ago. 2011.

VILHENA, Luís Rodolfo. *Projeto e missão: o movimento folclórico brasileiro (1947-1964)*. Rio de Janeiro: Funarte/FGV, 1997.

12 LÉLIA GONZALEZ: FRAGMENTOS

Elizabeth do Espírito Santo Viana

> Intelectual é alguém que lida com ideias transgredindo fronteiras discursivas, porque ele ou ela vê a necessidade de fazê-lo. Segundo, intelectual é alguém que lida com ideias em sua vital relação com uma cultura política mais ampla.
>
> bell hooks (1995, p. 468)

Lélia de Almeida Gonzalez foi nosso objeto de estudo (Viana, 2006), mas poderíamos escolher outros personagens, "tanto das suas próprias vidas como de importantes movimentos sociais da história do Brasil contemporâneo – homens e mulheres tornados (ontem e hoje) *invisíveis*" (Gomes e Viana, 2003, p. 69). Neste texto, privilegiamos sua trajetória até tornar-se "mulher negra" e, em seguida, fatos relevantes de sua vida, apresentando, também, um recorte de seu pensamento sobre racismo, sexismo e, por fim, a categoria "amefricanidade". O contexto subjacente às ideias aqui apresentadas – o das décadas de 1970 e 1980 – deve ser considerado durante a leitura. No entanto, trata-se de ideias não superadas no tempo presente.

De Lélia de Almeida a Lélia Gonzalez

Nascida Lélia de Almeida em 1º de fevereiro de 1935, em Belo Horizonte, Minas Gerais, nossa personagem foi a penúltima dos 18 filhos de Acácio Joaquim de Almeida e Urcinda Seraphina de Almeida, ele negro e ela índia. Sua trajetória não foi diferente daquela trilhada pela minoria composta de negros e pobres que conseguem ascender socialmente no Brasil: começou como babá e se tornou professora universitária. Todos os membros família, adultos e crianças, tinham de trabalhar para sobreviver, sendo que seu pai – um "velho ferroviário getulista" – já demonstrava certa consciência quanto à importância da defesa da "causa dos trabalhadores". Ainda em Belo Horizonte, um fato "marcou" a vida de Lélia. Sua mãe, que atuava como empregada doméstica de uma família italiana, tornou-se ama de leite de uma pequena órfã dessa família (com a mesma idade de Lélia), o que resultou na constituição de laços afetivos entre elas. Em decorrência dessa amizade, a família ofereceu-se para pagar os estudos de Lélia (Viana, 2006, p. 43).

Quase simultaneamente, seu irmão Jaime de Almeida se destacava como jogador de futebol no Atlético Mineiro, sendo convidado para jogar no Clube de Regatas do Flamengo, no Rio de Janeiro. Nesse período, segundo o cronista Mário Filho, o Flamengo ambicionava ser o "mais querido" do Brasil, apesar de, vinte anos antes, ter sido um dos fundadores da Associação Metropolitana de Esportes Atléticos (Amea)[1], que tinha como objetivo barrar a ascensão do Vasco, cujo time incluía negros e mulatos. Assim, como destacou Edison Carneiro, procurava – juntamente com a Confederação Brasileira de Desportos (CBD) – manter ariano o futebol brasileiro (Filho, 2003, p. 19). O contexto era o da Segunda Guerra Mundial, uma época muito difícil para os negros. O cronista descreve Jaime como um negro bonito, saudável, digno, de boa alma, que em tudo "recendia a limpeza, a bondade, a lealdade", somente comparável a "um mordomo do velho Sul dos Estados Unidos". Enfim, para ele, tratava-se de um verdadeiro "Gandhi" (p. 266).

Com a morte do "Velho Acácio", Jaime traz a família, agora somente com treze filhos sobreviventes, para o Rio em 1942, época em que o Flamengo conquista seu primeiro campeonato e, sucessivamente, os de 1943 e 1944. Em seu site, o clube o qualifica como uma de suas "lendas rubro-negras".[2] Por um breve período, a família morou numa vila no Leblon, estabelecendo-se numa casa, comprada por Jaime, no subúrbio, em Ricardo de Albuquerque.

Lélia foi a única a ir além do ensino primário. Essa conquista foi alcançada, como fazia questão de destacar, graças aos seus irmãos, que aceitaram sua recusa quanto a ser babá de "filhinho de madame". Além de, em seu esforço por uma sobrevivência digna, deixarem de contar com a renda de Lélia, supriram suas necessidades básicas. Jaime, para ela, foi um "pai simbólico" e "modelo", porque "ultrapassou a barreira da cor".

Com grande esforço, cursou o ginásio na Escola Rivadávia Correia e concluiu o colegial/científico em 1954, no Colégio Pedro II. Deu o seguinte testemunho sobre o sistema educacional:

> As crianças negras não aguentam esse sistema educacional que está aí. Tanto por razões econômicas, a meu ver, quanto por razões até atraentes [...] tem a merenda etc., mas do ponto de vista da filosofia da política educacional e das práticas educacionais não dá para aguentar não. Porque o processo é sempre de massacre, de estilhaçamento da identidade. Eu passei por isso. [...][3]

Ao ingressar na Universidade Estadual da Guanabara (UEG), atual Universidade Estadual do Rio de Janeiro (Uerj) – classificada em quarto lugar em História e Geografia, graduando-se em 1957/1958 –, já estava, segundo ela mesma, "embranquecida".

Destacamos que Lélia estudou num colégio de excelência; no entanto, de acordo com ela, foi no local que efetivamente começou a incorporar a "ideologia do branqueamento", que distancia o indivíduo negro de sua comunidade. Ele é levado a rejeitar seus valores e seu próprio corpo, tornando-se uma pessoa insegura, tímida e reprimida, porque "aprende aquelas baboseiras sobre os índios e os negros" até a universidade, e esta última não trata essa questão nos "devidos termos". Com essa vivência, Lélia adquiriu "gostos refinados", passando a admirar a "música clássica dos europeus" e rejeitar a música popular e o samba. Considerava as religiões de matriz africana "primitivas" e ostentava o símbolo do branqueamento: uma peruca. Ao olhar para o passado com os olhos do presente, percebeu que queria ser uma *lady*. Em busca do "suprassumo do pensamento ocidental", reingressou na UEG, passando em primeiro lugar no curso de Filosofia. Durante a graduação (1961/1962), conheceu seu futuro marido, Luiz Carlos Gonzalez, descrito por ela como "um homem branco, sofrido e uma pessoa problemática".[4]

A oficialização da união fez que a família de Luiz Carlos se manifestasse. Ao descobrir que não mais se tratava de uma relação de "concubinagem" – um neologismo criado por ela, que quer dizer "concubinato e sacanagem" –, empreendeu uma "campanha violentíssima e de baixo nível". A atitude de Luiz Carlos foi de apoio a sua jovem esposa, rompendo com a família, a despeito de sua fragilidade emocional. Entretanto, ele questionava a "falta de identidade", o "branqueamento" de Lélia.

O fim trágico do casamento veio com o suicídio de Luiz Carlos, que fora, segundo Lélia, resultado das "relações familiares [...] muito complicadas", o que a levou a rever sua postura diante da ideologia do branqueamento, buscando sua "negritude" e sua "condição de negra". Dessa maneira, conseguiu romper com a "cortina ilusória" produzida por uma ideologia que possibilita ao "negro pensar que é diferente dos outros negros". Entre 1971 e 1972, mudou-se da Tijuca para o Cosme Velho, agora unida a um "mulato [...] tinta fraca", que se pautava por "uma ideologia de classe" e "não gostava de preto". A união, de cinco anos, foi "engraçada", porque, enquanto Lélia acreditava estar "em busca de si", o companheiro, de "pai branco e mãe negra", buscava "fugir de si". Foi uma relação de "se gostar muito". Porém, "não estava combinando", o que levou à separação. Sua cabeça "dançou" e "foi parar no psicanalista" (Viana, 2006, p. 51).

Para Lélia, a ascensão social veio acompanhada de uma "lavagem cerebral", um processo de esquecimento e alienação rompido com o sofrimento, sendo que, como "lacaniana de quatro costados", concordava com Lacan quanto ao fato de ser o próprio analisando o maior conhecedor do seu problema, cabendo ao analista apenas ajudar, pontuando a questão. Também buscou acolhimento espiritual no candomblé, apesar do respeito às suas raízes culturais católicas, bem como sua posição favorável em relação à teologia da libertação. É nessa prática religiosa que encontra outro "código cultural", mais ecológico e mais próximo de sua religiosidade, que passou a ser "mais africanizada do que ocidentalizada" (Pereira e Holanda, 1980, p. 203).

Com o encerramento desse processo, isto é, sua conscientização quanto ao que é ser uma "mulher negra", Lélia reorienta suas ações, suas escolhas, e elabora um pensamento singular sobre o Brasil e a América, determinado pela sua diferença (como negra e mulher). Suas experiências particulares e lutas específicas se interligam e relacionam com as do "sujeito da diferença", que, em vez de prisioneiro, torna-se livre para compartilhá-las com outros; o contexto é o da década de 1970 (Araújo, 2000, p. 112).

E em movimentos

A Organização das Nações Unidas para a Educação, a Ciência e a Cultura – Unesco (1947, 1951 e 1964) patrocinou a realização de pesquisas sobre as relações raciais e estudos comparativos entre o modelo dos Estados Unidos, segregacionista, e o do Brasil, de harmonia racial. Devido ao trauma provocado pela Segunda Guerra, a Unesco tinha, além do propósito científico, interesses político-ideológicos na indicação do Brasil como um exemplo salutar de convivência harmoniosa entre as raças. Por fim, esse grande projeto, ao contrário da hipótese levantada, revelou que a democracia racial brasileira era um mito.[5]

O projeto, realizado por uma "nova geração de sociólogos" segundo uma perspectiva que excluía a suposta harmonia racial, ou seja, não mais comprometida com o chamado caráter nacional brasileiro, foi fortemente influenciado pela Escola de Chicago. A influência metodológica da escola norte-americana, de acordo com Mônica Grin, teve enorme importância na promoção e socialização das ciências sociais no Brasil. Essa nova geração, ao tratar das relações raciais, não só adotou a metodologia de tal escola como os seus padrões analíticos e normativos, incluindo sua teoria de modernização, sobretudo em relação às questões relativas aos contrastes entre arcaísmo agrário e urbanização/industrialização e aos aspectos duais da sociedade brasileira, com ênfase na ideia de transição. Assim, o "problema do negro" norte-americano se fazia presente na "versão brasileira", agora com a novidade da proposição de juízos normativos para resolvê-lo, com o uso de sentenças sociológicas (Grin, 1999, p. 147).

Telles (2003) divide a produção desses pesquisadores em duas categorias: a da "primeira geração", compreendendo os trabalhos produzidos por Gilberto Freyre e pelos brasilianistas dos Estados Unidos[6]; e a da "segunda geração", referente aos estudos dos pesquisadores da Unesco, especialmente os de Florestan Fernandes. O autor afirma que, entre outras questões, a primeira geração enfocou a "sociabilidade e as relações sociais das pessoas da mesma classe social", e a segunda, a "desigualdade e discriminação racial".

Outro dado importante refere-se à "diferenciação" entre Norte/Nordeste, área estudada pela primeira geração, e Sul/Sudeste, região abordada pela segunda e "destino preferencial da imigração em massa europeia", sobretudo o estado de São Paulo. Principal representante da segunda geração, Florestan Fernandes manteve com o movimento negro e Abdias Nascimento uma "relação íntima", rejeitando e ignorando a prática da miscigenação, por associá-la com a campanha de branqueamento e considerá-la uma ideologia de legitimação da discriminação racial (Telles, 2003, p. 21).

Além disso, teria apresentado os negros brasileiros como explorados pré- e pós-escravidão, representando, segundo alguns estudiosos, um avanço nos processos de discriminação racial. Porém, devido às suas referências e à metodologia empregada, a população negra foi percebida por ele como disfuncional, sofrendo de anomia, de desesperança e de imoralidade, algo característico da visão de estudiosos que, em certa medida, minimizaram as práticas racistas qualificando-as como um "problema negro".

Assim, Florestan Fernandes desprezou o papel do Estado na promoção do desenvolvimento capitalista e a persistência da ideologia política de embranquecimento. Para ele, os negros brasileiros ainda não tinham alcançado um estágio de desenvolvimento de proletarização à altura dos imigrantes.[7] Mesmo com esses limites, tal mudança de perspectiva propiciou, entre os anos 1970 e 1980, o desenvolvimento de uma nova elaboração teórica, produzida especialmente por Carlos Hasenbalg e Nelson do Valle Silva.

Essa nova elaboração situou a desigualdade racial no cerne das relações socioeconômicas; os conceitos de raça e classe deixaram de aparecer necessariamente em oposição, e o racismo deixou de ser considerado como uma "patologia" residual a ser resolvida com a integração dos negros na sociedade brasileira. O conceito de "raça" adquiriu, segundo Hanchard (2001, p. 49), uma dimensão material estruturadora das alternativas e possibilidades de vida tanto para negros quanto para brancos.

Essa dimensão estava inserida no contexto internacional dos anos 1960 e 1970, marcados pelas lutas políticas de contestação no mundo ocidental. Setores expressivos de determinadas sociedades, motivados por desejos de mudança e transformação, contestaram a situação vigente e propuseram novas formas de organização, tanto na esfera pública quanto na privada. São exemplos desses movimentos a luta pela emancipação das mulheres; a luta pelos direitos civis dos negros norte-americanos; as guerras contra o sistema colonial no continente africano; a oposição da sociedade civil aos governos militares que assumiram o poder na América Latina (Gonzalez e Hasenbalg, 1982). Em *Orfeu e o poder*, Hanchard (2001) situa, no contexto internacional, os movimentos nacionalistas na África, a luta dos negros norte-americanos pelos direitos civis e, no Brasil, os debates sobre a consciência negra, em busca de "uma história, uma teoria e uma política mais amplas" (p. 9). É nesse cenário que podemos inserir o pensamento e a trajetória de Lélia Gonzalez entre os anos 1960 e 1980.

A carreira docente de Lélia começou formalmente no ensino médio, em instituições públicas e particulares/privadas, incluindo o Colégio Piedade (1962), Colégios Andrews (1963), Colégio de Aplicação da UEG (1963), Colégio Santo Inácio (1968), Instituto de Educação e Centro de Estudo de Pessoal (CEP) do Exército Brasileiro, no Forte de Duque de Caxias (1967-1968). No ensino superior, atuou precisamente em 1963, na Faculdade de Filosofia de Campo Grande (Feuc) e Faculdade de Filosofia, Ciências e Letras (UEG). Mas seu trabalho ganhou maior destaque na Universidade Gama Filho e nas Faculdades Integradas Estácio de Sá, onde exerceria as funções de coordenadora do Departamento de Estudos e Pesquisas do Centro Cultural (1973-1974), vice-diretora da Faculdade de Comunicação (1973-1974) e diretora do Departamento de Comunicação (1974-1975).[8] Por questões políticas, foi demitida – juntamente com outros professores – dessas duas instituições, sendo convidada para atuar na Pontifícia Universidade Católica do Rio de Janeiro – PUC-Rio (1978-1994).[9]

Seu engajamento na luta contra o racismo deu-se no início dos anos 1970, quando ressurgiram no Brasil grupos de discussão sobre a temática racial.[10] Ao longo das décadas de 1970 e 1980, espaços acadêmicos e não acadêmicos tornam-se palcos privilegiados para Lélia no Brasil e no exterior (Estados Unidos e países da África, América Central, Caribe e Europa). Em 1976, Lélia promove, na Escola de Artes Visuais, no Parque Lage, Rio de Janeiro, o primeiro curso de cultura negra no Brasil (Gonzalez e Hasenbalg, 1982, p. 40). Como muitos, ela não ficou imune à "paranoia" (Fico, 2003, p. 180) típica do regime implantado com o golpe militar de 1964. Em um período de suspeição de tudo, as escolhas de Lélia passaram a ser alvo de "boatos".[11] Ainda em 1976, dedica-se especialmente aos estudos psicanalíticos. No ano seguinte, começa a atuar num veículo de massa, a televisão, participando do *Programa 1977*.

Em 1978, estimula as discussões sobre a mulher negra – enfocando seu papel na força de trabalho –, as religiões afro-brasileiras e a educação. Além disso, expande sua atuação para outras capitais[12], em função da criação, em São Paulo, do Movimento Unificado contra a Discriminação Racial, posteriormente chamado de Movimento Negro Unificado (MNU)[13], integrando sua primeira Comissão Executiva Nacional – CEN (1978-1982). Nessa época, o Departamento de Ordem Política e Social (Dops) acompanhava sistematicamente as atividades de Lélia e do MNU (Viana, 2006, p. 75). Em 1981, três anos após a fundação do MNU, Lélia afirmou:

> Hoje não dá mais pra sustentar posições culturalistas, intelectualistas, coisas que tais, e divorciadas da realidade vivida pelas massas negras. Sendo contra ou a favor, não dá mais pra ignorar esta questão concreta, colocada pelo MNU: a articulação entre *raça e classe*. Por outro lado, o advento do MNU e a difusão de sua proposta política, objetivada em seu Programa de Ação e em sua Carta de Princípios, inspiraram a criação de diversas entidades e grupos negros em vários pontos do país. (*Apud* Viana, 2006, p. 64)

No caso particular das mulheres, desde 1975 elas vinham participando das ações políticas e denunciando a histórica situação de subordinação em que viviam, sendo que a palavra de ordem era a não divisão perante o "inimigo maior": o mito da democracia racial brasileira. No final da década, a autonomia política das mulheres negras foi um divisor no movimento negro. As mulheres associadas ao Instituto de Pesquisas das Culturas Negras (IPCN) apresentaram, em 1979, uma proposta a todas as mulheres militantes, tanto em entidades similares ou de mulheres como em outras organizações democráticas e progressistas, não para formar "mais um grupinho", e sim para discutir uma "contraideologia" de combate ao racismo e sexismo.

Assim, conceberam a Reunião de Mulheres Negras Aqualtune (Remunea)[14], denominada por Lélia de "Grupão" (Gonzalez, 1994, p. 179). Nessa época, as mulheres do MNU já tinham formado os seus centros de luta (Maria Felipa e Luiza Mahin).[15] No interior do movimento feminista, mais precisamente no Centro da Mulher Brasileira (CMB), mulheres negras já consideravam a hipótese de atuarem autonomamente.

Apesar dessas iniciativas, a militância política das mulheres no movimento negro era menosprezada, pois elas eram consideradas "omissas", "desorganizadas" ou "desinteressadas" (*Movimento Negro Unificado*, 1988, p. 30). A convivência tornou-se inviável (Viana, 2006, p. 83), ocasionando "rachas". Num primeiro momento, as mulheres, especialmente as que militavam em outras organizações[16], passaram a se reunir em casa, o que resultou na elaboração e lançamento de uma "Carta de princípios" (p. 211 e 225); num segundo, criaram o Grupo de Mulheres Negras do Rio de Janeiro – GMN (1982)[17], que promoveu o Primeiro Encontro de Mulheres Negras, realizado no Instituto Bennet. Mas, de acordo com Lélia, esses grupos foram "reabsorvidos" pelo movimento negro, embora todas as militantes tenham dado prosseguimento ao trabalho no "interior das organizações mistas" (Gonzalez, 1994, p. 179).

Outra questão era a cumplicidade do militante negro com a opressão sexual e a reprodução do papel subalterno da mulher negra na sociedade, registrada por Lemos

(1997, p. 46). Para Lélia, a exclusão das mulheres das decisões e a delegação a elas de "tarefas mais 'femininas'" ocorriam em função de o movimento "reproduzir certas práticas originárias da ideologia dominante, sobretudo no que diz respeito ao sexismo" (Gonzalez, 1994, p. 179).

Para tentar solucionar esses problemas, em 1983, na sede da Associação do Morro do Cabrito (no Rio de Janeiro), foi fundado o Nzinga – Coletivo de Mulheres Negras.[18] O nome foi sugerido por Lélia, sua primeira coordenadora, com base em suas pesquisas sobre a história das mulheres africanas e o poder por elas exercido.[19] O objetivo principal do grupo era "lutar contra todas as formas de violência", em especial o sexismo e o racismo, "que fazem de nós o setor mais explorado e mais oprimido da sociedade brasileira" (Gonzalez, 1994, p. 179).

De acordo com Lélia, o grupo ambicionava "trabalhar com as mulheres negras de baixa renda (mais de 80% das trabalhadoras negras)" (Gonzalez, 1994, p. 181). Visava também "integrar a discussão de gênero e raça", bem como articular as "ações de mulheres negras pobres e de classe média" (Lemos, 1997, p. 74). Pela inclusão das últimas e por não aprofundar a discussão de classe, foi acusado de elitista (Barreto, 2005, p. 56). Consideramos que o Nzinga, assumidamente feminista (Roland, 2000, p. 240), buscava o exercício do poder, empreendendo "uma briga por espaço" (Viana, 2006, p. 111). Porém, Lélia e seus membros não viam o Nzinga como opositor a nenhum movimento. Ao contrário, tratava-se de uma tentativa de expressar "o ideal de um momento histórico" (p. 225), tornando-se, assim, um instrumento contra a tripla opressão sofrida pela mulher negra (Gonzalez, 1994, p. 182).

Lélia também travou um profundo diálogo com os afrocentristas[20], cuja perspectiva teórica baseia-se no conceito de afrocentricidade, definido por Sundiata (1996) como "uma qualidade de pensamento e prática enraizada na imagem cultural e nos interesses humanos dos povos africanos" (p. 48). Suas referências[21], suas viagens e seus estudos lhe permitiram compreender a dimensão do racismo na história dos povos da África e da América e apresentar uma categoria analítica. É o que veremos a seguir.

Amefricanidade[22]

Em 1988, após ter exercido cargos públicos de relevância e com seu ativismo reconhecido internacionalmente, Lélia teve seu texto "A categoria político-cultural de amefricanidade" (Gonzalez, 1988a) publicado pela revista *Tempo Brasileiro*, em edição comemorativa do centenário da abolição. O texto foi apresentado por Lélia como resultado de suas reflexões[23], feitas com base em uma ideia de Betty Milan, desenvolvida por M. D. Magno (1981).

Na sua perspectiva, tratava-se de um "novo" enfoque sobre a formação histórico-cultural do Brasil, que, por razões geográficas e especialmente da ordem do inconsciente, não era o que se afirmava: um "país cujas formações do inconsciente são exclusivamente europeias, brancas". Ao contrário, representava, para a autora, uma América africana, porque, na ausência da latinidade, teve o "t" trocado pelo "d" para assim poder assumir o nome *Améfrica Ladina*. Ela acreditava que, por isso, a *neurose cultural* brasileira[24] tinha no racismo o seu sintoma por excelência. Baseada nessa premissa, advogava que todos os brasileiros são ladino-amefricanos, não só os "pretos" e os "pardos" do Instituto Brasileiro de Geografia e Estatística (Gonzalez, 1988a, p. 69).

Os argumentos usados por Lélia para definir as identidades teriam outros desdobramentos, por exemplo, a concepção do sujeito moderno na "modernidade tardia". Segundo Stuart Hall (2001), não houve apenas uma "desagregação", mas um "deslocamento" (fragmentação/descentração) realizado "através de uma série de rupturas no discurso do conhecimento moderno" (p. 34), como no caso dos estudos de Freud sobre o inconsciente e da interpretação de Lacan acerca do pensamento freudiano.

As análises de Lélia demonstram grande influência das concepções da psicanálise. Em sua opinião, a categoria freudiana da *denegação (Verneinung)* – "processo pelo qual o indivíduo, embora formulando um de seus desejos, pensamentos ou sentimentos, até aí recalcado, continua a defender-se dele, negando que lhe pertença" (Laplance e Pontalis, 1970 *apud* Gonzalez, 1988a, p. 69) – possibilita um bom entendimento das artimanhas do racismo como neurose cultural. Do ponto de vista étnico, a denegação da ladino-amefricanidade faz que o racismo "à brasileira" se volte contra aqueles que são seus principais representantes (os negros), com a concomitante negação de tal racismo, que é encoberto pela imagem da "democracia racial brasileira" (p. 69).

Em suas viagens pelo continente americano, Lélia observou que as manifestações culturais de certas regiões – como os falares – guardam algumas similaridades com o Brasil. Em seu ponto de vista, é certo que a presença negra na região caribenha, incluindo a costa atlântica da América Central e o norte da América do Sul, modificou o espanhol, o inglês e o francês falados nessas regiões, sendo marcados pelo processo de africanização, sobretudo o espanhol. No caso brasileiro, essa africanização, facilmente constatada, corresponde ao "pretuguês". O caráter tonal e rítmico das línguas africanas e a ausência de certas consoantes associam-se a um aspecto pouco explorado da influência negra na formação histórico-cultural do continente como um todo, isso sem falar nos dialetos "crioulos" do Caribe. A autora frisa que as similaridades se tornam mais evidentes quando o olhar se volta para as músicas, as danças, as crenças etc. Porém, essa influência negra é encoberta pelo "véu ideológico do branqueamento", sendo recalcada por classificações eurocêntricas – que se referem a categorias como "cultura popular", "folclore nacional", dentre outras –, minimizando assim a contribuição negra (Gonzalez, 1988a, p. 70).

No livro *Festas populares no Brasil*, Lélia Gonzalez (1989, p. 10) explicita essa contribuição, destacando a importância de negros e índios na "nacionalização" e na cultura nacional brasileira. Suas festas são uma "espécie de ruptura dos limites impostos pelo modelo dominante" (p. 15). Por meio dessa afirmação Lélia revela a verdadeira dimensão da dinâmica cultural, pois, para ela, tal ruptura "é a grande responsável pelo estilhaçamento de classificações impostas de cima para baixo: essa dinâmica que tem por sujeitos os anônimos representantes das chamadas classes populares. Portanto, se o espaço da festa é eurocatólico, sua manifestação é muito mais ampla, muito mais abrangente" (p. 15).

Partindo desse pressuposto, Lélia posiciona-se contra certo olhar, o olhar

> [...] do estudioso educado segundo as normas de sistemas ideológicos, [que] acaba por aprisionar, por reduzir a compreensão da riqueza cultural de tais manifestações. E isto para não falarmos do preconceito explícito, óbvio, de certas análises marcadas pelo etnocentrismo. Não é casual, aliás, o significado atribuído ao termo "folclorizar". Tais análises são as responsáveis pela "folclorização" das manifestações folclóricas, populares. (Gonzalez, 1989, p. 15)

Segundo Lélia, Câmara Cascudo viu a cultura humana nos seus dois aspectos: a produzida pelo povo e a dos livros e universidades, esta última excludente por estar presa ao "racionalismo abstrato" e ao formalismo. Ela afirma, concordando com o mestre, que a cultura popular é aquela que "a experiência do mundo revela", sendo anterior, fruto de uma colaboração de anônimos que vem de milênios. Para a autora, a presença negra constitui uma marca indelével na elaboração do perfil do Novo Mundo. Apesar de a habilidade racista deslocá-la, ela se manifesta em diferentes níveis, como o político, o ideológico, o socioeconômico e o psicocultural (Gonzalez, 1988b, p. 23).

Lélia também aborda um aspecto inconsciente que diz respeito a outra categoria freudiana, a de *objeto parcial* (*Partialobjekt*): "Tipo de objetos visados pelas pulsões parciais, sem que tal implique que uma pessoa, no seu conjunto, seja tomada como objeto de amor. Trata-se principalmente de partes do corpo, reais ou fantasmadas [...], e dos seus equivalentes simbólicos. Até uma pessoa pode identificar-se ou ser identificada como um objeto parcial" (Laplance e Pontalis, 1970 *apud* Gonzalez, 1988a, p. 70).

Em relação ao caso particular do Brasil, Lélia chama a atenção tanto para a literatura brasileira – por exemplo, a de Jorge Amado – quanto para as manifestações das fantasias sexuais brasileiras, que se concentram num objeto parcial por excelência: a bunda. Essas e muitas outras marcas da presença negra na construção cultural do continente possibilitaram que a autora elaborasse uma categoria com base nessa abordagem mais ampla, considerando as exigências da interdisciplinaridade. Assim, criou a categoria de *amefricanidade* (Gonzalez, 1988a, p. 71).

Vale ressaltar que a autora não trabalha somente com as similaridades, mas também com os contrastes e as diferenças. O colonialismo, tal como é compreendido hoje, configurou-se na metade do século XIX, ao mesmo tempo que o racismo se constituía como "ciência" da superioridade eurocristã (branca e patriarcal) e se estruturava um "modelo ariano", o qual, segundo Lélia, "ainda hoje direciona o olhar da produção acadêmica ocidental" (Gonzalez, 1988a, p. 71). Esse processo se desenvolveu no terreno fértil da tradição etnocêntrica pré-colonialista (do século XV ao XIX), que considerava absurdas, supersticiosas ou exóticas as manifestações dos povos "selvagens". Daí a "naturalidade" da violência etnicida e destruidora exercida sobre esses povos. A Europa, na metade do século XIX, encontrou uma explicação racional para os "costumes primitivos", visando atender às questões de racionalidade administrativa de suas colônias. A resistência dos colonizados à violência assumiu novos contornos, sendo essa violência muitas vezes não admitida como tal, mas como um reflexo da "verdadeira superioridade".

Entendido pela autora como uma estratégia, o racismo desempenhou um papel fundamental na internalização dessa superioridade, a qual contava com pelo menos duas faces, diferenciadas apenas pela tática empregada (exploração/opressão) para atingir o mesmo objetivo; essas faces correspondem ao *racismo aberto* e ao *racismo disfarçado*.

O primeiro estava presente nas sociedades de origem anglo-saxônica, germânica ou holandesa, que estabeleceram que era negro quem tinha antepassados negros (sangue negro nas veias). Conforme essa articulação ideológica, a miscigenação seria impensável, pois impediria que a "pureza" fosse mantida e sua superioridade reafirmada; porém, não foram impedidos o estupro e exploração da mulher negra. A solução assumida de maneira explícita, por ser considerada a mais coerente, foi a segregação dos grupos não brancos. A África do Sul era o modelo desse sistema.

O segundo, referente às sociedades de origem latina, foi o chamado racismo disfarçado, classificado por Lélia como *racismo por denegação*, em que prevalecem as "teorias" da miscigenação, da assimilação e da "democracia racial". A chamada América Latina, muito mais ameríndia e amefricana, era o melhor exemplo desse modelo, com destaque para os países de colonização luso-espanhola, exceto a Nicarágua, com seu "Estatuto de autonomía de las regiones de la Costa Atlántica". Para uma melhor compreensão desse modelo, é aconselhável que se considere a formação histórica dos países ibéricos.[25]

Lélia alude ao seu texto "Nanny: pilar da amefricanidade" (Gonzalez, 1988b) ao demonstrar como esse tipo específico de racismo se constituiu como forma eficaz de alienação. Graças a ele, a sofisticada ideologia do branqueamento manteve, na América Latina, negros e índios na condição de indivíduos subordinados. No que concerne aos colonizadores, vale salientar que a formação histórica da Espanha e de Portugal teve como relevante elemento a luta plurissecular – a Reconquista (711-1492) – contra a invasão moura. Tanto do ponto de vista racial quanto civilizacional, a presença moura deixou profundas marcas nas sociedades ibéricas, assim como na França, Itália etc. Assim, a América Latina constituía lugar privilegiado para a expressão do racismo por denegação, já que Espanha e Portugal haviam adquirido uma sólida experiência quanto ao desenvolvimento de processos de articulação das relações raciais.

> Sabemos que as sociedades ibéricas estruturam-se a partir de um modelo rigidamente hierárquico, onde tudo e todos tinham seu lugar determinado (até mesmo o tipo de tratamento nominal obedecia às regras impostas pela legislação hierárquica), enquanto grupos étnicos diferentes e dominados, mouros e judeus, eram sujeitos a violento controle social e político. As sociedades que vieram a constituir a chamada América Latina foram as herdeiras históricas das ideologias de classificação social (racial e sexual) e das técnicas jurídico-administrativas das metrópoles ibéricas. Racialmente estratificadas, dispensaram formas abertas de segregação, uma vez que as hierarquias garantem a superioridade dos brancos enquanto grupo dominante (Da Matta, 1984). A expressão do humorista Millôr Fernandes, ao afirmar que "no Brasil não existe racismo porque o negro reconhece o seu lugar", sintetiza o que acabamos de expor. (Gonzalez, 1988a, p. 73)

A afirmação de que "todos são iguais perante a lei" possuía um caráter nitidamente formalista em nossa sociedade. Graças à ideologia do branqueamento, o racismo latino-americano atingiu uma elaboração capaz de manter negros e índios na condição de subordinados, como membros das classes mais exploradas. Foi por intermédio dos meios de comunicação e dos aparelhos ideológicos tradicionais que se reproduziu e se perpetuou a crença de que as classificações e os valores do Ocidente branco eram únicos, verdadeiros e universais. Dessa forma, o mito da superioridade branca demonstrou a sua eficácia pelos efeitos de estilhaçamento e fragmentação da identidade racial, internalizados pelo desejo de embranquecer – com a consequente negação da própria raça e da própria cultura.

Comparativamente a esse modelo, a segregação explícita dos grupos discriminados produziu um efeito contrário, ou seja, reforçou a identidade racial. Nesse caso, as crianças discriminadas cresciam sabendo o que eram e não se envergonhavam da sua identidade racial, o que, de acordo com a autora, permitiu que desenvolvessem outras formas de percepção no convívio social. Nessas sociedades, a literatura negro-feminina era uma fonte de grande riqueza, constituindo, no entanto, algo pouco conhecido no Brasil, excetuando-se a obra de Alice Walker.[26]

> [...] Que se atente [...] para os quadros jovens dos movimentos de liberação da África do Sul e da Namíbia. Ou, então, para o fato de o Movimento Negro – MN dos Estados Unidos ter conseguido conquistas sociais e políticas muito mais amplas do que o MN da Colômbia, do Peru ou do Brasil, por exemplo. Por aí se entende, também, porque Marcus Garvey, esse extraordinário jamaicano e legítimo descendente de Nanny [...], tenha sido um dos maiores campeões do Pan-africanismo ou, ainda, porque o jovem guianense Walter Rodney tenha produzido uma das análises mais contundentes contra o colonialismo-imperialismo, demonstrando *Como a Europa Subdesenvolveu a África* (1972, 1974) e, por isso mesmo, tenha sido assassinado na capital de seu país, a 13 de junho de 1980 (tive a honra de conhecê-lo e de receber o seu estímulo, em seminário promovido pela Universidade da Califórnia, em Los Angeles, em 1979). Por tudo isso, bem sabemos das razões de outros assassínios, como o de Malcolm X ou o de Martin Luther King Jr. (Gonzalez, 1988a, p. 74)

Assim, a produção científica dos negros desses países caracterizou-se pelo avanço, autonomia, firmeza, inovação, diversificação e credibilidade nacional e internacional, o que exigia um espírito de profunda determinação, dados os obstáculos apresentados pelo racismo dominante. De acordo com Lélia, era justamente a consciência objetiva desse racismo sem disfarces, com o conhecimento direto de suas práticas cruéis, que despertava esse empenho, em busca do resgate e da afirmação da humanidade e competência de todo um grupo étnico considerado "inferior". A dureza do sistema levou a comunidade negra a unir-se, em diferentes níveis, contra todas as formas de opressão racista.

Nas sociedades caracterizadas pelo "racismo por denegação", o processo foi diferente; a força cultural apresentou-se como a melhor forma de resistência, o que não excluiu a ação de certas vozes solitárias, efetuando análises/denúncias do sistema vigente. Lélia citou, como exemplos dessas vozes, Frantz Fanon e Abdias Nascimento. O primeiro produziu análises instigantes sobre as relações socioeconômicas e psicológicas entre colonizadores e colonizados (1979-1983), e o segundo, um representante brasileiro, teve importante atuação no teatro, na poesia e na pintura, embora fosse pouco reconhecido – e às vezes ignorado – pela intelectualidade. Abdias foi acusado de sectarismo e de "racismo às avessas", o que, logicamente, deduziu a autora, pressupunha um "racismo às direitas". Ela também destacou o fato de que tanto Fanon[27] quanto Abdias só foram reconhecidos e valorizados internacionalmente, e não em seu país. Além disso, ressaltou a dor e a solidão "desses irmãos", exemplos de efetiva militância negra. No seguinte trecho, a autora aponta uma contradição referente às formas de luta e resistência:

Todavia, na minha perspectiva, uma grande contradição permanece quando se trata das formas político-ideológicas de luta e resistência negra no Novo Mundo. Continuamos passivos em face da postura político-ideológica da potência imperialisticamente dominante na região: os Estados Unidos. Foi também por esse caminho que comecei a refletir sobre a *categoria de amefricanidade*. (Gonzalez, 1988a, p. 75)

Para Lélia, como foi visto, o Brasil e o Caribe apresentavam grandes similaridades. Entretanto, nos Estados Unidos, os africanos escravizados sofreram uma duríssima repressão ao tentarem conservar suas manifestações culturais. O puritanismo do colonizador anglo-americano, preocupado com a "verdadeira fé", forçou-os à conversão e à evangelização, ou seja, ao esquecimento de suas raízes. Mas houve uma resistência cultural, sobretudo em comunidades da Carolina do Sul. As reinterpretações/recriações ocorreram fundamentalmente no interior das igrejas protestantes. A Guerra de Secessão (1861-1865) trouxe-lhes a abolição e, ao mesmo tempo, a Ku Klux Klan (fundada em 1866), a segregação e o não direito à cidadania. Suas lutas heroicas culminaram com o movimento pelos direitos civis, que comoveu o mundo inteiro, servindo de inspiração para outros movimentos no âmbito internacional.

A coletividade negra dos Estados Unidos – informou a autora – era uma minoria ativa, criadora e vitoriosa em suas principais reivindicações. Aceitou e rejeitou uma série de termos de autoidentificação: *colored*, *Negro*, *black*, *Afro-American*, *African-American*. Estes dois últimos termos chamaram a atenção de Lélia, pela contradição neles encerrada, conduzindo-a a duas reflexões: a de que os termos indicariam que os negros só existiram nos Estados Unidos; e a que aponta para uma reprodução inconsciente da posição imperialista do citado país, que se autodenomina "a América". Nesse sentido, indagou a autora, o que dizer da América do Sul, Central, Insular e do Norte? E como considerar o Caribe algo separado se foi ali que se iniciou a história dessa América? Ela também observou que no Brasil dizia-se, por exemplo, "Vou para 'a América'". Segundo seu ponto de vista, isso ocorria porque *todos os negros*, de qualquer região do continente, reproduziam e perpetuavam o imperialismo exercido pelos Estados Unidos ao chamarem seus habitantes de "americanos" (Gonzalez, 1988a, p. 76).

[...] E nós, o que somos? Asiáticos?
Quanto a nós, negros, como podemos atingir uma consciência efetiva de nós mesmos, enquanto descendentes de africanos, se permanecemos prisioneiros, "cativos de uma linguagem racista"? Por isso mesmo, em contraposição aos termos supracitados, eu proponho o de *amefricanos* (*"Amefricans"*) para designar a *todos nós* [...]. (p. 76)

A autora avaliava que as implicações políticas e culturais da categoria de amefricanidade (*Amefricanity*) seriam democráticas, posto que permitiriam a superação das limitações de caráter territorial, linguístico e ideológico, abrindo novas perspectivas de um entendimento mais profundo na América como um todo – do Sul, Central, do Norte e Insular. Assim, além do seu caráter puramente geográfico, essa categoria incorporaria todo um processo histórico de intensa dinâmica cultural (adaptação, resistência, reinterpretação e criação de novas formas), segundo uma perspectiva afrocentrada, baseada em modelos como o dos akans (os dominantes) da Jamaica e o dos iorubás, bantos e ewe-fons do Brasil. Sua proposição, acreditava Lélia, teria como consequência o encaminhamento dos negros no sentido da construção de toda uma identidade étnica, estando intimamente relacionada com os pan-africanismos, a *Négritude*, a *Afrocentricity* etc.

Lélia destacou que, por meio da categoria de amefricanidade, poderia ser forjada uma *unidade específica* para os negros fora da África:

> Seu valor metodológico, a meu ver, está no fato de permitir a possibilidade de resgatar uma unidade específica, historicamente forjada no interior de diferentes sociedades que se formaram numa determinada parte do mundo. Portanto, a *Améfrica*, enquanto sistema etnogeográfico de referência, é uma criação nossa e de nossos antepassados no continente em que vivemos, inspirada em modelos africanos. Por conseguinte, o termo amefricanas/amefricanos designa toda uma descendência: não só a dos africanos trazidos pelo tráfico negreiro como daqueles que chegaram à AMÉRICA muito antes de Colombo. (Gonzalez, 1988a, p. 77)

No passado, e também no presente, os *amefricanos*, segundo a autora, desempenharam um papel crucial na elaboração dessa amefricanidade, que identificava na diáspora uma experiência comum a qual precisava ser devidamente conhecida e cuidadosamente pesquisada. Embora os negros pertencessem a diversas sociedades, o sistema de dominação era o mesmo, estando presente em todos os níveis de pensamento (p. 77).

A autora demonstrou que o racismo estabelecera uma hierarquia racial e cultural, opondo a "superioridade" branca ocidental à "inferioridade" negro-africana. A África era o continente "obscuro", sem história (Hegel); "por isso a Razão é branca, enquanto a Emoção é negra" (p. 77). Assim, dada a sua natureza "subumana", a exploração socioeconômica dos amefricanos era considerada natural. Sobre o impacto do racismo sobre a história dos povos africanos e amefricanos, Lélia afirmou o seguinte:

> [...] sabemos o quanto a violência do racismo e suas práticas despojaram-nos do nosso legado histórico, da nossa contribuição, da nossa dignidade, da nossa história e da nossa contribuição para o avanço da humanidade nos níveis filosófico, científico, artístico e religioso; o quanto a

história dos povos africanos sofreu uma mudança brutal com a violenta investida europeia, que não cessou de subdesenvolver a África (Rodney); e como o tráfico negreiro trouxe milhões de africanos para o Novo Mundo... (Gonzalez, 1988a, p. 77)

De acordo com Lélia, seria importante reconhecer que a experiência amefricana se diferenciava daquela dos africanos que permaneceram em seu continente. Ela avaliava que os "irmãos" dos Estados Unidos da América, ao se autodesignarem afro/africano-americanos, também caracterizavam a denegação dessa rica experiência vivida no Novo Mundo e, consequentemente, da *Améfrica*. Além disso, havia o fato concreto de que os "irmãos" de África não os consideravam como verdadeiros africanos.

O esquecimento dessa história, pontuada pelo sofrimento, pela humilhação, pela exploração, pelo etnicídio, gerava uma identidade própria, logo reafirmada alhures, isto é, em outra parte, o que para a autora era algo compreensível em face das pressões raciais no próprio país. Porém, "a heroica resistência e a criatividade na luta contra a escravidão, o extermínio, a exploração, a opressão e a humilhação" (p. 78) não poderiam ser ignoradas.

A *herança africana*, para Lélia, sempre foi uma fonte revivificadora de forças, proporcionando contribuições específicas ao mundo pan-africano. Dessa forma, ela acreditava que, assumindo a nossa amefricanidade, "podemos ultrapassar uma visão idealizada, imaginária ou mitificada da África e, ao mesmo tempo, voltar o nosso olhar para a realidade em que vivem *todos os amefricanos* do continente" (p. 78).

Lélia se inspirava na perspectiva afrocentrada de Molefi Kete Asante, para quem "toda linguagem é epistêmica. Nossa linguagem deve contribuir para o entendimento de nossa realidade. Uma linguagem revolucionária não deve embriagar, não pode levar à confusão" (*apud* Gonzalez, 1988a, p. 78). Assim, compreendia que, na autodesignação de afro/africano-americano, o real dava lugar ao imaginário e a confusão se estabelecia – afro/africano-*americanos*, afro/africano-*colombianos*, afro/africano-*peruanos* e por aí afora –, criando-se uma espécie de hierarquia, com os primeiros ocupando o primeiro plano enquanto "os garífunas da América Central ou os 'índios' da República Dominicana, por exemplo, situam-se no último (afinal, eles nem sabem que são afro/africanos...). E fica a pergunta: o que pensam os afro/africano-*africanos*?" (Gonzalez, 1988a, p. 78)

A autora também comentou que os "irmãos" dos Estados Unidos, em sua expectativa de ver a África em tudo, passaram, após descobrirem a riqueza da criatividade cultural baiana, a vir em massa a Salvador (assim como muitos latinos do nosso país), em busca de "sobrevivências" de culturas africanas. No entanto, revelavam-se enganados, sendo que

[...] o engano se dá num duplo aspecto: a visão evolucionista (e eurocêntrica) com relação às "sobrevivências" e a cegueira em face da explosão criadora de algo desconhecido, a nossa Amefricanidade. Por tudo isso, e muito mais, acredito que politicamente é muito mais democrático, culturalmente muito mais realista e logicamente muito mais coerente identificar-nos a partir da categoria de amefricanidade e nos autodesignarmos amefricanos: de Cuba, do Haiti, do Brasil, da República Dominicana, dos Estados Unidos e de todos os outros países do continente. (Gonzalez, 1988a, p. 78-9)

Lélia recorreu mais uma vez a M. K. Asante, que propôs uma ideologia de libertação que "deve encontrar sua experiência em nós mesmos; ela não pode ser externa a nós e imposta por outros que não nós próprios; deve ser derivada da nossa experiência histórica e cultural particular" (*apud* Gonzalez, 1988a, p. 79). Assim, apoiava-se nesse ponto de vista para questionar as reproduções de um imperialismo que massacrava não só os povos do continente mas também de outras partes do mundo, e reafirmar a particularidade da experiência na América, sem ignorar a dívida e os profundos laços com a África. Para ela, que vivia um momento em que se estreitavam as relações entre os descendentes de africanos em todo o continente, em que os amefricanos constatavam as grandes similaridades que os uniam, a proposta de M. K. Asante parecia atualizada. Vale salientar que sua insistência em relação à categoria de amefricanidade foi em grande parte motivada pela experiência daqueles que, em um passado não muito distante, haviam lutado e se sacrificado, abrindo caminhos e perspectivas para que os negros pudessem levar adiante o que eles iniciaram.

A autora assinalava que, desde a época escravista, essa categoria já se manifestava nas revoltas, na estratégia de resistência cultural, no desenvolvimento de formas alternativas de organização – materializadas por todo o continente com o estabelecimento dos quilombos, *cimarrones, cumbes, palenques, marronages* e *maroon societies* (*apud* Nascimento, 1981). E até mesmo na chamada América pré-colombiana, marcando, por exemplo, a cultura dos olmecas. Finalmente, Lélia acreditava que "reconhecê-la é, em última instância, reconhecer um gigantesco trabalho de dinâmica cultural que não nos leva para o [outro] lado do Atlântico, mas nos traz de lá e nos transforma no que somos hoje: *amefricanos*".

Notas

1. Além do Flamengo, outros grandes times do Rio de Janeiro – Fluminense, América, Botafogo – participaram da fundação da associação, assim como o pequeno Bangu.
2. Os demais classificados nessa categoria são: Yustrich, Domingos da Guia, Biguá, Valido, Pirilo e Vevé. Dados disponíveis em: <http://www.flamengo.com.br/flapedia/Futebol>. Acesso em: 14 ago. 2011.
3. Projeto Perfil – Lélia Gonzalez, produzido pelo Centro de Tecnologia Educacional (CTE)/ SR-3. Rio de Janeiro: Uerj, 1988.

4. *Ibidem.*
5. Para mais informações, ver: *Brancos e negros em São Paulo: ensaio sociológico sobre aspectos da formação, manifestações atuais e efeitos do preconceito de cor na sociedade paulistana* (1955), de Roger Bastide e Florestan Fernandes; *O negro no Rio de Janeiro: relações de raça numa sociedade em mudança* (1953), de Luiz de Aguiar Costa Pinto; "Preconceito racial de marca e preconceito racial de origem: sugestão de um quadro de referência para a interpretação do material sobre relações raciais no Brasil" (1954), de Oracy Nogueira; *Religião e relações raciais* (1956), de René Ribeiro; *As elites de cor: um estudo de ascensão social* (1955), de Thales de Azevedo; *Etnias e culturas no Brasil* (1952), de Manuel Diegues Jr., dentre outros trabalhos.
6. São eles: Donald Pierson, Marvin Harris, Charles Wagley e Carl Degler.
7. Cf. Damasceno, 1997; Hasenbalg, 1979.
8. Cf. "Pesquisa probatória". Processo E-06/070.423/2005, Serviço Público Estadual.
9. Conforme informações fornecidas pelo professor Aloísio Alves.
10. Tais como: Centro de Cultura e Arte Negra (Cecan), em São Paulo; Grupo Palmares (Rio Grande do Sul); Movimento Soul do Rio de Janeiro; Sociedade de Estudos da Cultura Negra no Brasil (Secneb), na Bahia, dentre outros.
11. Cf. Barreto, 2005, p. 25; Viana, 2006, p. 56.
12. São Paulo, Porto Alegre e principalmente Belo Horizonte e Salvador.
13. Para o MNU, é negro "todo aquele que possui na cor da pele, no rosto ou nos cabelos sinais característicos dessa raça". Cf. "Carta de princípios do MNU". In: *Movimento Negro Unificado*, 1988.
14. Essa iniciativa foi sugerida pela atriz Léia Garcia, inspirada em resposta de Suzete Paiva ao jornal *Sinba* (da Sociedade de Intercâmbio Brasil-África) relativa a uma suposta "omissão da mulher negra"; a organização do grupo contou com a participação de Pedrina de Deus, Estela, dona Shirley, Oir, Azoilda, Cecília, dentre outras mulheres.
15. Lélia participou deste último grupo juntamente com Zezé Motta.
16. André Rebouças, IPCN, Sinba, MNU, dentre outras.
17. Constituído por Adélia Azevedo dos Santos, Abgail Paschoa, Mary Isabel, Joselina Silva (Jô), Aglaete Nunes, Walquiria Carvalho, dentre outras participantes.
18. São suas fundadoras e principais participantes: Geralda A. Campos, Ana Garcia, Lélia Gonzalez, Sonia C. da Silva, Sandra Helena B. V. de Souza, Victoria Mary dos Santos, Helena Maria de Souza, Jane Thomé, Jurema Batista, Miramar C. C. Corrêa, Rosalia Lemos, Ivonete, Cláudia Maria S. Pinto e Elizabeth do Espírito Santo Viana.
19. Cf. Glasgow, 1982.
20. Como, por exemplo, Molefi K. Assante e Anani Dzidzienzo.
21. Autores africanos e amefricanos como: Cheikh Anta Diop, Théophile Obenga, Amílcar Cabral, Kwame Nkruma, W. E. Dubois, Chancellor Williams, George C. M. James, Yosef A. A. ben-Jochannan, Ivan Van Sertima, Frantz Fanon, Marcus Garvey, Walter Rodney e Abdias Nascimento.
22. Esta seção é dedicada a Marie-Claude e Shawna, em gratidão pelo incentivo, e é também uma homenagem ao honorável Abdias Nascimento.
23. Cf. Gonzalez, 1983; Gonzalez, 1988b; Gonzalez, 1988c.
24. Cf. Gonzalez, 1983.
25. Cf. Gonzalez, 1988b.
26. Escritora e poetisa. Ganhou o prêmio Pulitzer em 1983, com o romance *A cor púrpura*, que, em 1985, foi transformado em filme por Steven Spielberg.
27. Segundo Lélia, este só recebeu homenagens do seu país após sua prematura morte; no seu leito de morte, expressou o desejo de ser sepultado na Argélia.

Referências bibliográficas

ANDREWS, George Reid. *Negros e brancos em São Paulo (1888-1988)*. Bauru: Edusc, 1998.

ARAÚJO, Maria Paula Nascimento. *A utopia fragmentada: as novas esquerdas no Brasil e no mundo da década de 1970*. Rio de Janeiro: FGV, 2000.

BAIRROS, Luiza. "Lembrando Lélia Gonzalez (1935-1994)". *Afro-Ásia*, Salvador, n. 23, p. 347-68, 2000.

BARRETO, Raquel Andrade. *Enegrecendo o feminismo ou feminizando a raça: narrativas de libertação em Angela Davis e Lélia Gonzalez*. 2005. Dissertação (Mestrado em História Social da Cultura) – Departamento de História, Pontifícia Universidade Católica do Rio de Janeiro, Rio de Janeiro.

CARDOSO, Marcos. *O movimento negro em Belo Horizonte: 1978-1988*. Belo Horizonte: Mazza, 2002.

CARNEIRO, Sueli. "A mulher negra na sociedade brasileira: o papel do movimento feminista na luta antirracista". In: MUNANGA, Kabengele (org.). *História do negro no Brasil: o negro na sociedade brasileira – resistência, participação, contribuição*. Brasília: Fundação Cultural Palmares/ MinC, v. 1, 2004, p. 1-21.

CHAUI, Marilena. *Brasil: mito fundador e sociedade autoritária*. 5. ed. São Paulo: Fundação Perseu Abramo, v. 1, 2004 (Coleção História do Povo Brasileiro).

DAMASCENO, Maria Caetana. "'Trabalhadoras cariocas: algumas notas sobre a polissemia da bioaparência". *Estudos Afro-Asiáticos*, Rio de Janeiro, n. 31, p. 125-48, out. 1997.

DAMATTA, Roberto. *Carnavais, malandros e heróis: para uma sociologia do dilema brasileiro*. 6. ed. Rio de Janeiro: Rocco, 1997.

FANON, Frantz. *Pele negra, máscaras brancas*. Rio de Janeiro: Livraria Fator, 1983.

FICO, Carlos. "Espionagem, polícia política, censura e propaganda: os pilares básicos da repressão". In: FERREIRA, Jorge; DELGADO, Lucilia de A. Neves (orgs.). *O Brasil republicano: o tempo da ditadura – regime militar e os movimentos sociais em fins do século XX*. Rio de Janeiro: Civilização Brasileira, v. 4, 2003, p. 167-205.

FILHO, Mário. *O negro no futebol brasileiro*. Rio de Janeiro: Mauad, 2003.

FREITAS, Décio; SANTOS, Juana Elbein; GONZALEZ, Lélia. "Insurreições negras e sociedade brasileira". In: MOTA, Roberto (org.). *Os afro-brasileiros: anais do III Congresso Afro-brasileiro*. Recife: Massangana, 1985, p. 36-44 (Série Cursos e Conferências).

GLASGOW, Roy Arthur. *Nzinga: resistência africana à investida do colonialismo português em Angola (1582-1663)*. São Paulo: Perspectiva, 1982.

GOMES, Flávio dos Santos. "Do escravo-coisa ao negro-massa: a escravidão nos estudos de relações raciais no Brasil". In: MAIO, Marcos Chor; VILLAS-BOAS, Gláucia Pinto (orgs.). *Ideais de modernidade e sociologia no Brasil: ensaios sobre Luiz de Aguiar Costa Pinto*. Porto Alegre: Editora da UFRGS, 1999, p. 125-44.

GOMES, Flávio dos Santos; VIANA, Elizabeth. "Personagens, história intelectual e relações raciais no Brasil: notas sobre pesquisas biográficas". In: BARBOSA, Lucia M. de Assunção *et al.* (orgs.). *De preto a afrodescendente: trajetos de pesquisa sobre relações étnico-raciais no Brasil*. São Carlos: EdUFSCar, 2003, p. 69-88.

GONZALEZ, Lélia. "A categoria político-cultural de amefricanidade". *Tempo Brasileiro*, Rio de Janeiro, n. 92/93, p. 69-82, jan./jun. 1988a.

_____. "A luta continua: mulher negra". In: RIBEIRO, Darcy (org.). *300 anos de Zumbi: falas e escrituras – 1695-1995*. Brasília: Senado Federal, 1994.

_____. "A mulher negra na sociedade brasileira: uma abordagem político-econômica". In: MADEL, Luz (org.). *O lugar da mulher: estudos sobre a condição feminina na sociedade atual*. Rio de Janeiro: Graal, v. 1, 1982, p. 87-106 (Coleção Tendências).

_____. "A questão negra no Brasil". *Cadernos Trabalhistas*, São Paulo, Global, 1981, p. 7-9.

_____. *Festas populares no Brasil*. 2. ed. Rio de Janeiro: Índex, 1989.

_____. "Nanny: pilar da amefricanidade". *Humanidades*, Brasília, n. 17, 1988b, p. 23-5.

_____. "O papel da mulher na sociedade brasileira". Trabalho apresentado no simpósio The Political Economy of the Black World. Los Angeles: UCLA – Center for Afro-American Studies, 1979 (mimeo.).

_____. "Por um feminismo afro-latino-americano". *Isis Internacional*, Santiago, v. IX, jul. 1988c, p. 12-20.

_____. "Racismo e sexismo na cultura brasileira". In: SILVA, Luiz Antônio M. (org.). *Movimentos sociais urbanos, minorias étnicas e outros estudos*. Brasília: Anpocs, Cap. 3, 1983, p. 223-44 (Ciências Sociais Hoje, 2).

GONZALEZ, Lélia; HASENBALG, Carlos. *Lugar de negro*. Rio de Janeiro: Marco Zero, 1982 (Coleção 2 Pontos).

GRIN, Mônica. "Rigor sociológico e estudos sobre negros: uma contribuição de L. A. Costa Pinto". In: MAIO, Marcos Chor; VILLAS-BOAS, Gláucia Pinto (orgs.). *Ideais de modernidade e sociologia no Brasil: ensaios sobre Luiz de Aguiar Costa Pinto*. Porto Alegre: Editora da UFRGS, 1999, p. 145-60.

GUIMARÃES, Sérgio Alfredo. "'Raça', racismo e grupos de cor no Brasil". *Estudos Afro-Asiáticos*, Rio de Janeiro, n. 27, p. 45-63, abr. 1995.

HALL, Stuart. *A identidade cultural na pós-modernidade*. 6. ed. Rio de Janeiro: DP&A, 2001.

HANCHARD, Michael George. *Orfeu e o poder: movimento negro no Rio e São Paulo (1945-1988)*. Rio de Janeiro: Eduerj, 2001.

HASENBALG, Carlos Alfredo. *Discriminação e desigualdades raciais no Brasil*. Rio de Janeiro: Graal, 1979.

HOOKS, bell. "Intelectuais negras". *Estudos Feministas*, Florianópolis, v. 3, n. 2, p. 464-78, 1995.

LEMOS, Rosalia de Oliveira. *Feminismo negro em construção: a organização do movimento de mulheres negras no Rio de Janeiro*. 1997. Dissertação (Mestrado em Psicossociologia de Comunidades e Ecologia Social) – Instituto de Psicologia, Universidade Federal do Rio de Janeiro, Rio de Janeiro.

MOVIMENTO Negro Unificado: 1978-1988 – 10 anos de luta contra o racismo. São Paulo: Confraria do Livro, 1988.

NASCIMENTO, Abdias; NASCIMENTO, Elisa Larkin. "Reflexões sobre o movimento negro no Brasil: 1938-1997". In: GUIMARÃES, Sérgio Alfredo; HUNTLEY, Lynn (orgs.). *Tirando a máscara: ensaios sobre o racismo no Brasil*. São Paulo: Paz e Terra, 2000, p. 203-36.

NASCIMENTO, Beatriz. "Kilombo e memória comunitária: um estudo de caso". *Estudos Afro-Asiáticos*, Rio de Janeiro, n. 6-7, p. 259-65, 1982.

NASCIMENTO, Elisa Larkin. *O sortilégio da cor: identidade, raça e gênero no Brasil*. São Paulo: Selo Negro, 2003.

_____. *Pan-africanismo na América do Sul: emergência de uma rebelião negra*. Rio de Janeiro: Vozes, 1981.

PEREIRA, Carlos Alberto M.; HOLLANDA, Heloisa Buarque de. *Patrulhas ideológicas: arte e engajamento em debate*. São Paulo: Brasiliense, 1980.

ROLAND, Edna. "O movimento de mulheres negras brasileiras: desafios e perspectivas". In: GUIMARÃES, Sérgio Alfredo; HUNTLEY, Lynn (orgs.). *Tirando a máscara: ensaios sobre o racismo no Brasil*. São Paulo: Paz e Terra, 2000, p. 237-56.

SAID, Edward W. *Representações do intelectual: as Conferências Reith de 1993*. São Paulo: Companhia das Letras, 2005.

SILVA, Francisco Carlos Teixeira. "Crise da ditadura militar e o processo de abertura política no Brasil, 1974-1985". In: FERREIRA, Jorge; DELGADO, Lucilia de A. Neves (orgs.). *O Brasil republicano: o tempo da ditadura – regime militar e os movimentos sociais em fins do século XX*. Rio de Janeiro: Civilização Brasileira, v. 4, 2003, p. 243-82.

SOUZA, Neusa Santos. *Tornar-se negro, ou, As vicissitudes da identidade do negro brasileiro em ascensão social*. Rio de Janeiro: Graal, 1983.

SUNDIATA, Ibrahim. "Repensando o africanismo da diáspora". In: MUNANGA, Kabengele (org.). *Estratégias e políticas de combate à discriminação racial*. São Paulo: Edusp, 1996, p. 45-57 (Estação Ciência).

TELLES, Edward Eric. *Racismo à brasileira: uma nova perspectiva sociológica*. Rio de Janeiro: Relume Dumará/ Fundação Ford, 2003.

VIANA, Elizabeth do Espírito Santo. *Relações raciais, gênero e movimentos sociais: o pensamento de Lélia Gonzalez – 1970-1990*. 2006. Dissertação (Mestrado em História Comparada) – Instituto de Filosofia e Ciências Sociais, Universidade Federal do Rio de Janeiro, Rio de Janeiro.

13 VIGILÂNCIA E REPRESSÃO AOS MOVIMENTOS NEGROS (1964-1983)[1]

Karin Sant'Anna Kössling

Regime militar *versus* movimentos negros

O Departamento Estadual de Ordem Política e Social (Deops)[2] tinha como dever atribuído pelo Estado coibir o crime político, tornando-se um sistema de repressão que procurou controlar a disseminação de ideias contestatórias e a atuação política da sociedade ao longo de quase todo o século XX. Durante o regime militar, houve a organização de vários órgãos, formando um complexo aparato repressivo, integrado pelos vários Deops; esses órgãos constituíam uma comunidade de informações e segurança. Com a análise da documentação do Deops de São Paulo (Deops/SP), pôde-se observar a ação vigilante e repressiva em relação aos movimentos negros por parte do regime militar, notando-se indícios de preconceito e estigmas raciais no discurso sustentado pela polícia política.

A vigilância aos movimentos negros por parte do Deops/SP não foi iniciada com o regime militar. Desde a década de 1930 as associações afrodescendentes vinham sendo alvo de uma atuação vigilante e repressiva, sustentada por uma visão policial que classificava essas associações como "introdutoras" da questão racial no Brasil e, em consequência disso, geradoras de conflitos que poderiam desestabilizar a "democracia racial brasileira".[3] Esse argumento levou à proibição de algumas das associações, como a Organização de Cultura e Beneficência "Jabaquara", na década de 1940.[4]

A repressão política atingiu aqueles que articulavam reivindicações sociais ou que faziam oposição política. Como, ao longo do século XX, o principal inimigo dos órgãos de repressão política foi o "comunismo", outras ações de resistência, como as lutas antirracistas, foram encobertas e taxadas de táticas comunistas. No regime militar, a vigilância dirigia-se a quaisquer segmentos que ameaçassem a ordem instaurada, segundo os critérios da produção ideológica da doutrina de segurança e desenvolvimento.

A ideia de segurança nacional era associada à garantia da consecução dos "objetivos nacionais" e ao combate dos "antagonismos" internos e externos.

A ordem era o ponto central do projeto social e político dos militares, que apresentavam à sociedade uma oposição maniqueísta entre "ordem" e "desordem", em que desordem significava o caos e a convulsão social. A manutenção da ordem vigente, entre elas a racial, fazia parte desse projeto. Visando formar uma "consciência nacional", o regime militar pretendia propagar uma ideia de nação – formulada pela Escola Superior de Guerra (ESG) – como um todo homogêneo, sem dissensos. Dessa ideia decorriam os citados "objetivos nacionais", definidos pelo Conselho de Segurança Nacional. As Forças Armadas se propunham "a fortalecer o Estado, a neutralizar as tensões sociais, a suprimir o dissenso político e a alcançar um elevado crescimento econômico" (Dreifuss e Dulci, 1984, p. 96).

Dessa óptica, os movimentos negros representavam a "desordem", a "tensão social", o "dissenso", enfim, um "mal" para o país e o povo brasileiro. Especialmente porque, com muita frequência, os aparatos repressivos identificavam a mobilização afro-brasileira como uma manobra de "comunistas". Assim, vigiar e reprimir os movimentos negros significava também conter o "comunismo internacional", que agiria no país por meio do "aliciamento" de militantes que se contrapunham às "instituições nacionais". Os movimentos negros que, nesse período, articulavam protestos contra o racismo eram vistos como obstáculos à "integração nacional" e à "paz social", por desnudarem a "desintegração" da sociedade brasileira, indo contra os "objetivos nacionais".

A importância adquirida pela questão racial fez que ela aparecesse claramente na legislação referente aos crimes políticos em vigor na época. O decreto-lei n. 898, de 29 de setembro de 1969, considerava crime:

> [...] ofender moralmente quem exerça autoridade, por motivos de facciosismo ou inconformismo político-social; ofender a honra ou a dignidade do presidente da República, do vice-presidente e outros dignitários; incitar à guerra, à subversão, à desobediência às leis coletivas, à animosidade entre as Forças Armadas ou entre estas e as classes sociais ou instituições civis, à luta de classes, à paralisação de serviços ou atividades essenciais, ao ódio ou à discriminação racial. (Alves, 1985, p. 158-9)

O conteúdo dessa legislação não era algo original; legislações anteriores também se referiram à relação entre questão racial e crimes políticos, podendo ser citada como exemplo a lei n. 1.802, de 5 de janeiro de 1953.

Comunismo, anticomunismo e os movimentos negros

No Brasil, criou-se um imaginário anticomunista, envolvendo a crença na existência de práticas conspiratórias externas, com a presença de agentes estrangeiros. O internacionalismo comunista era mencionado na avaliação dos agentes brasileiros referente às mobilizações afrodescendentes, que eram vistas como alvo de uma possível influência "perigosa" dos movimentos negros estrangeiros que seguiam correntes socialistas ou comunistas. "Incitados" quer pelos movimentos comunistas internacionais, quer por comunistas brasileiros, os movimentos negros entravam para o rol de vigilância, sendo, consequentemente, considerados "subversivos".

Naquele período, as manifestações de livre pensamento foram, de maneira geral, classificadas como atos comunistas. Assim, os movimentos negros, independentemente das estratégias adotadas, eram compreendidos como mais um elemento da ação comunista no país. Especialmente a partir dos anos 1960, intensificou-se o debate promovido pelos movimentos negros acerca de temas próprios do marxismo-leninismo, das propostas revolucionárias associadas aos movimentos de independência africanos e da luta armada dos Panteras Negras, nos Estados Unidos, o que ampliava a suspeição.

As reivindicações referentes às dificuldades sociais que a população afrodescendente enfrentava, próprias do discurso dos movimentos negros, também eram vistas pela polícia como elementos subversivos. Os aparatos repressivos consideravam qualquer crítica às autoridades constituídas como um crime contra a segurança do Estado. Dessa forma, chamava a sua atenção a ação dos movimentos negros por meio de atos públicos e manifestações contrárias ao preconceito, à discriminação e ao racismo, ou por intermédio da imprensa alternativa[5], com a denúncia dos problemas sociais brasileiros.

Segundo documentação do Ministério da Marinha, a imprensa "nanica" ou alternativa era controlada por contestadores, sendo citados como representantes da imprensa negra os periódicos *Sinba*, *Jornegro* e *Versus* (coluna "Afro-Latino-América"), cujo conteúdo foi considerado "marxista" e "subversivo".[6] Os movimentos negros se expressaram, fazendo denúncias e divulgando suas ideias, por meio da "imprensa alternativa"; os jornais que publicavam tal conteúdo eram confiscados e anexados à documentação do Deops como "provas materiais" da "subversão". Nesses jornais encontram-se as principais reivindicações dos diversos movimentos negros: a garantia de direitos sociais, uma sociedade igualitária e o direito à cidadania para todos os negros. O atendimento dessas reivindicações envolveria a politização da sociedade e a democratização do Estado.

Para as estruturas repressivas, a discussão desses temas constituía um incômodo, especialmente o do combate à violência policial. O setor de informação do Deops passou a guardar em uma pasta as notícias veiculadas na imprensa acerca das denúncias dos movimentos negros a esse tipo de violência.[7] O regime militar classificava essas campanhas como perniciosas, punindo com a detenção alguns de seus participantes.[8] Tais campanhas eram vistas pela polícia política como apenas uma tática para "desmoralizar as autoridades constituídas, principalmente as Policiais".[9]

Os militares entendiam que uma das estratégias para a "comunização" da sociedade brasileira era chamar a atenção para os antagonismos sociais, com o objetivo de cooptar os militantes afrodescendentes.[10] Os diversos artigos e manuais policiais produzidos consideravam que qualquer debate social seria uma "tática camuflada" da ação "comunista". Eles afirmavam que "os conflitos sociais não decorrem da exploração e da opressão em que vivem as massas populares. Por trás de cada reivindicação, de cada greve, de cada luta social, está sempre o dedo do 'comunismo internacional'" (Martins, 1986, p. 29). A associação das reivindicações a conspirações ideológicas levou à criação de um círculo vicioso, com qualquer ato de contestação sendo utilizado como justificativa para a vigilância e repressão policial.

Como exemplo, pode-se citar documento sobre a Frente Negra de Ação Política de Oposição (Frenapo) em que o Deops a associava com a esquerda, ressaltando sua proximidade com o MNU e suas ligações com a "Tendência Popular" do Partido do Movimento Democrático Brasileiro (PMDB), algo interpretado pela polícia como uma vinculação com o "esquerdismo mais radical", aventando-se a possibilidade de manipulação do Partido Comunista do Brasil (PCdoB): "[...] nota-se palavras de ordem próprias do esquerdismo, o interesse das esquerdas em atuar paralelamente dentro dos partidos legais, bem como o esforço em acirrar o preconceito racial nas camadas populares, procurando a emergência de um 'poder negro' como instrumento de pressão política".[11]

Certamente havia militantes que se utilizavam do discurso marxista, como Wilson Prudente, que afirmou que "uma revolução popular negra ainda irá acabar com tudo isso. [...] aqui no Brasil também vamos sair pras ruas e botar o capitalismo abaixo e implantar o socialismo, vamos acabar com essa discriminação que nos marginaliza".[12]

Também podemos citar o discurso de Hamilton Cardoso Bernardes, que ressaltava a luta contra o regime político em vigor: "[...] como se bota pra quebrar contra esse governo ditatorial e racista que está aí. Abaixo a ditadura, abaixo a p* da princesa Isabel – que abandonou os pretos e deu terra aos imigrantes estrangeiros –, abaixo o capitalismo, viva o socialismo e a raça negra".[13]

A relação de militantes afrodescendentes com os movimentos de resistência gerou, no âmbito dos movimentos negros, um debate sobre a relação entre as categorias "classe social" e "raça", e, ao mesmo tempo, levou a "questão racial" ao interior das esquerdas. Ciclos de debates foram organizados, com temas como a "marginalização social do negro e a violência policial".[14] O Instituto Brasileiro de Estudos Africanistas (Ibea), em conjunto com o Centro de Intercâmbio de Pesquisas e Estudos Econômicos e Sociais (Cipes), organizou o seminário "O marxismo e a questão racial", com palestras de Florestan Fernandes, Celso Prudente, Jacob Gorender, Romeu Sabará e Clovis Moura.[15] A militância nas esquerdas e nos movimentos negros exercida por líderes importantes (como Celso e Wilson Prudente, Clovis Moura e Hamilton Cardoso Bernardes) também contribuiu para a associação entre esses movimentos sociais e políticos. Além disso, a linguagem adotada por vários movimentos negros era próxima daquela utilizada pelas esquerdas, independentemente de ligações entre eles. Termos relacionados com o marxismo, como "consciência", "mobilização", "classes", "libertação", "burguesia", "proletário", entre outros, eram utilizados nos diversos discursos dos movimentos negros, embora a aproximação com o marxismo não tenha sido aceita por todos.

Democracia racial

Percebemos que a vigilância e a repressão desenvolvidas em relação aos movimentos negros também se devem a uma mentalidade policial que remonta à década de 1930, segundo a qual os movimentos negros introduziam uma "falsa problemática" no contexto da "democracia racial" brasileira. No regime militar, o mito da democracia racial e da congregação racial harmônica fazia parte de seu projeto político-ideológico para o país. O protesto negro não se encaixava nesse projeto, que se relacionava a pontos muito específicos, sendo que

> [...] tudo o que estava fora dos limites desta relação de identificação em quaisquer campos (objetivos e/ou subjetivos) estava sujeito ao controle, rechaçamento e até eliminação. O regime só admitia, então, aquilo que estava absolutamente integrado ao seu controle, num processo de geração contínua de uma ampla consonância com seus propósitos nas diversas esferas da vida social. (Rezende, 1996, p. 7)

Visando sustentar o discurso referente à harmonia racial e social no Brasil, a política do regime militar costumava reiterar que o país era uma "democracia racial" e exaltar as origens africanas da cultura brasileira (Guimarães, 2002, p. 158). Da óptica do governo militar, os movimentos negros, ao tornarem públicos o racismo brasileiro, a discriminação racial e a violência policial, estariam fazendo uma "propaganda adversa" da situação racial no país, com um discurso que agredia "os valores espirituais, morais e sociais da nação" e que contestava "os fundamentos da organização atual do Estado" (Baffa, 1989, p. 24).

Dessa forma, os movimentos negros eram entendidos como "fatores adversos"[16], por tentarem impedir que a "harmonia racial", um dos objetivos nacionais, fosse "preservada". Seguindo essa linha de raciocínio, a ação contestatória dos movimentos negros também poderia ser identificada como um "antagonismo".[17] Ao analisar o Movimento Nacional dos Blacks, mobilização afro-brasileira inspirada pelas ideias do *black power*, ou poder negro, pregado pelos movimentos negros nos Estados Unidos, a Polícia Federal afirmou que "esses movimentos revelam o incremento das tentativas subversivas de exploração de antagonismos raciais em nosso País, merecendo uma observação acurada por meio das infiltrações no Movimento 'black', tendo em vista que, se por ventura houver incitação de ódio ou racismo entre o povo, caberá Lei de Segurança Nacional".[18]

Durante visita ao Brasil, após a Segunda Guerra Mundial, o sociólogo norte-americano Franklin Frazier fez o seguinte comentário: "Parece haver um entendimento não expresso entre todos os elementos da população para não discutir a situação racial, pelo menos como fenômeno contemporâneo" (*apud* Nogueira, 1985, p. 42). Notamos que, no período do regime militar, a repressão a essa discussão cresceu justamente quando os movimentos negros romperam com o silêncio sobre as desigualdades presentes na sociedade brasileira. Com o "protesto negro" apresentando reivindicações sociais, houve a formação de um imaginário relativo a um crescente "perigo" de conflitos raciais, que se disseminou entre as instituições de repressão política. Além disso, por recusarem valores e ideias do regime militar para a afirmação de valores de uma cultura de resistência negra, os movimentos negros poderiam provocar conflitos ligados tanto às práticas sociais e políticas como ao campo das representações.

A mestiçagem foi exaltada pelo regime militar como parte importante da identidade nacional, em contraponto à valorização do elemento "afro" pelos movimentos negros. O nacionalismo brasileiro, de cunho autoritário, pautou-se em um discurso acerca de um povo mestiço e harmônico, visando mobilizar a população em torno da sua concepção sobre o país e os "interesses nacionais". Segundo essa concepção, a nação deveria ser "una e indivisível" (Motta, 2002, p. 29-30), ou seja, o povo não poderia dividir-se "em classes, em regiões, em raças, em crenças, em grupos, em partidos, insuflado de ódios e preconceitos" (Octávio Pereira da Costa, "Compreensão da revolução brasileira", 1964, *apud* Motta, 2002, p. 30). Tornava-se a "democracia racial"[19] em um dogma dos governos militares, com o objetivo de evitar a "desagregação entre as raças".

Os movimentos negros, ao ressaltarem a diferença social, não "celebravam" a unidade nacional que os excluía. O regime militar baseava seu pensamento na ideia de que no Brasil "a cordialidade é a regra e o conflito é a exceção" (Motta Filho, 1968, p. 70); assim, em relação à discriminação racial, os militares declaravam haver apenas "poucos casos isolados", e que, portanto, as reivindicações dos afrodescendentes eram "indevidas". Vale destacar que a concepção de que os movimentos negros eram introdutores de conflitos raciais externos apresentou-se a partir da década de 1930, sendo expressa por algumas autoridades policiais do Deops/SP. No período do regime militar, essa concepção se manteve e foi reforçada pela classificação das manifestações promovidas por esses movimentos como "racistas", como ocorreu no "Pedido de busca do Ministério do Exército; assunto: racismo negro", de 26 de abril de 1977:

> [...] Acompanhar e informar sobre o desenvolvimento do encontro caso o mesmo se realize (líderes, constituição de delegações, temas abordados, conferencistas e origem dos recursos). Outros dados julgados úteis capazes de caracterizar subversão ou estímulo ao racismo e participação dos sociólogos FLORESTAN FERNANDES, OCTAVIO IANNI e FERNANDO HENRIQUE CARDOSO.[20]

Nesse documento, além da preocupação com o comunismo, representado principalmente pelos sociólogos que se baseavam em uma visão marxista para estudar a questão racial brasileira, também pode ser notada uma preocupação com o "racismo negro", o qual as autoridades entendiam como elemento desestabilizador da sociedade brasileira. Os negros foram qualificados como racistas por ameaçarem a unidade e a ordem social estabelecida, em que cada um contaria com um lugar social predeterminado. Dessa forma, o mito da "democracia racial" foi alimentado, ressignificado e recriado.

Outra ideia que se tornou comum foi a de que os militantes dos movimentos negros eram "facilmente manipuláveis" pelos "comunistas", prestando-se ao papel de "inocentes úteis" sendo cooptados por meio de um discurso supostamente incitador do ódio racial. Nas palavras de Carlos Fico (2001, p. 188), o movimento negro "era visto como objeto de manipulações por parte dos comunistas, que, através dele, pretenderiam 'reavivar e agravar tensões sociais, no caso, valendo-se da questão racial'". Assim, os movimentos negros eram reduzidos a apenas uma das temáticas abordadas pela propaganda comunista, o que fica claro no boletim informativo do Serviço Nacional de Informações (SNI) cujo conteúdo recebeu o seguinte título: "Racismo e 'sexismo', temas da propaganda vermelha: a teoria classista de Marx e sua falsidade".[21]

A visão da relação dos movimentos negros com os movimentos de esquerda apresentada pelo Deops/SP era marcada por estereótipos ligados ao negro:

> Tem sido observado que a Convergência Socialista, alegando lutar pelas classes oprimidas, estando neste caso o negro brasileiro, desde o início incita jovens negros universitários à participarem do Movimento pela Convergência Socialista. Prova disto é que compareceu ao "Ato Público contra o Racismo" através de um representante que discorreu sobre o problema do negro bra-

sileiro e sua conscientização do problema social e o papel do Movimento Negro pela Discriminação Racial. O Movimento pela Convergência Socialista desta maneira tenta engodar os incautos, fingindo identificar-se com o Movimento Unificado Contra a Discriminação Racial.[22]

Desse modo, os negros eram apresentados como indivíduos "ingênuos" que acabavam caindo nas armadilhas dos "sagazes comunistas", os quais os "enganavam" a fim de arregimentar mais pessoas para suas fileiras, uma visão caracterizada pelos estereótipos e estigmas preconceituosos. Sobre a realização do referido ato público, o investigador advertia que se tratava de mais do que um simples protesto contra injustiças: "[...] esconde, no fundo, um movimento que observamos de longa data, através de conhecidos militantes esquerdistas como FLORESTAN FERNANDES e CLOVIS MOURA, membros do Instituto Brasileiro de Estudos Africanistas [...]".[23]

O investigador também chamou a atenção para o fato de que a esquerda avançava em meio aos movimentos negros, que teve entidades como o grupo Afro-Latino-América, que propunha a "libertação e organização do negro no Brasil"[24], associadas à Frente Socialista em formação. Essa aproximação também se deu por meio do jornal *Versus*, da Convergência Socialista, com matérias "que tentam agitar a questão com [a defesa de] um movimento de emancipação de cunho socialista, inspirado nos 'Panteras Negras', grupo que, nos Estados Unidos, tem se notabilizado pelas ações radicais e violentas".[25]

A realização do Ato Público contra o Racismo respeitou as leis vigentes, tendo sido enviado ao então delegado de polícia do estado de São Paulo, Tácito Pinheiro de Machado, um documento do Movimento Unificado contra a Discriminação Racial (MUCDR) – ou Movimento Negro Unificado contra a Discriminação Racial (MNUCDR) –, assinado por Eduardo de Oliveira e Marcio Barboza[26], com a solicitação para a execução do evento. Apesar do interesse em permanecer na legalidade apresentado pelos movimentos negros, a visão predominante em relação a eles continuava associada à ideia de subversão.

Os pesquisadores voltados à questão racial e social brasileira também estavam na mira do Deops, o que pode ser observado, por exemplo, no relatório policial confidencial, de 15 de maio de 1978, relativo aos protestos de 13 de maio do mesmo ano, que destacava o papel de Clovis Moura e Florestan Fernandes:

> [...] observamos de longa data que "africanistas" (estudiosos da cultura e raça negra de origem africana) como Clovis Moura e Florestan Fernandes, entre outros, tentam, usando da dialética, "acordar" a cultura negra "ainda adormecida na escravidão" para um movimento de emancipação de cunho socialista, inspirado nos "Panteras Negras", grupo norte-americano conhecido pelas ações radicais e violentas.[27]

Interessante destacar que Clovis Moura[28] foi classificado como "branco" pelo investigador da Divisão de Ordem Política do Deops/SP que acompanhou o ciclo de debates sobre a marginalização social do negro e a violência policial organizado pelo MNU[29], ressaltando sua opção política marxista e retirando o foco da questão racial propriamente dita. Os nomes de Clovis Moura e de Florestan Fernandes em geral apresentavam-se em conjunto devido a sua proximidade com o Ibea.[30] Enquanto Clovis presidia esse instituto de pesquisa, Florestan apresentava palestras no local relacionadas às suas pesquisas acadêmicas; por exemplo, quando da realização do curso de extensão cultural "Uma visão dinâmica do negro no Brasil", Florestan apresentou palestra sobre "A situação do negro no Brasil".[31] Em análise das ações políticas e sociais de Florestan, a polícia salientou que o jornal *Última Hora* havia se referido a ele como "um dos pucos [sic] cientistas que estuda e luta [sic] pela raça negra, e fala dos problemas do negro de hoje".[32]

A mobilização envolvendo o I Congreso de la Cultura Negra de las Américas, realizado em 1977 em Cali, na Colômbia, foi alvo de vigilância dos órgãos de repressão brasileiros, com especial atenção dedicada às pesquisas acadêmicas sobre o negro no Brasil, conforme documentação confidencial proveniente da reitoria da Universidade de São Paulo (USP) e encaminhada para o Deops.[33] Essa documentação também trazia informações sobre a projeção na imprensa da Quinzena do Negro[34], evento organizado por Eduardo de Oliveira e Oliveira.[35] As aspirações de Eduardo quanto à organização do evento eram vistas como inapropriadas: "[...] o que é perigoso é que a coordenação esteja na mão do citado elemento, além de que algumas das pessoas indicadas para participar na 'quinzena', como exemplo a antropóloga Joana Elbein dos Santos (Bahia), vêm desenvolvendo atividades no campo do 'negro' numa perspectiva negativa".[36]

Um dos aspectos que "desabonariam" as pretensões de Eduardo, segundo a documentação, seria sua proximidade com os movimentos negros norte-americanos. Vale salientar que o teor dessa documentação revela que não só a mobilização antirracista de cunho político estava sob a mira do Deops, mas também a produção intelectual de cientistas sociais sobre a presença negra no Brasil.[37]

"Influência externa"

O discurso referente à solidariedade entre os afrodescendentes, presente na maioria dos debates promovidos pelos diversos movimentos negros brasileiros, reforçava a identidade negra assentada na ascendência africana, propondo laços de solidariedade internacional. Esse fato preocupava o aparato repressivo, que passou a investigar as influências, as ideias, os financiadores e os contatos internacionais dos movimentos.

Como exemplo, pode-se citar a solicitação de dados sobre o Centro de Estudos Brasil-África (Ceba) que requisitava "Nomes e dirigentes, estatutos, locais de reuniões, ligações estaduais, nacionais e internacionais".[38]

Temas relacionados à situação dos negros na África e nos Estados Unidos foram centrais nos debates entre os participantes das lutas antirracistas brasileiras. Graças ao desenvolvimento da mídia, com suas novas tecnologias, o processo de divulgação de informações internacionais foi facilitado (Silva, 2001, p. 38). A *soul music* e o estilo de comportamento derivado do *black power* ou "poder negro", com origem nos Estados Unidos, foram também fontes de preocupação da comunidade de informações e segurança nacional, uma vez que eram vistos como "subversivos", por sua característica contestatória da hegemonia dos brancos no poder:

> O movimento "black" originou-se nos EEUU, com uma maior penetração na música negra "soul", que através das Multinacionais da música penetraram [sic] em todos os países com população negra jovem, que é o caso do BRASIL. [...] Dentro desse esquema, a FONOGRAM produziu o cantor negro GERSON KING COMBO, que atualmente lidera o movimento "black", bem como apoia as equipes de som, principalmente no RIO E SÃO PAULO, incentivando-as com a finalidade de não deixar o Movimento esmorecer. Aparentemente, o Movimento visava lucros financeiros imediatos, quando, na verdade, seu objetivo mostra-se outro, devido a sua propagação entre os jovens negros, que para seguirem a "moda americana" usam jargões ultrapassados, mas que consciente ou inconscientemente pregam o preconceito racial, a discórdia e o desentendimento nocivo à comunidade brasileira.[39]

O documento citado chama a atenção para uma "importação" da música *soul* e das ideias do movimento *black*, que foi classificada como uma ação da "conspiração subversiva" que visava "desestabilizar a sociedade brasileira". Além disso, ressalta o conceito de que a rebeldia da juventude era alimentada por "estrangeirismos".[40]

No artigo "Etnia, um fenômeno mundial" (Glazer, 1976), publicado na revista *Arquivos*, da Polícia Civil de São Paulo, o "poder negro", ou *black power*, era entendido como articulação da valorização cultural, política e social do afrodescendente, sendo apontado como uma consequência da exportação das ideias dos movimentos negros norte-americanos. Os aparatos da repressão buscavam estudar os movimentos negros e suas ideias, como por exemplo as formulações do "poder negro".

Ao descrever os líderes do movimento em São Paulo, a polícia costumava identificá-los com as ideias marxistas e do *black power* dos Estados Unidos, classificando-os, de forma pejorativa, como "agitadores", "agressivos", "racistas" e "exaltados".[41] O investigador infiltrado na reunião do Movimento Negro Unificado contra a Discriminação

Racial (MNUCDR), por exemplo, relatou que o evento "contou com a presença de agitadores principais do 'black-power' nanico, que é o verdadeiro movimento, camuflado com o nome acima citado. O movimento racista negro pretende 'botar prá quebrar' em todo o país".[42]

Os tópicos abordados na reunião e destacados pelo "araponga" foram: a reação à violência policial, a falsa democracia racial, a inoperância da Lei Afonso Arinos, Zumbi e o sistema capitalista.

O receio em relação ao *black power* fez que, na Bahia, a Polícia Federal proibisse que o bloco afro Ilê Aiyê fosse registrado como "Poder Negro", alegando que a expressão possuía conotações negativas e "alienígenas". A "imprensa baiana, à época, apoiou e incentivou a proibição, apontando possíveis e inconcebíveis intenções 'subversivas' de vincular a situação do negro brasileiro à do negro norte-americano".[43]

Parte dos movimentos negros brasileiros propunha a "luta pela libertação integral do povo negro, combatendo o racismo e todas as formas de opressão"[44], e utilizava elementos do discurso marxista-leninista em sua linguagem e abordagem, como a noção de "libertação", que estava em voga também na África, no contexto dos movimentos de independência que ocorreram entre 1945 e 1975; tal noção teve maior destaque na década de 1960. O intenso e constante debate entre os militantes negros sobre a África – prevalecendo os temas do jugo colonialista e do *apartheid* na África do Sul – levava os movimentos de que faziam parte a contestarem também as relações externas do Brasil, o que ampliava a desconfiança do regime militar em relação a eles.

Os movimentos antirracistas brasileiros que se manifestavam contra o *apartheid* tornavam-se inconvenientes por transmitirem uma imagem considerada negativa ao exterior e pelo receio de sua aproximação com as lutas africanas, classificadas pelo regime militar como "terroristas". Nessa visão está presente a "imagem do Inimigo, força diabólica, escondida e omnipresente, que age tanto no interior como no exterior do país" (Baczko, 1985, p. 329), representada, no caso, pelos "comunistas" ou "terroristas". Os órgãos de informação e segurança também temiam a vinda de membros dos movimentos de independência africanos para o Brasil, devido à proximidade linguística e cultural.[45]

A troca de ideias com o exterior constituiu uma das principais preocupações do regime militar. A apreensão relativa a possíveis diálogos dos movimentos negros nacionais com os internacionais refletiu-se na vigilância aos Congressos de Cultura Negra das Américas, nos quais esses diálogos se efetivavam, com a ampliação dos laços de solidariedade.[46]

Dessa forma, apesar da preocupação apresentada pela comunidade de informação e segurança do regime militar, o contato com o exterior foi inevitável. Na III Assembleia Nacional do MNU, o militante Márcio, de São Paulo – possivelmente Márcio Barboza –, afirmou, segundo o Deops, que mantinha contato com o "movimento racista[47] no exterior, no sentido de que os mesmos dêm [sic] apoio ao movimento brasileiro".[48] E Clovis Moura, de acordo com investigações policiais, manteria contato com elementos do Movimento Popular de Libertação de Angola (MPLA).[49]

O debate acerca da situação do afrodescendente no contexto da diáspora visava à compreensão das semelhanças e peculiaridades do racismo em cada país e à determinação de estratégias de luta antirracista. Assim, "referências políticas e culturais internacionais eram tomadas como paradigmas da luta antirracista no país" (Cunha, 2000, p. 344). O movimento pelos direitos civis e os Panteras Negras nos Estados Unidos, o pan-africanismo, o movimento da *négritude* – na vertente de língua francesa –, as ideias de pensadores clássicos como Crummell, Du Bois, Blyden e Garvey – na vertente de língua inglesa –, e as lutas pela independência na África foram temas presentes em diversos debates, congressos, encontros, protestos etc.

Vigilância e repressão

A ação repressiva esteve mais ligada à vigilância e repressão indiretas do que propriamente a prisões e processos na Justiça Militar. Diferentemente de outros movimentos sociais, os movimentos negros tiveram poucos de seus militantes presos, sofrendo essencialmente uma "repressão preventiva", posta em prática por meio de uma vigilância constante. De uma forma geral, os militantes negros que foram alvo de processos estavam envolvidos, ou aparentemente envolvidos, com outros movimentos. Isso se deveu a uma política, adotada por parte da polícia, segundo a qual é necessário "investigar para prender e nunca prender para investigar" (Apollonio, 1963, p. 334). Como exemplo, pode-se citar a detenção de Milton Barbosa, justificada pela distribuição de panfletos de uma campanha contra a violência policial, a qual não se relacionava apenas aos movimentos negros, embora fosse um tema caro a eles.[50]

A ação panfletária foi um dos principais motivos para as detenções de militantes negros. Em 1979, a apreensão do panfleto "Enterro da Lei Afonso Arinos", que estava em poder de Celso Luiz Prudente[51] e Wilson Roberto Prudente[52], juntamente com um cartão que os identificava como representantes do periódico *Versus* e também com cartões de um advogado e de uma gráfica, chamou a atenção do delegado Wilson Tamer.[53] O panfleto, encaminhado ao Deops por ofício, por conter uma "difamação" às autoridades constituídas, denunciava o arquivamento do processo judicial apresentado pela advogada Nair Silveira, que fora alvo de discriminação racial. Segundo o impresso, as leis antirracistas eram ineficientes, sendo que "esse arquivamento, mais uma vez, demonstra com que naturalidade as autoridades brasileiras recebem, aprovam e participam das violências sofridas pela comunidade negra em todo o Território Nacional".[54]

A ação vigilante do regime militar contou com infiltrações, ações que por vezes eram documentadas com fotografias e relatórios diários das atividades dos movimentos sociais.[55] Encontram-se relatórios de debates, reuniões e eventos promovidos pelos movimentos negros em que os investigadores se utilizaram de disfarces para interagir com os investigados. Em fotografias que acompanham uma descrição de uma reunião do MNUCDR[56], nota-se, pela postura dos fotografados (que não posavam para as fotos), a ação do investigador infiltrado em meio aos militantes, tirando as fotos de forma secreta para poder identificar e fichar os participantes posteriormente.[57] Pode-se concluir que a tática da infiltração em muitos casos substituiu as prisões e torturas, pois permitia que o aparato repressivo obtivesse dados essenciais para a limitação da atuação dos opositores.

A vigilância ao MNU em Minas Gerais, por exemplo, contava com infiltrados que acompanhavam de perto os debates, reuniões e decisões desse movimento, os quais eram apresentados por meio de sumários semanais produzidos pela coordenação de informações da Secretaria de Segurança Pública, algo que demonstra o aspecto primordial da rede de informação e segurança: a circulação de toda e qualquer informação. No processo de vigilância aos movimentos negros, buscava-se, por intermédio dos infiltrados, conhecer não só as temáticas debatidas, os contatos, os dirigentes como também a estrutura organizativa. Prova disso se encontra em um relatório feito por um investigador infiltrado em que foi apresentado o organograma do MNU.[58]

Os documentos policiais representam construções ideológicas sobre os cidadãos suspeitos realizadas sob a lógica da desconfiança. E isso também vale para os documentos apreendidos, que eram organizados de forma a compor uma "história" narrada pelas autoridades policiais, visando à "criminalização" do indivíduo ou entidade investigada. Todo e qualquer dado era considerado pelas estruturas de informação e repressão do regime militar, como, por exemplo, a informação presente na matéria "Grupo negro faz presépio ao vivo na Igreja do Paiçandu", publicada na *Folha de S.Paulo* de 18 de dezembro de 1981, sobre a realização de uma encenação teatral religiosa por atores afrodescendentes não profissionais, dirigida por Miroel Silveira. Por certo essa informação não se referia a nenhum crime político, mas, por envolver a mobilização de afrodescendentes, poderia despertar o interesse dos investigadores.

A prática de buscar informações diversas também servia ao estabelecimento da estratégia política; pode ser mencionado como exemplo o pedido de busca de número 2.494/115, de 24 de agosto de 1982, em que o SNI solicitou ao Deops de São Paulo dados biográficos e os antecedentes de Milton Barbosa[59], militante afrodescendente, devido à realização de uma investigação sobre os candidatos à Câmara Federal, no pleito de 1982, pelo Partido dos Trabalhadores (PT). Na resposta enviada, consta sua participação em uma campanha contra a violência policial, dado que poderia ser utilizado contra ele, pois possibilitava a desqualificação da sua candidatura.[60] A lógica da obtenção máxima de informações correspondia ao conceito de que, para combater o inimigo, é necessário conhecê-lo a fundo.

Outro conceito comum era o de que o inimigo pode estar em toda parte, por trás, por exemplo, da decisão do Serviço de Informações do Ministério da Aeronáutica de investigar uma festa de "cultura negra" – a festa "Black Power", em homenagem à "Nêga Zula" – que ocorreria em São Paulo, levando à produção, em 18 de maio de 1972, de um informe, o qual foi dirigido ao Deops/SP, com o convite da festa anexado.[61] A festa poderia proporcionar um espaço de conscientização e reafirmação de identidade, poderia levar à mobilização política por meio da circulação de ideias; portanto, a polícia política tinha motivos para vigiá-la.[62] Além disso, a cultura negra, *black*, de uma forma geral, já estava sob vigilância, graças ao potencial de divulgação de valores de movimentos internacionais, como a afirmação étnica "incitadora" de conflitos raciais.[63]

Ao tentar impor uma concepção particular acerca da realidade brasileira, os aparelhos repressores buscavam o controle total. A espionagem realizada por seus investigadores acompanhava todos os passos dos participantes dos eventos em questão, como, por exemplo, o ato público organizado pelo MNU em 13 de maio de 1981, controlado por um tenente coronel da Polícia Militar que fez anotações sobre os oradores, suas palavras, trajetos, as entidades participantes, as palavras de ordem repetidas pela multidão, os panfletos distribuídos, os carros em trânsito, entre outros elementos.[64] Tudo era observado minuciosamente, minuto a minuto, e relatado pelo investigador aos seus superiores. Estes, por sua vez, retransmitiam o que entendiam ser mais importante às autoridades de outros órgãos.[65]

Legalidade e ilegalidade dos movimentos negros

De uma forma geral, os movimentos negros buscavam realizar seus protestos de modo legal. Para tal, alguns desses movimentos costumavam informar as estruturas de repressão quanto a seus eventos; o Club 220, por exemplo, enviou, em 1973, solicitações para a realização de passeatas comemorativas da abolição da escravatura.[66] Vale ressaltar que havia interesses diversos entre os movimentos negros, sendo que, certamente, setores que não se opunham ao regime militar existiram, desenvolvendo com as autoridades relações complexas e ambíguas. No caso do Club 220, havia uma proximidade com Alfredo Buzaid, ministro da Justiça, que esteve presente no referido evento.

Desse modo, a ação repressiva da polícia em relação aos movimentos negros ocorria, em muitos casos, de forma cautelosa. Para desarticular os afrodescendentes, ela agiu, por diversas vezes, de modo oculto, sem utilizar meios repressivos diretos. Por exemplo, para evitar que a III Assembleia Nacional do MNU acontecesse, a polícia baiana determinou o fechamento dos locais que sediariam o evento. Com a mudança de locais, a polícia decidiu apenas monitorar o evento, sem coibi-lo diretamente, para não provocar repercussões nos meios de comunicação.[67]

Os representantes dos movimentos eram normalmente convocados a responder questionamentos feitos pelas estruturas repressivas. O MNU, por exemplo, foi objeto de investigação, solicitada pela ordem de serviço n. 54/80, cujo foco era a análise de seus estatutos. Segundo o relatório do investigador, de 1º de outubro de 1980, ele se dirigiu à sede para tentar o contato com os representantes do movimento. Sem encontrá-la aberta, intimou um de seus diretores, Milton Barbosa, a prestar declarações. Milton se apresentou em 29 de setembro de 1980, comprometendo-se a levar posteriormente os referidos estatutos.[68] Assim, em tempos de repressão, agir legalmente era uma estratégia de sobrevivência do movimento. A polícia política, por sua vez, durante o processo de vigilância e repressão, em geral buscava, num primeiro momento, infiltrar-se nos movimentos, para, numa segunda etapa, convocar os investigados a prestarem esclarecimentos a respeito de sua atuação política ou social. Porém, a vigilância não se encerrava, mantinha-se de forma constante, acompanhando todas as ações posteriores do movimento investigado.

Outro mecanismo utilizado para combater o discurso e a ação política dos movimentos negros foi o levantamento de suspeitas relativas a possíveis ligações do MNU com o PCB. Como exemplo pode-se citar o informe da II Seção do II Exército, de 2 de julho de 1981, que tratava da realização de um encontro para o planejamento de uma operação de coordenação entre o PCB e o MNU, para um assalto conjunto. Assim, ao inimigo principal somava-se outro inimigo (os movimentos negros), que poderia fortalecer a luta comunista. O referido encontro, a ser realizado em São Paulo, envolveu inclusive articulações interestaduais, já que a ele deveriam comparecer Murilo da Costa Ferreira (do Rio de Janeiro) e o angolano Tierno Gueye (que também morava no Rio de Janeiro).[69]

A proposta de militantes do MNU, como Celso Prudente, relativa à formação de um partido político, certamente preocupava os aparelhos repressivos do regime militar. Um partido com uma bandeira racial já havia sido monitorado pelo Deops/SP na década de 1930 – a Frente Negra Brasileira (FNB); no entanto, ele teve curta duração, já que foi fechado com o golpe varguista de 1937, junto com os outros partidos existentes naquela época.[70] Em relação à nova proposta partidária, contudo, a comunidade de informações e segurança acabou por considerá-la inócua, pelo fato de os militantes afrodescendentes envolvidos constituírem uma minoria dentro do MNU, demonstrando divergências internas. Por esse motivo, não houve proibição clara ao movimento.[71]

Outro exemplo referente a uma possível atuação político-partidária foi o da Frente Negra para a Ação Política de Oposição (Frenapo). Um relatório confidencial revelou que "seu posicionamento quanto aos negros africanos indica vínculos e orientações internacionais".[72] O vereador Nilton Santos, da Frenapo, propôs a criação de uma Frente Nacional Livre que representasse o "poder negro" brasileiro. Tal proposta, que não alcançou êxito, apresentava proximidade com o discurso do *black power* afro-americano, classificado como "subversivo" pelo regime militar. Da mesma forma, Hamilton Bernardes, integrante do Núcleo Negro Socialista e redator do periódico *Versus*, sugeriu, em discurso proferido no ato público contra o racismo organizado pelo MNCDR em 1979, que o Núcleo Negro deveria lutar pelo poder.[73]

Essas propostas, entretanto, não parecem ter sido comuns no contexto dos movimentos negros, que, em geral, evitavam o rompimento social, devido às dificuldades impostas pela repressão vigente. Isso não impediu, contudo, manifestações como a da deputada Theodosina Rosário Ribeiro, do Partido Democrático Social (PDS), que, em discurso proferido na Assembleia Legislativa, apresentou a noção de integração racial: "Na qualidade de representantes que somos, nesta Casa, da comunidade afro-brasileira, que vem emprestando nossos esforços para o soerguimento de uma sociedade forte e próspera que se aproximará do ideal, à medida da realização de uma completa integração racial em seu bojo [...]".[74]

Nos documentos do MNU encontramos formulações similares: "Somos integrantes desta sociedade e queremos transformá-la. E começamos por combater o racismo e a discriminação social, a exploração e exclusão socioeconômica desta sociedade, onde a divisão de classes corresponde a uma divisão e discriminação racial".[75]

Como prova de que os movimentos negros, em sua maioria, não almejavam um rompimento radical com as estruturas vigentes, pode-se citar a carta que o MUCDR enviou ao diretor do Deops, em 4 de julho de 1978, repudiando atos de violência e discriminação racial e, ao mesmo tempo, buscando garantir o caráter legal de seu protesto.[76]

Ao analisarmos os movimentos negros, torna-se evidente que eles não apresentavam estratégia única. Esse aspecto fez que os investigadores do Deops, em seus relatórios, os qualificassem como desorganizados e considerassem seus debates como precários[77], algo que por certo colaborou para uma repressão mais branda, sem prisões e processos judiciais diretamente relacionados a esses movimentos, e, por outro lado, garantiu a possibilidade de se manterem na legalidade.

Considerações finais

Observamos que alguns segmentos dos movimentos negros possuíam uma identificação com o instrumental teórico "marxista". Porém, essa não era uma postura unânime, a divergência político-partidária fora uma constante entre os diversos movimentos e mesmo dentro de entidades como o MNU. Mas, aos olhos das estruturas repressivas, todos os movimentos eram "subversivos", sendo, muitas vezes, taxados de "comunistas", independentemente de suas ideias e estratégias.

Notamos também que as preocupações da comunidade de segurança e informações responsável pela vigilância, mesmo em pleno processo de abertura, não se restringiam à circulação de conceitos "marxistas" no âmbito dos movimentos negros, concentrando-se igualmente na tentativa de preservação da "democracia racial" brasileira, por meio do impedimento da introdução de "antagonismos raciais" por esses militantes. Visando evitar conflitos dessa ordem e salvaguardar a "harmonia racial", o Deops identificou esses movimentos como "subversivos", tática que já vinha sendo utilizada desde a década de 1930. Historicamente, o regime militar apenas acrescentou novos conceitos a um ideário já existente no meio policial.[78] Os governos militares, ao buscarem a homogeneidade social, desconsideravam a possibilidade da afirmação de uma identidade afro-brasileira. Como o "protesto negro" trazia à tona a desigualdade racial, pondo em xeque a massificação presente nos projetos políticos dos órgãos governamentais, ele motivou a vigilância constante e uma repressão velada.

Notas

1. Este texto baseia-se nas pesquisas desenvolvidas durante meu mestrado (Kössling, 2007), com apoio da Coordenação de Aperfeiçoamento de Pessoal de Nível Superior (Capes) e orientado pela professora doutora Leila Maria Gonçalves Leite Hernandez.
2. O Deops foi criado em 1924, pela lei n. 2.034, e extinto em 30 de dezembro de 1983, pelo decreto n. 20.728. Órgão de identificação, vigilância e repressão, seu foco de atuação era o combate aos crimes políticos, essencialmente ligados às ideias e às práticas políticas.
3. "Movimentos negros: identidade étnica, identidade política (1924-1950)", estudo realizado por mim em 2004 – financiado pela Fundação de Amparo à Pesquisa do Estado de São Paulo (Fapesp) e orientado pela professora doutora Maria Luiza Tucci Carneiro –, durante a iniciação científica, por meio da análise da documentação do Deops. A ser publicado na Série Inventários, do Arquivo Público do Estado de São Paulo.
4. Dossiê 50-J-46-8, Deops/SP, Departamento de Arquivos do Estado de São Paulo (Daesp). Ver: Kössling, 2004.
5. A imprensa alternativa buscava "dar voz" aos grupos sociais que não tinham espaço nos outros canais de comunicação, assumindo o compromisso de publicar matérias que abordassem temas e questões não explorados pela grande imprensa.
6. Encaminhamento n. 393/78 do Ministério da Marinha. Dossiê 50-Z-0-14928, Deops/SP, Daesp.
7. Ordem política 1.184, "Violência policial", v. 2, Deops/SP, Daesp.
8. Por exemplo, o militante Moisés José Soares, participante do Movimento Negro Unificado (MNU) de Minas Gerais, foi detido por envolver-se em movimento pela melhoria do transporte. Fonte: *Sumário Semanal de*

Informações da Coordenação de Informação da Secretaria de Estado da Segurança Pública de Belo Horizonte/MG (Codin/Conseg), n. 28, 9-15 jul. 1982. Dossiê 50-H-84-5741, Deops/SP, Daesp.

9. Relatório sobre o Ato Público contra o Racismo, da Divisão de Informações do Deops, 6 jul. 1978. Dossiê 50-Z-0-14623, Deops/SP, Daesp.
10. Para aprofundar essa questão, ver: Fico, 2001, p. 183-4.
11. Relatório confidencial sobre a Frenapo, 18 jul. 1980. Dossiê 50-Z-130-3802. Deops/SP, Daesp.
12. Informação da Divisão de Informações do Deops, 22 out. 1979, f. 2. Dossiê 20-C-44-6305, Deops/SP, Daesp.
13. Informação da Divisão de Informações do Deops, 22 out.1979, f. 3. Dossiê 20-C-44-6304, Deops/SP, Daesp.
14. Relatório policial, 7 ago. 1980. OP 1.157, p. 218 C, Deops/SP, Daesp.
15. Panfleto de divulgação do seminário "O marxismo e a questão racial". Dossiê 50-Z-0-15328, Deops/SP, Daesp.
16. "Fatores Adversos são óbices de toda ordem, internos ou externos, que se interpõem aos esforços da comunidade nacional para alcançar ou manter os Objetivos Nacionais" (*Manual ESG*, seção IV: "Política nacional", capítulo 4: "Fatores adversos, antagonismos e pressões", *apud* Rocha, 1996, anexo 16, p. 86).
17. "Antagonismos são óbices de modalidade peculiar, por manifestarem atividade deliberada, intencional e contestatória à consecução ou manutenção dos Objetivos Nacionais. Se o antagonismo dispuser de poder, isto é, se à vontade deliberada de se opor aos esforços da comunidade somar-se alguma capacidade de obter efeitos através de algum meio (força, ameaça, logro etc.), qualifica-se como pressão" (*Manual ESG*, seção IV: "Política nacional", capítulo 4: "Fatores adversos, antagonismos e pressões", *apud* Rocha, 1996, anexo 16, p. 86).
18. Informe confidencial do Centro de Informação da Polícia Federal, n. 318, 14 ago. 1978. Dossiê 50-E-33-2153, Deops/SP, Daesp.
19. Expressão utilizada por Guimarães (2002, p. 98).
20. Dossiê 50-Z-138-1019, Deops/SP, Daesp.
21. Boletim informativo produzido pelo SNI, maio de 1972. Dossiê 20-C-43-32, Deops/SP, Daesp.
22. Relatório sobre o Ato Público contra o Racismo, da Divisão de Informações do Deops, 7 jul. 1978, f. 2. Dossiê 14632A, Deops/SP, Daesp.
23. Relatório sobre o Ato Público contra o Racismo, da Divisão de Informações do Deops, 6 jul. 1978. Dossiê 50-Z-0-14623, Deops/SP, Daesp.
24. *Ibidem*.
25. *Ibidem*.
26. O documento contém uma terceira assinatura, que está ilegível. Dossiê 50-Z-14621, Deops/SP, Daesp.
27. Dossiê 50-Z-0-14618, Deops/SP, Daesp.
28. Clovis Moura despertara a atenção do Deops já em 1952, por ser diretor de uma revista comunista, *Flama*, de Araraquara. Desde então, passou a ser constantemente monitorado pelos órgãos de informação e segurança, tendo correspondências examinadas (Informação confidencial sobre Clovis Moura, f. 1, Dossiê 50-Z-0-14615, Deops/SP, Daesp). Militou no Partido Comunista Brasileiro em Salvador, participou do jornal *O Momento*, do PCB, e foi eleito deputado por esse partido em 1947. Logo, seu pensamento sobre a questão racial esteve associado ao pensamento marxista. Concomitantemente ao trabalho no jornalismo, pesquisava sobre a questão social do negro no Brasil.
29. Relatório de investigador não identificado da Divisão de Ordem Política ao delegado titular, 5 ago. 1980. Dossiê 20-C-44-11830, Deops/SP, Daesp.
30. O Instituto Brasileiro de Estudos Africanistas (Ibea), que realizava pesquisas sobre a influência das culturas negras no Brasil, tinha seus eventos monitorados pelos aparelhos de informação e segurança desde 1975 (Informação da Divisão de Informações do Deops, Dossiê 50-Z-0-14617, Deops/SP, Daesp).
31. Informação reservada sobre Florestan Fernandes, f. 6. Dossiê 50-Z-0-14616, Deops/SP, Daesp.
32. Informação reservada sobre Florestan Fernandes, f. 8. Dossiê 50-Z-0-14616, Deops/SP, Daesp.
33. Informação n. 230, São Paulo, 5 jul. 1977. Dossiê 50-J-0-5373, Deops/SP, Daesp.
34. Dossiês 50-J-0-5372 e 50-J-0-5365, Deops/SP, Daesp.
35. Eduardo, além de militante, era sociólogo, caracterizando-se por uma ação ao mesmo tempo militante e acadêmica. Faleceu em 1980. Ver: Oliveira, 1998, p. 94.
36. Dossiê 50-J-0-(sem número), Deops/SP, Daesp.

37. A documentação relaciona os participantes da Quinzena do Negro, cujos nomes foram riscados e fichados pelos policiais do Deops. Dossiê 50-J-0-5364, Deops/SP, Daesp.
38. Pedido de busca confidencial n. 418/76 do CIE para Dops/SP, 22 nov. 1976. Dossiê 50-J-0-4866, Deops/SP, Daesp.
39. Encaminhamento confidencial n. 0386/08/78, da Central de Informações do Departamento de Polícia Federal para difusão da agência SP SNI, II Ex., 4 Comar, Dops/SP, com cópia (xerox) do informe n. 318/01/78, de avaliação A1, expedido em 14 de agosto de 1978 com assunto "Movimento Nacional dos Blacks". Dossiê 50-E-33-2150/2155, Deops/SP, Daesp.
40. *Sumário de Informações*, n. 3, março de 1971, Agência Central do SNI, p. 1.6. Dossiê 20-C-43-2500, Deops/SP, Daesp.
41. Informação da Divisão de Informações do Deops, 22 out. 1979. Dossiê 20-C-44-6306, Deops/SP, Daesp.
42. *Ibidem*.
43. Periódico *Nêgo*, Salvador, n. 3, p. 2, e n. 14, p. 7, 1982, *apud* Souza, 2005, p. 217.
44. Manifesto do MNU sobre o Dia Nacional da Consciência Negra assinado pela Comissão Executiva Nacional do MNU. Dossiê 20-C-44-14605, Deops/SP, Daesp.
45. Dossiê 50-E-29-113, f. 13, Deops/SP, Daesp.
46. Em informação confidencial sobre o III Congresso de Cultura Negra das Américas, realizado no Brasil em 1982, foram identificados os grupos participantes do evento, que foi organizado pela Coordenação de Entidades Negras do Estado de São Paulo. Sua primeira edição havia sido realizada na Colômbia, em 1977, e a segunda edição no Panamá, em 1980 (Informação n. 1.258B sobre o III Congresso de Cultura Negra das Américas, 19 ago. 1982, Dossiê 20-C-44-26130, Deops/SP, Daesp; panfleto "III Congresso de Cultura Negra das Américas: Participar ou Não?", da Coordenação de Entidades Negras do Estado de São Paulo, 18 ago. 1982, Dossiê 20-C-44-26129, Deops/SP, Daesp).
47. Trata-se da classificação policial, visto que as autoridades muitas vezes encaravam os movimentos negros como "racismo às avessas".
48. Informação n. 350, confidencial, da Segunda Seção da Aeronáutica, 15 dez. 1978, f. 2. Dossiê 50-D-26-5922, Deops/SP, Daesp.
49. Informação confidencial sobre Clovis Moura, f. 2. Dossiê 50-Z-0-14615, Deops/SP, Daesp.
50. Informação da Divisão de Ordem Política, 3 set. 1982. Dossiê 20-C-43-4878, Deops/SP, Daesp.
51. Celso Prudente, além de militante (com relevante papel no MNU, tendo participado de sua fundação), é um importante acadêmico, com produção científica ligada ao cinema e ao negro. Ver: Oliveira, 1998, p. 62.
52. Wilson Prudente foi fundador e presidente do MNU, de acordo com dados da *Mensagem do Sumário de Informações*, n. 35/4, sobre ato público do MNU de 13 de maio de 1981 (Dossiê 50-D-18-2850, Deops/SP, Daesp). Foi também um dos coordenadores do SOS Racismo, do Instituto de Pesquisa da Cultura Negra (IPCN), no Rio de Janeiro. Atua no Tribunal Regional do Trabalho, destacando-se no combate à escravidão na atualidade. Ver: Oliveira, 1998, p. 280.
53. Ofício n. 2.291/79, do Primeiro Distrito Policial da Sé para o Deops, 16 out. 1979. Dossiê 50-E-38-833, Deops/SP, Daesp.
54. Panfleto "Enterro da Lei Afonso Arinos", do MNUCDR. Dossiê 50-E-38-(sem número), Deops/SP, Daesp.
55. Quanto aos relatórios diários, podem-se citar, a título de exemplo, os seguintes documentos: Relatório diário n. 1.710, referente a observação do Grupo Negro da Pontifícia Universidade Católica (PUC), 3 maio 1982, Dossiê 21-Z-14-13576, Deops/SP, Daesp; Relatório diário n. 1.711, referente a espionagem na Assembleia Legislativa, em que Adalberto Camargo foi citado, 13-14 maio 1982, Dossiê 21-Z-14-13595, Deops/SP, Daesp; Relatório diário n. 1.734, referente a observação de ato de solidariedade ao povo de Angola e a Nelson Mandela, realizado no auditório da PUC, 16 jun. 1982, Dossiê 21-Z-14-13873, Deops/SP, Daesp; Relatório diário n. 1.737, referente a observação do "Ato Público pelo Fim do Genocídio e da Agressão Israelense no Sul do Líbano e ao Povo Palestino", apoiado pelo MNU, 22 jun. 1982, Dossiê 21-Z-14-13907, Deops/SP, Daesp; Relatório diário n. 1.741, referente a distribuição de panfletos do movimento negro em Mogi das Cruzes, Dossiê 21-Z-14-13944, Deops/SP, Daesp; Relatórios 1.767 e 1.773, sobre denúncia de racismo por deputado no Grupo de Assessoria Parlamentar, Dossiê 21-Z-14-14188, Deops/SP, Daesp; Relatório diário n. 1.780, sobre observação do III Congresso de Cultura Negra das Américas, realizado na PUC-SP, em 24 ago. 1982, Dossiê

21-Z-14-14278, Deops/SP, Daesp; Relatório diário n. 1.402, sobre o grupo Bologum, do MNU, 22-25 nov. 1980, Dossiê 21-Z-14-10278, Deops/SP, Daesp; Relatório n. 1782, sobre observação de ato público da comunidade negra brasileira realizado em frente ao Consulado Geral da África, Dossiê 21-Z-14-14304, Deops/SP, Daesp.
56. Informação da Divisão de Informações do Deops, 22 out. 1979. Dossiê 20-C-44-6306, Deops/SP, Daesp.
57. Fotografia de grupo em reunião do MNUCDR realizada em 1979, sem número de documento, integrando a Informação da Divisão de Informações do Deops, 22 out. 1979, f. 2. Dossiê 20-C-44-6305, Deops/SP, Daesp.
58. *Sumário Semanal de Informações* da Codin/Conseg, n. 16, 3-9 jul. 1981, f. 11. Dossiê 50-H-84-4422, Deops/SP, Daesp.
59. Milton foi um dos fundadores do MNU. Participou do Centro Acadêmico da Faculdade de Economia, Administração e Contabilidade da Universidade de São Paulo (FEA-USP) e da diretoria da Associação dos Empregados do Metropolitano do Estado de São Paulo (Aemesp). Também participou da fundação do Diretório Bela Vista do PT, em 1981, integrando o diretório estadual do partido na gestão de 1984 (Oliveira, 1998, p. 204).
60. Dossiês 20-C-43-4880 a 4878, Deops/SP, Daesp.
61. Dossiês 50-D-26-3806 e 50-D-26-3806 A, Deops/SP, Daesp.
62. Sobre as estratégias culturais e políticas e sua relação, ver: Cunha, 2000, p. 350.
63. Convite para a festa "Black Power". Dossiê 50-D-26-3806 A, Deops/SP, Daesp.
64. A Polícia Militar também participava das ações coordenadas pelos setores de informação e segurança do regime militar.
65. *Mensagem do Sumário de Informações*, n. 35/4, sobre ato público do MNU de 13 de maio de 1981. Dossiê 50-D-18-2850, Deops/SP, Daesp.
66. Prontuário n. 97.352 (Club 220), Deops/SP, Daesp.
67. Informação confidencial n. 350, da Segunda Seção da Aeronáutica, 15 dez. 1978, f. 2. Dossiê 50-D-26-5922, Deops/SP, Daesp.
68. OS 1.157, p. 218 C, Deops/SP, Daesp.
69. Informe da II Seção do II Exército, 2 jul. 1981 (assunto: plano de assalto conjunto – subversivos e marginais). Dossiê 30-C-1-24941, Deops/SP, Daesp.
70. "Movimentos negros: identidade política, identidade étnica (1924-1954)", art. cit.
71. Relatório de investigações n. 501, de investigador estagiário da Divisão de Ordem Política do Deops/SP para o delegado titular, 7 ago. 1980, Dossiê 20-C-44-11939, Deops/SP, Daesp; Relatório de investigações n. 498, de investigador estagiário da Divisão de Ordem Política do Deops/SP para o delegado titular, 6 ago. 1980, Dossiê 21-Z-14-9490, Deops/SP, Daesp.
72. Relatório confidencial sobre a Frenapo, 18 jul. 1980. Dossiê 50-Z-130-3802, Deops/SP, Daesp.
73. Relatório de observação da Divisão de Informações do Deops, 17 out. 1979. Dossiê 21-Z-14-7947, Deops/SP, Daesp.
74. Discurso proferido na Assembleia Legislativa pela deputada Theodosina Rosário Ribeiro, do PDS, 13 abr. 1981, p. 2. Dossiê 20-C-44-23971, Deops/SP, Daesp.
75. Manifesto nacional do MNU – Dia Nacional da Consciência Negra. Dossiê 20-C-44-14605, Deops/SP, Daesp.
76. Juntada de informações sobre o MNUCDR ou MUCDR. Dossiê 52-Z-0-28559, Deops/SP, Daesp.
77. Relatório de investigador não identificado da Ordem Política do Deops/SP para o delegado titular, 5 ago. 1980, f. 2. Dossiê 20-C-44-11829, Deops/SP, Daesp.
78. Conceitos como o de "antagonismo", "pressão", "objetivos nacionais", entre outros, que compuseram o ideário da doutrina de segurança e desenvolvimento que norteou o regime militar.

Referências bibliográficas

ALVES, Maria Helena Moreira. *Estado e oposição no Brasil (1964-1984)*. Petrópolis: Vozes, 1985.
APOLLONIO, Luiz. *Manual de polícia política e social*. 3. ed. São Paulo: Escola de Polícia de São Paulo, 1963.
BACZKO, Branislaw. "Imaginação social". In: ROMANO, Ruggiero (org.). *Enciclopédia Einaud*. Lisboa: Imprensa Nacional e Casa da Moeda, v. 5, 1985, p. 297-332.

Baffa, Ayrton. *Nos porões do SNI: o retrato do monstro de cabeça oca*. Rio de Janeiro: Objetiva, 1989.

Cunha, Olívia Maria Gomes da. "Depois da festa: movimentos negros e 'políticas de identidade' no Brasil". In: Alvarez, Sonia E.; Dagnino, Evelina; Escobar, Arturo. *Cultura e política nos movimentos sociais latino-americanos: novas leituras*. Belo Horizonte: Editora UFMG, 2000, p. 333-80.

Dreifuss, René Armand; Dulci, Otávio Soares. "As forças armadas e a política". In: Sorj, Bernardo; Almeida, Maria Hermínia Tavares de (orgs.). *Sociedade e política no Brasil pós-64*. São Paulo: Brasiliense, 1984, p. 87-117.

Fico, Carlos. *Como eles agiam: os subterrâneos da ditadura militar – espionagem e polícia política*. Rio de Janeiro: Record, 2001.

Glazer, Nathan. "Etnia, um fenômeno mundial". *Arquivos*, São Paulo, v. XXVIII, p. 203-16, 1976.

Guimarães, Antônio Sérgio Alfredo. *Classes, raças e democracia*. São Paulo: Editora 34, 2002.

Kössling, Karin Sant'Anna. *As lutas antirracistas de afrodescendentes sob vigilância do Deops/SP (1964-1983)*. 2007. Dissertação (Mestrado em História Social) – Faculdade de Filosofia, Letras e Ciências Humanas, Universidade de São Paulo, São Paulo.

_____. "O discurso policial sobre o afrodescendente: estigmas e estereótipos". *Revista Histórica*, São Paulo, n. 15, p. 4-10, jul./ago./set. 2004.

Martins, Roberto R. *Segurança nacional*. São Paulo: Brasiliense, 1986.

Motta, Rodrigo Patto Sá. *Em guarda contra o perigo vermelho: o anticomunismo no Brasil (1917-1964)*. São Paulo: Perspectiva, 2002.

Motta Filho, Cândido. "Elementos básicos da nacionalidade: o homem". *Segurança e Desenvolvimento*, Rio de Janeiro, ano XVII, n. 130, p. 61-78, 1968.

Nogueira, Oracy. *Tanto preto quanto branco: estudos de relações raciais*. São Paulo: T. A. Queiroz, 1985.

Oliveira, Eduardo. *Quem é quem na negritude brasileira*. São Paulo: Congresso Nacional Afro-brasileiro, 1998.

Rezende, Maria José de. *A ditadura militar no Brasil: repressão e pretensão de legitimidade (1964-1984)*. 1996. Tese (Doutorado em Sociologia) – Faculdade de Filosofia, Letras e Ciências Humanas, Universidade de São Paulo, São Paulo.

Rocha, Maria Selma de Moraes. *A evolução dos conceitos da doutrina da Escola Superior de Guerra nos anos 70*. 1996. Dissertação (Mestrado em História Econômica) – Faculdade de Filosofia, Letras e Ciências Humanas, Universidade de São Paulo, São Paulo.

Silva, Nelson Fernando Inocêncio da. *Consciência negra em cartaz*. Brasília: Editora UnB, 2001.

Souza, Florentina da Silva. *Afrodescendência em Cadernos Negros e Jornal do MNU*. Belo Horizonte: Autêntica, 2005.

OS AUTORES

Beatriz Ana Loner é professora doutora do Departamento de História e Antropologia da Universidade Federal de Pelotas (UFPel), dando aulas no curso de graduação em História e nos programas de mestrado em História e Ciências Sociais dessa instituição. Escreveu capítulos de coletâneas e livros, entre os quais: *Construção de classe: operários de Pelotas e Rio Grande, 1888-1930* (Editora da UFPel, 2001) e *Dicionário de História de Pelotas* (Editora da UFPel, 2010, em coautoria), além de vários artigos para revistas especializadas. Atualmente, desenvolve pesquisa sobre as trajetórias de ex-escravos e lideranças negras e também sobre os trabalhadores da década de 1940, com destaque para o papel das carteiras de trabalho.

Elizabeth do Espírito Santo Viana é assistente parlamentar da Câmara Municipal do Rio de Janeiro (CMRJ), socióloga e mestre em História Comparada pela Universidade Federal do Rio de Janeiro (UFRJ). Publicou, entre outros textos, "Personagens, história intelectual e relações raciais no Brasil: notas sobre pesquisas biográficas", em coautoria com Flávio Gomes (em: *De preto a afrodescendente: trajetos sobre o negro, cultura e relações étnico-raciais no Brasil*, EdUFSCar, 2003), e "Lélia Gonzalez e outras mulheres: pensamento feminista negro – antirracismo e antissexismo" (*Revista da ABPN*, v. 1, n. 1, mar./jun. 2010).

Flávio Gomes é professor da Universidade Federal do Rio de Janeiro, atuando nos programas de pós-graduação em História Comparada e em Arqueologia (Museu Nacional). Possui licenciatura em História pela Universidade do Estado do Rio de Janeiro (1990), bacharelado em Ciências Sociais pela Universidade Federal do Rio de Janeiro (1990), mestrado em História Social do Trabalho (1993) e doutorado em História Social (1997), ambos pela Universidade Estadual de Campinas. Publicou livros, coletâneas e artigos em periódicos nacionais e estrangeiros, concentrando-se nos seguintes temas: Brasil colonial e pós-colonial, escravidão, Amazônia, fronteiras e campesinato negro. Em 2009, obteve bolsa de estudos (*fellowship*) da John Simon Guggenheim Foundation. Atualmente desenvolve pesquisas na área de história comparada, concentrando-se nos temas da cultura material e escravidão na América Latina e Caribe (especialmente Brasil, Venezuela, Colômbia, Guiana Francesa e Cuba).

Joselina da Silva é socióloga, bolsista de produtividade em pesquisa (BPI) pela Fundação Cearense de Apoio ao Desenvolvimento Científico e Tecnológico (Funcap) e professora dos cursos de graduação em Biblioteconomia e Administração (do *campus* Cariri) e da pós-graduação em Educação (do *campus* Benfica) da Universidade Federal do Ceará (UFC). Integrou o grupo de redatores dos verbetes relacionados à raça, ao racismo e ao movimento negro presentes na *Enciclopédia contemporânea da América Latina e do Caribe*

(Boitempo, 2006). Foi membro do conselho consultivo e da equipe de redação da enciclopédia *Mulheres negras do Brasil* (Redeh/ Ed. Senac Rio, 2007). Além disso, publicou, entre outros trabalhos, o livro *O movimento negro brasileiro: escritos sobre os sentidos de democracia e justiça social no Brasil* (Nandyala, 2009, em coautoria). Atualmente desenvolve pesquisas sobre relações raciais, movimento social negro, antirracismo, mulheres negras e violência contra a mulher.

Karin Sant'Anna Kössling é professora efetiva da rede pública estadual de São Paulo, ocupando a função de professora coordenadora de História na Oficina Pedagógica da Diretoria de Ensino de São Paulo – Centro. Realizou pesquisa de iniciação científica, financiada pela Fundação de Amparo à Pesquisa do Estado de São Paulo (Fapesp), com o tema "Os movimentos negros: identidade étnica e identidade política (1924-1954)". Mestre em História Social pela Universidade de São Paulo, com financiamento da Coordenação de Aperfeiçoamento de Pessoal de Nível Superior (Capes), tendo produzido a dissertação *As lutas antirracistas de afrodescendentes sob vigilância do Deops/SP (1964-1983)*. Publicou diversos artigos em revistas acadêmicas e de divulgação científica voltadas à temática afro-brasileira.

Karla Leonora Dahse Nunes é professora e coordenadora do curso de especialização em História Militar da Universidade do Sul de Santa Catarina (Unisul). Tanto sua dissertação de mestrado (com o título *Antonieta de Barros: uma mulher negra no círculo do poder político em Santa Catarina nas décadas de 1930 e 1940*) como sua tese de doutorado (*Santa Catarina no caminho da Revolução de Trinta: memórias de combates – 1929-1931*) foram apresentadas ao Programa de Pós-graduação em História (PPGH) da Universidade Federal de Santa Catarina (UFSC).

Kim D. Butler é professora de História na Rutgers University (Estados Unidos), ministrando o curso de Estudos Africanos. Suas pesquisas sobre pós-abolição começaram com seu livro *Freedoms given, freedoms won: Afro-Brazilians in post-abolition São Paulo and Salvador* (Rutgers University Press, 1998) e continuaram com a publicação de artigos no *African Studies Review*, *Slavery and Abolition* e *Journal of Black Studies*, entre outros periódicos. Sua outra linha de pesquisa, que deu origem a trabalhos publicados no periódico *Diaspora* e artigos de vários livros, incluindo *The African diaspora and the disciplines* (Indiana University Press, 2010) e *The Oxford handbook of Latin American history* (Oxford University Press, 2010), entre os mais recentes, relaciona-se à teoria e epistemologia da diáspora africana.

Maria das Graças de Andrade Leal é professora titular do curso de graduação em História e do mestrado em História Regional e Local da Universidade do Estado da Bahia (Uneb). Publicou artigos e livros – entre os quais *A arte de ter um ofício: Liceu de Artes e Ofícios da Bahia (1872-1996)* (Liceu de Artes e Ofícios da Bahia/ Fundação Odebrecht, 1996) e *Manuel Querino entre letras e lutas: Bahia – 1851-1923* (Annablume, 2009) – e organizou a coletânea *Capítulos de história da Bahia: novos enfoques, novas abordagens* (Annablume, 2009, em parceria com Raimundo Nonato Pereira Moreira e Wellington Castellucci Júnior). Atualmente desenvolve projeto de pesquisa com o tema "Trabalho e organização de trabalhadores na Bahia imperial e republicana" e, com o apoio da Fundação de Amparo à Pesquisa do Estado da Bahia (Fapesb), realiza estágio de pós-doutoramento na Universidade do Porto (Portugal), com o desenvolvimento do projeto "Mutualismo: experiência associativa de trabalhadores livres no Brasil oitocentista".

Maria do Carmo Gregório é mestre em História Social pela Universidade Federal do Rio de Janeiro (UFRJ) e professora do curso de graduação em História da Faculdade Flama. Também leciona História na rede estadual e municipal de ensino do Rio de Janeiro. Publicou o livro *Solano Trindade: o poeta das artes do povo* (Ceap, 2009).

Michael Mitchell é autor de vários artigos sobre raça e política no Brasil, entre eles: "Blacks and the Abertura Democrática" (em: *Race, class, and power in Brazil*, Center for Afro-American Studies – University of California, 1986), "Miguel Reale and the impact of conservative modernization on Brazilian race relations" (em: *Racial politics in contemporary Brazil*, Duke University Press, 1999) e "The ironies of citizenship: skin color, police brutality, and the challenge to Brazilian democracy" (*Social Forces*, v. 77, n. 3, mar. 1998), com Charles H. Wood. Realizou pesquisa de campo para sua tese de doutorado em São Paulo, onde fez entrevistas extensas com lideranças de movimentos negros das décadas de 1920 e 1930. Atualmente é professor da Escola de Política e Estudos da Globalização da Universidade do Estado do Arizona (em Tempe) e coeditor do *National Political Science Review*, jornal oficial da Conferência Nacional de Cientistas Políticos Negros.

Paulo Roberto Staudt Moreira é doutor em História pela Universidade Federal do Rio Grande do Sul (UFRGS), professor do cursos de graduação e pós-graduação em História da Universidade do Vale do Rio dos Sinos (Unisinos), historiógrafo do Arquivo Histórico do Rio Grande do Sul e bolsista de produtividade do Conselho Nacional de Desenvolvimento Científico e Tecnológico (CNPq). Publicou, entre outros trabalhos: *Os cativos e os homens de bem: experiências negras no espaço urbano* (EST, 2003); *Comunidade negra de Morro Alto: historicidade, identidade e territorialidade* (Editora da UFRGS, 2004, em coautoria); *Que com seu trabalho nos sustenta: as cartas de alforria de Porto Alegre – 1748-1888* (EST, 2007, em coautoria). Atualmente, desenvolve pesquisas sobre família e saúde escrava, feitiçaria e curandeirismo.

Petrônio Domingues é doutor em História Social pela Universidade de São Paulo (USP) e professor adjunto do Departamento de História da Universidade Federal de Sergipe (UFS). Publicou, entre outros trabalhos, o livro *A nova abolição* (Selo Negro, 2008). Atualmente, desenvolve pesquisas sobre populações da diáspora africana no Brasil e nas Américas, pós-emancipação, movimentos sociais, identidades, biografias, multiculturalismo e diversidade étnico-racial.

Wlamyra Albuquerque é professora dos cursos de graduação e pós-graduação em História da Universidade Federal da Bahia (Ufba). Publicou, entre outros trabalhos, *O jogo da dissimulação: abolição e cidadania negra no Brasil* (Companhia das Letras, 2009) e *Uma história da cultura afro-brasileira* (Moderna, 2009, com Walter Fraga). Com o apoio do Conselho Nacional de Desenvolvimento Científico e Tecnológico (CNPq), desenvolve atualmente pesquisa sobre racialização e cidadania no processo emancipacionista e no pós-abolição.

IMPRESSO NA **GRÁFICA SUMAGO**
sumago gráfica editorial ltda
rua itauna, 789   vila maria
02111-031   são paulo   sp
tel e fax 11 **2955 5636**
sumago@sumago.com.br